VÄTER

Schriftstellerinnen schreiben über ihren Vater

Herausgegeben von Ursula Owen

Deutsche Erstausgabe

WILHELM HEYNE VERLAG
MÜNCHEN

HEYNE ALLGEMEINE REIHE
Nr. 01/6738

Um Beiträge deutschsprachiger
Schriftstellerinnen erweiterte Ausgabe von
FATHERS
Deutsche Übersetzung von Dirk van Gunsteren
Redaktion der Deutschen Ausgabe: Angelika Franz

Printed in Germany 1986
Umschlagfoto: Fanny Geiger, München
Umschlaggestaltung: Atelier Ingrid Schütz, München
Satz: IBV Satz- und Datentechnik GmbH, Berlin
Druck und Bindung: Presse-Druck, Augsburg

ISBN 3-453-02341-2

Lväter

Inhalt

Einleitung

Ich war vierzehn Jahre alt, als mir eine Fotografie meines Vaters in der Uniform der britischen Armee in die Hände fiel. Das war 1951, und für andere Kinder meines Alters wäre an einem solchen Bild sicher nichts Merkwürdiges gewesen – für mich aber war es etwas ganz Besonderes. Mein Vater war als deutscher Jude nach England emigriert und nie in der britischen Armee gewesen. Aber da er Industrieller war und Deutsch sprach, wurde er von der britischen Regierung gleich nach dem Krieg nach Deutschland geschickt, um sich über den Zustand der deutschen Industrie zu informieren, und um ihm mehr Autorität zu verleihen, hatte man ihn in die Uniform eines Obersten gesteckt.

Für mich hatte das Bild jedoch immer eine andere, eine eigene Bedeutung. Weil es so ungewohnt war, betrachtete ich es sehr genau. Ich kämpfte damals gegen einen autoritären, wenn auch wohlmeinenden Vater, der großen Wert darauf legte, daß geschah, was er anordnete. Aber auf diesem Bild – in der Uniform – sah derselbe Mann richtiggehend befangen, ängstlich, sogar einfältig aus. Einen derartigen Gesichtsausdruck kannte ich nicht an ihm. Nach einer Weile begriff ich, woran das lag: Mein Vater wirkte verletzlich.

Der Fotograf hatte ihn überrascht. Nachdem ich diesen Ausdruck einmal gesehen hatte, bemerkte ich ihn immer häufiger an ihm. Ich sah meinen Vater mit anderen Augen, und auch meine Gefühle für ihn veränderten sich: Ich liebte ihn noch immer sehr, er erschien mir noch immer als ein Mensch, der große Macht besaß, und ich hatte gelegentlich noch immer Angst vor ihm. Aber mir war nun klar, daß nicht immer er es war, der den Ton angab, und daß ich zudem über ein Wissen verfügte, zu dem er keinen Zugang besaß – und zwar, weil ich eine Frau war. Als seine älteste Tochter war ich bereits in die Welt der Frauen eingeführt worden, in der Gefühle offener zum Ausdruck gelangen konnten. Als ich einige Jahre später mein Elternhaus verließ, wußte ich, daß ein großer Teil seiner Verletzlichkeit seinen Ursprung darin hatte, daß er, wie viele Männer, Schwierigkeiten zu haben schien, mit seinen Gefühlen umzugehen.

In gewisser Hinsicht war jene Fotografie der Keim dieses Buches; als die Idee, es zusammenzustellen, an mich herangetragen wurde, fiel mir das Bild meines Vaters wieder ein.

Der Vater als scheinbar übermächtiger Patriarch, der alles unter Kontrolle hat, stellt einen unserer stärksten Mythen dar. Auch wenn wir unsere Väter genau kennen und uns wohl fühlen in ihrer Gegenwart, stehen sie doch für etwas, das über diese Vertrautheit hinausreicht: Sie verkörpern die Macht der Gesellschaft, und die Verbindung zu ihnen konfrontiert die Töchter ganz unvermeidlich mit grundlegenden Fragen. In jüngster Zeit haben Frauen viel über ihre Mütter geschrieben, und es gibt eine Unmenge von Theorien über Vaterschaft und die Rolle des Vaters in der Erziehung. Um so erstaunlicher ist es, wie wenig Informationen uns vom anderen Ende, von den Betroffenen dieser intensiven und schwierigen Beziehung erreicht. Wie sehen Töchter ihre Väter?

Es ist nie leicht, über eines der Eltern zu schreiben – unsere Eltern beherrschen unsere innersten Gefühle und schalten sich in unsere wichtigsten Selbstgespräche ein. Bei Töchtern, die über ihre Väter schreiben, scheinen diese Schwierigkeiten besonders ausgeprägt zu sein. Schließlich gibt es ja, abgesehen von Romanen, keine Tradition, an der man sich orientieren könnte, was nicht nur ein gewisses Gefühl der Freiheit vermittelt, sondern auch – wie so oft, wenn man sich frei fühlt – zu einer Art von Höhenangst führt.

In unserem Jahrhundert gibt es zwei Sprechweisen, in denen die Beziehung zwischen Vater und Tochter ausgedrückt wird. Die erste ist die Sprache Freuds und jener Psychoanalytiker, die nach ihm kamen. Ganz gleich, wie wenig Freuds Gedanken übernommen oder überhaupt verstanden worden sind – der Ödipuskomplex und die zentrale Stellung, die die sexuellen Gefühle einer Tochter für ihren Vater darin einnehmen, ist heute Allgemeingut. Die zweite Sprechweise findet sich in der Literatur über das Patriarchat, die institutionalisierte Macht der Väter. Die Konsequenzen, die das Leben in einer patriarchalisch orientierten Gesellschaft nach sich zieht, sind in den vergangenen fünfzehn Jahren untersucht worden. Adrienne Rich hat sie treffend umschrieben: »Zum erstenmal in der Geschichte sind wir in der Lage, das Land der Väter zu betrachten und es so zu sehen, wie es war und wie es ist. Und was wir sehen, ist das einzige System in der Geschichte der Zivilisation, das nie aktiv in Frage gestellt worden ist – ein System, das so universell ist, daß es einem Naturgesetz zu folgen scheint. Das Patriarchat ist die Macht der Väter, ein familiäres, gesellschaftliches und politisches System, in dem Männer ... bestimmen, welche Rolle Frauen spielen dürfen, und in dem Frauen sich in allen Bereichen den Männern unterzuordnen haben.«

Für die meisten Frauen beginnt diese Unterordnung mit der Beziehung zu ihrem Vater. Man könnte zusammenfassend sagen, daß der Zweck dieses Buches ist, Frauen Gelegenheit zu geben, ihre eigenen Erfahrungen mit der väterlichen Autorität aufzuarbeiten und eine Sprache zu finden, in der diese komplizierteste aller Beziehungen beschrieben werden kann. Obwohl fast alle Beiträge von Schriftstellerinnen stammen, handelt es sich um kein ›literarisches‹ Buch. Es soll auch keine allgemeingültigen Lösungen anbieten. Diese Frauen hatten das Gefühl, sie hätten etwas mitzuteilen, und ich habe sie zu Wort kommen lassen und von dem äußerst problematischen Versuch, einen repräsentativen Querschnitt von Frauen für das Projekt zu gewinnen, Abstand genommen. Zunächst gab es viele Gespräche, und das Thema rief auffallend heftige Reaktionen hervor. Einige Frauen beschlossen sogar, aus einem neuentdeckten Bedürfnis nach Aufarbeitung heraus, etwas zu schreiben, unabhängig davon, ob es schließlich auch in dieses Buch aufgenommen würde oder nicht. Es gab auch Frauen, die sich einfach weigerten, weil der Erinnerungsprozeß für sie zu schmerzhaft war oder weil sie fürchteten, es würden dadurch entweder die Gefühle der beteiligten Personen verletzt oder aber alte Familiendramen wieder aufgerührt werden, über die inzwischen Gras gewachsen war. Zudem sahen sich viele Frauen, die sich bereit erklärt hatten, einen

Beitrag zu schreiben, plötzlich erneut mit alten Ängsten konfrontiert.

Wenn jemand über seine Familie schreibt, stellt sich immer das Problem der Loyalität: das war eine besondere Schwierigkeit für jene Schriftstellerinnen, deren Väter noch lebten. Es ist ein Zeichen für die emotionale Komplexität dieser Arbeit, daß einige Schriftstellerinnen einen übermächtigen Drang verspürten, schmerzhafte Erinnerungen zu kürzen oder zu übergehen, während die meisten anderen darauf brannten, das Thema in den Griff zu bekommen, »die Tabus zu brechen«, wie Michele Roberts es ausdrückt. Mehrere Frauen sprachen darüber, wie schwierig es sei, völlig alltägliche Vorkommnisse zu beschreiben – Vorkommnisse, die sich dann als doch nicht so alltäglich herausstellten. In manchen Beiträgen spricht das Schweigen eine fast ebenso deutliche Sprache wie das Gesagte. Die Loyalität, zu der man die Töchter verpflichtet hat, erweist sich als eine äußerst starke Kraft, und zuweilen basiert sie nicht nur auf Liebe, sondern auch auf Angst.

In Gesprächen mit den Autorinnen kamen die Spannungen zum Ausdruck: »Das ist das Schwierigste, was ich je geschrieben habe.« – »Diese Art von Intimität scheint widersprüchliche, mörderische Gedanken in mir zutage zu fördern.« – »Wenn ich über meinen Vater schreibe, habe ich das Gefühl, als würde ich etwas Schweres bergauf schieben.« Einige meinten, sie hätten das Gefühl, als würden sie in dem Moment, in dem der Stift das Papier berührte, ihre eigene Geschichte fälschen; eine Frau erwähnte, ihr sei vorgekommen, als beugten sich ihre Mutter und ihre Geschwister schattengleich über ihre Schulter, um sie am Schreiben zu hindern. Es ist daher kein Zufall, daß das Thema häufig auf Umwegen angegangen wurde und vieles unausgesprochen zwischen den Zeilen steht. Die Beschäftigung mit dem Vater ist tatsächlich ein Tabu – immer wieder spürt man das Ringen um Worte.

In diesem Bereich ist bisher so wenig gesagt, so viel gesehen und nicht gehört worden, daß wir die Fragen, deren Antworten wir suchen, gar nicht wirklich kennen. Darum war die Themenstellung – Väter: Betrachtungen der Töchter –

weit gefaßt, und darum sind auch die Beiträge weit gefächert und inhaltlich sehr unterschiedlich. Sie präsentieren sich in Form von Memoiren, Geschichten, Gedichten und Polemiken. Viele Arten von Vätern treten auf: Sie sind schemenhaft, aufmerksam, abwesend, übermächtig, charmant, loyal, sanft, gewalttätig oder aber eine Mischung aus vielen dieser oder anderer Charaktereigenschaften. Manche Frauen beschreiben eine enge und liebevolle Verbundenheit mit ihrem Vater, andere schildern eine bittersüße oder unbewältigte Beziehung; wieder andere erzählen von wuterfüllten und schmerzhaften Begegnungen, darunter auch die traumatischste von allen: der Inzest. Daß die Beziehung zwischen Vater und Tochter problematisch ist, daß in ihr Sehnsüchte und widersprüchliche Gefühle mitschwingen, geht aus vielen Beiträgen hervor. Dasselbe kommt übrigens in Gesprächen mit den Vätern zum Ausdruck, die hinsichtlich dieser Beziehung oft ebenso intensive Gefühle hegen. Aber das wäre ein Thema für ein anderes Buch. Manche Töchter sind immer noch abhängig von der Meinung ihres Vaters; andere zeigen ihre Freude darüber, daß sie als Kind geliebt wurden und später eine enge Beziehung zu ihrem Vater aufbauten, oder sie schildern ihren Schmerz, weil der Vater starb, bevor es zu dieser Beziehung kommen konnte. Anne Boston beschreibt, wie seltsam es ist, ohne Vater aufzuwachsen; Dinah Brooke schildert das Wachsen der Beziehung zu ihrem unbeständigen Vater, nach dessen Rückhalt sie sich sehnte; Michelle Roberts erzählt von ihrem Leben als junges Mädchen, das sich nicht schämte, in den Vater verliebt zu sein; Sara Maitland beschäftigt sich mit den gottähnlichen Eigenschaften ihres Vaters, indem sie ihn zu einem Mythos erhebt; Rose Rider schildert mit großer Eindringlichkeit einen Inzest; Angela Carter beschreibt einen Vater, der sie nie einschüchterte, um seinen Willen durchzusetzen, und Julia O'Faolain führt ein ruhiges Gespräch mit ihrem Vater über den Beruf, den sie beide ausüben.

Vielleicht gibt es so viele Vater-Tochter-Beziehungen, wie es Töchter gibt; aber dennoch werden einige Themen in diesem Buch wiederholt angesprochen. In mehreren Berichten kommt das starke Bedürfnis der Tochter, ihren Vater zufriedenzustellen, zum Ausdruck – eine Sehnsucht nach Anerkennung, die vielleicht nie in Erfüllung ging. Ob es stimmt, daß Frauen sich infolgedessen immer größere Mühe geben (ein gängiges Klischee), ist schwer zu beurteilen. Es ist ebensogut möglich, daß dies gerade bei der Lieblingstochter der Fall ist, in die alle Hoffnungen gesetzt werden und die nicht nur die besten Seiten der Frau verkörpern muß, sondern auch alles, was ihrem Vater lieb und wert ist. Als Gegenleistung für seine Bevorzugung, seinen Schutz und den Zugang zu seiner Welt ist eine solche Tochter oft gezwungen, ihrem Vater eine außergewöhnliche Loyalität entgegenzubringen. Heute mögen Töchter eine Unabhängigkeit genießen, die sich ihre Mütter und Großmütter nie hätten träumen lassen, aber das Gefühl, den Vater zu enttäuschen, wenn sie gegen seinen Willen handeln oder ihn kritisieren, scheint nach wie vor kaum vermindert zu sein. Wir sind immer noch zu einem erheblichen Teil Untertanen unserer Väter. Und noch etwas spielt hier eine Rolle, ein Gefühl, das viele Frauen kennen: Es ist die Angst der Frauen, durch Kritik ihre Kompetenz und ihre Unabhängigkeit zu zeigen. Wir fürchten, unser Geschlecht zu verlieren, wir haben Angst, in den Augen unserer Väter nicht mehr ›echte‹ Frauen zu ein und so ihren scheinbar unentbehrlichen Schutz zu verlieren.

Das Sonderbare ist, daß Väter – unsere wichtigsten Beschützer – oft abwesend sind, vor allem während der ersten Jahre der Kindheit. Väter sind etwas Besonderes – sie bewegen sich in einer anderen Welt, die sie zwingt, immer wieder das Haus zu verlassen. Obwohl auch viele Mütter außerhalb des Hauses arbeiten und gerade jetzt, in einer Zeit wirtschaftlicher Rezession, oft entscheidend zum Einkommen der Familie beitragen, stellen Väter immer noch die symbolische Verbindung zur Welt, zum Marktplatz, zum ›Draußen‹ dar. Die Welt der Mütter ist der Alltag, das Zuhause, die Befriedigung der täglichen Bedürfnisse – und damit die Zukunft der Mädchen.

In vielen Beiträgen ist die Gegenwart der Mutter deutlich spürbar. Bei einigen verbindet sich das Bild der Mutter mit einem schmerzhaften Gefühl der Abwesenheit, oder die Mutter ist für die Tochter das Leitbild einer starken Frau; manchmal ist sie ein Mensch, der ganz selbstverständlich in Erscheinung tritt, sobald über den Vater gesprochen wird. Es gibt sicher viele Gründe hierfür, und die Beschäftigung mit einem der Eltern, sei es in schriftlicher oder gedanklicher Form, lenkt die Aufmerksamkeit oft auch auf das andere von ihnen. Aber ein Grund sticht in besonderer Weise heraus: Die Verantwortung für die Kinder liegt größtenteils bei der Mutter; sie ist es, die zwischen der Tochter und dem Vater vermittelt – und die dann, zum Dank dafür, einfach übergangen wird. Immer wieder wird die Duldsamkeit der Mutter erst spät erkannt, besonders, wenn Tochter und Vater sich sehr nahegestanden haben. Frauen, die als Kind ihren Vater vergöttert haben, gestehen, daß sie ihre Mutter unterschätzt und ihren Wert verkannt haben. Vielleicht ist das die natürliche Folge der Tiefe der Gefühle und der Schwierigkeiten, die innerhalb der Familie auftreten. Aber es ist auch eine Bestätigung der These, daß Mütter und Väter während der ersten Jahre ganz verschiedene Aspekte der kindlichen Erlebniswelt symbolisieren – Aspekte, die weit über die rein biologisch determinierten hinausgehen.

Es gibt einige bemerkenswerte Lücken. Aus manchen Schilderungen geht hervor, daß das Konzept der ödipalen Beziehung nicht aus der Luft gegriffen ist, aber man findet erstaunlich wenig über den Augenblick, in dem eine Frau ihre Zuneigung auf einen Geliebten oder Ehemann überträgt – jene Zeit also, die als besondere Belastung für die Beziehung zwischen Vater und Tochter betrachtet wird. Es wird in diesen Beiträgen auch wenig darüber nachgedacht, ob und wie die Beziehung zwischen Vater und Tochter die Wahl des Partners beeinflußt. Vielleicht setzen sich diese Töchter mit ihren Vätern auf deren eigenem Territorium auseinander, als unabhängige Menschen, und nicht als Geliebte und Ehefrauen. Vielleicht wird aber auch dieses Klischee – wie so viele andere – von den Frauen selbst beseitigt. Die Autorinnen dieses Buches wissen, daß ihre Mütter ebensosehr Einfluß auf ihre Fähigkeit zur Liebe genommen haben wir ihre Väter.

In unserer Kultur ist die Mutterschaft eine Aufgabe – die Vaterschaft ist ein Hobby. Es kann sein, daß daraus eine Leidenschaft wird, die ein ganzes Leben lang anhält, aber auch dann ist sie immer noch nicht mehr als ein Hobby, und Väter, die das ändern wollen, finden kein realistisches Modell, an dem sie sich orientieren können. Ein Vater kann sich seine Pflichten aussuchen: Es gibt kein normales, kein obligatorisches Verhalten, das ihn als Vater definiert oder die Art seiner Vaterrolle bestimmt. Er kann aufmerksam und liebevoll oder gleichgültig und gewalttätig sein – immer bleibt er ein Vater. Eine Mutter dagegen hat gar keine Wahl. Ihre Aufgabe ist klar umrissen und wie in Beton gegossen. Wenn Mütter die Regeln übertreten, ruft man sie zur Ordnung und stellt ihren Status als Mutter in Frage. Für Väter jedoch existieren keine klaren Regeln, die sie übertreten könnten.

Mit einer Ausnahme vielleicht: Einige Frauen haben erfahren, daß Väter das Vertrauen der Töchter in die eigene Kraft fördern oder zerstören können. Die Lieblingstochter erkennt man oft an ihrem Selbstbewußtsein, ihrer Weigerung, Hilflosigkeit zu akzeptieren. Frauen wissen inzwischen besser als früher, wie Väter ihr Selbstgefühl beeinflussen können, und es besteht die Möglichkeit, daß diese Töchter jetzt dabei sind, einige grundlegende Regeln für Väter zu entwerfen.

Eine letzte Bemerkung noch: Ich bat die Autorinnen um Fotografien, auf denen sie mit ihren Vätern zu sehen sind, um sie in die Beiträge einzufügen. Das führte zu einer überraschenden, aber interessanten Entdeckung: Fast jede hatte Schwierigkeiten, ein solches Foto zu finden. Warum? »Weil immer Vater es war, der die Aufnahmen machte.« Was verrät uns diese Kleinigkeit über das Familienleben? Daß es noch viel zwischen den Zeilen zu lesen gibt! Das hier ist nur ein Anfang.

Ursula Owen, London 1983

Das Binsenmädchen

Ein englisches Märchen, nacherzählt von
JOSEPH JACOBS

Es war einmal ein sehr reicher Mann, der hatte drei Töchter, und er wollte herausfinden, wie sehr sie ihn liebten. Also fragte er die erste: »Wie sehr liebst du mich, mein Kind?«

»Nun«, sagte sie, »so sehr wie mein Leben.«

»Das ist gut«, sagte er.

Und er fragte die zweite: »Und wie sehr liebst *du* mich, mein Kind?«

»Nun«, antwortete sie, »mehr als die ganze Welt.«

»Das ist gut«, sagte er.

Und er fragte die dritte: »Und wie sehr liebst *du* mich, mein Kind?«

»Ich liebe dich so sehr, wie frisches Fleisch das Salz liebt«, antwortete sie.

Darauf wurde er aber schrecklich wütend. »Du liebst mich überhaupt nicht!« schrie er. »Ich will dich in meinem Haus nicht mehr sehen!« Er warf sie hinaus und schlug die Tür hinter ihr zu.

Da ging sie, immer weiter, bis sie an einen Sumpf kam. Dort machte sie sich aus Binsen einen Kittel, der eine Kapuze hatte und ihr bis zu den Füßen ging, damit man ihre feinen Kleider nicht sah. Dann ging sie weiter, und schließlich kam sie zu einem großen Haus.

»Braucht ihr eine Magd?« fragte sie.

»Nein«, war die Antwort.

»Aber ich habe keine Bleibe«, sagte sie, »und ich verlange keinen Lohn und tue jede Arbeit.«

»Nun, wenn du die Töpfe und die Pfannen ausschrubben willst, darfst du bleiben.«

Also blieb sie und scheuerte die Töpfe und die Pfannen und machte alle schmutzige Arbeit. Und weil sie nicht sagen wollte, wie sie hieß, nannte man sie das Binsenmädchen.

Eines Tage fand in der Nähe ein großes Fest statt, und die Diener durften hingehen und sich die feinen Leute ansehen. Das Binsenmädchen sagte, sie sei zu müde, um auch dorthin zu gehen, und so blieb sie zu Hause.

Aber als alle weg waren, zog sie ihren Kittel aus, wusch sich und ging auch auf das Fest, und es gab niemanden, der so fein angezogen war wie sie.

Nun war aber auch der Sohn ihres Herrn dort, und kaum hatte er sie gesehen, da verliebte er sich in sie. Er wollte mit keiner anderen tanzen.

Aber bevor das Fest zu Ende war, schlich sich das Binsenmädchen hinaus und eilte nach Hause. Und als die anderen Dienstmädchen von dem Fest zurückkehrten, hatte es seinen Kittel wieder angezogen und tat so, als ob es schliefe.

Am nächsten Morgen sagten alle: »Gestern abend hast du etwas verpaßt, Binsenmädchen.«

»Was denn?« fragte sie.

»Die schönste Frau, die man je gesehen hat, mit Kleidern, so prächtig wie die einer Königin. Der junge Herr hat keine andere angesehen.«

»Das hätte ich natürlich gern gesehen«, sagte das Binsenmädchen.

»Heute abend ist noch ein Fest, und vielleicht ist sie wieder da.«

Aber als der Abend kam, sagte das Binsenmädchen wieder, es sei zu müde, um mit den anderen zu gehen. Aber als alle weg waren, zog es seinen Binsenkittel aus, wusch sich und ging auf das Fest.

Der junge Herr hatte gehofft, daß das schöne Mädchen wieder dasein würde, und er tanzte mit keiner anderen und sah keine andere an. Aber als das Fest zu Ende ging, schlich das Binsenmädchen abermals davon und eilte nach Hause, und als die anderen Dienstmädchen kamen, lag es in seinem Binsenkittel auf seinem Lager und tat so, als ob es schliefe.

Am nächsten Tag sagten sie wieder: »Du hättest gestern dabeisein sollen, Binsenmädchen. Die schöne Frau war wieder da mit ihren prächtigen Kleidern, und der junge Herr hat keine andere angesehen.«

»Oh, ja«, sagte das Binsenmädchen, »das hätte ich gern gesehen.«

»Dann mußt du heute abend mit uns kommen«, sagten die anderen, »denn heute ist noch ein Fest, und sie wird bestimmt wieder dasein.«

Aber am Abend sagte das Binsenmädchen wieder, es sei zu müde, um mit den anderen zu gehen, und niemand konnte es überreden mitzukommen. Aber als alle weg waren, zog es seinen Binsenkittel aus, wusch sich und ging auf das Fest.

Der junge Herr freute sich sehr, als er das Mädchen sah. Er tanzte mit keiner anderen und sah keine andere an. Und als sie ihm nicht sagen wollte, wie sie hieß, gab er ihr einen Ring und sagte ihr, er würde sterben, wenn er sie nicht wiedersähe.

Als das Fest zu Ende ging, schlich sich das Binsenmädchen erneut davon und eilte nach Hause, und als die anderen Dienstmädchen kamen, lag es in seinem Binsenkittel auf seinem Lager und tat so, als ob es schliefe.

Am nächsten Tag sagten sie: »Warum bist du denn gestern abend nicht mitgekommen, Binsenmädchen? Jetzt wirst du die schöne Frau nie mehr sehen, denn die Feste sind nun vorbei.«

»Oh, ich hätte sie wirklich gern gesehen«, sagte das Binsenmädchen.

Der junge Herr versuchte auf jede nur mögliche Weise herauszufinden, wohin das Mädchen verschwunden war, aber niemand konnte ihm sagen, wo es steckte. Da wurde er krank vor Liebe und mußte sich ins Bett legen, und es ging ihm immer schlechter.

»Koch eine Suppe für den jungen Herrn«, befahl man der Köchin. »Er ist todkrank vor Liebe zu diesem Mädchen.« Die Köchin machte sich daran, die Suppe zu bereiten, als das Binsenmädchen dazukam.

»Was machst du da?« fragte es.

»Ich koche eine Suppe für den jungen Herrn«, sagte die Köchin, »denn er ist todkrank vor Liebe zu diesem Mädchen.«

»Laß mich das machen«, sagte das Binsenmädchen.

Erst wollte die Köchin nicht, aber dann ließ sie doch das

Binsenmädchen die Suppe kochen. Und als die Suppe fertig war, warf es heimlich den Ring hinein, bevor die Köchin die Schüssel nach oben trug.

Der junge Herr aß die Suppe, und dann sah er den Ring auf dem Boden der Schüssel.

»Schickt mir die Köchin«, sagte er. Und als die Köchin in sein Zimmer trat, fragte er sie: »Wer hat die Suppe gekocht?«

»Das war ich«, antwortete die Köchin, denn sie hatte Angst.

Der junge Herr sah sie an. »Nein, du hast sie nicht gekocht«, sagte er. »Sag mir die Wahrheit, und es soll dir kein Leid geschehen.«

»Das Binsenmädchen hat die Suppe gekocht«, sagte die Köchin.

»Dann bringt das Binsenmädchen zu mir«, befahl der junge Herr.

Das Binsenmädchen trat ein.

»Hast du die Suppe gekocht?« fragte er.

»Ja, das war ich«, antwortete sie.

»Von wem hast du diesen Ring?«

»Von dem, der ihn mir gegeben hat.«

»Dann sag mir, wer du bist«, sagte der junge Herr.

»Ich werde es Euch zeigen«, sagte das Binsenmädchen. Und es schlug die Kapuze zurück und zog seinen Binsenkittel aus, und da stand es in seinen prächtigen Kleidern vor dem jungen Herrn.

Dem ging es schon sehr bald sehr viel besser, und es dauerte nicht lange, da sollten die beiden heiraten. Es sollte eine große Hochzeit werden, und nach nah und fern wurden die Einladungen ausgeschickt. Auch der Vater des Binsenmädchens wurde eingeladen. Aber immer noch wußte niemand, wer die Braut in Wirklichkeit war.

Vor der Hochzeit ging sie zur Köchin und sagte: »Ich will, daß alle Speisen ohne das kleinste bißchen Salz zubereitet werden.«

»Aber das wird nicht gut schmecken«, wandte die Köchin ein.

»Das macht nichts«, sagte das Binsenmädchen.

»Sehr wohl«, antwortete die Köchin.

Als nun der Tag der Hochzeit gekommen war, heirateten die beiden. Danach setzte man sich nieder zum Hochzeitsschmaus, aber als das Fleisch auf den Tisch gebracht wurde, schmeckte es so fade, daß niemand es essen konnte. Der Vater des Binsenmädchens probierte erst eine Speise, dann eine andere, und schließlich brach er in Tränen aus.

»Was betrübt Euch so?« fragte ihn der junge Herr.

»Oh«, antwortete er, »ich hatte einst eine Tochter, und als ich sie fragte, wie sehr sie mich liebe, antwortete sie: ›So sehr, wie frisches Fleisch das Salz liebt.‹ Und ich wies sie aus meinem Haus, denn ich dachte, sie liebe mich überhaupt nicht. Und jetzt muß ich erkennen, daß sie mich am meisten von allen liebte. Ich weiß nicht, wo sie ist. Es mag sein, daß sie längst tot ist.«

»Nein, Vater, hier bin ich!« sagte das Binsenmädchen. Und es ging zu ihm und umarmte ihn.

Und fortan lebten sie glücklich bis an ihr Lebensende.

ANGELA CARTER

Sugar Daddy

Ich wurde 1940 geboren. »Carter« ist der Name meines ersten Mannes, nicht der meines Vaters. Irgendwann im 18. Jahrhundert hatte seine Familie der feudalistischen Düsternis des westlichen Hochlands den Rücken gekehrt und war an die durch die protestantische Ethik geprägte Ostküste Schottlands übergesiedelt: Trotzdem ist es ihr gelungen, sich gewisse charakteristische Eigenarten ihrer ursprünglichen Heimat wie Redseligkeit, ärmliche Verhältnisse und einem Hang zur Übertreibung über mehrere Generationen hinweg zu bewahren. Das ist mir in meiner Laufbahn als Schriftstellerin und freie Journalistin sehr zugute gekommen.

Zwei meiner sieben Romane (*The Magic Toyshop*, 1967, und *The Passion of New Eve*, 1977) sind kürzlich in der Reihe ›Moderne Klassiker‹ bei Virago erschienen. Außerdem habe ich zwei Kurzgeschichtensammlungen (die zweite davon unter dem Titel *The Bloody Chamber*, 1981) und die Monographie *The Sadeian Woman*, 1979, veröffentlicht. 1982 erschien bei Virago unter dem Titel *Nothing Secret* eine Reihe von Artikeln, die ich ursprünglich für die Zeitschrift *New Society*, für die ich regelmäßig arbeite, geschrieben hatte. Meine Bücher sind in die wichtigsten europäischen Sprachen übersetzt worden.

Ich lebe im Süden Londons und benütze dieselbe öffentliche Bücherei, in der meine Mutter sich 1917 auf die Prüfung für ein Stipendium vorbereitete, das ihr den Besuch einer höheren Schule ermöglichte.

Ich kann nicht behaupten, daß mein Vater mich auf ein Leben in einer patriarchalischen Gesellschaft gut vorbereitet hätte. Er selbst war, als er meine Mutter heiratete, mit einer Schwiegermutter konfrontiert, die der Inbegriff des bäuerlichen Matriarchats war. Er hatte keine andere Wahl als zu kapitulieren, und das tat er dann auch. Außerdem war er Mitte

Vierzig, als ich geboren wurde – genau das richtige Alter, um von einer Tochter an die Wand gedrückt zu werden. Schon als Kind konnte ich mit ihm machen, was ich wollte, und er behauptet, daß sich bis heute daran nichts geändert hat – und dabei bin ich jetzt selbst eine Frau in mittleren Jahren, und er ist, auch wenn man es ihm nicht anmerkt, schon älter als dieses Jahrhundert.

Ich wurde 1940 geboren, in derselben Woche, in der Dünkirchen fiel. Ich glaube, meine Eltern konnten sich der Symbolhaftigkeit dieses Vorgangs nicht verschließen: ein Mädchen zu einem Zeitpunkt, da die Invasion der Nazis unmittelbar bevorzustehen schien, in eine Welt zu setzen, die von Tod und heraufziehender Finsternis bedroht war. Vielleicht erschien ich ihnen deshalb besonders kostbar und zart. Das würde erklären, warum sie später meinten, mich übermäßig beschützen zu müssen. Aber wie ungünstig der Zeitpunkt meiner Geburt auch sein mochte – kein Kind hätte sich erwünschter fühlen können. Vor einigen Jahren bekam ich einmal keine Geburtstagskarte von ihm; als ich ihn anrief, um ihn zu fragen, warum er es vergessen hatte, sagte er: »Ich würde nie den Tag vergessen, an dem du an Land kamst.« (Die Karte traf übrigens mit der zweiten Post ein.) Dieser Ausspruch traf mich mitten ins Herz, jenen Teil von mir, der viel von meines Vaters Rührseligkeit geerbt hat.

Er ist ein Hochländer. Sein vielleicht untypisches Leben wurde geformt durch jenes unterentwickelte, kolonienähnliche Land während der letzten Jahre der Viktorianischen Ära durch Haferkuchen, Kartoffeln und die Kirche von Schottland, durch vier Jahre Dienstzeit in der Armee während des Ersten Weltkriegs, durch das verwirrende Durcheinander der Fleet Street in den zwanziger Jahren. Seine Geschwister, die ihr Heimatdorf nie verließen, waren geradezu unglaublich absonderlich. Vor zehn Jahren faßte er den weisen Beschluß, wieder in jenes Dorf zu ziehen.

Ich weiß, daß das, was er getan hat, der Traum eines jeden Sizilianers in New York, eines jeden Zyprioten in Camden Town ist: die Emigration zu beenden und die vollkommene Symmetrie herzustellen – von A nach B und wieder zurück. Es war sein Glück, daß er bei seiner Rückkehr alles so vorfand, wie es früher gewesen war, und so konnte er sozusagen dort weitermachen, wo er vor siebzig Jahren aufgehört hatte, als er in den Süden des Landes fortgezogen war. Er war in den Süden gegangen, er hatte Karriere gemacht, er hatte eine Engländerin geheiratet, in London gelebt und Kinder gezeugt – das alles in einer gewaltigen Parenthese, an die er nur die schönsten Erinnerungen hat. Er ist ›in die Heimat zurückgekehrt‹, wie Emigranten es tun; er hat, in seinem siebenten Lebensjahrzehnt, festgestellt, daß ›Heimat‹ für ihn eine existentielle Bedeutung besitzt, die nichts mit der Geschichte vom selbständigen Leben seiner Kinder zu tun hat. Mein Vater lebt jetzt in seinem Granithaus, das voller Erinnerungsstücke eines langen und, wie ich glaube, glücklichen Lebens ist. Manche von ihnen sind recht bizarr, so etwa die gerahmte Urkunde, die mein Vater von einem amerikanischen Tramp erhielt, und die ihn als ›Kavalier der Straße‹ ausweist.

Er besitzt die seltsame, ganz unenglische Fähigkeit, gleichsam in der dritten Person zu leben. Er betrachtet sein Leben und ist in der Lage, ganz objektiv zu sagen, daß es nicht gerade unglücklich war – und er steht zu dieser Erkenntnis. Die kleinen Küstenstädte aus Granit, die auf die stahlgraue Nordsee hinaussehen, lassen ihre Bewohner zu einem harten Menschenschlag werden. Aus alldem sollte man jedoch nicht schließen, daß mein Vater kein fröhlicher Mensch ist. Das Lachen fällt ihm ebenso leicht wie das Weinen, und sein Beispiel hat mich davon überzeugt, daß Tränen bei einem Mann auf innere Stärke hindeuten.

Immer noch gelingt es ihm, mich zu überraschen. Erst kürzlich hat er das Bett meines Freundes unter Strom gesetzt – das ist ungefähr das, was ein seniler Vater in einer schottischen Ballade getan hätte, wenn es damals schon Elektrizität gegeben hätte. Wir waren darauf vorbereitet, daß er uns in getrennten Räumen unterbringen würde – schließlich ist mein Vater von Geburt viktorianisch –, aber nicht darauf, daß er das Metallgestell von Marks Bett an die Steckdose anschließen würde. Mark bekam einen Schlag, als er das Bett anfaßte, und zog alle Stecker, die er in dem Zimmer finden konnte, heraus. Am nächsten Morgen frühstückten wir, als sei nichts

Ungewöhnliches vorgefallen; ich sollte vielleicht anmerken, daß dies angesichts der Tatsache, daß wir im Haus meines Vaters übernachtet hatten, auch durchaus der Wahrheit entsprach. Er ist ein begeisterter Bastler, und besonders die Elektrizität hat es ihm angetan. Meine Mutter beschrieb ihn einmal als einen Mann, der in seiner Arbeit die Theorien von Heath Robinson mit der Praxis eines Mr. Pooter verbindet.

Trotzdem drängen sich freudianische Gedanken geradezu auf. Er bereitete, wie unbewußt auch immer – als wenn das eine Entschuldigung wäre –, dem Liebhaber seiner Tochter ein potentiell tödliches Bett. Aber ich will nicht penibel sein. Seine letzte emotionale Abgefeimtheit (eine weitere besondere Eigenschaft der Hochländer) besteht darin, so lange gelebt zu haben, daß alles vergeben ist – sogar seine Angewohnheit, den Namen meines ersten Ehemannes zu benutzen, wenn er von meinem jetzigen Partner spricht, was auch weniger zart besaiteten Menschen ein Gefühl der Vergänglichkeit vermitteln würde.

Er ist ein Mann mit einer sehr starken, geradezu imposanten physischen Ausstrahlung, und doch erinnere ich mich an ihn am besten im Zusammenhang mit peinlichen Situationen.

Zu meinen ersten Erinnerungen gehört ein Zwischenfall, bei dem ich ihn an der Nase verletzte. Ich war etwa drei, vielleicht vier Jahre alt. Es war in einem öffentlichen Park mit Kinderschaukeln. Er war unbeholfen auf eine dieser Schaukeln gestiegen, um die Ketten einzustellen, an denen sie hingen. Meiner Meinung nach brauchte er dafür zu lange, und so begann ich, meine Schaukel in Bewegung zu setzen. Er war nicht arg verletzt, aber seine Nase blutete ziemlich. Ich wurde nicht dafür bestraft, weil ich diesen Unfall herbeigeführt hatte. Sie waren leicht verärgert, weil ich bleiben und spielen wollte, als sie nach Hause gingen, um das Blut abzuwaschen.

Sie – das soll heißen: mein Vater und meine Mutter. Unmöglich, nur einen von beiden aus der Vergangenheit heraufzubeschwören!

Kurz darauf hätte er mich fast ertrinken lassen – jedenfalls behauptete das meine Mutter. Eines Nachmittags im Herbst machte er einen Spaziergang mit mir. Wir blieben beim Teich in Wandsworth Common stehen, und ich warf Blätter ins Wasser, bis ich bei einem vergaß loszulassen. Sofort sprang er mir nach, ohne einen Gedanken an seinen schicken Anzug zu verschwenden – immer wie aus dem Ei gepellt, mein alter Herr –, und schob mich tropfnaß im Kinderwagen nach Hause, wo meine Mutter ihm schreckliche, aber kurzlebige Vorhaltungen machte. Kurzlebig deshalb, weil sowohl Schuldgefühle als auch Reue meinem Vater fremd sind. Daher ist die gerechte Zuweisung von Schuld nicht seine starke Seite, und obwohl meine Mutter es von Zeit zu Zeit versuchte, glaubte er immer, er könne sich mit kleinen Geschenken bei uns loskaufen. Das stimmte auch, und das ist der Grund, warum mein Bruder und ich nicht sehr oft schmollen. Meine Mutter dagegen...

Sie ist seit über zehn Jahren tot, und ich hatte reichlich Gelegenheit, die besonderen Qualitäten meines Vaters, die ich sehr schätze, zu würdigen. Aber gemeinsam, als Eltern, waren sie mehr als die Summe ihrer jeweiligen Eigenarten. Ich bin nicht sicher, ob sie erkannten, daß sie instinktiv gegen uns zusammenhielten, denn meine Mutter versuchte oft, uns dazu zu bringen, daß wir Partei ergriffen. Wir – als ihr Kind, als das Produkt ihrer Ehe, kann ich mich nicht getrennt von meinem Bruder betrachten, obwohl wir unsere Kindheit nicht gemeinsam verbrachten. Er ist zwölf Jahre älter als ich und wurde, ausgestattet mit Gasmaske, Lunchpaket und Namensschildchen, evakuiert – eine kleine Geisel, die man dem Schicksal genommen hatte. Etwa zu dieser Zeit mußten sie gemerkt haben, daß ein zweites Kind unterwegs war.

Ich kann an meine Eltern nur als an eine seltsam komplexe Einheit denken, in der keiner von beiden den anderen überragt, obwohl sie sehr verschieden waren, und ich fragte mich oft, wie sie es miteinander aushielten, da es bei ihnen doch so wenig Gemeinsamkeiten zu geben schien; schließlich wurde mir klar, daß eben dies der Grund dafür war, daß sie sich so gut verstanden: wenn man mit jemandem nicht viel gemeinsam hat, gibt es immer interessanten Gesprächsstoff. Wir Kinder waren ganz und gar nicht der Daseinszweck ihrer Ehe, der Aufhänger für ihre ständigen Auseinandersetzungen, der Grund des endlosen, leisen Gemurmels, das ich nachts gedämpft und verschwommen durch die Wand des Schlafzimmers hörte, sondern gewissermaßen lediglich eine Dreingabe. Wir Kinder waren ein Quell der Freude und der Sorge, nicht aber der Leim, der sie zusammenhielt. Auch war keines von uns wichtiger als das andere.

Nicht daß ich das damals vermutet hätte. Meine Entwicklung vom kleinen Mädchen zum mageren Teenager überraschte sie, und ich dachte, sie wollten mir ans Leder. Ich wußte weder, was sie von mir erwarteten, noch was ich von mir wollte. Diese Jahre absurd behüteter Jugend... Ich hatte oft das Gefühl, nur »eine Figur in ihrem Spiel« zu sein – in *ihrem* Spiel, wohlgemerkt –, und vielleicht diente ich damals tatsächlich lediglich einem Zweck und wurde nicht wirklich um meiner selbst willen geliebt.

Aber das ist alles so lange her. Dennoch ist die einzige Zeit, an die ich mich klar erinnern kann, jene, in der meine Mutter versuchte, die Wut meines Vaters auf mich herabzubeschwören, und mir mit seinem Zorn drohte, wenn ich zu spät nach Hause gekommen war und so weiter. Was dieses »und so weiter« betrifft, so hätte ich die Gelegenheit dazu nur zu gern genutzt. Die Rebellion meiner Jugendjahre erhielt einen deutlichen Dämpfer durch die Tatsache, daß ich niemanden finden konnte, der dabei mitmachte. Ich habe ein peinliches Gefühl, wenn ich an diese Zeit zurückdenke, denn das einzige, was dem Eifer meiner Eltern gleichkam, mich vor frühreifen Jungen zu behüten, war die Ängstlichkeit, mit der sich die Jungen, die ich gelegentlich kennenlernte, vor mir in acht nahmen.

Es war eine schwierige Zeit, der natürlich durch meine frühe Ehe ein unvermeidliches Ende gesetzt wurde. Ich heiratete, sobald ich jemanden gefunden hatte, der mit mir in Godard-Filme und zu Abrüstungsdemonstrationen ging und sogar bereit war, mit mir zu schlafen – obwohl er darauf bestand, daß wir uns vorher verlobten. Meine beiden Eltern waren nicht gerade überglücklich über diesen Schritt, taten aber murrend alles, was Brauteltern zu tun haben. Besonders mein Vater war stinksauer, weil er mich eigentlich für eine Karriere in der Fleet Street bestimmt hatte. Erst zwanzig

Jahre später, und nachdem ich mich in der Frauenbewegung engagiert hatte, ging mir auf, daß es bestimmt nicht viele Väter gibt, die sich für ihre Tochter so etwas wünschen. Er war zwar selbst Journalist, aber ich glaube nicht, daß er dabei seine eigenen Wünsche auf mich projizierte, auch wenn jedes Kind in gewisser Hinsicht den Projektionen seiner Eltern ausgesetzt ist. Ich glaube vielmehr, wenn er jemals irgendwelche Erwartungen in mich gesetzt hat, dann hatte ich sie durch meine Geburt hinreichend erfüllt. Alles, was er für mich wollte, war eine angenehme Dauerstellung, die mir vielleicht ein ausreichendes Einkommen verschaffte, damit ich nicht übereilt irgendeinen Dummkopf – eines seiner Lieblingsworte – heiratete, der meine Zuneigung ganz und gar mit Beschlag belegen würde. So besorgte er mir, da ich schon als Kind ein Talent für sprachlichen Ausdruck besaß, mit achtzehn eine Volontariatsstelle bei einer wöchentlich erscheinenden Vorstadtzeitung, denn er wollte, daß ich mich auf die traditionelle Weise hocharbeitete. In Anbetracht meines natürlichen Hangs zur Perversität ist es daher ganz klar, warum ich so auf eine Heirat aus war; daß ich heiratete, sollte allerdings nicht heißen, daß ich auch meinen Job aufgab – in dieser Hinsicht waren meine Eltern völlig kompromißlos.

Tatsächlich lief es aber doch darauf hinaus, denn mein Ehemann war bald gezwungen, von London wegzuziehen. »Ich schätze, du wirst mit ihm gehen müssen«, sagte meine Mutter zweifelnd. Da ich hauptsächlich daran interessiert war, mich von meinem Elternhaus zu lösen, blieb mir gar keine andere Wahl; so schlug ich eine andere Laufbahn ein, bin ich dann schließlich doch noch Journalistin geworden – wenigstens zeitweise.

Wunschvorstellungen bezüglich meiner Zukunft mögen wohl vorhanden sein, aber manchmal hat es den Anschein, als sei es die einzige Sorge meines Vaters, daß ich nicht im Armenhaus lande. Solange das nicht zu befürchten ist, zeigt er sich mit allem einverstanden. Mein Bruder und ich sind, glaube ich, immer noch seine beständigste Quelle der Freude – das waren wir vielleicht schon immer mehr für meinen Vater als für meine Mutter. Sie war eine eher introvertierte Frau, für die wir, wie bei Müttern üblich, weniger Unterhaltungswert besaßen, obwohl der Grund dafür zum Teil sicher auch in ihrer mit Mühseligkeiten beladenen Seele zu suchen war. Was meinen Vater betrifft: Es gibt nur wenige, deren Seele so unbeschwert ist wie seine. Er kann einfach zufrieden mit uns sein, zufrieden, daß es uns gibt, und von der Höhe seines wunderbar heiteren und rüstigen Alters betrachtet er das Leben seiner Kinder, als seien wir Bücher, in denen er ein wenig lesen kann, wann immer es ihm gefällt. Vielleicht betrachtet er uns als seine Vergangenheit.

Über die Bücher, die ich selbst schreibe, meine ›schmutzigen Bücher‹, sagte er neulich: »Zuerst war ich ein klitzekleines bißchen schockiert, aber dann habe ich mich daran gewöhnt.« Wenn er mich vorstellt, gebraucht er die dritte Person: »Diese junge Frau...« Dort, wo er herkommt, ist man natürlich aus Prinzip stolz auf seine Kinder. Ich habe das Gefühl, daß auch dies nicht gerade eine typisch englische Einstellung ist.

Er selbst ist immer wieder Gegenstand von Anekdoten. Auf dem Speicher seines Hauses hat er sich mit Pappwänden einen kleinen Raum abgeteilt, und dort liegt er auf einem Feldbett, eine Mütze auf dem Kopf, und hört sich den World Service der BBC an. Als er noch in London lebte, trug er im Bett einen Schlapphut, aber als ein Mann, der auf äußere Formen Wert legt, vertauschte er ihn mit einer Mütze, sobald er umgezogen war. Wie ich weiß, gibt es in seinem Haus zwei schöne Schlafzimmer, die mit Heizdecken und allem möglichen ausgestattet sind – dort schliefen immer seine Geschwister, die inzwischen tot sind. Diese Schlafzimmer benutzt er jedoch nur, wenn es auf dem Speicher selbst für seine eiserne Gesundheit zu kalt wird, und wenn das Eis schmilzt, zieht er jedesmal wieder nach oben in sein eigenes Zimmer. Er hat ein dringendes Bedürfnis nach einem privaten Raum. Meine Mutter führte das darauf zurück, daß er seine Jugend in den Schützengräben verbracht hatte, wo es keine Privatsphäre gab. Der Krieg meines Vaters war der Krieg, der allen Kriegen ein Ende bereiten sollte. Für den, der danach kam, war er schon zu alt.

Wenn er das Haus für längere Zeit verläßt, stellt er jede Menge Einbrecherfallen auf – Wassereimer, die auf den oberen Kanten der Türen stehen, Stolperdrähte, an Fäden aufgehängte Mehlbeutel – so daß wir uns Sorgen machen, er könnte einmal vergessen, wo er was aufgebaut hat, und sich in seinen eigenen Konstruktionen fangen.

Er hat eine sehr spezielle Beziehung zu Katzen und spricht mit ihnen in einer leisen, zwitschernden Sprache, der sie nicht widerstehen können. Als wir alle noch in London lebten und er als Nachtredakteur bei einer Nachrichtenagentur arbeitete, nahm er gewöhnlich die letzte U-Bahn und kam dann zirpend und zwitschernd die Straße herunter nach Hause, begleitet von einer schnell wachsenden Gefolgschaft von Katzen, von denen er sich vor unserer Haustür verabschiedete. Damals, kurz vor meinem zwanzigsten Geburtstag, waren die Männer, die ich – selten genug – hatte überreden können, mich nach Hause zu bringen, über das Bild, das mein Vater und seine Katzen boten, immer ziemlich verblüfft, und zwar unter anderem deshalb, weil mein Vater ein überaus großer und starker Mann war.

Er wäre die ideale Besetzung für eine Slapstick-Komödie.

Sein täglicher Vortrag, gehalten im würdevoll-gravitätischen Stil eines *Times*-Leitartikels der dreißiger Jahre, ist mit einigen Standardfloskeln angereichert, die etwas exzentrisch und verstaubt wirken. Zum Beispiel:

In einer stürmischen Nacht: »Wer jetzt Wache stehen muß, ist nicht zu beneiden.«

An einem kalten Tag: »Kalt, grau, düster und harsch, kalt wie das Haar auf des Eisbären –«

Das letzte Wort dieses Verses hatte in empörten Schreien unterzugehen. Meine Mutter übertönte es immer, indem sie in ansteigendem Tonfall »Vater!« rief.

Zwischendurch: »Dankt Gott für die Marine, die unsere Küsten bewacht.«

Beim Betreten eines Raumes: »Auftritt die Elfe, singend und tanzend.« Manchmal, wenn er besonders gut aufgelegt ist, ergänzt er diese Formel: »Auftritt die Elfe, singend und tanzend und ihr Holzbein schwenkend.«

Dieser unendlich liebenswerte, unendlich entnervende, reizbare, komische, zähe, sentimentale, ordinäre alte Mann, mit dem Gesicht eines Adlers und der Haltung eines schottischen Gardesoldaten, dem in meinen kindlichen Vorstellungen Schokolade aus den Taschen fiel, während er, von der Last seiner Geschenke gebeugt, die Straße herunterging, wobei eine Katze vor ihm hertanzte und rief: »Macht Platz für den Marquis von Carrabas!« – schon allein die Worte ›mein Vater‹ bringen mich zum Lächeln.

Aber wenn er doch so verdammt gut aussah – oh, dieses Foto von ihm in Uniform! –, warum hat er dann erst mit Mitte Dreißig geheiratet? Erst als er meine Mutter mit einer Freundin in Clapham Common Tennis spielen sah, war es um ihn geschehen. Die Würfel waren gefallen. Er gab ihr seine Karte zum Zeichen dafür, daß er ernsthafte Absichten hatte. Sie stellte ihn ihrer Mutter vor. In diesem Moment muß er sich wieder einmal vorgekommen sein wie vor einem Sturmangriff.

1967 oder 1968, vierzig Jahre später, schrieb mir meine Mutter: »Er liebt mich wirklich, glaube ich.« Zu diesem Zeitpunkt war sie schwerbehindert und wurde von ihm gepflegt, wobei sein guter Wille für sie wohl das Entscheidende war. Unermüdlich kochend, abspülend, staubsaugend, ihre Unterwäsche waschend – als habe er immer davon geträumt, nach einem Leben voller Hektik und Sorgen die Hände bis zu den Ellbogen in Seifenlauge zu haben. Er brachte ihr das Essen auf einem Tablett, und stets war es mit einem leicht schmuddeligen Tuch zugedeckt. Sie fand, dieses schmutzige Tuch verderbe ihr die ganze Freude daran. Und doch: Hatte sie ihn nach all den Jahren vielleicht immer noch unter ihrem Pantoffel? Ihr selbst hat es immer gefallen, wie er an vollen Bahnhöfen Taxis herbeizauberte, und auch, daß er sich selbst in den Hintern treten konnte, brachte sie zum Lachen (das war ein Trick, den er noch vorführte, als er schon weit über achtzig war).

All dies entspricht nicht gerade dem strengen, furchteinflößenden Bild vom Vater als Patriarchen, obwohl der kalvinistische Norden geradezu ein Synonym für diese Ideologie ist. Er ist zwar ein cholerischer Mann, und seine Wutausbrüche waren gewaltig, aber sie waren ebenso schnell vorbei, wie sie gekommen waren, und danach erhielten wir alle Eiscreme. Nein, wir hatten keine Angst. Darum weiß ich heute, daß Liebe und Achtung sich nicht mit Angst vertragen.

Ich glaube nicht, daß mein Vater jemals viele peinliche Fragen über das Leben oder die Welt oder irgendetwas gestellt hat, außer als junger Reporter, als es zu seinem Job gehörte, peinliche Fragen zu stellen. Er würde sich selbst als einen gesetzestreuen Mann bezeichnen, einen Mann, der jeder Autorität den ihr gebührenden Respekt entgegenbringt. Soweit befindet er sich also im Einklang mit seiner Herkunft und seinem Sinn für Schicklichkeit. Dennoch verbirgt sich irgendwo hinter alldem ein seltsam freier, anarchistischer Geist. Türgriffe lösen sich, sobald er sie berührt. Immer geht irgend etwas kaputt. Man hat das Gefühl, alles mögliche könne passieren. Er ist ein gesetzestreuer Mann, der hilflos dem Chaos ausgeliefert ist.

Irgendwo in alldem muß sich also eine ambivalente Einstellung zu der Autorität verbergen, der er sich angeblich fügt. Ich muß es wiederholen: Mein Vater ist kein introvertierter Mann. Er hat auch keinen Hang zum intellektuellen Analysieren – sein gesunder Menschenverstand hat ihm immer ausgereicht. Aber er hat seine eigene Version jener berühmten Geschichte über eine der weihnachtlichen Waffenruhen während des Ersten Weltkrieges, *seines* Krieges, obwohl ich, wenn er davon erzählt, weder Vera Brittains Krieg noch Siegfried Sassoons Krieg noch irgend etwas anderes darin erkennen kann als ein alptraumhaftes Abenteuer, denn er kennt, wie gesagt, keine Angst. Die Soldaten hatten genug vom Kämpfen, sie erinnerten sich an bessere Zeiten, zogen weiße Fahnen auf, bewegten sich langsam aufeinander zu, zeigten sich gegenseitig Fotografien, tauschten Geschenke aus – ein Päckchen Zigaretten gegen einen Laib Brot... »Und dann«, sagt er, »feuerte irgendein Idiot von Oberleutnant einen Schuß ab.«

Wenn er diese Geschichte erzählt, weiß er nicht, was sie bedeutet. Er weiß nicht, daß sie zeigt, wie er diese verdammten Offiziere sah, und er weiß nicht, daß ich dafür stolz auf ihn bin; er weiß auch nicht, warum ich stolz darauf bin, daß er deutschen Soldaten seine Zigaretten gab und sich so gut an den Laib Brot erinnern kann; daß ich stolz auf ihn bin, weil ihn immer noch unverminderte Wut überkommt, wenn er von diesem »dummen Jungen« erzählt, dem sie alle gehorchen mußten, und das zu einem Zeitpunkt, als die Soldaten am liebsten alles hingeworfen hätten und nach Hause gegangen wären.

Wenn sie das wirklich getan hätten – davon ist der alte Mann natürlich überzeugt –, dann würde in Rußland immer noch der Zar und in Deutschland der Kaiser regieren, und das Britische Empire wäre nie untergegangen. Er hat einen starken Hang zur Vereinfachung. Immer noch trägt er meiner Mutter nach, daß sie eine gemäßigte Linke war, und auch über meine politische Einstellung ärgert er sich – allerdings nicht so sehr, daß es ihm den Appetit verdirbt. Er scheint sie eher als genetisch bedingt zu sehen. Ich habe schließlich seine Nase geerbt, warum also nicht auch den politischen Standpunkt meiner Mutter?

Sie hat es ihm nie verziehen, daß er Chamberlain glaubte. Wenn es Spannungen zwischen ihnen gab, brachte sie dieses Thema immer wieder aufs Tapet als Beweis für seine Leichtgläubigkeit: »Und dann bist du von der Arbeit nach Hause gekommen und hast gesagt: ›Es wird keinen Krieg geben...‹«

Jetzt ist sie also wieder irgendwie hier hereingekommen. Letztes Jahr schrieb er mir: »Deine Mam war nicht nur sehr schön, sondern auch sehr klug.« (Immer im Dialekt, immer ›Mam‹!) Aber sie setzte ihre Klugheit nicht um. Ein anderer Mann würde sie vielleicht ermutigt haben, sich eine Arbeit zu suchen oder zu studieren, obwohl dies in den dreißiger Jahren für eine Mittelstandsfamilie wie uns so außergewöhnlich gewesen wäre, daß es uns in eine völlig andere Existenzdimension gehoben hätte. Aber als viktorianischer, sentimentaler Mann war er damit zufrieden, sie zu verehren, und das war ja an sich, verdammt noch mal, ungewöhnlich genug, obwohl es für ihr Selbstwertgefühl nicht gut war. Sie, die ganz ähnlich wie er in historischen Zusammenhängen gefangen war, wußte nicht einmal, glaube ich, daß ihre vage Unzufriedenheit, die sich in nervösen Kopfschmerzen und später in einer tatsächlich angegriffenen Gesundheit äußerte, vielleicht etwas damit zu tun hatte, daß sie eine »Ehefrau« war.

In mancher Hinsicht entsprach ihr diese Rolle nicht, worauf auch die Haltung hindeutet, die mein Vater ihr gegenüber einnahm, denn Schönheit und Klugheit sind gewöhnlich eher Attribute von Geliebten als von Ehefrauen. Zu ihrem sechzigsten Geburtstag schenkte er ihr eine riesige Flasche Chanel No. 5.

Ich habe mich nie im mindesten zu älteren Männern hingezogen gefühlt – umgekehrt ist es übrigens nicht anders. Wie kommt das? Möglicherweise verrät irgend etwas an mir, daß ich ein Betragen erwarte, ja verlange, das in meinen Augen einer Vaterfigur angemessen ist – das heißt, daß er sich von Zeit zu Zeit selbst in den Hintern tritt, mir Tee ans Bett bringt und weint, wenn ein Verlust unvermeidlich ist. So etwas machen aber gewöhnlich nur junge Männer.

Es soll jedoch niemand glauben, daß es ein reines Zuckerlecken war. Auch wir, mein Vater und ich, hatten unsere Höhen und Tiefen, denn er war ein Kind des Viktorianischen Zeitalters. Dennoch habe ich den Eindruck, daß seine unausgesprochene, aber deutlich spürbare Erwartung, ich solle einen Beruf ergreifen und mir meinen Lebensunterhalt selbst verdienen, tatsächlich auf seine Erfahrungen mit der ersten Welle des Feminismus zurückging, die in seiner Jugend und den ersten Jahren seines Lebens als Erwachsener aufkam. Mit einigen Frauen, die vom Feminismus beeinflußt waren, hat er zusammengearbeitet, und bei einer von ihnen waren wir in ärztlicher Behandlung. (Unsere Hausärztin, Helen Gray, war achtzig, als sie sich vor zwanzig Jahren zur Ruhe setzte. Sie muß eine der ersten weiblichen Ärzte des Landes gewesen sein.)

Trotzdem gibt ihm seine viktorianische Grundhaltung ein, er sei verpflichtet, von Zeit zu Zeit den strengen Vater herauszukehren, immer mit dramatischer Überbetonung: »Du solltest gut auf dich achtgeben.« In diesem »gut auf sich achtgeben« schwingt irgendeine obskure sexuelle Bedeutung mit, auf die er nur ungern näher eingeht. Der Rat, den er mir in meiner Jugend gab und der im wesentlichen darauf hinauslief, »sie dahin zu treten, wo es ihnen am meisten weh tut«, entsprach nicht gerade der allgemeinen Atmosphäre der sechziger Jahre – auch wenn ich heute meinen Töchtern, falls ich welche hätte, wahrscheinlich denselben Rat geben würde. Damals war ich allerdings nicht besonders gut damit bedient, da alle Jungen sich verschworen zu haben schienen, mich nicht in Reichweite kommen zu lassen. Mein Vater hatte mir zu viel Selbstbewußtsein vermittelt.

Aber wie kann ein Mädchen zu viel Selbstbewußtsein haben? Trotzdem – es war kein reines Zuckerlecken. Immerhin ist er ein Fremder, ja mehr als das: ein Hochländer, der tiefer in England eingedrungen ist, als es Charles Edward Stewarts Heer je gelang, und der sich dann aus dem Staub machte und seine Kinder zurückließ, damit sie sich in dem fremden Land einrichteten. Er würde das energisch bestreiten; diese Version seines Lebens entspringt ganz offensichtlich meinen eigenen romantischen Anschauungen. Er steht voll und ganz hinter dem Anschluß Schottlands an England. Er sieht keinen Unterschied zwischen Engländern und Schotten, aber er sah, als meine Mutter gestorben war, auch keinen Grund mehr, in England zu bleiben. Seine immer uneingestandene Fremdheit, seine extravertierte Art, sein würdiges Benehmen, seine Furchtlosigkeit, sein Mangel an Schuldgefühlen, seine Unfähigkeit, Peinlichkeit zu empfinden, die gravitätische Gespreiztheit seiner Vorträge und vor allem seine völlige Unwissenheit und Unempfindlichkeit, was das englische Klassensystem betrifft, machen ihn zu einem Menschen, der mir ein Rätsel ist und mich in Erstaunen versetzt.

Es ist wahrscheinlich eben dieser letzte Moment – denn in England schien er nie einer bestimmten Klasse anzugehören –, das auch mir geholfen hat, mich hier immer als Fremde zu fühlen. Er stammt aus einer durch und durch kleinbürgerlichen Familie; mein Großvater hatte ein Schuhgeschäft, obwohl das in jenen Tagen bedeutete, daß man Schuhe nicht nur verkaufte, sondern sie auch herstellte und reparierte, so daß mein Großvater, je nachdem wie man es sehen wollte, entweder Schuhmacher oder Geschäftsmann war. In der kleinen Stadt an der Nordseeküste, die heute noch eine geeignete Kulisse für eine Hexenverbrennung abgeben würde, mag der Unterschied zwischen einem Unternehmer und einem Handwerker damals noch größer gewesen sein.

Es gibt alle möglichen Geschichten über diesen Großvater

väterlicherseits, den ich nie kennengelernt habe. Er war der Dorfatheist, der in seinem Testament jedem Priester der Gemeinde vorsichtshalber fünf Pfund hinterließ. Auch meine Gälisch sprechende Großmutter habe ich nie gesehen. Sie starb kurz bevor ich geboren wurde an Zahnschmerzen. All den Geschichten über sie entnehme ich, daß sie beide jene seltsame Fähigkeit der Hochländer besaßen, die die ersten Touristen der damaligen Zeit so sehr in Erstaunen versetzte: Selbst der erbärmlichste Kleinpächter kann sich, wenn nötig, zu seiner vollen Größe aufrichten und einen Besucher mit großer Geste in seine muffige Kate bitten, als sei er, der Gastgeber, ein Prinz, der einen ausländischen Herrscher in seinen Palast einlädt. Diese Geste ist ein Ausdruck der natürlichen Grazie eines echten Wilden. Besonders die Frauen verfügen über eine geradezu durchtriebene Grandezza. Wenn sie die dampfende Schüssel auf das schmuddelige Tischtuch stellte, pflegte die Schwester meines Vaters zu sagen: »So, nun probier einmal diese köstliche Kohlsuppe!« Dabei war es nur das Wasser, in dem sie den Kohl gekocht hatte.

Der Verdacht liegt nahe, daß sie sich über einen lustig machen – und das kann gut sein. Stets drängen diese Formalien den Besucher, ganz gleich, welchen Status er sonst besitzen mag, in die Rolle des Almosenempfängers. Seine Demütigung ist seine Rettung. Erst wenn ein Hochländer sich erniedrigt, ist es an der Zeit, eine Hand auf die Brieftasche zu halten. Man lernt, Entschuldigungen mehr zu fürchten als alles andere.

Das alles sind die Strategien unterentwickelter Völker, und sie sind Welten von denen entfernt, die die Familie meiner Mutter um die Jahrhundertwende im hitzigen Klassenkampf in Battersea entwickeln mußte. Einige ihrer Angehörigen hatten gelernt, wie man das englische Klassensystem zynisch manipulieren kann, und halfen mir und meinem Bruder aus mancher Klemme. Sie alle wußten – wie soll ich es sagen –, daß ein schöner Tisch mit einer sauberen Tischdecke ein Symbol der Selbstachtung darstellte und daß es eine Art von Rache an den oberen Klassen war, wenn man Shakespeare liebte. (Vielleicht ist das auch der Grund, warum das schmutzige Tuch auf dem Tablett meine Mutter so aufregte;

über seinen literarischen Geschmack stritt sie sich nie mit meinem Vater.) Für meinen Vater kam es auf die großen Gesten an. Er betrat Harrods wie das jakobitische Heer, als es Manchester besetzte. Wenn er in meine Schule kam, um mit den Lehrern ›ein Wörtchen zu reden‹, trat er auf wie der Zorn Gottes.

Dieses angeborene Bewußtsein für natürliche Würde, für den nie in Frage gestellten Wert seiner selbst, ist es, was für mich meinen Vater ausmacht. Unter seinen Ahnen gibt es edle Wilde, und ich sehe ihn manchmal an, um mit Majakowski zu sprechen, »wie ein Eskimo, der einen Eisenbahnzug betrachtet.«

Ich weiß nämlich so wenig über ihn, obwohl ich doch so viel weiß. Ein großer Teil seines Lebens fand in meiner Abwesenheit statt, unter Umständen, von denen mir selbstverständlich nichts bekannt ist; als ich geboren wurde, war er älter, als ich jetzt bin, wenn auch sein Leben meines geformt hat. Das ist die sonderbare Kluft, die die engsten Verwandten voneinander trennt: Die zärtliche Neugier, die Liebende füreinander hegen, ist hier, in dieser unfreiwilligen Verbindung von Menschen, fehl am Platz, so daß das Entscheidende im Dunkel bleibt. Auch wenn ich, wie mein Vater, cholerisch und leichtfertig bin, so habe ich doch genug von der sorgenbeladenen Seele meiner Mutter mitbekommen, um seine Unkompliziertheit, seine robuste psychische Gesundheit völlig unbegreiflich zu finden. Er ist mein Vater, und ich liebe ihn, ganz wie Cordelia, ›wie es die Familienbande fordern‹. Was das Wesen dieser ›Familienbande‹ ausmachen könnte, weiß ich nicht, und außerdem habe ich theoretische Einwände gegen das Konzept der ›Familienbande‹.

Allerdings hat man am Schluß von *König Lear* einen recht guten Eindruck von der Stärke dieser Bande, woraus auch immer sie bestehen mögen, ob sie nun natürlich sind oder eine Erfindung unserer Kultur, und selbst wenn es uns ohne sie besser ginge. Und ich bin ganz sicher, daß ich mehr Freude an meinem Vater habe als Cordelia an Lear.

SARA MAITLAND

Zwei zum Preis von einem

Ich wurde 1950 als zweites von sechs Kindern geboren. Nach einer überdurchschnittlich guten Ausbildung auf teuren Mädchenschulen in London und Wilshire ging ich 1968 nach Oxford. Unter anderem belegte ich dort Englisch und entdeckte Frauenbewegung, Sozialismus und Freundschaft. 1972 heiratete ich einen Mann, der jetzt anglikanischer Priester ist und mit dem mich eine Heirat, zwei Kinder und ein leidenschaftliches Engagement für die extreme Form des Anglo-Katholizismus verbindet. Möglicherweise wegen meiner erwiesenen Talentlosigkeit für alles andere begann ich mich etwa 1975 als Schriftstellerin zu bezeichnen. Seitdem habe ich einen Roman (*Daughter of Jerusalem*), ein Buch über Feminismus und Christentum (*A Map of the New Country*) und eine Reihe von Kurzgeschichten geschrieben. Einige von ihnen entstanden in Zusammenarbeit mit Zoe Fairbairns, Valerie Miner, Michele Roberts und Micheline Wandor und wurden in dem Band *Tales I Tell My Mother* veröffentlicht, die meisten aber erschienen in meiner eigenen Kurzgeschichtensammlung *Telling Tales*. Außerdem habe ich einige Zeitungsartikel, Rezensionen und Predigten verfaßt. Vor kurzem habe ich zusammen mit Joe Garcia eine Sammlung von Beiträgen herausgegeben, die sich mit der Spiritualität innerhalb der Frauenbewegung befassen (*Walking on the Water*). Im Augenblick möchte ich wieder einen Roman schreiben, habe aber einige Probleme damit. Als Mittdreißigerin fühle ich mich nicht besonders wohl und wäre lieber fünfzig oder noch lieber fünfundsiebzig.

Ich habe zwei Väter.

Ich habe einen leiblichen, biologischen Vater. Sein Name war Adam Maitland, und er wurde 1913 geboren. In seinen frühesten Erinnerungen sah er sich auf dem Bahnsteig stehen und auf seinen Vater, einen aktiven Offizier, warten, der auf Urlaub nach Hause kam. Er hatte eine merkwürdige, lieblose Kindheit, ging später nach Cambridge und war im Krieg Soldat. 1948 heiratete er meine Mutter – es war eine kraftvolle, glückliche Ehe mit sechs Kindern; mit fünfzig ging er als geschäftsführendes Vorstandsmitglied einer großen Londoner Druckerei in Ruhestand und zog nach Südwest-Schottland, um sich um das Land zu kümmern, das er geerbt hatte. Im März 1982 starb er zu Hause an Krebs, nach einem »tapfer ertragenen langen Leiden«, wie man so sagt.

Ich habe noch einen anderen Vater. Er ist gesund und munter und lebt in mir. Er verläßt mich nie, obwohl er manchmal schweigt; er ist nie krank, nie schwach und läßt mich nie im Stich. Er verbirgt sich hinter anderen Namen – Gott, Ehemann, Gefährte –, und durch diesen Übervater, der all meine Beziehungen zu Männern beherrscht, sind diese Beziehungen möglich, was ich erfreulich finde, aber auch äußerst schwierig und konfliktreich. Kurz vor meinem zwanzigsten Geburtstag floh ich aus dem Haus meines Vaters; es hat lange gedauert, bis ich merkte, daß ich einen Vater in mir trug, dem ich nicht durch eine Flucht aus meiner Kindheit entfliehen konnte, dem ich bis jetzt nicht entkommen bin und mit dem ich in der Vergangenheit wie in der Gegenwart um meine Liebe, meine Stimme, meinen Feminismus und meine Freiheit kämpfen muß. Ich habe es gehaßt, diesen Vater zu lieben, und ich habe es geliebt, ihn zu hassen. Diesen Vater will ich töten – und wage es doch nicht.

In den achtzehn Monaten zwischen der Krebsdiagnose und dem Tod meines Vaters wurde es für mich immer dringlicher, die beiden Väter voneinander zu trennen, denn natürlich wollte ich meinen Vater nicht töten. Das wollte ich wirklich nicht; in den letzten zehn Jahren seines Lebens hatte ich die Achtung vor dem Menschen, der zufällig mein Vater war, entdeckt – einem außergewöhnlichen, distinguierten, in vieler Hinsicht bewundernswerten Mann. Außerdem würde sein Nicht-mehr-da-sein bedeuten, daß ich ihm nicht mehr wie ein Kind die Schuld an allem geben konnte, was mir das Leben schwermachte. Das Ende jahrelanger Fluchten und Projektionen kündigte sich an; der dunkle Vater in meinem

Kopf rückte in mein Bewußtsein und verstärkte seinen Druck. Ich weiß nicht, was ich mit diesem Vater anfangen soll. Ich will ihn loswerden. Ich will meinen Vater nicht töten, aber mein Schuldgefühl stand auf und klagte mich an: Irgendwann glaubte ich tatsächlich, daß der Krebs entstanden war, weil ich in einem neuen Versuch, den starken Vater in mir zu besiegen und in die Flucht zu schlagen, eine Therapie begonnen hatte.

Nicht nur, um meine Schuldgefühle zu überwinden, wollte ich die beiden Väter trennen, sondern auch, weil mir klargeworden war, daß es sich bei ihnen nicht um dieselbe Person handelte. Als er krank wurde, sprachen wir Geschwister plötzlich anders über ihn: Wir beschworen mit Anekdoten und Geschichten verknüpfte Erinnerungen an ihn herauf, um uns seiner Existenz zu versichern. Etwas Merkwürdiges fiel mir auf: Entweder war in den Köpfen meiner Geschwister ein chronologisches Gedächtnis so wenig vorhanden, daß sie nicht glauben konnten, die Episoden, von denen ich erzählte, hätten jemals stattgefunden (und umgekehrt), oder die Ereignisse blieben unangezweifelt, waren jedoch mit so unterschiedlichen Gefühlen besetzt, daß sie fast nicht wiederzuerkennen waren. Ich mußte feststellen, daß jeder von uns, die wir doch alle denselben leiblichen Vater hatten, einen anderen Vater mit sich herumtrug. Wir waren sechs Geschwister mit sieben Vätern.

Kurz bevor er starb, ging mir auf, daß er mir ein besonderes Erbe hinterlassen hatte. Er hat uns vieles mitgegeben, und ich habe von ihm ein profundes Wissen über und eine tiefe Liebe für die Mythologie. Ich fing mit seinen klassischen Göttermythen und den Geschichten aus dem Alten Testament an, und sie sind seitdem die Werkzeuge meines Denkens und Handelns gewesen. In Jane Lazarres Buch *On Loving Men* las ich, daß es in der klassischen Mythologie, jenem blutigen und hinterhältigen Gespinst aus Beziehung und Haßgefühlen, keine Geschichte gibt, in der die Tochter den Vater umbringt. Ich war überrascht. Ich las überall nach. Ich untersuchte die gleichermaßen blutrünstigen Geschichten der Bibel und dehnte meine Forschungen auf andere Mythologien aus. Ich dachte: »Aha, das ist der männliche Unterdrükkungsmechanismus – das ist die Geschichte, die sie nicht zulassen können.« Dann begann ich, die historischen Mordfälle nachzulesen, die in die düsteren Annalen der Kriminologie eingegangen sind. Nachdem ich in ziemlich grauenhafte Regionen hinabgestiegen war, konnte ich den Schluß ziehen, daß Frauen ihre Väter nicht ermorden – oder jedenfalls nur sehr selten und unter ganz bizarren Umständen. Es ist ein äußerst seltenes Verbrechen. Frauen bringen Männer um – ihre Liebhaber, ihre Vorgesetzten, ihre Kinder, ihre Vergewaltiger, ihre alten Onkel oder irgendwelche Zufallsbekanntschaften, die sie auf der Straße gemacht haben. Klytaimnestra ertränkte Menelaos im Bad, Jael erschlug Sisera, Mary Hindley verstümmelte Kinder. Keinesfalls kann man behaupten, Frauen seien immer und überall sanft, voller Liebe und Zärtlichkeit und hätten keinen Hang zur Gewalt. Ihre Väter töten sie aber nicht. Wenn wir unsere Väter nicht umbringen, dann hätte ich auch meinen Vater nicht töten können. Warum hat er, der mir so vieles beigebracht hat, mir nie gesagt, daß mein Zorn ihn nicht töten würde? Oder mich? Oder unsere Liebe füreinander?

Diese Kleinigkeit ist wie ein Geschenk für mich, denn sie hat mich von manchen Ängsten befreit und mir anfangs geholfen, einen Unterschied zwischen meinen beiden Vätern zu machen. Aber das ist nicht leicht, und indem ich sie voneinander scheide, sehe ich auch, wie sie miteinander verbunden sind. Sie entsprießen einer gemeinsamen, unteilbaren Wurzel. Wenn ich meinen leiblichen Vater auf Kosten meines mythischen Vaters heiligspräche, wenn ich meinem leiblichen Vater die Absolution erteilte, indem ich alles, was ›Vater‹ in einer sexistischen Gesellschaft bedeuten kann, auf den inneren Vater projizierte, dann würde mich das der Wahrheit über mich oder über ihn oder über Väter und Töchter insgesamt keinen Schritt näherbringen.

Ich bin die Tochter meines Vaters. Ich kann mich selbst nicht lieben, wenn ich ihn nicht liebe.

Ich bin eine Frau. Ich kann nicht frei sein, solange ich eine Tochter bin, die von dem Vater in ihrem Kopf beherrscht wird.

Ich sage mir: Er war nur ein Mann. Er war zufällig ein Mann, den ich liebte. Er war mein Vater; er war der Mensch, der mich in meinem Leben am meisten beeinflußt hat. Er war ein Mann, der mich in eine von Männern beherrschte Welt eingeführt hat.

Eines meiner Probleme mit meinem Vater ist, daß er tatsächlich dem archetypischen Bild des Vaters entsprach. Viele Frauen entwachsen ihrem Vater, wenn sie entdecken, daß er in Wirklichkeit gar nicht so ist, wie Väter in der Mythologie, in der Welt der Vorstellungen zu sein haben: Er ist schwach oder ein Versager oder unaufrichtig oder desinteressiert, oder er verschwindet. Mein Vater war zwar kein perfekter Mensch, aber er war sehr väterlich.

Er war wie einer der alten Götter – Zeus, Jahwe, Odin. Der mittelalterliche christliche Vater-Gott war weit entfernt und unzugänglich, den Gefühlen entrückt. Der orientalische Gott ist ein reiner, unpersönlicher Geist im Kosmos. Der moderne Gott leidet voller Demut mit den Armen. (Man kann ihn sich sogar als Frau vorstellen.) Aber die alten Götter waren eins mit ihrem Volk: Sie waren emotional, reizbar, leidenschaftlich, sie waren ungerechte Richter, achteten eifersüchtig auf ihre Privilegien, waren für sich und ihre Gefolgsleute eingenommen, rachsüchtig und gefährlich, wenn sie sich beleidigt fühlten, und von großmütiger Freigiebigkeit, wenn die Dienste, die man ihnen leistete, sie zufriedenstellten. Sie besaßen Macht und waren bereit, sie einzusetzen.

So könnte auch eine rohe Skizze meines Vaters aussehen.

Natürlich basierte seine Macht zum Teil auf gesellschaftlichen Bedingungen. Aufgrund seiner Klassenzugehörigkeit und seines Reichtums besaß er schlichtweg ein Vertrauen in sich, seine Herkunft und seine Fähigkeit, seinen Kindern zu geben, was er wollte. Seine Macht war physisch – er war stark und sah sehr gut aus; weder bei sich noch bei anderen war er bereit, körperliche Schwächen hinzunehmen. Seine Macht war auch persönlicher Natur; er besaß Präsenz und strahlte eine Art schimmernder Unnachgiebigkeit aus, die, auch wenn sie andere Menschen zur Weißglut treiben konnte, doch Respekt verlangte.

Er war keiner jener Väter, die auf Abstand halten. Er nahm Anteil an dem, was uns bewegte. Seine Energie traf uns in Wellen. Er hatte eine verantwortungsvolle Stellung, die ihn stark beanspruchte; er war ein intelligenter Mann, der mit mächtigen und einflußreichen Leuten befreundet war; er besaß ein aktives Interesse an – konservativer – Politik, an Philanthropie und, wenn auch in Maßen, an Kultur. Aber wir standen an erster Stelle. Jeden Abend kam er vom Büro nach Hause und aß mit seiner Familie zu Abend. Er badete die Babys, kletterte auf Bäume, trat nach Fußbällen, spielte mit den Kindern und umarmte und küßte sie. Vor allem aber lehrte er uns etwas, und zwar nicht aus der Entfernung, sondern aus der Nähe. Er fing morgens damit an; die Kinder, die alt genug für sein Erziehungsprogramm waren, begaben sich in sein Ankleidezimmer, um sich anzuziehen. Während er sich rasierte, ging er mit uns Multiplikationstabellen durch, wobei sein Gesicht nur im Spiegel sichtbar war und lediglich seine Augen Zufriedenheit oder Ärger über unsere Antworten verrieten. Wenn wir unsere Tabellen beherrschten und die Jungen zur Schule gegangen waren, wandte er seine Aufmerksamkeit mir und den höheren Wissensgebieten zu. Um halb acht Uhr morgens wiederholte ich mit ihm unregelmäßige lateinische Verben, die Lebensdaten der Könige von England und Schottland und – zusammen mit einer Menge anderer viktorianischer Gedichte – die ganz Ballade »How Horatius Kept the Bridge in the Brave Days of Old« aus MacCauleys *Lays of Ancient Rome.* Als ich bei der Geburt meines ersten Kindes in endlosen Wehen lag, hörte ich mich murmeln: »And how can man die better/than by facing fearful odds/For the ashes of his fathers/and the temples of his Gods.« Das Gedicht besteht aus siebzig Versen, und als ich feststellte, daß ich sie noch alle konnte, fühlte ich mich getröstet. Er war ein hervorragender Pädagoge, voller Hingabe und Enthusiasmus, und er erwartete und forderte von uns, daß wir gute Leistungen erbrachten. Das taten wir auch.

Richtig in seinem Element war er erst, als wir nach Schottland gezogen waren. Dort war die Trennung zwischen Geldverdienen und Familie, Arbeit und Spiel, drinnen und draußen aufgehoben. Fast pausenlos organisierte er uns, gab er uns Energie, trieb er uns an. Es fällt mir inzwischen nicht schwer, zu verstehen, daß die alten Hebräer nicht an eine individuelle Seele glaubten, sondern nur an den Geist der Gemeinschaft – Jahwe und mein Vater schienen eine Menge gemeinsam zu haben: Die treibende Kraft war »die Rührigkeit des Volkes«. Wir waren nun so oft wie möglich mit Tätigkeiten beschäftigt, die große Energie erforderten: Gärtnern, Bäumepflanzen, Tennisspielen, Bridgespielen, Bergsteigen, Rudern, Volkstänze ausführen, Besucher unterhalten, Schießen, Angeln, Raufen, Lachen, andere ärgern. (Er ermunterte uns dazu und ging selbst, wenn er einen von uns ärgerte, bis an die Grenzen der Brutalität – solange es witzig war, war es in Ordnung. Rüde Beschimpfungen waren nicht erlaubt, aber sich auf Kosten anderer lustig zu machen, war ›gut für sie‹. Das Durchhaltevermögen wurde daran gemessen, wie lange man es aushalten konnte, ohne in Tränen auszubrechen oder aus dem Eßzimmer zu laufen.) Er war eine sehr präsente Kraft. Da die Jungen in der Schule waren, und da zwischen ihm und mir eine natürliche geistige Affinität bestand, gab es mindestens eine Tageszeit, in der ich die hauptsächliche Empfängerin seiner liebevollen Energie war.

Er war parteiisch. Weder in seinem Gerechtigkeitssinn und seiner Loyalität noch in dem, was er als Gegenleistung erwartete, lag eine wie auch immer geartete Kälte. Er besaß einen außerordentlichen, nicht einmal besonders snobistischen Familiensinn. Das Haus, in dem er lebte, war das seiner Vorfahren, und er sah sich selbst und alle anderen Mitglieder seiner Familie auf eine seltsame stammesorientierte Weise: Wir waren nur ein Glied in einer Kette, die nicht unterbrochen werden sollte. Er gab an uns weiter, was er von seinen Vorfahren erhalten hatte: Erziehung, Stolz, Klassenprivilegien und Klassenverantwortung, materielle Besitztümer und ideelle Zugehörigkeit. Es freute ihn, diese Kontinuität zu sehen; er versagte sich und meiner Mutter sicherlich so manchen materiellen Luxus (und auch die Befriedigung mancher grundsätzlichen Bedürfnisse), um die Zukunft des Familienbesitzes zu gewährleisten. Ganz besondere Freude machten ihm seine Enkel. Noch in den letzten Tagen, als er schon nicht mehr sprechen konnte und eine große Müdigkeit über ihn gekommen zu sein schien, wollte er immer noch, daß die Babys – meine Kinder und die meiner Schwester waren damals erst einige Monate alt – auf dem Bett oder auf dem Boden in seinem Zimmer spielten.

Jahwe schloß einen Vertrag mit den Kindern Israels: Er versicherte sie seiner Liebe und Loyalität, solange sie seine Gesetze einhielten. So war es auch bei uns. Es herrschte eine strenge Disziplin. Mein Vater vertrat die Seite der zivilisierten Erwachsenen gegen die Anarchie der Kinder, aber gegen die Welt hielt er zu uns. Er brachte uns nicht allzuviel Respekt vor anderen Autoritäten bei. Wir wurden gelobt, wenn wir Kritik an Regierungen und Institutionen, insbesondere der Bürokratie, übten; ihnen gegenüber frech zu sein, war keine unverzeihliche Sünde. Er wollte, daß wir – insbesondere äußerlich – unabhängig waren, daß wir reisten, für uns selbst sorgten, tapfer und mutig waren und keine Angst vor der Welt und ihren Konventionen zeigten. Es machte uns verlegen, daß er aus seinem Unmut über die kleinen Strafen, die wir auf der Mädchenschule erhielten, nie ein Hehl machten. Aber was er uns vermittelte – jene Unabhängigkeit und Intelligenz, die Fragen stellt –, durfte nicht gegen ihn verwendet werden. Wie die Götter der Vorzeit geriet er bei Übertretungen seiner Gebote in flammenden Zorn. Blitze wurden geschleudert, und in den Himmelsregionen donnerte es. Schläge und Erniedrigungen gehörten zu seinem Repertoire, die sonderbarsten Strafen wurden verhängt, und das nicht unbedingt nur in der privaten Abgeschiedenheit der eigenen vier Wände. Er bestrafte uns mit Wutanfällen für unsere Wutanfälle. Wenn wir uns gehenließen, ließ er sich ebenfalls gehen. Es war, gelinde gesagt, verwirrend.

Noch verwirrender wurde es durch seinen gottähnlichen Anspruch, daß alles, was er tat, irgendwie richtig war, und zwar nicht auf einer persönlichen Ebene, sondern aufgrund eines objektiven Naturgesetzes: Es ist so, wie es war, wie es ist und wie es immer sein wird. Wenn man sich nur etwas von ihm entfernte, merkte man, daß nicht jeder glaubte, was er glaubte, und tat, was er tat, und daß diejenigen, die nicht machten, was er für richtig erachtete, nicht zu einer Ewigkeit in Chaos, Dummheit, Unglück und Verderbtheit verdammt wurden. Aber wenn man in seinen Bannkreis geriet, war es unmöglich, nach dieser Erkenntnis zu handeln.

Infolge dieses überwältigenden Bewußtseins, daß er alles besser wußte, konnte ich nicht einfach anderer Meinung sein als er und es dabei belassen, sondern brauchte seine Bestätigung. Als ich mich gegen den Vietnamkrieg engagierte, schrieb ich ihm einen endlosen Brief nach dem anderen, um ihm zu erklären, warum ich das tat. Ich verwendete ungeheuer viel Energie auf den Versuch, ihn dazu zu bringen, wenigstens zuzugeben, daß es nicht dumm von mir war, diesen Krieg falsch und unmenschlich zu finden – ein hoffnungsloses Unternehmen, das ich jedoch nie aufgab. Bis zum Ende seines Lebens wollte ich seine Zustimmung. Die Größe der Familie verlieh diesem Bewußtsein, daß er immer im Recht war, ein zusätzliches Gewicht. Selbst wenn zwei oder drei von uns mit ihm gleichzeitig nicht übereinstimmten, so geschah das immer aus verschiedenen Gründen, und die unausgesprochene Forderung, die Familie müsse zusammenhalten, übte einen immensen Druck auf uns aus.

Das ist auch der Grund, warum ich es fast unmöglich fand, diesen Beitrag zu schreiben. Es fällt mir schwerer als alles andere zuvor – ich muß meiner Familie diese Worte abtrotzen. Man will nicht, daß ich dies schreibe. Das weiß ich, obwohl ich keinem von ihnen von meinem Vorhaben erzählt habe. Der Versuch, meine Familie zu betrachten, setzt voraus, daß ich mich von ihr zurückziehe; ich nehme ihr etwas weg und stelle nicht nur meinen Vater in Frage, sondern auch den Code, nach dem wir uns als Familie richten. Ich will sie nicht betrügen, und dennoch habe ich das Gefühl, daß ich es tue, daß ich einen Verrat begehe; die Loyalität gegenüber der Familie stand im Mittelpunkt meiner Kindheit, weil mein Vater sich uns, seinem eigenen Code und seiner Vorstellung von Familie gegenüber loyal verhielt.

Als Gegenleistung für seine Loyalität, seine Anstrengungen und sein Engagement erwartete er dasselbe von uns. Es war unmöglich, diesem Anspruch gerecht zu werden. Ich hatte nie das Gefühl, daß irgend etwas, was ich tat, gut genug war. Seine Anforderungen waren nicht einfach hoch – sie ragten vor uns auf wie Berge. Als ich nach Oxford ging, bekam ich schmerzhaft zu spüren, daß es nicht Cambridge war. ›Wir‹ waren immer nach Cambridge gegangen. Es war mir nicht gelungen, in Cambridge angenommen zu werden, und das bedeutete, daß ich versagt hatte. Während mir vorgeworfen wurde, ich sei ein körperlich schwerfälliger Bücherwurm und habe mich von der Familie zurückgezogen, wurden andere Familienmitglieder zur Rede gestellt, weil sie schlechte Noten hatten oder nicht genug lasen. Später fand meine Familie die meisten meiner Freunde ›ungehobelt‹ (und das, obwohl ich ihr nur die präsentabelsten vorgestellt hatte), aber die Freunde meiner Schwester, die zweifellos ›gehobelt‹, ja sogar eindeutig ›ländlich vornehm‹ waren, wurden als dumm und leichtsinnig abgetan. Natürlich wurde jeder von ihnen mit Gastfreundschaft und Charme aufgenommen. Es war schließlich mein Fehler, nicht ihrer. Mein Vater erwartete Intelligenz, Schliff, gutes Aussehen, Charme, gute Manieren, Unabhängigkeit, Phantasie, Originalität, Beherrschung der Konventionen, klares Denkvermögen, Gehorsam, Gesundheit, Tugendhaftigkeit, Erfolg, Selbstdisziplin und Ordentlichkeit. Mit einem Wort: Er erwartete Perfektion.

Ich übernahm diesen Anspruch. Ich glaubte, es schaffen zu können, wenn ich mir nur mehr Mühe gab – daran kann man ermessen, wieviel Charme er in meiner Kindheit und frühen Jugend für mich ausstrahlte. Wenn er Zeus war, dann wollte ich Pallas Athene sein. In mancher Hinsicht förderte er diese Identifikation. Als ich fünfzehn war, nahm er mich – nur mich (darin lag für mich der Zauber) – mit nach Italien. Zwei Wochen lang besichtigten wir in Rom und Florenz die Sehenswürdigkeiten des Altertums und der Renaissance. Das war unser gemeinsames Erbe, und er gab es mit Warmherzigkeit und Witz an mich weiter. In diesen zwei Wochen erlebte ich das einfachste, ungetrübteste Glück meines Lebens. Für jedes Kind, das in einer großen Familie aufwächst, ist die Zeit, die es allein mit einem Elternteil verbringt, ein echtes Geschenk; aber in diesem Fall war es noch mehr. Ich wollte die Frau sein, die ihren Verstand gebraucht, die starke Gefährtin, die sich mit ihrem Vater identifiziert, die Tochter, die seiner Liebe wert war. Während dieser Wochen in Italien kam ich meinem Ziel so nahe wie sonst nie mehr.

Aber schließlich mußte ich aufgeben. Ich kam spät in die Pubertät, hatte einen älteren Bruder, der viele der geforderten Fähigkeiten besaß, und eine jüngere Schwester, die bereits eine sehr gute Beziehung zu meiner Mutter aufgebaut hatte, und so blieb mir nur wenig Spielraum zum Manövrieren. Außerdem gab es eine Reihe von Dingen, die ich nicht angemessen berücksichtigen konnte. Mein Vater liebte meine Mutter sehr; seine Liebe war von einem Reichtum, einer Fülle und einer Kameradschaftlichkeit, die in mancher Hinsicht vollendet waren. Man kann sich als Tochter nicht mit dem Vater identifizieren und der Mutter Achtung und Liebe entgegenbringen. Das ist einfach unmöglich – jedenfalls, wenn die Mutter eine umsichtige Hausfrau mit sechs Kindern, einer warmen Küche, erheblicher Intelligenz und einem geliebten und sie liebenden Ehemann ist. Ich kenne einige Töchter, die das Gefühl haben, ihre Väter hätten sich ihnen zugewandt, um einen Ausgleich für die Fehler ihrer Frau zu finden. Im Fall meines Vaters trifft das jedoch nicht zu. Er liebte in mir das Kind, nicht die Frau. Ich zog mir nur allzuoft seinen Zorn zu, weil ich mich meiner Mutter gegenüber nicht so benahm, wie er es für richtig hielt. Meine Mutter nahm mich dann nicht vor ihm in Schutz, und so behandelte ich sie immer geringschätziger und gab ihm immer häufiger Anlaß, auf mich wütend zu sein.

Mein Vater lehrte mich, unabhängig und energisch zu sein und mir nicht vorschreiben zu lassen, was ich denken sollte, aber er konnte es nicht ertragen, wenn ich anderer Meinung war als er. Ich weiß nicht, wie dieser Konflikt zu lösen ist. Für mich bedeutete das, daß er mich nicht liebte, wenn ich ihn bedingungslos liebte, und daß er mich auch nicht liebte, wenn ich Bedingungen stellte. Nach vielen heftigen Auseinandersetzungen lief ich davon, aber irgendwie habe ich ihn nie verlassen. Ich tat und fühlte Dinge, nur weil ich wußte, daß er sie nicht guthieß. Aber es half mir nichts.

Inzwischen würde ich am liebsten die ganze Zeit Geschichten über ihn erzählen. Manchmal hat man mir den Vorwurf gemacht, ich zeichnete ein verklärtes Bild von ihm, aber ich glaube nicht, daß das stimmt. Nicht nur, um mich an ihn zu erinnern, will ich solche Geschichten erzählen, sondern um ihn abzusondern, um ihn von dem körperlosen Vater in meinem Kopf zu trennen – diesem Mann, der keine Geschichte und keine Schwächen besitzt.

Der Vater in meinem Kopf möchte mir Schutz verkaufen – er ist der Pate. Er ist nicht so prinzipientreu und viel mächtiger als mein anderer Vater. Er gibt mir seinen Schutz zu einem hohen Preis. Der Preis ist mein Betragen: Wenn es gut ist – so, wie mein Vater es von mir verlangte –, dann sagt er: »Dies ist meine geliebte Tochter, an der ich Wohlgefallen habe«, und damit präsentiert er mich der Welt und beschützt mich gleichzeitig vor ihr. Die potentielle Belohnung einer Tochter, die ihr Schutzgeld in voller Höhe bezahlt hat, ist größer als die eines Sohnes. Die Väter sind hingerissen von einer wohlerzogenen Tochter. Für Söhne ist es billiger, aber bei ihnen fehlt auch der süße Geschmack des Sieges. Söhne werden erwachsen und schließlich selbst Väter – Töchter nie, obwohl man sie, wenn nötig, einem jüngeren Mann als Geschenk und Belohnung übergeben kann. Der Vater in meinem Kopf erpreßt mich auf doppelte Art und Weise: »Wenn du gut bist, dann liebe ich dich, und wenn du schlecht bist, bestrafe ich dich. Aber ich werde immer ein Auge auf dich haben, ich werde dich nie dir selbst überlassen oder dich deinen eigenen Weg gehen lassen.« Ich zahle und zahle und zahle. Als Gegenleistung für die Belohnungen, die Strafen und die ständige Aufmerksamkeit bin ich stark und nie krank, bin ich fleißig und kümmere mich um meinen Mann und meine Kinder, bin ich professionell, kompetent und rücksichtslos. Ich zeige, daß ich über Selbstbeherrschung, Charme und gute Manieren verfüge, und renne nicht nachts bei Vollmond in den Wald, um mich mit den Säuen zu suhlen oder mit den Wölfen zu heulen. Ich ignoriere oder bestrafe das kleine Mädchen, das weinen oder schmollen oder im Matsch spielen oder zu viel Eis essen will. Ich muß mir einreden, daß ich eine Superfrau bin, und da ich weiß, daß das nicht stimmt, muß ich weiterhin wenigstens so tun, als wäre ich es. Ich muß so sein wie meine Mutter und wie meine Brüder und außerdem noch etwas mehr. Pallas Athene war die Göttin des

Friedens und des Krieges, sie war gerüstet und doch immer gelassen, nie dumm, nie verliebt, nie ungezogen, nie im Unrecht. Sie war nie ein Kind.

Dieser innere Vater überwacht die Beziehungen, die ich zu anderen und zu mir selbst habe. Meine Gefühle gegenüber meinen Freundinnen sind sehr ambivalent. Ich finde sie in jeder Beziehung erregend, aber ein Teil der Erregung ist die Gefahr, die darin liegt – wenn der Vater dahinterkommt, wird er sehr zornig sein. Die Anerkennung und die Gesellschaft von Frauen macht mich glücklich, aber sie gibt mir nie das Gefühl, tugendsam, in Sicherheit oder gut zu sein. Wenn Männer mir Anerkennung zollen, fühle ich mich zwar tugendhaft, aber ich bin nicht glücklich, in Sicherheit oder gut. Dieser Konflikt zwischen Glück und Tugendhaftigkeit läßt mich keine Ruhe finden. Tugendhaftigkeit ist nicht ein Lohn in sich selbst, sondern im Gegenteil eine furchtbare Strafe. Ich bestrafe mich auch dafür, glücklich zu sein, und zwar sowohl, indem ich mein Glück zerstöre und unterlasse, was mich glücklich machen würde (so erlaube ich mir weder, Sahnetorten zu essen, noch Raum zu schaffen, um die Dinge zu schreiben, die mir am meisten auf der Seele brennen), als auch indem ich mich mit Schuldgefühlen für Dinge bestrafe, die mir Spaß gemacht haben. Dieser Masochismus ärgert mich, aber ich weiß nicht, was ich tun kann, um etwas daran zu ändern.

Es war mein Vater, der den Keim für diesen Vater in meinem Kopf legte, aber dieser Keim wurde von der Gesellschaft und den Umständen bewässert, gedüngt, gehegt und gepflegt. Es gibt so vieles in dem, was mein wirklicher Vater mir gab, das positiv war und sein sollte, aber ich fühle die Kälte des Schattens, die das Negative darin auf mich wirft; seine Macht, seine Ansprüche und sein Image wurden von jedermann, selbst von anderen Frauen, bestätigt. Am Ende können die Töchter nicht genug bezahlen; überall entscheiden die Väter sich schließlich für ihre Söhne, nicht für ihre Töchter, Nein, Schwestern, dieses Spiel könnt ihr nicht gewinnen. Mein Vater, der uns zum Glauben an Gleichheit, Gleichberechtigung für Frauen, gleiche Ausbildung und gleiche Bezahlung erzog, teilte schließlich seinen Besitz unter seinen

Söhnen auf. Er bedachte auch seine Töchter großzügig, und es mag schäbig erscheinen, daß ich mich beklage (nur eine kleine Entschuldigung nebenbei). Aber seine Erben – seine wirklichen, gesellschaftlichen Erben – sind seine Söhne. Die Liebe, die mein Vater mir so großzügig entgegenbrachte, ist in mir sauer geworden. Sie war auf geradezu unheimliche Weise ganz und gar identisch mit jener väterlichen Liebe, die eine durch und durch frauenfeindliche Gesellschaft einsetzt, um rebellische Frauen im Zaum zu halten. Ich glaube, das war nicht sein Fehler. Aber hätte er es erfahren sollen?

Und wo sind die Mütter? In einer gesunden Gesellschaft würde die Macht der inneren Mutter die Töchter vor der entfesselten Macht der Väter schützen und ein Gegengewicht zu ihnen schaffen, so daß wir die Liebe des Vaters empfangen könnten, ohne durch sie gebrochen zu werden. Meine Mutter ist keineswegs besonders nachgiebig. Sie ist stark und liebevoll und kennt und benutzt ihre tatsächliche Macht, und sie liebt ihre Kinder. Aber sie ist eine Frau ihrer Zeit – sie stellte ihre Kraft und ihre Energie meinem Vater und uns zur Verfügung. Ich glaube, daß sie das als Erfüllung empfand und daß sie glücklich war. Aber die Mutter in meinem Kopf sagt: »Sei für den Vater und die Kinder da; schütze den Vater vor den Eigenschaften einer Mutter, die ihm Angst einflößen könnten; verlange nicht zu viel für dich selbst und sei zufrieden.« So hat sie der Macht des Vaters nichts entgegenzusetzen, sondern vergrößert sie noch. Wo werden wir die mächtige Mutter finden?

Noch eine letzte Geschichte über meinen Vater: Im letzten Jahr traf ich einige alte Freunde meiner Eltern. Ich hatte sie lange nicht gesehen, obwohl sie uns in meiner Kindheit und Jugend oft besucht hatten. Natürlich kam das Gespräch bald auf meine Eltern, und plötzlich sagten sie: »Wir fanden es immer sehr komisch, wieviel Angst Ihr Vater vor seiner Mutter hatte.« Ich war sprachlos. Meine Großmutter war wirklich eine schreckliche Frau gewesen, eine auf bizarre Weise furchteinflößende alte Dame. Wir alle, meine Mutter eingeschlossen, hatten vor ihr Angst gehabt. Aber mein Vater? Mein Vater hatte also Angst vor seiner Mutter gehabt, so viel Angst, daß seine Freunde, die ihn erst als Erwachsenen kennengelernt hatten, davon wußten.

Irgendwie vergrößerte das meine Liebe für ihn. Aber noch etwas steckt in dieser Geschichte. Ich habe meinen Vater mit den Göttern des Altertums verglichen. Es gibt ein uraltes Geheimnis. Die alten Götter lebten immer in Angst vor der noch älteren Mutter, der Göttin, die vor ihnen geherrscht hatte und nun wartete – entmachtet, aber gefährlich. Es hat mir immer gefallen, die feministische Bewegung als eine neue Inkarnation der älteren Göttin, der ältesten Gottheit, die es gibt, zu betrachten. Ihre Macht wird die Herrschenden von ihren Thronen vertreiben. Der Feminismus wird den Vater, der mich beherrscht und lenkt, aus meinem Kopf vertreiben. Der Feminismus wird mich befreien. Aber ich will, daß der Feminismus meinen wunderbaren Vater unbehelligt läßt, den Ehrenmann, der mir über so vieles soviel beigebracht hat – sogar wie man mit Würde stirbt. Ich weiß nicht, ob es möglich ist, mit dieser Abstraktion der Großen Göttin einen Handel zu schließen und ihr Bedingungen zu stellen. Das macht mir angst. Ich will meinen Vater und meine Liebe für ihn schützen. Ich will ihn nicht töten, ich will ihn nicht tot sehen. Ich will diesen Mann von der Verpflichtung befreien, ein Vater zu sein.

Trifft das wirklich zu? Oder ist es nur ein weiterer Preis, den die Macht der Väter von mir fordert?

GABRIELE WOHMANN

Der doppelte Vater

Die Autorin wurde 1932 in Darmstadt geboren. Sie absolvierte ein Literaturstudium und begann 1956 mit ersten Prosa-Arbeiten. Sie ist Mitglied des PEN-Clubs, der Akademie der Künste in Berlin und der Akademie für Sprache und Dichtung in Darmstadt. 1967/68 erhielt sie ein Stipendium der Villa Massimo. 1971 wurde Gabriele Wohmann der Bremer Literaturpreis, 1980 das Bundesverdienstkreuz 1. Klasse und 1981 der Deutsche Schallplattenpreis verliehen.

Mein Goethe fängt mit einer großen schönen kühnen Behauptung an: »Der du von dem Himmel bist...«, und es tut mir gut, die ruhige Wucht der Anrede mitzuempfinden. Kein Widerspruch! Aber plötzlich bekomme ich Sehnsucht nach einer melancholisierenden Beimischung, und ich nehme *meinen* Schubert zu Hilfe und *meinen* Goethe in Liedform zu mir.

Der du von dem Himmel bist,
Alles Leid und Schmerzen stillest,
Den, der doppelt elend ist,
Doppelt mit Erquickung füllest,
Ach, ich bin des Treibens müde!
Was soll all der Schmerz und Lust?
Süßer Friede,
Komm, ach komm in meine Brust!

Ich bin unterwegs. Ich bin auf einer meiner Lese-Dienstreisen und zu früh am Bahnsteig, für die Weiterfahrt nicht gut genug gestimmt, nicht ausgeschlafen, meiner Umgebung nicht wirklich und nicht selbstverständlich zugehörig. Zu viele Augenblicke auf dieser Strecke empfinde ich als nur leer zermürbend, als unverankert. Doch es ist ja immer auch und wo ich bin eine Strecke durch meine eigene Lebenszeit, also geht es um jede Minute! Ich spüre, daß in einer unwichtigen

Überanstrengung Zeit vergeht, und wenn sie auf solche Weise vergeht, dann wird sie vergeudet. Ungenutzte Momente! Ich kenne aber doch die Gegenmedizin. Ich habe doch die kleine Reiseapotheke mit dem Stoff fürs Bewußtsein bei mir. Im Innern sage ich auf: Goethe, wie meistens; jetzt das Gedicht ›Eigentum‹.

Ich weiß, daß mir nichts angehört
Als der Gedanke, der ungestört
Aus meiner Seele will fließen,
Und jeder günstige Augenblick,
Den mich ein liebendes Geschick
Von Grund aus läßt genießen.

Gewiß ist das da am Bahnsteig nicht von sich selbst aus ein ›günstiger Augenblick‹. Er ist es nicht, solange ich ihn nicht dazu mache. Doch ehe ich es auch nur versuche, willkürlich und vernünftig, bändigt und mäßigt mich Goethes Text selbsttätig, Wort für Wort, als Poesie und Mitteilung, mildernd, erhellend. So soll es sein, denke ich, mit der Dichtung, die nie den Verstand allein beschäftigt, sondern die hier von Goethe ohne Scheu zitierte Seele treffen möchte.

Weiter, nur weiter höre ich es dennoch bald schon wieder in mir antreiben. Wie unklug ist der Wunsch, hamsterartig kopflos durch die Stunden zu kommen, ich weiß es ja. Das ist eine selbstgemachte Verwunderung. Ich beschädige eine autobiographische Gelegenheit. So unscheinbar sie auch sein mag: sie zu versäumen muß Undank sein, Gedankenlosigkeit. Ich brauche einen Ausweg, Landgewinnung, Rückkehr. Ich finde sie immer, die vorübergehende Lösung, die Höchstdosis für die Seele, durch welche die Seele überhaupt erst wieder tätig wird, und ich benutze im inneren Repertoire die Kombination Goethe-Lyrik und Schubert-Musik, ganz wie vorhin und mit dem gleichen Vertrauen.

Wer sich der Einsamkeit ergibt,
Ach! der ist bald allein;
Ein jeder lebt, ein jeder liebt,
Und läßt ihn seiner Pein.

Ja! laßt mich meiner Qual!
Und kann ich nur einmal
Recht einsam sein,
Dann bin ich nicht allein.

Es schleicht ein Liebender lauschend sacht,
Ob seine Freundin allein?
So überschleicht bei Tag und Nacht
Mich Einsamen die Pein,
Mich Einsamen die Qual.
Ach, werd ich erst einmal
Einsam im Grabe sein,
Da läßt sie mich allein!

Mein Goethe, so therapeutisch verwendet, dieser Goethe, er wäre Goethe selber gar nicht recht. Ihm waren die unselbständigeren Vertonungen der Zeitgenossen lieber, und Franz Schubert hat er zurückgewiesen. Ich kann es verstehen. Schuberts Genie läßt einfach nicht zu, daß Goethes Text dominiert, und ein Gleichgewicht entsteht, eines ohne Rangordnungen und Unterscheidungen. Ist also die Kongenialität auch ein bißchen gefährlich, bald dem Text, bald der Musik?

Über allen Gipfeln
Ist Ruh,
In allen Wipfeln
Spürest du
Kaum einen Hauch
Die Vögelein schweigen im Walde.
Warte nur, balde
Ruhest du auch.

Habe ich jetzt nicht vielleicht mehr auf die Melodie geachtet als auf den großen poetischen Text? Kann ich beide Reaktionen voneinander trennen? Aber dieses Goethe-Gedicht habe ich auf eine Weise gern, die mich nichts entbehren läßt, wenn ich Schuberts Musik weglasse.

Über allen Gipfeln
Ist Ruh,
In allen Wipfeln
Spürest du
Kaum einen Hauch;
Die Vögelein schweigen im Walde.
Warte nur, balde
Ruhest du auch.

Nicht zu ergründen, wieso mir diese Todesverheißung keine Angst macht, wieso ich traurig bleibe und sorglos werde. Es muß mit der Wahrheit selber zu tun haben, daß ich zum todesgewissen ›Warte nur‹ und dem sicheren ›Balde‹ so unzaghaft »ja« sagen kann. Nur in der vollkommenen und äußersten Schmerzzufuhr kann ein Glücksgefühl als etwas Abgerundetes erfahren werden, denke ich. Inmitten dieses Schmerzes steckt so ein Glück, wahrhaftig.

An den Tod zu denken, hielt Goethe nicht erst 1824, nicht erst mit 75 Jahren, für selbstverständlich – schließlich haben wir ›Die Leiden des jungen Werthers‹ gelesen – aber im Gespräch mit Eckermann hört es sich, beneidenswert gelassen-beruhigt, so an:

»Mich läßt dieser Gedanke (an den Tod) in völliger Ruhe, denn ich habe die feste Überzeugung, daß unser Geist ein Wesen ist ganz unzerstörbarer Natur; es ist ein fortwirkendes von Ewigkeit zu Ewigkeit. Es ist der Sonne ähnlich, die bloß unsern irdischen Augen unterzugehen scheint, die aber eigentlich nie untergeht, sondern unaufhörlich fortleuchtet.«

Der Mangel an Beweiskraft macht mir hier, bei Goethe, gar nichts aus. Naturwissenschaftlich gesehen mag Goethes Zuversicht naiv oder vage wirken, eine theologische Lösung bietet er nicht, etwas Rezeptartiges auch nicht, und doch – wieso erweckt dieser Befund so viel Vertrauen? Es geht etwas ansteckend Zugkräftiges davon aus, und das stammt vielleicht hauptsächlich von einer mutigen Entschlußkraft ab, die das Verzagen für müßig erachtet. Goethe gibt mir hier eine Art von Prosa-Ergänzung zum friedenverströmenden Gedicht mit der Verheißung »Warte nur, warte nur... balde/ ruhest du auch«. Man kann ja fast dazu lächeln, oder nicht, spürt Einverständnis, stimmt's? So würde ich gern mit einer geliebten Person sprechen, mit jemandem, der alt ist und sterben wird. Warum kann nicht einmal mit Goethes Beistand so zwischen Menschen geredet und hin- und hergefragt werden? Gibt es das nicht auch, ab und zu wenigstens, eine Art Vorfreude, beim Annähern an den Tod? Verscheucht ist alle Panik, bitte, laß es für dich so sein, mach doch Gebrauch vom in der Welt Vorgedachten, nimm Zeile für Zeile.

Es macht mich immer wieder einmal etwas argwöhnisch gegen mich selber als Goethe-Lyrik-Verbraucher – das bin ich ganz im Sinn einer Nutzanwendung, Goethe hat das von Dichtung auch so gewollt –, macht mich argwöhnisch, daß mir der Kollaborateur Franz Schubert mit seinen Depressionszutaten so wichtig ist. Mein Vater, ein Goethe-Kenner, und auch eine Tante, die Musikerin ist, beide demnach keine naiven Kunstliebhaber, sie plädieren immer für den Goethe ohne Musikuntermalung.

Habe nun, ach! Philosophie,
Juristerei und Medizin
Und leider auch Theologie
Durchaus studiert, mit heißem Bemühn.
Da steh ich nun, ich armer Tor!
Und bin so klug als wie zuvor;
Heiße Magister, heiße Doktor gar,
Und ziehe schon an die zehen Jahr
Herauf, herab und quer und krumm
Meine Schüler an der Nase herum –
Und sehe, daß wir nichts wissen können!
Das will mir schier das Herz verbrennen.
Zwar bin ich gescheiter als alle die Laffen,
Doktoren, Magister, Schreiber und Pfaffen;
Mich plagen keine Skrupel noch Zweifel,
Fürchte mich weder vor Hölle noch Teufel –

Zurück in meine Kindheit, zurück zu meinem Vater: ich glaube, den habe ich, als ich ganz klein war und um ihm einen Spaß zu machen, mit Goethe selbst verwechselt. *Mein*

Goethe: das ist von allem Anfang an *Mein Vater*, ist also Vaterprägung, und weil das ein so geliebter Vater war, ist daraus für mich so viel Goethe geworden. Begünstigende Umstände von jeher, und sie sind natürlich nie mehr wegzudenken, es gibt daher nie mehr meinen von solchem Aufwachsen abgetrennten und sozusagen erwachsen gewordenen, objektivierten, selbständigen Goethe – wahrscheinlich auch, weil ich das gar nicht will und nie angestrebt habe. *Mein* Goethe hat viel mit der Treue zur einmal gefundenen Identität zu tun, mit lebenslänglicher Anhänglichkeit... In leider, aber unweigerlich ausbleichender Handschrift meines Vaters, aus Briefstellen, auf Zetteln, hängt täglich in meiner Schreibtischgegend viel Goethe um mich herum, an Wände gepinnt. Ich möchte mich zurückversetzen! Ich spüre, wie jede einzelne Nachträglichkeit sich lohnt. Goethe spricht von der Pflicht, etwas gegen das pur Vergängliche zu setzen. Kein Lamentieren übers Vergebliche bringt weiter, bringt zurück. Also will ich mich nur zu gern an das Unvergängliche machen.

Unter Familienscherzverulkung zitiert mein Vater Goethe-Verse. Wir machen einen Spaziergang, wir sind im Wald, wir sind am Strand, mein Vater weiß, daß wir nicht genau zuhören und daß das dennoch keine Einbuße ist. Am liebsten haben wir die Stellen, an denen er, auswendig, nicht recht weiterkommt, und er freut sich sehr mit uns, muß ebenfalls Lachen. Stockt er manchmal mit Absicht? Sein Zitieren hat überhaupt nichts von pädagogisierendem, langweilendem, feierlichem Schrecken der Unterhaltungssperre für die Kinder, für die jungen Leute, für die allmählich älter werdenden jungen Leute, seine Kinder, die wir bleiben, in seiner Gesellschaft. So ein Zitieren geschieht auf eine in den Alltag freundlich, aber auch überblickartig eingebaute Weise, auf Feriengängen und zwischen anderen Themen oder inspiriert von einem Naturanblick: da spricht mein Vater einen Goethe-Text und weiß dabei, wünscht wohl auch, daß er unterbrochen werden wird, denn wenn das so ist, dann geht es uns allen gut, und wenn wir lachen müssen, weil er mit einer Gedächtnislücke zu kämpfen hat, dann weiß er, daß niemand unter uns sich mit einem Kummer quält. Wir fallen ihm ins Wort, wir erfinden kleine Goethe-Deformationen, sakrilegisieren, das Meer rauscht, der Wolkenhimmel ist aller Achtung wert, ach: die Ingredienzen stimmen, »Wie an dem Tag/der dicht der Welt verliehen«, der Vater wird schon recht haben, »Die Sonne stand zum Gruße der Planeten«, und Goethe hat recht, und irgendwann wird uns das Ganze schon nützen, denn einen solchen Goethe, Stelle für Stelle, so einen gar nicht unnahbaren, gar nicht entrückten Freund des Vaters, einen, über den man lachen konnte, im Einklang mit ihm und liebevoll und den Vater inclusive, den nimmt man ernst ein Leben lang, so ernst wie den Vater, so heitermachend ernst, und manchmal, wenn ich jetzt viel später vermute, etwas besser zuzuhören hätte uns gar nichts geschadet, falle ich meiner Selbstkritik ins Wort, denn ich fühle, beim Rückblick auf diese glücklichen Tage, daß alles ganz genau so richtig war. Ganz fehlerlos. Was jetzt nur allerdings manchmal fehlt, meiner Bestätigungssüchtigkeit, das ist der Vater, um es ihm zu sagen.

So einen unkonventionell benutzten Familien-Alltags-Spaziergangs-Goethe höre ich in meiner Erinnerung sogar als Kinderstimme: mein jüngster Bruder hat, noch in weiter Entfernung von jeglichem Textverständnis, einfach nur um uns Ältere zu verblüffen, heimlich die ›Urworte orphisch‹ auswendig gelernt; als Graphik und auf Bütten gedruckt hingen sie in meinem Elternhaus, in die Tür zur Bibliothek genagelt.

> Wie an dem Tag, der dich der Welt verliehen,
> Die Sonne stand zum Gruße der Planeten,
> Bist alsobald und fort und fort gediehen
> Nach dem Gesetz, wonach du angetreten.
> So mußt du sein, dir kannst du nicht entfliehen,
> So sagten schon Sibyllen, so Propheten;
> Und keine Zeit und keine Macht zerstückelt
> Geprägte Form, die lebend sich entwickelt.

Sehr wichtig zu betonen, daß mein kleiner Bruder damals nur dem Überraschungseffekt zuliebe die Qual des Auswendiglernens auf sich genommen hat, er war das Gegenteil von streberhaft, und als Schulaufgabe hätte er den gleichen Prozeß bis zur Verweigerung gehaßt.

Das Wort *Vaterland* sprach man in der Goethezeit noch unbefangen aus. Die Nazivergangenheit hat Wort und Begriff in unserer deutschen Gegenwart alle Unschuld genommen. Ich benutze das Wort nie. Ich benutze auch das Gefühl nie. Ich habe es nicht, nicht in der unbefrachteten traditionellen Weise. Neulich habe ich aber doch *Vaterland* gesagt. Als Zitat, Goethe-Zitat, und trotzdem, trotz Goethe, durch den mir so vieles leichter fällt, mit gemischten Gefühlen. Wir waren im Verlauf eines Aussteigergesprächs – Thema: wo läßt es sich eigentlich im Einverständnis mit der Außenwelt leben, gibt es so ein Land, in das man unbedingt überwechseln sollte; weg streben wir ja, doch wohin denn nur? –, und so waren wir, bald enttäuscht, bald grimmig, bald hoffnungsvoll, redend unter Freunden darauf gekommen, daß vielleicht sogar eine Beunruhigung, die man Freunden mitteilen kann, besser sei als eine fast ja auch an keinem Schauplatz denkbare Beruhigung, ungeteilt, ohne die Freunde.

»Da wo wir lieben, ist Vaterland.«

Goethe münzte diese Zeile zwar auf seine Jugendfreunde am Herrgottsberg im Darmstädter Wald, aber abschiednehmend. Er war im Begriff, den Platz, an dem er liebte, *Vaterland* also in diesem seinem richtigen Sinn, zu verlassen, und empfand die Tragweite. Ich fand den Hinweis darauf nützlich für den Freund. Ich denke aber auch an Eingeübtes zwischen mir und Landschaft, an Gewohnheiten, die einen Asylcharakter haben, an ein System der Anblicke, wenn ich selber gegenüber meiner Seßhaftigkeit rebelliere, denn auch *Heimat* sagt sich für mich nicht leichthin unbefangen, nicht ohne die schändende Nazireminiszenz, trotz der Aufwertung von Wort und Begriff durch Ernst Bloch – und wenn ich unzufrieden bin, weg will, dann ziehe ich mich mit einem meiner Lieblingszitate aus Goethes Briefen an Charlotte von Stein zurück in die freundschaftliche Kulisse: »Die Sonne ist unter. Es ist eben die Gegend ... so rein und ruhig und so uninteressant als eine große schöne Seele, wenn sie sich am wohlsten befindet ...«

Es hat mich interessiert, wie man, wenn man sehr jung ist, sich zu Goethe verhält und ob man *seinen* Goethe überhaupt hat auch da, wo kein solcher Vater wie meiner vorbestimmend wirkte. Das Beantworten von Leserpost gehört zu meiner alltäglichen Arbeit. Ich dachte mir: jetzt laß doch sie mal für dich arbeiten. Beschäftige sie. Die jüngsten unter meinen Postverursachern haben mich am meisten interessiert. In alle meine Antwortschulden schleuste ist also jetzt die Aufforderung ein, völlig spontan, ohne Schreibehrgeiz, mir das subjektive und wichtigste Goethe-Signal zu schicken. Eine Lieblingsstelle, eine Meinung. Was Goethe bedeutet oder auch: wie wenig er bedeutet. Ich bekam sofort sehr viel Post zum Thema.

Ach Gabriele, ich möchte gerne Deine Bitte erfüllen, doch ich glaube, daß meine Worte über Goethe doch immer einiges vermissen ließen, daß ich ihm eigentlich gar nicht gerecht werden kann...

Über meine Mithilfe beim Interpretieren einer meiner Kurzgeschichten sind die jetzt vielleicht 20jährige Bärbel und ich zusammengekommen: das ist meistens der Anfang einer langdauernden Korrespondenzbeziehung. Bei der Bärbel hat meine Mitwirkung zu einer Art Abhängigkeit geführt, für mich zu viel Verantwortung. Bärbel will immer das machen, was man *aussteigen* nennt; aber zur Zeit versorgt sie, angestellt von der Kirchenleitung, asoziale Kinder.

> Mir gefallen Goethes Ratschläge, wie zum Beispiel: »Der Menschheit Würde ist in eure Hand gegeben! Bewahret sie! Sie sinkt mit euch! Mit euch wird sie sich heben.« Beim Namen Goethe denke ich aber auch mit gemischten Gefühlen an seinen Abschied von der Friederike und an seine Worte: »Hier war ich zum ersten mal schuldig; ich hatte das schönste Herz in seinem Tiefsten verwundet.«

Ich weiß ja, daß Goethe sich mit seiner Art zu lieben und Lieben zu beenden bei vielen Frauen unbeliebt gemacht hat.

> Eine Zeitlang konnte ich mich darüber richtig empören, daß er einem Menschen Leid zufügt, aus angeblicher Bestimmung, der persönlichen und schriftstellerischen Reife näherzukommen. Ich habe drei Lieblingsgedichte. Das sind mit Titel: ›Eigentum‹, ›Gefunden‹ und ›Vermächtnis‹.

Es rührt mich natürlich, daß die Bärbel im folgenden meinen Vater meint: wie genau hat sie meine Bücher gelesen:

Doch im Zusammenhang mit Goethe werde ich auch immer an den Pfarrer denken müssen, der Goethe häufiger zitiert hat, als die Bibeltexte es ihm wert waren.

Ganz so ist es allerdings nicht gewesen; bei Goethe entfiel die Scheu vorm Aussprechen, die gegenüber Psalmen beispielsweise, entlang der Flutmarke am Strand in Feriengesellschaft, für meinen Vater selbstverständlich war.

Ingrid, drogenerfahren und viel pessimistischer als Bärbel, schreibt immer kurze Briefe, ab und zu auch kleine Prosastücke, die ganz knapp sind und kalt nur wirken: es kommt nicht oft zu so geschickter Aussparung von Gefühlen bei jungen Schreibern. Bezeichnend auch, daß Ingrid mich nicht wie die meisten andern gleich von Anfang an duzt.

Zu Goethe ist bei mir nicht viel Beziehung. Sehr gerne mag ich Hermann Hesse.

Aber zuvor hat sie mich mit ihrer Belesenheit verblüfft, denn dem kleinen Brief ist ein Zitat vorangestellt, Faust spricht zu Mephisto:

Allein bei meinem langen Bart
Fehlt mir die leichte Lebensart.
Es wird mir der Versuch nicht glücken;
Ich wüßte nie mich in die Welt zu schicken.
Vor andern fühl ich mich so klein;
Ich werde stets verlegen sein.

Eine junge Holländerin aus meinem Leser- und Brief-Kontaktkreis reagiert gelassen, das paßt zum speziellen Ton zwischen ihr und mir: sie hofft immer, mich zu provozieren:

Beim Betrachten der Sekundärliteratur über Goethes ›Über allen Gipfeln ist Ruh‹ ist mir das Lachen gekommen. Bis heute findet man wohl noch immer keine ›Ruh‹! Übrigens, Goethe selber hat ja gar nicht ›bald‹ geruht, denn nach ›Werther‹ ließ er immerhin auch ›Eduard‹ und ›Ottilie‹ in den ›Wahlverwandtschaften‹ ihre ›Ruh‹ nur in dem Tode finden, nicht? So, hoffentlich ist dir das originell genug, ich muß jetzt Kaffee kochen...

Weil ich dem Thomas aus Westfalen nie geglaubt habe, daß

er wirklich erst 16 ist, hat er mir eines Tages eine Photokopie seines Taufscheins geschickt.

> Mein Goethe – wenn es den gibt. Obwohl ich fast genau so viel *über* wie *von* Goethe gelesen habe, kann ich mich dem Bild des 1) toten, 2) übermenschlichen und 3) dichterfürstlichen Goethe nicht anschließen. Goethe ist für mich ein großer Schriftsteller/Dichter, dessen ständig zitierte Zeilen wie ›Über allen Gipfeln‹ und ›Habe nun ach‹ mir nicht Sprichworte sind, sondern eine Dichtung, die ich nachempfinden kann und die mich, ganz unabgedroschen plötzlich, trifft. Gerade diese Zeiten (im Kontext) sind mir in vielen Situationen eingefallen, und wenn es dann auch kein literaturwissenschaftliches Niveau hatte, so hat es mir doch etwas gesagt, mir geholfen. Nur so ist ein Goethe lesbar. Er spielt für mich nicht *die* Sonderrolle (in welcher Richtung auch immer) – ich bewundere ihn sehr, ja, doch das tue ich bei andern Dichtern halt auch...

Von Gudrun, die nach einer Entziehungstherapie nicht weiß, was sie ohne »Mama's little helpers« machen soll, höre ich:

> Mein Goethe? Mein Goethe ist schon ein bißchen alt. Er ist mir im letzten halben Jahr ein wenig verödet worden, in der Schule.

Gudrun ist, mit dieser Briefstelle, die einzige, die meinen Verdacht gegen den Deutschunterricht in der Schule erhärtet. Aber schließlich hat auch sie sich selbständig gemacht:

> Denk' ich an Goethe, denk' ich an Werthers Leiden, ja, wo ich auch eine Menge Lieblingsstellen hab'. Goethe ist für mich ein leidenschaftlich lebender-erlebender Mensch. Er sieht, hört nicht einfach nur, er empfindet, fühlt nach. Das zeigt sich doch in seinen Naturbeschreibungen. Er beschreibt nicht, er artikuliert seine Gefühle, die ihn mit dem Phänomen Natur verbinden. Mich hat es immer regelrecht mitgerissen, wenn ich diese wunderschönen Worte gelesen habe. Sein Enthusiasmus ist ansteckend, wie eine schöne melodische Musik... Durch Werthers Leiden bin ich übrigens zum Schreiben gekommen. Vor circa drei Jahren, als sich das mit meinem Suizid-Drogenkram immer mehr zuspitzte, las ich ihn ziemlich intensiv, ich lebte regelrecht mit ihm... »Ich könnte das beste glücklichste

Leben führen, wenn ich nicht ein Tor wäre«, sagt Werther.

Ach, wer bringt die schönen Tage,
Jene Tage der ersten Liebe,
Ach, wer bringt nur eine Stunde
Jener holden Zeit zurück!
Einsam nähr ich meine Wunde,
Und mit stets erneuter Klage
Traur ich ums verlorne Glück.

Ach, wer bringt die schönen Tage,
Jene holde Zeit zurück!

Diese Briefe, sie haben mich gerührt – und gewundert. Denn von denselben Briefschreibern höre ich, wie anödend und spielverderberisch oft der Deutschunterricht sei, wie furchtbar einengend auf Leistung und Zensur gerichtet. Woher aber stammt dann so viel Bereitwilligkeit und individuelle Lust? Die dem pauschalen Klagen über die sogenannte und angeblich ganz antriebslose, geistabgewandte Jugend widersprechen? Soll ich nur auf mich selber stolz sein und »das sind halt meine Leser« sagen?

Und was lesen denn Sie selber? Was lesen Sie am liebsten? Darf man fragen, wer Ihre Vorbilder sind?

Unter allen Fragen nach Lesungen, im Verlauf der sogenannten Diskussionen, habe ich diese da fast am wenigsten gern. Warum denn nur leide ich immer ein wenig unter dem Eindruck vom falschen Zungenschlag, von etwas zu viel Wuchtigkeit, wenn ich dann doch, aber nicht als den einzigen Dichter, Goethe nenne? Was steckt denn auch diesmal wieder in meinem Reisegepäck, verläßt es nie, mit der Reisezahnbürste und einer Erinnerungsduschhaube aus Salt Lake City und dem Neuen Testament (über das ich aber auch bei keiner öffentlichen Veranstaltung zu sprechen Lust habe) – es ist doch ganz gewiß Goethe, in irgendeiner Reise-Kurz-Not-Dringlichkeitsform, irgendsowas wie ›Goethe erzählt sein Leben‹ oder eine Briefausgabe oder unter *Trost* oder sonstwie Zusammengefaßtes. Woher diese Befangenheit? Wieso fände ich es einfacher, Dostojewski zu sagen? Simenon? Kafka. Marcel Proust. James Joyce. Alle zu nennen. Doch wenn ich Goethe wegließe, dann hätte ich mich verstellt. Meine Identität nur bruchstückhaft und verlegen imitiert.

Wir haben erst vor kurzem wieder am Meer, mein Mann und ich mit meiner Schwester und meinem Schwager, ein wenig väterliche Goethezeit, goethesche Vaterzeit nachgespielt, zu viert die größere Familiengruppierung von damals durch das Suchen von Erinnerungen ergänzend. Zärtliche, beschwörerische Proben, beim Zitieren, und in der Wiederholung fand die vergangene Gegenwart auf eine besondere Weise, nämlich liebend, wieder statt. Ich glaube, daß meine Nähe zu Goethe auch mit meiner Entfernung von Goethe zu tun hat und daß mein Vater die Verbindung herstellt.

Im Atemholen sind zweierlei Gnaden:
Die Luft einziehen, sich ihrer entladen;
Jenes bedrängt, dieses erfrischt;
So wunderbar ist das Leben gemischt.
Du danke Gott, wenn er dich preßt,
Und dank ihm, wenn er dich wieder entläßt.

Auf seinen Vater kann man nicht gut eifersüchtig sein, aber das wäre am Beispiel *genießenkönnen* für mich tatsächlich angebracht, vorausgesetzt, aus dieser Eifersucht könnte ich ein Nacheifern machen. Ich bin sicher, meinem Vater gelang nicht nur das Goethe-Atemholen, ihm glückte auch das dazugehörende Gnadeempfinden: »Dank ihm, wenn er dich wieder entläßt.« Ich versuche mich nur in dem Gefühl. Meine Genußunfähigkeit empfinde ich als Unfertigkeit, als einen Reifedefekt, ganz töricht, und das wäre, von Goethe entfernt zu sein. In die Nähe rücke ich mich durch die väterliche Nähe. Und wieder ist mir diese Prothesenhaftigkeit ganz recht so.

Von meinem beruflichen Goethe-Verhältnis war also jetzt nicht viel die Rede, wozu auch. Ich denke, für mich und jeden einzelnen meiner Kollegen ist hier ein währschafter Neid angebracht. Niemand mehr wird so berühmt sein können, wie Goethe war und bleibt. Ein schwieriges Kapitel. Man möchte den Kopf schön hoch oben tragen können. Nicht kleinlaut werden, nicht zerknirscht und dann privat verschätzt herumjammern: ungoethehaft. Goethes Diskretionsstolz, den ich aus Briefen und Gesprächen und anderen Kontakten mit den Zeitgenossen spüre, er leuchtet mir immer als die einzig wahre, einzig mögliche Gangart durchs Dickicht sämtlicher Anhänglichkeiten und Ausfragereien ein. Auch bei seiner Leugnung der Todesangst...

»...dieser Gedanke (an den Tod) läßt mich in völliger Ruhe...«

...auch da wird er ja ein bißchen gemogelt haben, meine ich eben. Seine extremste Privatheit hat er gewiß keinem Zeugen mitgeteilt, denn dafür war die Dichtung da. Die starke Ruhe-Behauptung basiert, ich unterstelle das zu meinem eigenen schadenfrohen Vergnügen – schadenfroh gegenüber den Neugierigen –, auf einer Absicht, auf Entschlossenheit, und kommt einer Forderung ans eigene Bewußtsein gleich. Wie angenehm konträr verhält sich so ein Goethewort zum modisch-üblichen Anvertrauens- und Selbstentblößungstriebleben unserer Zeiten: hier die strenge Grenze und der Grenzpfahl *Verschwiegenheit*, da und heute die allseitige Anfaßbarkeit, das Verdikt gegen alles irgendwie verdächtig Elitäre, unallgemeinverständliche Individualistische. In meinem Goethe-Taschenlexikon werde ich immer fündig, auf jeder Seite, und jetzt auch unterm Stichwort *Indiskretion*.

»Es ist kein Unterschied zwischen Aufrichtigkeit, Vertrauen und Indiskretion, vielmehr nur ein leiser Übergang vom Unverfänglichsten zum Schädlichsten.«

Ich möchte meine mir so angenehme Familie nicht herzeigen wie eine kleine verängstigte und vom Höheren – wie einem Goethe-Über-Ich – zu stark eingeschüchterte Menschengruppe, eine treue und etwas schrullige Vater-Gemeinde, die in einem betagten bildungsbürgerlichen Sinn schon ganz schön komisch geworden ist – aber vielleicht sind wir wirklich nicht ohne einen gewissen Sinn auch fürs Tragikomische zu verstehen. Das ist nämlich jetzt gerade wieder auf diese Höchstdosis-Weise, Schmerz- und Glückszufuhr in einem, *mein Goethe* gewesen, nach gemeinsamen Meeresferien, beim Abschied von meiner Schwester, *mein* Goethe, durch *ihren* Goethe, und beide vom Vater und von der Kindheit und allen darauffolgenden geprägten Jahren abstammend: meine Schwester hat mir ein winziges Goethebändchen heimlich hinterlassen, sie hat es mir gut und leicht zu finden versteckt und ist auf diese Weise über die Abschiedsumarmung hinaus dageblieben. Und es ist für mich dieses kleine, ganz große Geschehen an sich, die Idee, noch viel mehr als das Bändchen selber: *Mein* Goethe. Dieser Einfall zählt mehr als jede der ungefähr hundert Zitatstellen. Ich weiß gar nicht, ob ich oft in dem Büchlein lesen werde. Aber ich werde es immer bei mir haben, das weiß ich. Im Geschenk meiner Schwester ist sozusagen jede vom Vater rotangestrichene Zeile ganz selbsttätig wirksam, und fest steht auch, daß es selbstverständlich schon *Goethe* sein mußte, bei dieser Liebesausübung und dringlichen Aktion in Sachen Unvergänglichkeit.

DINAH BROOKE

Wiedersehen mit einer Zwangsvorstellung

1936: Geboren.

1950–54: Cheltenham Ladys' College – absolut entsetzlich. Ging mit 16 nach Paris, um ein romantisches Leben à la Cocteau/Juliette Greco zu leben. Sehr naiv. Studierte Bildhauerei und Griechisch. Wurde ein bißchen verrückt. Verbrachte viele einsame Nachmittage im Kino. Legte mir einen wunderbaren französischen Akzent zu. Kehrte kaum weniger naiv zurück. Besuchte in London ein Paukstudio, um die Aufnahmeprüfung für Oxford zu schaffen. Wurde von den Hauptcolleges abgelehnt, aber in St. Clare's aufgenommen. Hatte viel Spaß – Partys, Champagner, Theater, die Bodleyanische Bibliothek – und erwarb einen akademischen Grad in englischer Literatur.

Londoner Filmhochschule. Machte einen Film über ein verrücktes Mädchen und entdeckte Sex.

Versuchte mich als junge, dynamische Drehbuchautorin/Regisseurin in einer kleinen Dokumentarfilmgesellschaft und schnürte zwei Jahre später Pakete und klebte Briefmarken. Beschloß daraufhin, ich sei mehr für ein Leben allein geschaffen. Ging ans Cold Cure Centre und begann, einen Roman zu schreiben.

Zog als Schrifstellerin für ein Jahr nach Greenwich Village, New York, und lebte eine weit befriedigendere Version meiner Träume vom Leben eines Bohemiens aus (konnte jedoch keine Hippies entdecken).

1965: Zusammen mit dem Schauspieler Frank Dux zurück nach London, heiratete, hatte Zwillinge (1966).

1970–75: Vier Romane veröffentlicht, zwei Theaterstücke produziert. Wurde eifrige Feministin, danach eifrige Teilnehmerin an Encounter-Gruppen. Machte aus unserem Haus eine Wohngemeinschaft. Mein Mann verließ mich.

1975: Wurde Sannyasin und erhielt einen neuen Namen von Bhagwan Shree Rajneesh (Ma Prem Pankaja, kurz Panky), zog nach Poona, um im Ashram zu leben. Den Zwillingen gefiel es dort nicht, sie gingen zurück nach England zu ihrem Vater.
Lebte sechs Jahre im Ashram; schneiderte und verkaufte Kleidungsstücke, putzte Toiletten, nahm an Aufführungen von Shakespeare-Stücken teil, stellte Seife und Hautcreme her.

1981: Bhagwan ging nach Amerika, ich kehrte nach London zurück. Hatte einen Stand auf dem Markt, lernte Derek (jetzt Mahabodh) kennen. Arbeite als Teilzeitsekretärin und freie Journalistin. Morgen?

Zwanzig Jahre lang war ich von meinem Vater besessen. Man könnte fast sagen, daß ich ihn – oder vielmehr sein Fehlen – für meine Karriere benutzt habe. Sind Leute, die mehr von ihren Vätern gehabt haben, auch so besessen? Seit meinem dritten Lebensjahr habe ich nie mit ihm zusammen gelebt, zwischen sieben und fünfundzwanzig habe ich ihn kaum je gesehen, und doch habe ich eine unglaubliche Energie in ihn gesteckt.

Man könnte sein Leben leicht als das eines Versagers bezeichnen. Dabei begann es ganz gut. Er war der zweite von vier Söhnen, das fünfte und jüngste Kind war das einzige Mädchen in der Familie. Als die Kinder noch klein waren, wurde sein Vater Generaldirektor des Lysachts-Stahlwerks in Scunthorpe und baute sich ein großes, luxuriöses Haus in der Nähe der Fabrik. Zum Haus gehörten ein Rosengarten, ein Küchengarten, Obstbäume, ein chinesischer Wassergarten, Tennisplätze – alles, was Angehörigen der begüterten Mittelklasse in jenen goldenen Jahren vor dem Ersten Weltkrieg das Leben lebenswert machte. Von diesem Krieg blieb die Familie unberührt – er steigerte lediglich die Nachfrage nach Stahl. Die Mutter war fröhlich, dick und exzentrisch; sie hatten treue Diener, erlesenes Essen, unentwegt wurde zu Partys, Tänzen, Konzerten, Charaden eingeladen. Für mich klang das immer nach einer perfekten Familienidylle. Die Jungen wurden auf ein Internat, nach Charterhouse, geschickt, und zwei von ihnen gingen nach Oxford, aber Joe, den die Stahlherstellung faszinierte, trat direkt in die Fabrik ein und lernte den Beruf von der Pike auf.

Auch ich war von der Stahlherstellung fasziniert, wenn ich als Kind in Scunthorpe zu Besuch war. Am Ende des Gartens standen in Reihen konische Schlackenhaufen, die aussahen wie kleine japanische Vulkane. An der Spitze, wo frische Schlacke aufgeschüttet wurde, glühten sie rot. Und wenn man mit dem Fahrrad den Hügel hinunterfuhr, ragten neben der Straße die drei riesigen, eleganten Kühltürme auf, so nah, daß man nur die Hand auszustrecken brauchte, um sie zu berühren. Als ich fünf oder sechs war, nahm mein Vater mich manchmal mit, damit ich in einem riesigen, dunklen Gebäude, das wirkte wie eine Kathedrale, zusehen konnte, wie der flüssige Stahl gegossen wurde. Dann hielt er mich fest an der Hand, und wir stiegen Hunderte von Stufen hinauf und gingen über den schmalen Laufsteg. Die Leute waren sehr höflich zu uns, weil mein Vater ihr Chef war. Und dann rollte ein Kran, an dem eine riesige Schüssel hing, mit einem gewaltigen Dröhnen zu unserem Ende der Kathedrale und ließ einen Strom geschmolzenen Stahls in die Gußform weit unten fließen. Obwohl wir zehn Meter entfernt standen, überrollte mich die Hitzewelle, so daß ich nach Luft rang und die Augen schließen mußte. Der Strom aus Hitze und Licht stürzte hinab, und Funken stoben auf wie goldener Regen; zwei- oder dreimal noch rollte der Kran zurück in die Dunkelheit, und dann war der letzte dieser herrlichen Momente vorüber, und es war Zeit, zum Mittagessen nach Hause zu gehen. Schon als Kind konnte ich verstehen, daß es Menschen gibt, die mit Leib und Seele Stahlkocher sind. Mein Vater war so ein Mensch.

Sein einziges Hobby war die Fliegerei. Das kam ihm im Krieg natürlich sehr gelegen. Er versprach mir immer, mir das Fliegen beizubringen, sobald meine Beine so lang waren, daß ich die Seitenruder-Pedale erreichen konnte; aber als ich diese Bedingung endlich erfüllte, hatte sein Leben bereits begonnen, sich an den Rändern aufzulösen. Er trat als Fluglehrer in die Air Force ein – als Pilot war er zu alt. Mit meiner Mutter, die Tuberkulose hatte und eigentlich in ein Sanatorium gehört hätte, folgte ich ihm in den ersten beiden Kriegsjahren durch ganz England, von einer Air-Force-Basis zur anderen. Wir lebten in grauenhaften Wohnungen, und für mich reihte sich eine schreckliche neue Schule an die andere. Der Zustand meiner Mutter verschlechterte sich immer mehr, und ich kann mich nicht erinnern, Joe zu Gesicht bekommen zu haben. Aber er wurde schließlich Geschwaderkommandeur und flog Bombeneinsätze über Frankreich – bis man ihn nach Scunthorpe zurückbeorderte. Man brauchte dringend Stahl und suchte nach jemandem, der die Produktion innerhalb eines Jahres verdreifachen konnte; offenbar war er der richtige Mann dafür.

Damals, gegen Ende des Krieges, als er wieder die Fabrik leitete, wohnte er, wenn er nach London kam, im Savoy-Hotel. Er nahm mich einmal dorthin mit, aber ich habe das Gefühl, daß die guten Zeiten da schon vorbei waren. Als nach dem Krieg die Industrie verstaatlicht wurde, setzte man ihn vor die Tür. Meine Eltern ließen sich scheiden. Meine Mutter ging wieder ins Sanatorium; ich kam auf ein Internat; Joe heiratete die Witwe eines Kriegskameraden und wanderte nach Kenia aus.

Aber auch in Kenia klappte es nicht. Er wurde erst Alkoholiker und dann verrückt und verbrachte den größten Teil seines restlichen Lebens in Anstalten, in denen er Dickensschen Schrecken unterschiedlichen Ausmaßes ausgesetzt war. Eigentlich waren ihm die am liebsten, in denen es am furchtbarsten zuging. Seine Paranoia erhielt einen kräftigen Schuß Realismus, als man ihn zusammen mit fünfzig anderen Männern in einen übelriechenden Raum sperrte; als man ihn dann aber in ein Zimmer verlegte, das mit Chintzvorhängen und seinem eigenen Lehnstuhl ausgestattet war, begann er an der Sicherheit seiner Welt zu zweifeln. Wenn er so ein Zimmer haben durfte, warum ließ man ihn dann nicht ins Savoy, an dessen Luxus er sich gewöhnt hatte? Seine Verrücktheit ließ an Stärke und Schärfe nach. Aber mein Vater erlebte auch Momente des Triumphs. Ein ganzes Jahr lang verstellte er sich und spielte den braven, gehorsamen Patienten, bis man ihm schließlich erlaubte, im Garten spazieren zu gehen. Eines Tages ging er einfach durch das Haupttor und machte sich auf nach London (die Heilanstalt befand sich in Bristol). Unterwegs stahl er einen Wagen, und gleich nach seiner Ankunft ging er zu Scotland Yard, um den Diebstahl zu melden, damit man ihn anklagte und sein Geisteszustand gerichtlich untersucht wurde. Niemand von diesen Dummköpfen verstand, was er wollte – sie verstanden nicht einmal den Witz, der darin lag; man sperrte ihn einfach noch ein paar Jahre ein.

Was mich betrifft, so konnte ich ihn weder hassen noch ihm die Schuld dafür geben, daß er meinem Bild eines richtigen Vaters nicht entsprach. Er hatte sich geschickt allen Haß- oder Rachegefühlen entzogen – ich konnte lediglich versuchen ihn zu retten, und meine Wut und Frustration an der Welt auslassen, die ihn so schlecht behandelt hatte (womit ich mich selbst und die Menschen meine, die mir am nächsten standen). Unsere Beziehung wurde von heftiger Leidenschaft, Hingabe, Wut, Haß, Schmerz, Verlangen und Abscheu bestimmt, aber das waren ausschließlich meine Gefühle. Ich habe keine Ahnung, was er für mich fühlte. Er las das Buch, das ich über ihn geschrieben hatte, sagte aber nichts dazu. Jedesmal, wenn ich emotionale Ansprüche an ihn stellte, zog er sich sofort in den Schutz seines Wahnsinns zurück; sonst war er höflich, liebenswert und humorvoll.

Melanie Klein hat gesagt, daß der Entstehung eines Kunstwerkes der Wunsch zugrunde liegt, eine Wiedergutmachung zu leisten, d. h. den Eltern die Gaben zurückzugeben, die sie uns in verfälschter Form angeboten haben – die gute Mutterbrust ist nicht immer gut. Kindliche Wut und die daraus resultierenden Schuldgefühle sind die Triebfeder der Kunst – und was dabei herauskommt, ist wirklich verdammt perfekt.

Ich meine: Sieh dir dieses Buch an – bedruckte Seiten, fester Einband, glänzende Abbildungen. Sieh dich an – siehst du, was du aus deinem Leben gemacht hast? In dem Buch bist du viel besser. Ordentlich, mit allen möglichen guten Eigenschaften, eine gefestigte, anerkannte Persönlichkeit. In Wirklichkeit hast du ja ganz schönen Mist gemacht, du kindischer alter Mann, aber mach dir keine Sorgen, ich bringe das schon in Ordnung. Ich werde dein Leben einfach neu schreiben. Ich brauche gar nicht viel zu beschönigen, ich brauche nur ein bißchen mit den Tatsachen zu spielen. Ich stecke dich in die Armee anstatt in die Air Force, damit ich mich ein wenig mit Monty in El Alamein vergnügen kann, aber ich kleistere deine Risse nicht zu, ich versuche nicht, dich vorteilhafter darzustellen, einen erfolgreicheren, besseren Vater aus dir zu machen. Als Vater warst du in jeder Hinsicht eine Katastrophe – und auch als Mensch warst du nicht viel besser, außer daß du da lebendig und du selbst warst. Das war es, was mich immer so verblüffte. Und warum konnten andere Menschen dich nicht so sehen wie ich? Warum wollten sie dich als Verrückten in eine Anstalt sperren? Dir alles nehmen, was das Leben lebenswert macht, und dich zu dem schlimmsten Schicksal verdammen, das man sich vorstellen kann – diese Schweine, diese gedankenlosen Unmenschen – du warst natürlich unschuldig, und ich würde dich retten – ich, der Ritter auf dem weißen Schlachtroß – oh ja, du hast mir ein paar gute Rollen gegeben. Als dein nächster Angehöriger wurde ich, als das neue Gesundheitsgesetz in Kraft trat, mit fünfundzwanzig dein gesetzlicher Vormund. Ich hatte dich seit zehn Jahren nicht gesehen, und da warst du nun: zahnlos, grindig, dreckig, stinkend, eingesperrt – und unschuldig! Und du hörtest dich nicht einmal so an, als wärst du besonders verrückt.

Jahrelang setzte ich mich für dich ein. Mein Lebenszweck bestand darin, deine Entlassung durchzusetzen. Die Ärzte behaupteten einfach: »Nein, er ist ein chronischer Fall, er wird hier bleiben müssen, bis er stirbt.« Und dann, eines Jahres, als ich in den Vereinigten Staaten lebte und nach England gekommen war, um mit dir in Urlaub zu fahren, sagten sie mir, als ich dich nach zwei Wochen in Irland wieder in die Anstalt bringen wollte: »Oh, haben Sie unseren Brief nicht bekommen? Er ist in Ihre Obhut entlassen.« Da hatte ich dich also, wie ein großes Weihnachtsgeschenk – alle meine Träume waren wahr geworden. Lehre mich zu träumen. Frank, mein amerikanischer Freund, blieb in England und heiratete mich, und wir gaben unsere Wohnung, unsere Habe und unser Leben in New York auf.

Der Schock der Freiheit war zu groß für dich, Joe. Wieder einmal wurden Träume wahr. Und was, zum Teufel, soll man dann mit ihnen machen? Es ist nie ganz genau so, wie man es sich vorgestellt hat. Du bist in ein Auto gelaufen – versehentlich natürlich – und dann hast du mit einem gebrochenen Arm, einem gebrochenen Bein, zwei gebrochenen Rippen und einem Schädelbruch in unserer Zwei-Zimmer-Wohnung in der Nähe von Charing Cross gelegen, die wir für den Sommer gemietet hatten. Es war eine gute Ausrede. Wir nahmen dich mit, wenn wir Freunde besuchten, und paßten genau auf, ob sie auch wirklich liebenswürdig und verständnisvoll waren. Aber das alles war immer noch nur eine Traumwelt. Niemand lebte ganz in der Wirklichkeit. Und was soll das auch sein – die Wirklichkeit? Je länger ich lebe, desto mehr wird mir klar, wie schwierig es ist, die Wirklichkeit zu finden. Ich weiß, daß sie die ganze Zeit da ist; aber sie zu finden, oder besser: sie zu erkennen – das ist das Problem. Als Jahre später dein von mir neu erschaffenes Selbst zwischen zwei Buchdeckeln herauskam, nahm ich dich zu einem Essen mit, zu dem das Arts Council eingeladen hatte. Irgendwie erwartete ich, daß all diese Literaten sich erheben, dich hochleben lassen und dir so all das zurückgeben würden, was dir deiner Meinung nach genommen worden war. Keinem fiel auf, daß du verrückt warst; ich war sehr stolz auf dich. Aber wie üblich waren sie alle so damit beschäftigt, sich in den Vordergrund zu drängen, daß niemand merkte, was für ein Ereignis dein Auftritt war. Du meintest, sie seien lauter zähe Burschen, zäher als die Eisen- und Stahlmagnaten, mit denen du früher Katz und Maus gespielt hattest. Kein Wunder, daß du verrückt wurdest. Auch ich habe nicht vor, weiterhin mit diesen Leuten zu konkurrieren – nein, danke! Das Gefühl einer Antiklimax. Aber ich war richtiggehend süchtig nach Vätern; ich schrieb noch ein Buch – tiefsinniges Zeug –, in dem es um einen Vater ging: Eine selbstmörderisch veranlagte Tochter folgt ihrem Vater durch den Schrecken des vom Krieg zerrissenen Vietnam, und schließlich, in der Nachmittagshitze, schläft sie mit ihm, und beim Orgasmus hat er einen Herzanfall und stirbt. Gott sei Dank bin ich über diesen Mist hinaus. Regelrecht ausgebrannt.

Was bleibt? Ein alter Mann, ein seniles Wrack, eine Hülle. Wo bist du darin, Joe? Warst du das jemals wirklich? Du warst nur eine Leinwand, auf die ich meine verrückten Tochter-Fantasien projizieren konnte; du warst nur jemand, bei dem ich meine frustrierte Wut, meine Leidenschaften, meine Johanna-von-Orleans- und Mutter-Teresa-Rollen ausleben konnte.

Als ich dich zum letztenmal sah, lebtest du in einem Altersheim. Ganz nett, nicht viel anders als eine bessere Klapsmühle; du hattest ein eigenes Zimmer, Radio, Fernsehen, gutes Essen und gute Pflege. Du lagst wieder einmal auf deinem Totenbett. Das war deine Spezialität – du liebtest Totenbetten geradezu. Natürlich warst du unschuldig; deine Art, verrückt zu werden, enthob dich aller Verantwortung. Du brauchtest nur in eine Kneipe zu gehen, auszurasten, hinzufallen und dir einen Knochen zu brechen – oder Lungenentzündung zu bekommen – und schon hatten wir wieder so eine Totenbettszene. Beim erstenmal gingen meine Mutter und ich gemeinsam hin, obwohl ihr schon seid zwanzig Jahren geschieden wart. Ich glaube, sie fühlte sich verantwortlich dafür, daß sie mir einen Vater wie dich angedreht hatte. Immer wieder nahm sie die Sache in die Hand, wenn ich durch meine Fantasien in Schwierigkeiten geraten war. Sie nahm mich mit, kümmerte sich um dich und sorgte dafür, daß du außerhalb des Krankenhauses untergebracht wurdest; schließlich, als ihr zweiter Mann gestorben war, nahm sie dich bei sich auf, bis du dir den Knöchel brachst und nicht mehr allein aufs Klo gehen konntest. Da hatte sie dann genug. Ich war inzwischen nach Indien geflohen. Zwar hatte ich dir vorgeschlagen, mitzukommen, aber, Gott sei Dank, gefiel dir dieser Gedanke überhaupt nicht. Jedenfalls – beim letzten Mal, als ich dich sah, einige Totenbette später, ging dein Atem so pfeifend, daß du kaum Luft bekamst, und du mußtest alle drei Minuten aufs Klo. Du schlurftest immer zur Tür hinaus und wieder herein, immer drei Schritte hin und her. Solltest du jetzt schon wieder auf die Toilette gehen, oder solltest du versuchen, dazubleiben und höflich zu sein?

Wer waren diese beiden Frauen nur? Du konntest nicht mehr hinunter zur Kneipe gehen und so war Schokolade deine Leidenschaft geworden – du nahmst dir kaum Zeit, das Silberpapier abzureißen, bevor du die Riegel in deinen eingefallenen Mund schobst. Du hattest riesige, blaue Augen, und als ich hineinsah, schien es mir, als stehe in ihnen nacktes Entsetzen. Man hatte dich dem Tod so oft entrissen – was war so Schlimmes an ihm, daß man dich nicht gehen lassen wollte? Schließlich bist du an einem Herzschlag gestorben, als du dich zum Mittagessen hinsetztest. Ich erfuhr es ganz beiläufig. Meine Tochter schrieb mir: »Ich nehme an, du hast gehört, daß Joe vor ein paar Monaten gestorben ist.«

Ich glaube, du hattest schon Jahre vorher aufgegeben. Bei mir war es nicht anders. Ich war nicht traurig, als du tot warst; du hast mir nicht gefehlt. Ich glaube, du hast niemandem gefehlt. Der Mensch, den wir vielleicht geliebt hätten, oder der uns gefehlt hätte, schien schon lange verschwunden zu sein. Ich habe dich nie wirklich gekannt. Ich war nie dein kleines Mädchen, das sich von dir trösten ließ und sich auf deinem Schoß kuschelte. Ich war stark. Du nanntest mich sogar den »Boß«. Ich hatte den Eindruck, daß du schon fünfundzwanzig Jahre vor deinem Tod mit dem Leben abgeschlossen hattest. Bei mir dauerte es noch fünfzehn Jahre, und dann war auch ich mit dir fertig. Es war nichts mehr übrig.

Und doch habe ich dich vielleicht nicht in deiner Ganzheit gesehen. Ich war jahrelang von dir besessen, aber vielleicht war ich blind und sah nur die riesigen Löcher, die du in meinem Leben hinterlassen hast, und gar nicht dich.

Ich sehe mir dein Hochzeitsfoto an oder das, auf dem ich als Baby auf deinem Schoß sitze, und da hast du so ein liebes, zärtliches Gesicht. Du sahst gut aus, richtig toll – alle Mädchen in der Stadt waren in dich verliebt, bevor du sie enttäuschtest und meine schöne, unabhängige Mutter heiratetest. Sie war Künstlerin und muß dir unglaublich exotisch erschienen sein. Du warst der verläßliche, fleißige Sohn, der es auf sich nahm, alles zusammenzuhalten: die Fabrik, die Familie, die Stahlindustrie. Du hattest ein stark entwickeltes Verantwortungsbewußtsein. Außerdem warst du ein sehr schüchterner Mann; du hast nie direkt in die Kamera gesehen, sondern den Kopf immer voller Stolz und ganz und gar naiver Liebe deiner Frau oder deiner Tochter zugewendet. Aber selbst damals hast du schon in einer Welt von Träumen und Definitionen gelebt, in der für deine Familie kein Platz war. Meine Mutter hat mir erzählt, daß du, wenn etwas schiefging, immer jemanden gefunden hast, dem du die Schuld daran geben konntest, und dann hast du tagelang gegrübelt und geschmollt. Nicht ein einziges Mal hast du dich selbst angesehen und dir gedacht, daß *du* vielleicht einen Fehler gemacht hast und daß du es eben noch einmal versuchen mußt. Du hast nie die Vergangenheit vergessen, sie abgestreift und all deine Energie in die Gegenwart gesteckt. Nein, lieber hast du so lange geschmollt und vor dich hingebrütet, bis die Russen an allem schuld waren, die deine Briefe lasen, sobald sie durch den Schlitz in den Briefkasten fielen, und die dir in deinen gebrochenen Arm ein Mikrophon einsetzten, das nicht nur das aufnehmen konnte, was du sagtest, sondern auch deine Gedanken. Clevere Burschen, diese Russen.

Ich habe mir so sehr gewünscht, daß du mich liebst, und an deinem Gesichtsausdruck auf dem Foto, das mich mit einem Jahr auf deinem Schoß zeigt, sehe ich, daß du mich geliebt hast. Wie andere Väter ihre Töchter lieben, jeder nach seiner Art, genauso hast du mich geliebt, so sehr du konntest. Als ich etwa fünfzehn war, hast du mich mit einem gemieteten Daimler von meiner Schule, dem Cheltenham Ladys' College, abgeholt und mich zum Tee eingeladen, obwohl du damals bis über die Ohren verschuldet warst und einen Job als Hilfsarbeiter hattest. Du hast mir von Afrika erzählt. Du warst gerade, unter Umständen, auf die du keinen Einfluß hattest, aus Kenia zurückgekehrt, und wir sprachen davon, daß wir uns einen Landrover kaufen und vom Kap der Guten Hoffnung nach Kairo fahren wollten. Solche Fantasien hat man eben. Manche Leute leben sie aus. Wir taten das nicht. Ich glaubte nie wirklich daran, daß wir das tun würden. Ich kann sie fast an einer Hand abzählen: die Augenblicke, die ich in meiner Kindheit zusammen mit dir verbracht habe. Da war ein Weihnachtsfest in Scunthorpe; meine Mutter war im

Sanatorium, ich muß sechs oder sieben gewesen sein. Du hast am Kopfende des polierten Mahagonitisches gesessen, umgeben von deinen Brüdern und Schwestern und Vettern und Kusinen und Neffen und Nichten. Alle hatten ihre Lebensmittelkarten zusammengelegt, damit es ein Festessen gab, und ich bin immer wieder auf deinen Schoß geklettert, um an deinem Ohrläppchen zu nuckeln, was dich unerhört verlegen machte. Und du hast wegen deines schrecklichen Dauerhustens kurzerhand einen dieser Entschlüsse gefaßt, das Rauchen aufzugeben, aber jemand hatte dir eine Kiste Havannazigarren geschenkt, die damals so kostbar wie Gold waren. Völlig überdreht durch die ganze Aufregung nahm ich die Kiste und drohte, sie unter den Wasserhahn zu halten. Du hättest nicht gedacht, daß ich es tun würde – aber ich hab's getan, ich ungezogenes Gör! Und du warst in deiner eigenen Logik gefangen, aber trotzdem warst du einen Augenblick lang richtig wütend.

Oder damals, als du mit ein paar Kumpels von der Air Force in die Kneipe gegangen bist und ich draußen im Wagen warten mußte. Du hast mir einen Orangensaft gebracht und dabei einen deiner Hustenanfälle bekommen – du bist ganz rot im Gesicht geworden und hast schreckliche Geräusche gemacht und komisches Zeug aus den Tiefen deiner Gedärme heraufgehustet – oder jedenfalls hörte es sich so an – und es nahm einfach kein Ende, und ich saß da und sah zu und hatte den Orangensaft vergessen und wartete darauf, daß du dich zu Tode husten würdest. Und dann damals, als du dir deinen Air Force-Schnurrbart abrasiert hattest und mich fragtest, ob mir irgend etwas an dir auffiel, aber ich merkte nichts.

Ich könnte noch ein paar Gelegenheiten aufzählen ... zum Beispiel, als wir zusammen mit dem Fahrrad an den Kühltürmen vorbeifuhren und du sagtest, daß ihr, meine Mutter und du, euch scheiden lassen wolltet, und ich vom Fahrrad fiel; oder als ich dich fragte, ob du mich lieber hättest als die anderen Kinder (meine Vettern und Cousinen), und du sagtest, du hättest uns alle gleich lieb. Es war eine fadenscheinige Beziehung: zu armselig, zu dünne Fäden, um einen Vater daraus zu weben. Wenn ich daran zurückdenke, habe ich immer noch einen bitteren Geschmack im Mund. Liebe, Wärme, Schmusen, Küsse, Führung – du kanntest die Aufgaben eines Vaters und hast versucht, ihnen gerecht zu werden. Aber die Umstände und deine anderen Aufgaben haben es unmöglich gemacht. Einmal, als meine eigenen Kinder, deine Enkel, fünf Jahre alt waren, besuchten sie dich auf dem Bauernhof, wo du lebtest. Die Idee kam von Mrs. Selway, der Frau des Bauern. Sie und ihr Mann fuhren mit ihnen Traktor, machten Fotos von ihnen und zeigten ihnen die Tiere; du aber hast von ihnen keine Notiz genommen. Du warst mit anderen Dingen beschäftigt. In einer deiner charakteristischen Posen auf Fotos stehst du mit gespreizten Beinen da, die Hände in die Hüften gestemmt, und läßt den Blick seitwärts in die Ferne schweifen. Ich glaube, du hättest mich kaum zur Kenntnis genommen, selbst wenn wir unter einem Dach gelebt hätten.

Solange niemand zuviel von dir erwartete, warst du, auf deine Art, charmant und unterhaltsam. Vielleicht war die schönste Zeit in unserer Beziehung die, als du aus der Anstalt entlassen warst. Du warst überfahren worden und hattest einen gebrochenen Arm und ein gebrochenes Bein, und so tauchte die peinliche Frage, wo du während der letzten fünfzehn Jahre gesteckt hattest, gar nicht erst auf, und es war auch völlig klar, warum du nicht arbeiten konntest. Du warst der Mittelpunkt meines Lebens. Alle meine Freunde wurden danach beurteilt, wie sie auf dich reagierten. Zwischen Frank und mir bestand ein stillschweigendes Übereinkommen, daß nur diejenigen zu uns gehörten – d. h. in die Gemeinschaft der wahrhaft menschlichen Wesen aufgenommen waren –, die deine verworrenen Fantasien nicht nur akzeptierten, sondern es auch verstanden, auf sie einzugehen – Fantasien, die kleinliche Ärzte als Paranoia bezeichnet hatten.

Ein Mann in mittleren Jahren, etwa einen Meter achtzig groß, mit schütteren, grauen Haaren, die sehr ordentlich zurückgekämmt waren (dein Haar war immer glatt und gepflegt gewesen), kräftigen, ebenmäßigen Gesichtszügen, einem ziemlich ernsten Gesichtsausdruck und einem kleinen, grauen Schnurrbart. Nichts von alledem deutete auf etwas Ungewöhnliches an dir hin. Und du warst immer ordentlich gekleidet. Billige Kleidung, die dir deine Tochter bei Marks and Spencer gekauft hatte (keine Maßanzüge von der Savile Row wie früher), aber immer ordentlich. Und meistens warst du ein guter Unterhalter, mit einem Repertoire von Geschichten, die du nicht öfter wiederholtest als andere alte Männer; sogar deine paranoiden Fantasien waren ziemlich lustig, wenn du nicht gerade völlig ausgerastet warst. Chinesische Särge waren dein Lieblingsthema, deine Erkennungsmelodie sozusagen. Es war möglich, das Problem der Überproduktion in der Stahlindustrie zu lösen und gleichzeitig freundschaftliche Beziehungen mit China anzuknüpfen, nämlich indem man emaillierte Särge aus rostfreiem Edelstahl mit dem Bild des Vorsitzenden Mao auf der Deckplatte herstellte und sie an Chinesen konfuzianischen Glaubens verkaufte. Wie jedermann weiß, sind Konfuzianer bereit, mehr Geld für ihre Särge als für ihre Häuser auszugeben, und es gibt nichts besseres als rostfreien Edelstahl. Wir hatten zwar keine Ahnung, was Mao damit zu tun hatte, und wo es heutzutage noch konfuzianische Chinesen gibt, aber für dich war das kein Problem.

Du hattest allerdings einige kleine Angewohnheiten, die du dir in den Anstalten zugelegt hast. Zum Reinigen der Nägel benutztest du Streichhölzer, und die Reibfläche der Streichholzschachtel war deine Nagelfeile. (Den Patienten in Irrenanstalten gibt man keine Feilen und Nagelscheren in die Hand.) Auch hast du die Kippen aus den Aschenbechern gesammelt und dir Zigaretten daraus gedreht. Es war eine Qual für dich, Kippen liegen zu lassen. Mit halbleeren Bier- oder Weingläsern war es dasselbe. Nach dem Abendessen und vor dem Zubettgehen murmeltest du irgendeine beiläufige Entschuldigung in der Art von: »So eine Verschwendung« – du hattest immer einen sehr entwickelten Sinn für gutes Benehmen –, und dann trankst du die Reste aus, ein Glas nach dem anderen, und deine Augen huschten hin und her, wenn du den Kopf in den Nacken legtest, um zu sehen, ob irgend jemand es bemerkte. Und dann ging es an die Flaschen, die geöffnet, aber nicht leer waren. Du warst sehr gut darin, Überraschung zu spielen: »Oh [zur Wand gesprochen], das lohnt sich ja gar nicht, diesen kleinen Rest aufzuheben« – mit einem kurzen Seitenblick, um dich zu vergewissern, daß niemand, und insbesondere ich nicht, in Hörweite war. Ich ging schnell dazu über, Flaschen wegzuschließen, wenn du bei uns wohntest. Du hattest auch einen herrlich schuldbewußten Gesichtsausdruck, wenn man dich ertappt hatte: Du saugtest an der Unterlippe, die Oberlippe reichte fast bis zum Kinn und verdeckte alle etwaigen Beweise, deine Augen wurden so rund wie Murmeln. Wie ein zehnjähriger Junge. Aber das hattest du von deiner Kindheit, nicht von deiner Verrücktheit. Auch ich kann ziemlich gut die Unschuld spielen.

Das Problem war, als du gerade aus der Irrenanstalt entlassen warst und dir ganz London offenstand – auch wenn du ein Bein in Gips hattest: was solltest du damit anfangen? Mit London, meine ich. Du hattest immer noch einige Bekannte. Also gingst du ins Savoy, um zu sehen, ob jemand da war, den du kanntest. Es war niemand da, aber in Erinnerung an alte Zeiten gabst du dem Türsteher fünf Pfund. Es war nicht derselbe Türsteher wie der, dem du in den dreißiger Jahren ein Pfund Trinkgeld zu geben pflegtest, aber er war sehr höflich. Zu dumm, daß damit deine ganze Wochenpension zum Teufel war. Und dann kauftest du einmal für ein paar hundert Pfund Gemälde. Du warst den ganzen Tag verschwunden, und gegen acht Uhr abends rief uns ein junger Mann namens Bob an, ein arbeitsloser Trapezkünstler. Du hattest mittags in einer Kneipe am Sloane Square Bob und einen sehr netten Mann namens Max kennengelernt, und nach ein paar Drinks wart ihr in Max's Wohnung gegangen, wo er dir seine Bilder zeigen wollte, die dir ganz hervorragend gefielen. Nach ein paar weiteren Drinks faßtest du den Entschluß, sie zu kaufen, nur hattest du leider dein Scheckheft nicht dabei, aber du brauchtest ja nur deine Tochter anzurufen, und sie würde mit dem Geld vorbeikommen. Oh, das würde sie nicht tun? Hm... Jetzt war wieder Bob, der Trapezkünstler, am Apparat. Er war nicht überrascht – irgendwie hatte er so etwas in dieser Art erwartet. Max konnte unangenehm werden, aber Bob würde ihm die Sache erklären und Joe nach Hause bringen. Als sie gingen, versprach Joe mit übertriebener Beflissenheit, den Scheck per Post zu schicken.

Frank und ich überlegten, was zu tun sei, und kamen zu dem Schluß, daß wir weniger einen Babysitter, sondern eher einen Vatersitter brauchten – jemanden, der mit Joe in die Kneipe ging, aufpaßte, daß er nicht ausrastete, seinen Geschichten zuhörte und ihn dann wieder nach Hause brachte. Wir hatten zu kämpfen, um uns finanziell über Wasser zu halten, und gingen ohnehin nicht gern in Kneipen. Bob, der Joe, wie versprochen, nach Hause brachte und zum Abendessen blieb, fand diese Idee sehr gut und hätte das gern selbst übernommen, aber er hatte ab der nächsten Woche schon einen Job als Hochseilartist. Er mochte Joe. Sie hatten sich großartig unterhalten und ein paar gute Witze ausgetauscht.

Ach, Joe ... während ich das hier schreibe, habe ich das Gefühl, etwas Schweres bergauf zu schieben. Es ist so unglaublich anstrengend – als müßte ich beide Rollen übernehmen: die des Vaters und die des Kindes. Ich habe mir so gewünscht, daß du mein Vater bist. Ich habe mir so gewünscht, daß irgend jemand mein Vater ist. Du hast dein Bestes getan. Es war nicht gerade viel. Der Wille war da, aber mit der Ausführung sah es schlecht aus.

Als ich 1975 Sannyasin wurde und nach Poona ging, um im Ashram von Bhagwan Shree Rajneesh zu leben, war mein letzter Roman, in dem es um dich und dein Leben ging, gerade erschienen. Als Bhagwan ihn gelesen hatte, schickte er mir eine Notiz, in der stand: »Du brauchst Primal nicht zu machen.« Primal war eine Therapiegruppe, die viele belegten, die neu im Ashram waren, um zu erkennen, welche Lebensmuster ihnen in ihrer frühen Kindheit aufgesetzt worden waren. Ich hatte mich jedoch bereits ausgiebig mit den Schmerzen, die ich in meiner Kindheit erlitten hatte, beschäftigt; ich war gefangen in diesen Schmerzen und in der Befriedigung, die mein Ego darüber empfand, daß ich aus meinen Erfahrungen Kunst gemacht hatte. Wenn man den Schmerz loslassen will, muß man sich auch von den guten Dingen trennen, die man aus ihm herausholt. Bhagwan forderte uns immer wieder auf, unsere »Negativität fallen zu lassen«, und das machte mich wütend. Wo wäre ich ohne meine Negativität – was wäre ich ohne sie? Der Kern von Bhagwans Lehre ist vielleicht, daß man das Ego aufgeben muß, um Gott erfahren zu können. Das Ego ist ohnehin nur eine Illusion, es besteht lediglich aus unserer Vorstellung von uns selbst. Wir sind nicht wirklich so, wie unser Ego uns glauben machen will – es läßt uns nur leiden. Das sah ich ein. Aber wirklich klar wurde mir das erst, nachdem ich mich dreißig Jahre lang in den Schmerzen gewälzt hatte, die eine Folge der Erfahrungen in meiner Kindheit waren – und dadurch, daß ich Bhagwan kennengelernt hatte, in seiner Nähe war und täglich Gelegenheit hatte, seine Gegenwart zu erleben, bekam ich einen kleinen Einblick in meine Seele. Es war nur eine Ahnung, daß ich glücklich sein konnte, und nicht nur glücklich, sondern geradezu überschäumend von unbändiger Lebensfreude, ohne irgendeinen Grund – nicht, weil ein Buch verlegt, gelobt und verfilmt worden war (ich hatte immer schon diese Fantasien gehabt, reich und berühmt zu sein und in Fernseh-Talkshows aufzutreten), sondern einfach nur durch Sitzen, Putzen – Putzen? – Tanzen – Hilfe! – ich bin eine ernstzunehmende Frau, eine Intellektuelle, ein großes Talent, ein ›weiblicher Hemingway‹.

Ich ließ mir eine Glatze schneiden und schrieb einen Nachruf auf mich selbst. Er war ziemlich schwülstig: ›Literarisches Genie‹, ›verwandelte Schmerz in Kunst‹ und ›weil ihr sie verkannt habt, ihr Dummköpfe, hat sie sich umgebracht – das habt ihr nun davon‹. Fast hätte ich diesen Nachruf sogar abgeschickt und so getan, als sei ich tot. Aber daß ich verkannt wurde, geschah deinetwegen, lieber Joe, genauso wie ich deinetwegen nicht damit zurechtkam, geliebt zu werden. Ich hatte nie gelernt, der Liebe und der Anerkennung anderer Menschen richtig zu begegnen. Ich hatte nur gelernt, dieses Unvermögen gut zu finden. Worüber soll man schreiben, wenn man keine Seelenqualen auszustehen hat? Meine Seele war so daran gewöhnt, daß sie nichts mit sich anzufangen wußte, wenn sie keinen Schmerz empfand. Und wenn ein Mann mir sagte, er liebe mich, war meine Reaktion darauf nicht Freude, sondern Wut und Entsetzen. Es war so extrem, daß ich Bhagwan im Darshan – einer abendlichen Audienz für etwa vierzig Sannyasins – bat, mir das zu erklären. Als ich mich einigermaßen beruhigt hatte, sagte er, ich sei wie ein

Kind, das so lange hungrig gewesen ist, daß es das Essen, das die Mutter ihm schließlich gibt, als eine Demütigung betrachtet und den Teller wütend auf den Boden wirft.

Viele meiner psychoanalytisch versierten Freunde glauben, daß ein Guru eine Art Vaterfigur ist und daß meine zwanghafte Beschäftigung mit der ›Vaterlosigkeit‹ der Grund für meine Reise nach Poona war. Es kann sein, daß sie recht haben. Ich meine: möglicherweise war das der Grund, warum ich das Glück hatte, Bhagwan zu finden. Er ist ein erleuchteter Meister – jemand, der kein Ego mehr hat, so daß man alles mögliche auf ihn projizieren kann, und der in der Lage ist, alle Bedürfnisse zu befriedigen, weil er nur ein Spiegelbild seines Gegenübers ist. Er reflektiert nur die seelischen Verirrungen, er urteilt nicht, und er verdammt nicht, sondern akzeptiert jeden, der zu ihm kommt, ohne Bedingungen zu stellen – und nimmt ihn doch nicht ernst. Jedes Bild, das sich im stillen Wasser eines Sees widerspiegelt, ist schön. Bhagwan ist wie ein See, und er ist völlig zur Ruhe gekommen. Die Aufregung, die Verzweiflung gehört mir. Wenn meine Verzweiflung der Sehnsucht nach einem Vater entspringt, wird auch das widergespiegelt. Und durch Bhagwans Ruhe kann auch ich manchmal Ruhe finden.

Vielleicht war Bhagwan in mancher Hinsicht ein Vater für mich: Er liebte mich und gestattete mir zu wachsen. Aber die Liebe eines Meisters ist ganz anders als jede andere Art von Liebe, und gleichzeitig viel persönlicher. Er liebt mich ganz und gar, es gibt nichts, das vor ihm verborgen bleibt. In seiner Gegenwart bin ich mehr ich selbst als in der Gegenwart des liebevollsten Vaters oder des leidenschaftlichsten Liebhabers – und doch ist dies Gefühl weniger persönlich, weil es nicht auf mich allein beschränkt ist. Bhagwans Liebe ist nicht zielgerichtet – das Wasser des Sees ist für alle da.

Habe ich dir vergeben, Joe, daß du als Vater nicht so warst, wie ich dich haben wollte? Habe ich etwas gelernt? Mir ist klargeworden, daß dein Leben dir und mein Leben mir gehört und daß wir nicht füreinander verantwortlich sind. Habe ich begriffen, daß es mein freier Wille war, mich deinetwegen zu quälen? Reiße ich noch immer diese alten Wunden auf? Wahrscheinlich tue ich das noch immer, wenn ich schlechter Laune bin oder wenn Merkur sich rückwärts auf seiner Bahn bewegt oder wenn meine Periode bevorsteht.

Es sieht so aus, als sei dein Leben bedauernswert gewesen. Was für eine Tragödie, was für eine Verschwendung! Aber du hast es nie so gesehen. Es hatte den Anschein, als hättest du dich ganz bewußt für dieses Leben entschieden, um dir deine Unschuld zu bewahren. Und wer weiß, was sich in den letzten Jahren vor deinem Tod in deinem Kopf abspielte? Wer kann schon sagen, wie es in der Seele von jemandem aussieht, der nach außen hin verrückt oder senil zu sein scheint. Vielleicht wolltest du für etwas büßen? Vielleicht hast du dich nur gerade so weit zurückgezogen, daß eine Tochter dreißig Jahre damit zubringen konnte, deine Abwesenheit zu beklagen? Was hast du getan, Joe? Warum hast du es getan? Ich glaube nicht daran, daß ein Leben verschwendet sein kann. Dein Leben muß für dich irgendeinen Sinn gehabt haben, es muß dich etwas gelehrt haben, das du nicht auf andere Art lernen konntest, weil du zu eigensinnig warst. War es das? Hast du diese Lektion jemals gelernt? Was habe ich aus deiner Abwesenheit gelernt? Daß mein Bedürfnis nach Liebe stark ist, daß ich destruktiv bin, wenn dieses Bedürfnis nicht erfüllt wird – ich habe sehr gut gelernt, mir die Nase abzuschneiden, um mein Gesicht zu entstellen –, daß es ein schmerzhafter Prozeß ist, den Zorn, die Wut, die Destruktivität, den Schmerz, die Sehnsucht, die Lehre anzunehmen, und daß Liebe immer da ist, wenn ich nur bereit bin, sie wahrzunehmen. Jahrelang war ich ekelhaft zu meiner Mutter, weil ich ihre Liebe nicht annehmen konnte. Ihre Liebe sollte genau so sein, wie ich sie haben wollte: gut, das reicht. Nein – nimm sie wieder mit, das ist die falsche Sorte, lieber hungere ich, vielen Dank! Die meisten Menschen haben Schwierigkeiten, ihre Liebe zu zeigen. Du warst so ein Mensch, Joe. Hoffnungslos. Sobald man emotionale Ansprüche an dich stellte, griffst du so schnell wie möglich zur Flasche. Vielleicht bist du darum verrückt geworden – damit niemand irgendwelche Ansprüche an dich stellen konnte. Aber wenn ich das Gesicht betrachte, mit dem du meine Mutter an eurem Hochzeitstag angesehen hast, oder den stolzen

Ausdruck auf deinem Gesicht, als du deine pummelige, einjährige Tochter auf dem Schoß hattest, dann weiß ich, daß in deinem Herzen Liebe und in deinen Augen wahrscheinlich Tränen waren. Jetzt habe auch ich Tränen in den Augen. Was bin ich doch für eine sentimentale Kuh!

DORIS LESSING

Was für eine schöne Zeit das für uns alle damals war

Ich bin im Iran geboren, in Kermanshah, einer uralten Stadt, die auf einer trockenen, von schneebedeckten Bergen umgebenen Hochebene liegt. Ein Bruchstück meiner Erinnerung: Ich sitze vor meinem Vater auf einem großen Pferd – und wir reiten eine lange Allee hinunter auf ein weißes Tor zu. Obwohl künstliche Beine damals noch plump und schwer waren, wollte er unbedingt all das tun, was er getan hatte, bevor er sein Bein verlor. An Teheran, wohin wir zogen, als ich zweieinhalb war, habe ich viele Erinnerungen. An meinen Vater, der eine starke Persönlichkeit war, an der ich mich reiben konnte. An meine Mutter, mit der ich mich sogar damals ständig stritt. Was ich hier geschrieben habe, betrifft meinen Vater, aber je älter ich werde, desto mehr bewundere ich meine Mutter für ihren Mut, sich so vielen Prüfungen auszusetzen, von denen ich eine der schwersten war, ich, ihre Tochter, die in allen Bereichen das genaue Gegenteil dessen war, wofür sie sich entschieden hätte.

Mit fünf Jahren war ich sechs Monate lang in England. Meine Erinnerungen an diese Zeit sind klar und deutlich. England war ein feuchtes, graues, schmutziges Land voll von schmuddeligen Bahnhöfen und sorgenvoll kreischenden Zügen, von verschmierten Fenstern, an denen der Regen herabströmte, von grauenhaft ordentlichen kleinen Gärten, von weißen Verkaufstischen, die überall auf den Straßen herumstanden und auf denen bedauernswerte Hummer zwischen steifen, stinkenden Fischstücken herumkrochen. Eine Atmosphäre aufreizender Wohlanständigkeit. 1924. Orte, an denen man eine Woche oder einen Tag verbracht hat, können ergiebigere Erinnerungen hervorbringen als die, an denen man Jahre verlebt hat. So zum Beispiel der Monat, den ich mit meinem Bruder und unserer Gouvernante auf einem Bauernhof verbrachte, der zahlende Gäste aufnahm, während meine Eltern ohne uns wegfuhren, um sich Farmen anzusehen. Ich war rasend vor Verzweiflung, ich log, ich stahl, ich lief davon, ich zerschnitt die Kleider meiner Mutter. Ein Monat? Eine Ewigkeit! Über die Farm in Lomagundi im ehemaligen Süd-Rhodesien habe ich schon genug geschrieben. Das Salisbury, das ich kannte, habe ich in dem Buch über Martha Quest, im *Goldenen Notizbuch* und in Kurzgeschichten geschildert.

Als ich 1949 nach England, oder genauer: nach London zurückkehrte, war das England, das ich in Erinnerung hatte, verschwunden, obwohl es immer noch grau, feucht und kalt war und es infolge des Krieges überall an Farbe fehlte. Worin bestand der Unterschied? Ich war erwachsen und konnte über mich selbst bestimmen. Jede Minute meiner Kindheit hatte ich mich danach gesehnt, erwachsen zu sein. Ich hatte Hunderte von Fehlern begangen, aber nach England, nach London zu gehen, war kein Fehler. Es war das Vernünftigste, was ich je getan hatte. Viele Leute haben an London etwas auszusetzen; sie mäkeln an dieser Stadt herum und sprechen voller Geringschätzung über sie. Ich frage mich, ob sie verrückt sind. London ist eine Stadt des Überflusses und der Fülle.

Wir gebrauchen unsere Eltern wie immer wiederkehrende Träume, in die man eintauchen kann, wenn man das Bedürfnis danach hat; sie sind immer da, und man kann sie lieben oder hassen, aber ich habe den Eindruck, daß ich für meinen Vater nicht immer da war. Ich habe schon früher über ihn geschrieben, aber das waren Romane, Geschichten, die nicht unbedingt »wahr« sein müssen. Es fällt mir schwer, diesen Beitrag zu schreiben, denn er muß »wahr« sein. Als ich meinen Vater erlebte, lagen seine besten Jahre bereits hinter ihm.

Es gibt Fotos von ihm. Das größte von ihnen zeigt einen Offizier im Ersten Weltkrieg. Eine neue Uniform mit Knöpfen, Abzeichen, Riemen und Koppel schnürt einen gutaussehenden, dunkelhaarigen jungen Mann ein, der sich steif aufrecht hält und für den das, was vor ihm liegt, gewiß nichts anderes ist als seine Pflicht. Sein Blick ist ruhig, ernst und verantwortungsbewußt und verrät nichts von dem Mann, der er später wurde. Ein Foto des Sechzehnjährigen zeigt einen dunkelhaarigen, introvertierten Jugendlichen, der auch damals schon diese ernsten, unverwandt blickenden Augen hatte. Auffällig aber ist sein Mund – eine weit vorspringende Oberlippe zerstört den Eindruck des sonst ebenmäßigen Gesichtes. Er verbarg sie unter einem Schnurrbart: »Ich mußte irgend etwas tun – dieser verdammte sinnliche Mund. Machte mich immer verlegen.«

Auf einem noch früheren Foto sieht man ein Baby (mit bereits wachen Augen) in einem Wasserfall aus Spitzen, der sich von dem fülligen Busen einer dicken, einfachen Frau auf ihre Füße ergießt. Das Kind hat ein Gesicht wie ein Koch. »Mein Gott, war meine Mutter praktisch – fast so schlimm wie du!« wie er zu sagen oder auch in Augenblicken der Verbitterung meiner Mutter vorzuwerfen pflegte. Neben ihr steht gebeugt, mit hängenden Armen, sein Vater, von dem er seine dunklen Augen geerbt hat, die einen nicht mehr loslassen, dessen restliches Gesicht jedoch hinter einem langen Vollbart verborgen ist.

Auf dem Geburtsschein steht: Geboren am 3. August 1886, Walton Villa, Creffield Road, S. Mary at the Wall, RSD. Name: Alfred Cook. Name und Vorname des Vaters: Alfred Cook Tayler. Name und Geburtsname der Mutter: Caroline May Batley. Beruf: Bankangestellter. Colchester, Essex.

Sie waren sehr arm. Kleidung und Schuhe stellten ein Problem dar. Sie »machten sich ihre Unterhaltung selber«. Gelesen wurde hauptsächlich die Bibel und *The Pilgrim's Progress*. Jeden Samstagabend nahmen sie ein Sitzbad vor dem Küchenherd. Keine Hausangestellten. Jeden Sonntag dreimal in die Kirche. »Mein Gott, wenn ich an diese Sonntage denke! Die ganze Woche über hatte ich Angst davor, wie vor einem Verhängnis, das mit voller Geschwindigkeit auf einen zukommt, und vor dem es kein Entrinnen gibt.« Aber er ging auch mit Frettchen auf den Feldern und an den Böschungen auf Kaninchenjagd, nahm Vogelnester aus, stahl Obst, sammelte Nüsse und Pilze, sah oft beim Schmied und in der Mühle zu und ritt auf dem Zugpferd eines Bauern.

Sie aßen sparsam, aber als er in seinen Vierzigern Diabetes bekam und eine Diät aus magerem Fleisch und Salat einhalten mußte, erinnerte er sich an Fruchtpuddings, Melasse-Puddings, Rosinenpuddings, Steak- und Nierenpuddings, Brotpuddings, »mit dem Fleisch im Bratensaft gekochten Eierteig«, Kartoffelkuchen, Pflaumenkuchen, Butterkuchen, Kartoffelbrei mit Melasse, Obsttorten und Obstpasteten, Schweinskopfsülze, Eisbein und Halsgrat vom Schwein und hausgeräucherten Schinken und Würste. Und an »jede Menge frische Butter und Sahne und Eier«. Er fragte sich, ob seine Diabetes eine Folge dieser Diät war, sagte aber, sie sei es wert gewesen.

Er hatte noch einen älteren Bruder, den er so beschrieb: »Ein Schlaumeier erster Sorte. Einer von diesen schnellen, scharfen Denkern. Ich war immer langsam im Denken, aber wenn ich etwas wissen wollte, habe ich es immer noch herausgekriegt.«

Die beiden Brüder gingen auf die örtliche Schule. Der Ältere brachte gute Noten nach Hause, während mein Vater geschlagen wurde, weil er so langsam von Begriff war. Sie wurden beide Bankangestellte, in der Westminster Bank, glaube ich, und dem Älteren scheint diese Stellung zugesagt zu haben, denn er stieg zum Geschäftsführer auf und war der »reiche Bruder«, der Autos und sogar eine Yacht besaß. Mein Vater aber mochte diese Arbeit nicht, obwohl er gewissenhaft war. So veränderte er zum Beispiel seine Handschrift, weil ein Vorgesetzter etwas an ihr auszusetzen hatte. Seine ursprüngliche Handschrift habe ich nie gesehen, aber die, die er sich in der Bank angewöhnte, wirkte elegant, spitz und sorgfältig. Bedeutet das, daß er sich eine neue Persönlichkeit zulegte, und die, die er ablehnte, ebenso verbarg wie seinen »verdammten sinnlichen Mund«? Ich weiß es nicht.

Ebensowenig weiß ich, wann und warum er sein Elternhaus verließ und sich in Luton niederließ. War es ihm zu Hause zu eng geworden? Wahrscheinlich – er fand es überall zu eng. War ihm seine Mutter zu gewöhnlich? Wollte er weg von seinem cleveren älteren Bruder?

Die Zeit, die er als junger Mann in Luton verlebte, war die schönste seines Lebens. Sie endete 1914 – er hatte zehn glückliche Jahre verbracht. Er hatte ausschließlich angenehme Erinnerungen daran, vor allem, was die Freude an körperlicher Bewegung, insbesondere am Tanzen, betraf. Alle seine Mädchen waren »ausgezeichnete Tänzerinnen, leicht wie eine Feder«, gewesen. Er spielte Billard und Tischtennis (beides in der Kreisauswahl); er schwamm, ruderte, spielte Cricket und Football, ging zu Picknicks und Pferderennen und sang bei musikalischen Soireen. Eine Familie, die aus der Mutter und zwei Töchtern bestand, behandelte ihn »wie einen Sohn – nur besser. Ich weiß nicht, ob ich mich in die Mutter oder in die Töchter verliebt hatte, aber ich besuchte sie gerne; es war eine herrliche Zeit.« Er war erst mit der einen Tochter und dann eine Zeitlang mit der anderen verlobt. Die eine Verlobung wurde gelöst, weil das Mädchen einem Ober gegenüber ausfallend wurde. »Ich konnte unmöglich eine Frau heiraten, die einen Menschen beleidigte, der sich nicht wehren konnte.« Zu meiner säuerlich lächelnden Mutter gewandt pflegte er fortzufahren: »Gut, daß ich keine von denen geheiratet habe; keine von beiden hätte so lange durchgehalten wie du, mein Mädchen.«

Kurz bevor er starb, erzählte er mir, er habe geträumt, in einer Küche auf einem sehr hohen Berg zu stehen und X in seinen Armen zu halten. »Ja, das ist es, was ich in meinem Leben verpaßt habe. Paß bloß auf, daß dich deine Verflossenen nicht um dein Leben betrügen. Sie werden dir den ganzen Spaß daran nehmen, wenn du es zuläßt.«

Aber während dieser zehn Jahre... »Zwei- oder dreimal pro Woche ging ich, ohne mir etwas dabei zu denken, zehn, fünfzehn Meilen zu Fuß, um zu tanzen. Ich ließ keinen Tanz aus und ging danach wieder über die Felder nach Hause. Manchmal schien der Mond, aber am schönsten fand ich es, wenn frischer Schnee lag, der unter den Schuhen knirschte. Ich fand es herrlich, zurückzulaufen und gerade bei Sonnenaufgang wieder in meiner Bude zu sein. Mein Hund freute sich, daß ich wieder da war, und ich gab ihm etwas zu fressen, machte mir selbst Porridge und Tee, und dann wusch und rasierte ich mich und ging zur Arbeit.«

Der Junge, der in der Schule geschlagen wurde, der zu oft in die Kirche gehen mußte, der sein Leben lang Angst vor Armut hatte, aber trotzdem voller Erinnerungen an die guten Seiten des Landlebens war; der junge Bankangestellte, der bei so schlechter Bezahlung so viele Überstunden machte, und der dennoch tanzte, sang, spielte, flirtete – dieser von Natur aus lebenslustige, sensible Mensch starb 1914, 1915, 1916. Ich glaube, daß in jenem Krieg das Beste in meinem Vater abgetötet, daß sein Geist verkrüppelt wurde. Ich habe mit Leuten gesprochen, die ihn kannten, als er jung war, und sie alle, insbesondere die Frauen, erwähnten immer wieder seine Fröhlichkeit, seine Energie, seine Lebenslust. Und sie sprachen von seiner Güte, seinem Mitleid und – ein Wort, das immer wieder auftaucht – von seiner Weisheit. »Sogar als er noch ein Junge war, hatte er für Dinge Verständnis, die wahrscheinlich selbst ein alter Mann leicht verdammt hätte.« Ich glaube, daß diese Leute Mühe gehabt hätten, diesen Jungen in dem kranken, reizbaren, fahrigen, hypochondrischen Mann wiederzuerkennen, den ich kannte.

Er trat als einfacher Soldat in die Armee ein. Der Grund dafür war eine Überlegung, die in ihrer Verschrobenheit charakteristisch für ihn war: Es war nicht richtig, in einer Zeit, da es den Engländern so schlecht ging, Offiziersprivilegien in Anspruch zu nehmen. Aber er konnte sich nicht mit den Gemeinschaftslatrinen, den obligatorischen Saufgelagen, dem gemeinsamen Besuch von Bordellen, den obszönen Witzen über Frauen abfinden. Als man ihm das Offizierspatent ein zweites Mal anbot, nahm er es an.

Die Erinnerungen an seine Kindheit und seine Zeit als junger Mann waren in Bewegung, sie wurden ausgeschmückt und wuchsen, wie es bei lebendigen Erinnerungen der Fall ist. Aber seine Kriegserinnerungen waren zu Geschichten geronnen, die er immer wieder mit denselben Worten und Gesten, mit denselben stereotypen Phrasen erzählte. Sie waren anonym und beliebig, als seien sie einem allgemeinen Gedächtnis entsprungen. Er war im Niemandsland auf einen Deutschen gestoßen, aber sie hatten beide ihre Gewehre gesenkt, sich zugelächelt und waren zu den eigenen Linien zurückgegangen. Die Tommies waren das Salz der Erde, und die britischen Soldaten waren die besten der Welt. Er hatte nie wieder eine solche Kameradschaft erlebt. Ein Offizier, der die Soldaten geschunden hatte, war bei einem Sturmangriff von seinen eigenen Männern erschossen worden, aber die anderen Offiziere hatten darin einen Akt der Gerechtigkeit gesehen und nichts weiter unternommen. Er war befreundet gewesen mit Männern, die bei Mons gefallen waren. Er hatte sich gewünscht, alle Generäle beider Seiten dazu zwingen zu können, nur einen einzigen Tag in den Gräben zu verbringen, damit sie am eigenen Leib erlebten, welche Strapazen die einfachen Soldaten ertragen mußten – das hätte dem Krieg sofort ein Ende gesetzt.

Hinter diesen Geschichten lagen weit tiefer gehende, persönlichere Erinnerungen, Träume und Gefühle. Diese dunkle Region in ihm, die vom Schicksal regiert wurde und in der das einzig Wirkliche das Entsetzen war, kam nur unartikuliert, in kurzen, bitteren Ausrufen oder Phrasen durch, die Wut, Ungläubigkeit oder das Gefühl, verraten worden zu sein, ausdrückten. Die Männer, die in jenen Krieg zogen, glaubten daran, wenn sie sagten, dieser Krieg werde das Ende aller Kriege sein. Auch mein Vater glaubte daran. Und seine Wut über den Zynismus der englischen Politiker machte es ihm unmöglich, den Glauben an sein Land wiederzugewinnen. Diese Wut und das Gefühl, verraten worden zu sein, nahm mit dem Alter und der Krankheit immer mehr zu.

Aber 1914 war er noch naiv. Die Greueltaten der Deutschen in Belgien empörten ihn, und aus reinem Idealismus meldete er sich freiwillig, obwohl er wußte, daß ihm eine schwere Zeit bevorstand. Das hatte ihm eine Wahrsagerin gesagt. (Man hätte ihn entweder als unkritisch abergläubisch oder aber als übersinnlich begabt charakterisieren können.) Er werde zweimal in große Gefahr geraten, aber nicht sterben, denn unter seinen Ahnen sei ein berühmter Soldat, der ihn beschützen werde. »Und tatsächlich geht, wie ich später erfuhr, aus den Kirchenbüchern hervor, daß einer unserer Vorfahren ein illegitimer Sohn des Duke of Wellington war – oder war es der Duke of Marlborough? Verdammt, ich habe es vergessen. Aber einer von ihnen, sagte sie, würde mich den ganzen Krieg über beschützen.« (Er hatte eine romantische Ader, nicht nur, was diesen Schutzengel, sondern auch, was seine hugenottische Abstammung betraf, auf die er das

»e« in Tayler zurückführte; mit derselben Romantik sprach er auch über das »ungestüme Blut« in seinen Adern, das er von einem Großonkel geerbt hatte, der, nachdem er wegen angeblichen Schmuggels zehn Jahre unschuldig im Gefängnis gesessen hatte, nach seiner Freilassung beschloß, die Anklage zu rechtfertigen und bis zu seinem Tod ein einträgliches Leben als Schmuggler an der Küste von Cornwall führte.)

Das größte Glück, das er je gehabt hatte, war seiner Meinung nach, daß ihm zehn Tage vor Paschendaele ein Schrappnell das Bein zerfetzt hatte. Seine ganze Kompanie wurde dort getötet. Er wußte, daß er verwundet werden würde, weil ihm die Wahrsagerin das gesagt hatte. »Ich wußte nicht, was sie meinte, aber beide Male im Schützengraben hatte ich einige Tage lang das Gefühl, als würde ein dickes, schwarzes Samttuch über mich gebreitet – das erste Mal, als ich einen Blinddarmdurchbruch hatte und fast gestorben wäre, das zweite Mal kurz vor Paschendaele. Ich kann es gar nicht beschreiben. Oh, es war schrecklich, schrecklich, und beim zweiten Mal war es so schlimm, daß ich meinen Eltern schrieb, ich würde bald sterben.«

Sein Bein wurde an der Mitte des Oberschenkels amputiert, er litt an einer Schützengrabenneurose und war viele Monate lang sehr krank. Danach hatte er schwere Depressionen. »Du mußt immer daran denken, daß die Leute manchmal innerlich nur so brodeln. Du hast keine Ahnung, gegen wie schreckliche Dinge man ankämpfen muß. Du mußt den anderen in die Augen sehen, dann weißt du es... Als es mir so ging, nachdem ich mein Bein gebrochen hatte, ging ich zu einem netten Arzt und sagte ihm, ich sei dabei, verrückt zu werden, aber er sagte: ›Machen Sie sich darüber keine Gedanken, jeder von uns trägt so etwas mit sich herum.‹ Du hast keine Ahnung, wie das ist... entsetzliche, entsetzliche, schreckliche Sachen. Ich hatte Angst vor mir selbst, vor meinen Träumen. Ich war nicht mehr ich selbst.«

Im Royal Free Hospital arbeitete meine Mutter, Schwester McVeagh. Mein Vater heiratete seine Krankenschwester, was ihnen einfach als das gegebene erschien, wie sie beide (wenn auch in unterschiedlichem Tonfall) sagten. Das war

1919. Er konnte sich nicht vorstellen, wieder als Bankangestellter in England zu arbeiten, sagte er – jedenfalls nicht nach den Erfahrungen, die er in den Schützengräben gemacht hatte. Außerdem war ihm England zu eng und zu konventionell. Außerdem hatten die Zivilisten nicht nur keine Ahnung davon, was die Soldaten hinter sich hatten – sie wollten es auch gar nicht wissen, und inzwischen galt es als ungehörig, auch an das »Unaussprechliche« nur zurückzudenken. Er nahm eine Stelle bei der Imperial Bank of Persia an, in dem Land, in dem ich geboren wurde.

Das Haus war sehr schön. Es hatte große, hohe, mit Fliesen ausgelegte Räume, durch deren Fenster man schneebedeckte Bergketten sehen konnte. In den Gärten wuchsen Rosen, Jasmin, Granatapfel- und Walnußbäume. Von Kermanshah erzählte er nur Gutes, aber bald gingen sie nach Teheran, wo es viele »Botschaftsleute« gab und meine Mutter regen Anteil am gesellschaftlichen Leben nahm. Allein die Erinnerung daran machte meinen Vater gereizt.

Gereiztheit – dieser Charakterzug taucht hier, in Persien, zum ersten Mal auf. Er konnte, wie er sagte, »die Gaunerei und die Korruption« nicht ausstehen. Aber hier sollte ich versuchen, einen schwierigen Zusammenhang darzustellen: wie die guten Eigenschaften eines Mannes auch seine schlechten sein oder ihn jedenfalls in Gefahr bringen können.

Mein Vater war ein Ehrenmann – er war sich der Bedeutung dieses Wortes immer sehr bewußt. Er besaß Integrität. Sätze wie: »So etwas tut man nicht«, oder »Nein, das ist nicht recht« begleiteten mich durch meine ganze Kindheit und stellten Entscheidungen dar, die unumstößlich waren. Ich bin davon überzeugt, daß er Persien tatsächlich wegen »der Korruption« verlassen wollte. Aber ein weiterer Grund dafür war, daß er sich unbewußt bereits nach etwas Freierem sehnte, da er als Bankangestellter jene traumgeleitete Persönlichkeit, die auf ihn wartete, nicht entfalten konnte. Und auch später, in Rhodesien, waren seine besten Eigenschaften gleichzeitig jene, die ihn daran hinderten, die drohenden Schatten abzuschütteln: Wenn er sich weigerte, diesen oder jenen Schritt zu unternehmen, um die langsame Auflösung des Familienvermögens zu verhindern, so geschah das immer im Namen von Rechtschaffenheit und Anstand.

1925 verließen wir Persien. In diesem Jahr fand in London eine Ausstellung aller Länder des Britischen Empires statt, und am Stand von Süd-Rhodesien hingen einige prächtige Maiskolben und ein Plakat, auf dem stand, daß man mit Mais ein Vermögen verdienen könne – 25 Pfund pro Sack. So folgte mein Vater einem Impuls, nahm sein ganzes Kapital zusammen (800 Pfund, glaube ich) und kehrte sowohl England als auch der Korruption des Ostens für immer den Rükken, während meine Mutter Vorhänge von Liberty's, Kleidung von Harrods, Visitenkarten, ein Klavier, Orientteppiche, eine Gouvernante und zwei kleine Kinder reisefertig machte.

Bald wohnten wir in einem zigarrenförmigen Haus aus Stroh und Lehm auf einer Hügelspitze, von der aus wir ein großes System von Bergen, Flüssen und Tälern überschauen konnten, während sich über uns der Himmel von einem leeren Horizont zum anderen wölbte. Unsere Farm lag ein paar hundert Meilen südlich des Sambesi und etwa hundert Meilen westlich von Mozambique im Distrikt Banket, der so hieß, weil die Riff-Formationen, die es dort gab, in ihrem Aufbau identisch waren mit denen, die in Südafrika *Banket* genannt wurden. Lomagundi – Goldland, Tabakland, Maisland – wild, fast menschenleer. (Die Afrikaner hatten es verlassen und waren in Reservate gegangen.) Die nächsten Nachbarn waren vier, fünf, sieben Meilen entfernt. Vor dem Haus... keine Nachbarn, nichts; keine Farmen, nur wildes, von zwei Flüssen durchzogenes Buschland, aber kein Zaun vor den sieben Meilen entfernten Bergen. Und hinter diesen Bergen noch mehr Berge und Buschland, bis zur portugiesischen Grenze, über die »unsere Jungs« flohen, wenn sie von der Polizei wegen Verstößen gegen das Paßgesetz oder andere Bestimmungen gesucht wurden.

Und danach? Danach kamen schlechte Zeiten. Der Preis für Mais zum Beispiel fiel von 25 auf 9 Pfund pro Sack. Das Wetter war schlecht, die Preise waren schlecht, es gab Mißernten. Dies waren die Faktoren, die es ihm unmöglich machten, jemals »von der Farm wieder wegzukommen«, und das war es, wie er übereinstimmend mit meiner Mutter erklärte, was er sich am meisten wünschte.

Es war ein absurdes Land, wie er sagte. Man konnte jahrelang eine Farm »besitzen«, die völlig mit Regierungs-Hypotheken belastet und von der Landesbank abhängig war, und doch fünfzig Afrikaner für 12 Shilling im Monat beschäftigen, von denen keiner wußte, was ein Tagwerk war. Donnerwetter – zwei europäische Landarbeiter konnten an einem Tag schaffen, wofür zwanzig dieser nichtsnutzigen schwarzen Wilden eine ganze Woche brauchten. (Trotzdem war er stolz darauf, daß er in dem Ruf stand, ein gerechter Baas und ein »reeller Geschäftsmann« zu sein.) Die Dinge entwickelten sich zum schlechteren. Eine Wahrsagerin hatte ihm gesagt, ihr Herz schmerze sie beim Anblick des Unglücks, das vor ihm liege. Das war das Unglück, von dem sie gesprochen hatte.

Aber es war meine Mutter, die darunter litt. Nach einer Zeit psychosomatischer Krankheiten, die ihre Art von Aufbegehren gegen ihre Situation waren, wurde sie tapfer und energisch. Aber sie erkannte nie, daß ihr Mann nicht in einer realen Welt lebte, daß er ihren gesunden Menschenverstand zu seinem Gefangenen gemacht hatte. Wir standen immer kurz davor, »von der Farm wegzukommen«. Es würde ein Wunder geschehen – ein Lotteriegewinn, eine Goldmine, eine Erbschaft. Und dann? Was für eine Frage! Wir würden wieder nach England gehen und ein normales Leben führen. Wir würden Gäste zu musikalischen Soireen einladen oder nach dem Theater ins Trocadero zum Essen gehen. Die arme Frau... Während der zwanzig Jahre, die wir auf der Farm lebten, wartete sie ständig auf die Zeit, in der das Leben für sie und ihre Kinder endlich beginnen würde, und sie verstand nie, daß das, was für sie selbst ein Unglück war, ihren Kindern als ein Segen erschien.

Inzwischen ging mein Vater (er starb mit einundsechzig) seinem Tod entgegen. Alles an ihm veränderte sich. Er war immer sehr anspruchsvoll gewesen und hatte auf sein Äußeres geachtet, aber jetzt trug er immer nur abgetragene Khaki-Kleidung. Früher war er gesellig gewesen – nun war er ein Misanthrop. Seine körperliche Leiden – er bekam bald Diabetes und alle möglichen Magenbeschwerden – beherrschten ihn. Was sein Holzbein betraf, so war er tapfer und kletterte damit sogar in Minenschächte oder auf Bäume, aber er konnte nur unbeholfen damit gehen, und es störte ihn sehr. Er ergraute schnell und schlief immer häufiger tagsüber, saß dafür aber die halbe Nacht lang wach und grübelte nach...

Zum Beispiel darüber, wie man mit Hilfe übersinnlicher Kräfte Gold finden könnte. Zehn Jahre lang experimentierte er mit seinen privaten Theorien, die mit den Metallen innewohnenden anziehenden oder abstoßenden Kräften zu tun hatten. Er hängte sein ganzes Herz daran, aber entweder waren seine Theorien falsch, oder er hatte einfach kein Glück – immerhin hätte er die Farm aufgeben müssen, wenn er eine Goldmine gefunden hätte. Oder er dachte nach über die wechselseitige Beziehung zwischen den Mineralien der Erde und denen des Mondes oder über seinen Entschluß, von allen Pflanzen, die auf der Farm wuchsen, Aufgüsse herzustellen und Selbstversuche im Namen der Wissenschaft damit anzustellen, oder über die kriminelle Dummheit der britischen Regierung, die nicht sah, daß die Deutschen und die Russen der Antichrist waren und miteinander konspirierten – bis er bei der Unvermeidlichkeit eines neuen Krieges war, weil niemand auf Churchill hörte, aber auch das würde gut enden, weil Gott Großbritannien zum Herrscher über die Welt bestimmt hatte (er war inzwischen Britischer Israelit geworden); es gab eine Prophezeiung, die besagte, daß um Jerusalem zehn Millionen Tote liegen würden – wie sollte man die Leichen nur wegschaffen?; Leute, die die Prügelstrafe abschaffen wollten, sollten selbst gezüchtigt werden; Prügel war die einzige Sprache, die die Eingeborenen verstanden; die Todesstrafe durfte nicht abgeschafft werden, weil es im Alten Testament hieß: »Auge um Auge, Zahn um Zahn...«

Aber während sich diese Seite von ihm verfinsterte, so daß es schien, als kreisten alle seine Gedanken um Gewalt, Krankheit und Krieg, wagte es doch niemand, in seiner Gegenwart über andere Menschen zu klatschen oder schlecht über sie zu reden. Wenn jemand Kritik an anderen übte, insbesondere an Frauen, störte ihn das so sehr, daß er schließlich rief: »Das mag ja alles sein, aber niemand hat das Recht, so über andere Leute zu reden.«

Wenn in Afrika die Sonne untergeht, beginnen sofort die Sterne zu leuchten, funkelnd und zitternd, jeder an dem Platz, den er einzunehmen hat. In der Regenzeit blitzte und donnerte der Himmel. In der Trockenzeit erleuchtete das brennende Veld die große finstere Höhle der Nacht: Den ganzen September und Oktober hindurch brannten auf den Bergen rote Feuerketten. Jede Nacht stellte mein Vater seinen Stuhl hinaus und betrachtete rauchend und schweigend den Himmel und die Berge – eine magere, armselige, bedeutungslose Gestalt unter den Sternen. »Da kommt man ins Nachdenken... da oben gibt's noch so viele Welten – würde gar nichts machen, wenn wir uns in die Luft sprengen würden... da, wo wir herkommen, gibt's noch genug davon.«

Der Zweite Weltkrieg, den er schon so lange vorausgesehen hatte, war eine schlimme Zeit. Sein Sohn war in der Marine und schwebte in ständiger Gefahr, und seine Tochter bereitete ihm Sorgen. Er wurde sehr krank. Immer häufiger mußte er auf dem Rücksitz des Wagens nach Salisbury gefahren werden, weil er in ein Koma gefallen war oder die Gefahr eines Komas drohte. Meine Mutter zog mit ihm in ein schönes, kleines Vorstadthaus in der Nähe des Hospitals. Dort wurde er bettlägerig und starb ein paar Jahre später. Wegen der Medikamente, die er bekam, war er die meiste Zeit bewußtlos. Wenn er wach war, erzählte er wie besessen vom »alten Krieg« (seine Zunge befühlte dabei eine wunde Stelle in seinem Mund). Oder er erinnerte sich an seine Jugend. »Ich habe einen Traum gehabt – mein Gott, wie diese Pferde die Bahn hinuntergerannt kamen, die Hälse ausgestreckt, und die Sonne schien auf die Überwürfe mit den Stallfarben, und alle Zuschauer schrien... Ich habe geträumt, daß ich im Nebel bei Sonnenaufgang am Fluß entlanggegangen bin... Ach, ach mein Gott, was für eine schöne Zeit es für uns alle damals war, damals, vor dem alten Krieg.«

MICHÈLE ROBERTS

Vor meines Vaters Haus

Ich bin die Tochter einer französischen Mutter und eines englischen Vaters und lebe und arbeite in London. Ich bin Ko-Autorin mehrerer Gedichtsammlungen (die jüngste ist 1982 unter dem Titel *Touch Papers* erschienen) und der Kurzgeschichtensammlung *Tales I Tell My Mother* (1978). Mein erster Roman war *A Piece of the Night* (1978), mein zweiter *The Visitation* (1983). Im Augenblick arbeite ich an meinem dritten Roman und einem neuen Gedichtband. Ich arbeite halbtags als Lehrerin für Erwachsene, gehöre zu den Schriftstellern und Schriftstellerinnen, die im Londoner Stadtteil Bromley an den Schulen unterrichten, und bin für den Gedichtteil des Magazins *City Limits* verantwortlich. Ich bin Mitglied des Ausschusses für Literatur in der *Greater London Arts Association*.

Brich das Schweigen, sage ich mir, brich das Tabu. Ich kämpfe gegen das Gefühl an, treulos zu sein und Verrat zu üben, das mich bei dem Versuch überfällt, einen Artikel zu schreiben, in dem es um meinen Vater und meine Gefühle für ihn geht – ganz gleich, wie weit ich dabei von der Wahrheit abweiche, ganz gleich, wie sehr ich diese Gefühle verändere und verberge. Uns verbindet eine gemeinsame Geschichte voller Leidenschaft und Sorgen. Er ist noch am Leben, ein zufriedener Rentner, obwohl er einige Jahre gebraucht hat, um sich damit abzufinden, daß man ihn zum alten Eisen geworfen hat. Jetzt malt er, singt im Kirchenchor, ist Mitglied im Gemeinderat der Kirche und in der *Conservative Association*, spielt Squash und Tennis, hat mehr Zeit für meine Mutter und paßt auf die beiden Kinder meiner Schwester auf, wenn er sie besucht. Sollte ich ihn nicht lieber in Frieden lassen?

Über das *Image* des Vaters zu schreiben, stellt einen literarischen Kunstgriff dar, der mir hilft, das Problem anzugehen.

Auf diese Weise kann ich auch etwas über den Unterschied zwischen meinem »wirklichen« Vater (dessen Leben unabhängig von meinem verläuft, der ein eigenes, privates Innenleben hat und den ich immer noch immer besser kennenlerne) und meinen sich ständig verändernden Vorstellungen von ihm, meinem »imaginären« Vater herausfinden. Schon als Kind habe ich diese Vorstellungen auf die Vater-Tochter-Beziehung projiziert, die ich in Romanen beschrieben fand.

Mit zwölf Jahren, als ich mein erstes Taschengeld bekam, begann ich, mir auf dem Regal über meinem Bett eine eigene Bibliothek einzurichten. Sie enthielt bereits die Bücher, die ich in den vorangegangenen Jahren zu Weihnachten geschenkt bekommen hatte. Zu meinen Lieblingsbüchern gehörte die Geschichte von König Artus und den Rittern seiner Tafelrunde, die mich immer zum Weinen brachte: Gawain, Tristan und Parsival waren meine Helden. Ich konnte es nicht ertragen, daß eine Frau, Ginevra, dieser Tafelrunde unwillentlich ein Ende bereitete. Das erste Buch, das ich mir von meinem gesparten Taschengeld kaufte, war *Stolz und Vorurteil* von Jane Austen.

Auf eine Art und Weise, mit der ich mich zuvor nie hatte auseinandersetzen müssen, wurde ich mit der Pubertät zur Frau, zur Tochter meines Vaters: Bis dahin hatte ich mich entweder als geschlechtslos oder als männlich betrachtet; mein Vater hatte sich so sehr einen Sohn gewünscht und war außer sich vor Freude, als mein jüngerer Bruder geboren wurde. Wenn ich schon eine Tochter sein mußte, dann wollte ich wenigstens die Lieblingstochter meines Vaters sein. Wir waren schließlich drei Mädchen. Ich wollte, daß mein Vater mein Gefährte war, daß er mich für meinen Witz und meine Intelligenz lobte, wie Mr. Bennet Lizzy lobte. Die Beziehung, in der diese beiden Romanfiguren zueinander standen, entschädigte mich für das, was mir im wirklichen Leben fehlte: Ich war nicht so hübsch und geistreich wie Eliza Bennet, ich verstand es nicht, Männer so zu necken, wie sie Mr. Darcy wegen seiner Schwülstigkeit neckte, und ich verbrachte wenig Zeit mit meinem Vater und sprach selten so mit ihm, wie man mit einem Vater spricht. Er war ein entrückter Held, ein Ideal, das ich mir selber schuf. Meine damaligen Filmidole waren ältere Männer wie Rex Harrison und Cary Grant, und wenn ich mich mutig genug fühlte, flirtete ich mit meinem Vater und sagte ihm, er sehe aus wie ein Filmstar. Eliza Bennets Fähigkeit, ihren Vater sowohl zu kritisieren als auch zu lieben, beeindruckte mich, denn ich war so weit von meinem Vater entfernt, daß ich ihn nicht sehr gut kannte. So suchte ich mein Heil in unbewußten Phantasien, in denen ich mir vorstellte, ihm ganz nahe zu sein. Erst Jahre später verstand ich, worum es bei diesen Vorstellungen gegangen war.

In einem Sommer – ich war etwa fünfzehn – begleitete ich meine Eltern nach Südfrankreich. Wir blieben in Avignon, um das Festival zu erleben, das im August dort stattfindet. Mein Vater machte häufig Bemerkungen über die Schönheit vieler junger Französinnen, über ihre schlanken Körper, ihre langen, dunklen Haare, die sie mit Kämmen aufsteckten, und über ihre dunklen Augen. Das deprimierte mich und machte mich eifersüchtig: Ich war pummelig, hatte kurzes, lockiges Haar und neigte zu Sommersprossen. Wir blieben auf dem Marktplatz stehen, um einer Gruppe von Nordafrikanern, deren Frauen etwas abseits standen, beim Tanzen zuzusehen. Plötzlich sprang ich mitten unter die Männer und begann, mit ihnen zu tanzen. Sie waren amüsiert, klatschten und riefen: »Come on, English miss.« Ich tanzte für meinen Vater – auch er lachte und klatschte. Zwanzig Jahre später wiederholte sich die Szene: Im vergangenen Sommer stand ich auf genau demselben Platz vor dem Papstpalast in Avignon und dachte an diesen Vorfall, als ich meinen Vater auf mich zukommen sah. Verwundert umarmten wir uns und lachten, während einige Meter weiter ein paar junge Leute Gitarre spielten. Ich wußte zwar, daß meine Eltern Verwandte in der Provence besuchten, aber ich hatte überhaupt nicht damit gerechnet, daß wir uns hier, auf diesem großen Platz, zufällig in die Arme laufen würden. Diesmal fühlte ich mich nicht mehr häßlich, sondern beglückt; diesmal fühlte ich mich meinem Vater nahe und freute mich, ihn den Freunden, die mich begleiteten, vorzustellen.

Mit sechzehn war ich regelrecht süchtig nach den historischen Romanen von Georgette Heyer. Mein Lieblingsbuch war lange Zeit *Regency Buck;* in einem Sommer las ich es zehnmal. Nach dem Tod ihres Vaters kommt die Heldin, die schöne, ungestüme, unberechenbare Judith, nach London und muß feststellen, daß ihr Vormund, der gutaussehende, verwegene, zynische Earl of Worth entschlossen ist, ihre Freiheit zu beschneiden und sie zu zwingen, die Grenzen der Konvention einzuhalten. Die Machtkämpfe zwischen der Tochter und dem Ersatzvater sind Ausdruck der sexuellen Spannungen zwischen den beiden und verbergen sie zugleich: In den entscheidenden Augenblicken ihrer Auseinandersetzungen neckt Lord Worth Judith damit, daß er sie bei ihrer ersten Begegnung, als er noch nicht wußte, daß sie sein Mündel war, geküßt hat (eine Dienerin kann man ungeniert küssen, eine Lady nicht). Gegen Ende des Romans rettet er Judith vor einem Glücksritter, der sie entführen will und ihr ein Schicksal, schlimmer als der Tod, zugedacht hat. Am nächsten Tag hält er um ihre Hand an – es ist ihr einundzwanzigster Geburtstag, und nun, da er rechtlich von der Vormundschaft befreit ist, kann er sie heiraten. Der Roman beschäftigt sich also auf sehr schickliche Weise mit den Gefahren einer inzestuösen Beziehung zwischen Vater und Tochter und bezieht gleichzeitig seine Spannung daraus. Natürlich erkannte ich das damals nicht; ich war einfach gepackt von dem eleganten Erzählstil, der an Jane Austen erinnerte, den versteckten Hinweisen auf Sex und Gewalt, den Anspielungen auf Sadomasochismus, die Judiths schrittweise Zähmung durch ihren Vormund-Vater Worth begleiten, der sie auf der letzten Seite durch einen Kuß zu dahinschmelzendem Gehorsam bringt. Ich sehnte mich selbst danach, dem Drängen der Sexualität nachzugeben, und hatte doch gleichzeitig furchtbare Angst davor. *Regency Buck* beschrieb und löste diese Ängste und Konflikte: Ich konnte inzestuösen Phantasien nachgeben, ohne bewußte Schuld zu empfinden, und von da aus den Sprung zu den Vorstellungen machen, die ich von einem eigenen Liebhaber hatte.

Mit achtzehn tat ich, was meinem Vater nie möglich gewesen war: ich ging auf eine Universität. Er hatte die Schule mit vierzehn verlassen und sich eine Arbeit suchen müssen, und er wollte uns die Möglichkeiten bieten, die ihm verwehrt gewesen waren. Ich identifizierte mich stark mit Dorothy Sayers schreibender Heldin Harriet Vane und fand heraus, daß es sich bei dem Mädchencollege, das in *Gaudy Night* beschrieben ist, um das Somerville College in Oxford handelte. Ich war entschlossen, Schriftstellerin zu werden, und darum wollte ich nach Somerville. Ich wurde aufgenommen. Daß es sich dabei um eine Institution des Establishments handelte, und daß mein Vater, der Romane wie *Mr. Verdant Green* und *Brideshead Revisited* gelesen hatte, immer wieder vom glanzvollen Leben in Oxford träumte, spielte bei dieser Entscheidung sicher auch eine Rolle.

Der Widerspruch zwischen meinem Studium in Oxford und der Tatsache, daß ich eine Frau war, trat deutlich zutage, als mein Vater mich besuchen kam. Er wollte in einem Saal eines der Colleges essen, in einem richtigen Saal, in einem Männersaal, nicht in einem für Frauen. Also lud einer meiner Freunde meinen Vater in das College ein, an dem er selbst studierte; ich durfte die beiden nicht begleiten, weil Frauen das Betreten verboten war. Mein Vater war enttäuscht, als er zurückkehrte. »In zehn Minuten haben sie das Essen hinuntergeschlungen – es gab Fish and Chips«, beklagte er sich. »Keine geistreiche Konversation, kein lateinisches Gebet, niemand wurde dazu verdonnert, eine Kanne Bier zu trinken.« Ich hatte das Gefühl, ihn um etwas betrogen zu haben.

Ich begann, gegen meinen Vater zu rebellieren. Erst wurde ich eine begeisterte Feministin, dann eine Kämpferin für den Sozialismus. Ich zog in eine Wohngemeinschaft ein, schnitt mir das Haar ab, machte bei Aktionen und Aufführungen der Straßentheatergruppe der Frauenbefreiungsbewegung mit und führte bei jedem Zusammentreffen mit meinem Vater hitzige Diskussionen mit ihm. Meine Anstrengungen, mich freizumachen, mein Elternhaus auch in psychischer Hinsicht zu verlassen, dauerten an, bis ich etwa dreißig war. Ich wollte, daß mein Vater meine Autonomie und Unabhängigkeit akzeptierte, und dennoch brauchte ich seine Anerkennung. Natürlich bekam ich sie nicht.

Wir stritten uns heftig über Politik; meine Mutter gab an mich weiter, was er sonst noch alles sagte: »Sag Mimi, sie soll einen BH tragen.« Selbst als ich einen Roman über eine lesbische Beziehung geschrieben hatte, war sein einziger Kommentar: »Hervorragend geschrieben. Ausgezeichnetes Englisch.« Er sagte auch nie etwas dazu, daß ich drei Jahre lang ausschließlich lesbische Beziehungen hatte. Erst als ich wieder Beziehungen zu Männern hatte, erzählte er mir, was er dachte. »Männer müssen vor der Ehe sexuelle Erfahrungen machen«, erklärte er, »damit sie ihren Frauen in der Hochzeitsnacht nicht weh tun.« – »Aber heutzutage«, hielt ich ihm entgegen, »haben auch Frauen voreheliche sexuelle Erfahrungen. Deine Doppelmoral ist überholt.« – »Du redest wie eine Hure«, war seine Antwort. Kürzlich habe ich gelesen, daß viele Väter so etwas sagen, wenn ihre Töchter persönliche und sexuelle Unabhängigkeit entwickeln. Damals überfielen mich starke Schuldgefühle, und meine Aggressionen wuchsen dementsprechend. Unsere Auseinandersetzungen eskalierten.

Ich las Antonia Whites Romanreihe *Frost in May, The Lost Traveller, The Sugar House* und *Beyond the Glass* und fühlte mich getröstet. Clara, die Heldin, ist in ein Netz aus Schuld und einander widersprechenden Gefühlen verstrickt; ihr Vater Claude ist die Spinne, die sie wieder in ein unbefriedigendes häusliches Leben zurücklocken will. Ihre zum Scheitern verurteilten Versuche, pflichtbewußte Tochter und unabhängige Frau miteinander in Einklang zu bringen, spiegelten meine Anstrengungen wider; ich identifizierte mich mit ihrer Sehnsucht, Schriftstellerin zu werden, mit ihrer Romantik, mit ihren Lösungen, die oft ebenso schmerzhaft waren wie die Situationen, denen sie zu entkommen suchte. Ich verstand, warum Clara im vierten Buch zusammenbrach: Es war die unvermeidliche Folge des Konfliktes zwischen der schuldbelasteten und unbewußt inzestuösen Beziehung zu ihrem Vater Claude und ihrer Sehnsucht nach einem eigenen, erfüllten Liebesleben. Im Gegensatz zu ihr brach ich nicht zusammen, aber sicherlich unterdrückte ich einige Jahre lang meinen Wunsch, Männer zu lieben. Ich fing an, mich mit meinen eigenen unbewußten Gefühlen gegenüber meinem Vater auseinanderzusetzen. Sie hörten auf, mir Angst einzujagen, und ich begann, mir und ihm zu verzeihen. Meine Liebe zu Frauen überlebte die Höhen und Tiefen meiner Freundschaften und der politischen Entwicklung der

Frauenbewegung; nach und nach schien es möglich, Männern gegenüber nicht nur Gefühle wie Angst oder Wut, sondern auch Liebe zu empfinden.

Ich kehrte zu den Romanen aus dem 19. Jahrhundert zurück, die ich schon als Teenager gelesen hatte, und entdeckte Mrs. Gaskells Werk aufs neue. Immer wieder las ich *North and South* und *Wives and Daughters*. In beiden Romanen sind die Vater-Tochter-Beziehungen durch tiefe gegenseitige Liebe und Respekt geprägt, bekommen aber einen Riß, als die Tochter erkennen muß, daß der Vater nicht vollkommen ist: Mr. Hale in *North and South* macht eine spirituelle Krise durch und wehrt sich gegen die Berufung zum Priester in der anglikanischen Kirche; Mr. Gibson in *Wives and Daughters* geht eine unglückliche zweite Ehe ein. Im ersten Roman wird Margaret durch die Entscheidung ihres Vaters in Armut gestürzt; im zweiten muß Molly damit fertig werden, eifersüchtig, unverstanden und unerwünscht zu sein. Mrs. Gaskells Moralismus geht einem ans Herz: Beide Heldinnen stellen sich tapfer allen Krisen und Schicksalsschlägen, werden erwachsen und mit liebevollen Ehemännern belohnt. Beide hegen tiefe Zweifel an der Richtigkeit der Entscheidungen ihrer Väter, aber keine von ihnen zweifelt an ihrer Liebe. Diese Liebe wird weniger als eine Konsequenz töchterlicher Pflichterfüllung im Verein mit den Ermahnungen der Kirche dargestellt, sondern vielmehr als die Folge gegenseitiger Vertrautheit, die durch emotionale und spirituelle Verbundenheit entstanden ist.

In meiner Kindheit war Gott der christliche Vatergott. Mein Engagement für den Feminismus brachte mir die Einsicht, daß Gott ebensosehr eine Mutter ist. Inzwischen sehe ich, daß wir, wenn wir »Gott« mit menschlichen Begriffen verstehen wollen, recht bald an die Grenze dessen stoßen, was wir mit Worten fassen können. Gott ist Ausdruck von Gegensätzen und Konflikten, aber er ist auch das, was sie wieder miteinander in Einklang bringt: gut und schlecht, Licht und Finsternis, männlich und weiblich, das Schaffende und das Empfangende, usw. Gott repräsentiert für mich nicht mehr das Patriarchat. Mein Vater ist nicht mehr ein Gott, der über mich urteilt und mich bestraft.

Ich weiß noch, wie mein Vater und ich vor ein paar Jahren bei einem Weihnachtsfest im Kreis der Familie nebeneinander standen und zu meiner Mutter am anderen Ende des Zimmers hinübersahen. Ich war damals etwa dreißig. Mein Vater wandte sich plötzlich an mich und sagte: »Du bist genau wie deine Mutter – leidenschaftlich und unabhängig, und du stehst zu deinen Freunden.« Von diesem Moment an begannen wir, einander kennenzulernen und zu schätzen. Er malte, ich schrieb; manchmal schafften wir es, über unsere Blockaden zu sprechen, über unseren Wunsch, es besser zu machen und immer mehr zu lernen. Ich ging oft in den Garten und unterhielt mich mit ihm, während er im Gemüsebeet arbeitete. Wir waren eher bereit, unsere Differenzen in politischen Dingen zu akzeptieren. Hin und wieder sagte er: »Ich will kein alter Patriarch sein, der immer bestimmt, was gemacht wird.«

Wir sind zu einer Art Frieden gelangt, zu der erfreulichen und späten Erkenntnis gegenseitiger Liebe und Achtung. Der Kampf, den ich mit mir auszufechten hatte, um dorthin zu gelangen, hat mich gezeichnet und mir geholfen, meine Persönlichkeit zu entwickeln. Aufgrund meiner katholischen Erziehung zu bedingungslosem Gehorsam (mein Vater ist kein Katholik) legte ich meine Unabhängigkeit in die Hände Gottvaters, in die Hände meines eigenen Vaters, der, wie die Priester, eine Autorität repräsentierte, der man keine Widerworte gab. Während all dieser Jahre, in denen meine emotionalen und sexuellen Gefühle für meinen Vater verwoben waren mit der Anerkennung seiner Macht als Patriarch, als Gesetzgeber und Richter, war ich verwundbar für die kritischen Worte, mit denen er mich bestrafte: verrückt, töricht, Hure, dumm, schlecht, unreif. Ich konnte diese Worte nicht einfach übergehen – ich erlaubte meinem Vater, mein Gewissen zu sein, und wehrte mich dagegen – wütend, verzweifelt und verletzt.

Selbst als ich anfing, diese Art der Beziehung zu ihm abzulehnen, akzeptierte ich noch eine Zeitlang die patriarchalische und katholische Moral, die Frauen in Madonnen und Huren unterteilt, in gute, verheiratete Frauen und schlechte, sexuell befreite Frauen.

Ich habe lange gebraucht, selbständig denken zu lernen, ohne ungeheure Schuldgefühle zu empfinden. Drei verschiedene, aber miteinander in Beziehung stehende Dinge, mit denen ich mich in den Jahren zwischen zwanzig und fünfunddreißig auseinandersetzte, wiesen mir den Weg aus diesem Dilemma: Ich stellte mich meinen Schuldgefühlen, denen ich dann in einer jahrelangen Psychotherapie bei einer einfühlsamen und weisen Frau auf den Grund ging; ich begann zu schreiben und meine eigene Version der Realität, des Wachens und des Träumens, in Romanen und Gedichten darzustellen; ich erforschte vorchristliche Denkkonzepte, in deren Mythen Frauen nicht zersplittert und verstümmelt, sondern vollständig und in ein Ganzes einbezogen waren.

In jenen Jahren fühlte ich mich gestützt und ermuntert durch Romane, die sich mit schreibenden Frauen befaßten: *Das goldene Notizbuch* von Doris Lessing, die *Alberta*-Trilogie von Cora Sandel und *La Vagabonde* von Colette. Keiner dieser Romane bot ein fertiges Konzept an, denn sie alle schilderten persönliche Kämpfe, Konflikte und Verwirrungen, aber sie halfen mir damals wie heute, meinen Weg weiter zu verfolgen. Sie helfen mir, Kämpfe und Konflikte als Nährboden der Kunst zu sehen, sie zeigen mir, daß es darauf ankommt, den Kampf anzunehmen und in die Tiefe zu gehen. Mythen sind für mich einfach nur eine Zwischenlösung und keine Negation oder ein Zukleistern von Konflikten. (Diese Betrachtungsweise ist ein Überbleibsel des im 19. Jahrhundert vorherrschenden Dualismus, der Kunst von Wissenschaft, Phantasien von nachprüfbaren Wahrheiten, Träume von der Realität und Ideologien von Theorien trennte – diese Art des Dualismus lehne ich ab, weil sie mir wenig hilfreich erscheint.) Jeder Roman, den ich schreibe, ist ein Mythos, eine Lösung. Sobald ich einen Roman abgeschlossen und einen Konflikt, wenigstens vorläufig, gelöst habe, bricht der nächste auf und fordert meine Aufmerksamkeit. Aber es ist eine erstaunlich große Hilfe, daß ich mich auf eine Tradition von Frauen beziehen kann, die um Lösungen gerungen haben – von Margery Kempe im 14. Jahrhundert, die den inneren Drang verspürte, Mann und Kinder zu verlassen, auf eine Pilgerfahrt zu gehen und ein Buch darüber zu schreiben (einen frühen Roman, wenn man so will), über Aphra Behn, die sich mit der Doppelmoral des 17. Jahrhunderts auseinandersetzte und trotzdem in der Lage war, von ihren Bühnenstükken und Romanen zu leben, bis zu denen von uns, die im ausgehenden 20. Jahrhundert den Zusammenbruch von Syntax/Psyche/Selbstgefühl/überkommener Moral erforschen.

Romane und Lyrik sind (soweit überhaupt Worte benutzt werden sollen) für mich das fruchtbarste Medium zum Ausdrücken von Gedanken. Ich habe ganz und gar nichts gegen das intellektuelle Denken, aber ich finde, daß es nur begrenzt brauchbar ist, und zwar besonders dann, wenn ein Gegensatz zur intuitiven, imagistischen Denkweise oder gar eine Überlegenheit ihr gegenüber hergestellt wird. Um mein Verhältnis zu meinem Vater zu verstehen, brauche ich beide Sprachen, beide Arten des Denkens; dennoch habe ich mich entschieden, die Suche nach meinem Vater hauptsächlich mit den Mitteln von Prosa und Lyrik darzustellen. Die meisten von Freuds theoretischen Schriften über Frauen zum Beispiel sind für mich ein Produkt des »gesunden Menschenverstandes«, d. h. der durch das Patriarchat geprägten Vorstellungen seiner Zeit, die Frauen als eine Abart der Männer betrachtete. Es ist erstaunlich und paradox, daß er sein Konzept des Unbewußten und der hysterischen Neurose aus den Gesprächen ableitete, in denen weibliche Patienten ihm erzählten, daß sie in einer Kultur, die durch Männer und eine doppelte Moral dominiert wurde, sowohl ihre Sexualität als auch ihre Aggressionen unterdrücken mußten. Prosa und Lyrik treten wenigstens nicht mit dem Anspruch auf, die Wahrheit zu zeigen. Wahrheiten machen mich mißtrauisch: Zu oft schlägt man damit auf andere ein. Natürlich glaube ich fest an die Wahrheiten, die ich durch das Schreiben von Gedichten und Romanen entdecke (die ich erfinde, um sie zu finden); aber was ich hier wiedergebe, ist, wie in meinen anderen Werken, zeitlich begrenzt, ist nur ein Teil der ganzen Wahrheit. Man kann immer noch eine tiefere Wahrheit finden (die dann vielleicht nur ein Witz ist). Zum Beispiel könnte ich jetzt meine Tätigkeit als Schriftstellerin als eine Ebene meiner spirituellen Suche charakterisieren.

Ein Buch, das kein Roman, sondern eher eine Erkundung

der Vorstellungen von Weiblichkeit ist, hat mir besonders geholfen: Nor Halls *The Moon and the Virgin*. Darin wird die Ansicht vertreten, daß Frauen im Licht von mindestens vier Aspekten betrachtet werden können: Mutter, Prophetin, Amazone und Hetäre. Das Buch kommt zu dem Schluß, daß – bedingt durch unsere Kultur – nur wenige Frauen alle vier Aspekte gleichzeitig verwirklichen können. Das Bild von der Hetäre traf mich mit besonderer Wucht, denn es eröffnete mir die Möglichkeit einer Bestätigung meines Lebens als alleinstehende, berufstätige Frau, die weder unberührt noch eine alte Jungfer oder eine Hure ist. Die patriarchalische Denkweise bietet natürlich nur korrumpierte Versionen dieser Archetypen an. Die alte Jungfer, die den Faden spinnt, repräsentierte ursprünglich Macht, denn sie war ein Aspekt der Mondgöttin, die unseren Schicksalsfaden in Händen hielt; die Jungfrau repräsentierte ursprünglich die unverheiratete Frau, die sich ihrer Sexualität bewußt ist; die Hure repräsentierte ursprünglich die unabhängige Frau, die eine Gefährtin der Männer ist. In unserer Kultur, in der eine doppelte Moral herrscht, wird die Hure verachtet und ausgebeutet. Aber im Hintergrund steht dabei die alte Bedeutung: selbständige Frauen, Feministinnen, werden von Männern oft »Huren« genannt. Ich glaube, das bedeutet »die, die weggeht und wiederkommt« – sie ist das Gegenteil der perfekten Mutter, die Männer sich wünschen, der Frau, die immer da ist und vor der sie Angst haben. Um der Mutter-Hure-Zwickmühle, die die patriarchalische Gesellschaft aufgebaut hat, zu entkommen, nahm ich meine Zuflucht bei der Hetäre.

Erst als ich begann, das patriarchalische Konzept der Hure abzulehnen und mich selbst als Hetäre zu akzeptieren, veränderte sich die Einstellung meines Vaters mir gegenüber grundlegend. Er spürte, daß ich meine Selbstachtung entdeckt hatte. Nach und nach heilten die Wunden, die ich bei der Entwicklung meiner Persönlichkeit davongetragen hatte, und die zurückgebliebenen Narben sind jetzt ein Teil von mir.

Ein Traum faßte die Veränderung zusammen, die sich in mir vollzogen hatte. In der Nacht, in der ich mich von einem Freund trennte, mit dem ich zwei Jahre lang zusammengewesen war, hatte ich einen Traum, in dem ich durch die Luft flog und tanzte. Ein geheimnisvoller junger Mann erschien, mit dem ich, in der Luft schwebend, schlief. Für mich symbolisierte dieser Traum, daß ich den männlichen Teil meiner Selbst akzeptierte, jenen Teil, der Männer sowohl mochte und verstand als auch verachtete und bekämpfte. Als ich erwachte, war ich von Freude erfüllt. Mir war zu Bewußtsein gekommen, daß ich Liebe für meine Freunde empfand und daß ich die Männer, mit denen ich zusammenarbeitete, wirklich gern hatte. Ich begann, daran zu glauben, daß Männer mich ebenso kennen, verstehen und mögen konnten, wie es für mich möglich war, sie zu kennen, zu verstehen und zu mögen. Seitdem ist das Wort ›Freund‹ ein fester Bestandteil meines Wortschatzes.

Dies ermöglichte es mir, meinen Vater auf eine neue Art zu sehen, zu verstehen und zu mögen. Er wurde tatsächlich mein Vater, auf eine Weise, wie er es zuvor nie gewesen war. Wir begannen, einander wirklich zu entdecken. Als ich meinem Vater am Telefon erzählte, ich habe mich von meinem Partner getrennt, sagte er: »Du bist eine Frau, die mit beiden Beinen im Leben steht, du hast deinen Weg gemacht und brauchst dich vor nichts und niemandem zu verstecken. Du hast keinen Grund, dich zu beeilen. Laß dir Zeit, und such dir den besten Parner, den du finden kannst.« Dann fuhr er fort: »Wann kommst du mal vorbei und siehst dir meine Bilder an? Ich habe ein Selbstportrait gemalt und ein Bild von deiner Mutter und eins von dir.«

Ich liebe meinen Vater sehr. Es tut mir leid, daß ich so lange gebraucht habe, um zu erkennen und zu akzeptieren, wie sehr ich ihn brauche. Meine Beziehung zu ihm hat mir geholfen, die zu werden, die ich bin. Wie also könnte ich sie bereuen? Ebensogut könnte ich mir ein Bein abschneiden. Der Schmerz, die Unterdrückung und das Chaos, durch die diese Beziehung gekennzeichnet war, haben mich zu Entdeckungen gezwungen, die ich sonst nie gemacht hätte. Ich habe nie das Gefühl gehabt, eine enge, liebevolle und offene Beziehung zu meinem Vater sei mein Geburtsrecht – ich mußte Trauer und Verlust erleben, um den Anfang, den wir gemacht haben, würdigen zu können. Ich hoffe, daß noch viele Jahre vor uns liegen.

Unsere Verwirrung, um Männern die Stimme von Göttern zu geben:
Unnatürliche Frau, du bist wie ein Baum
festgehalten, verloren, mit einer tiefen Spalte
auf die der Regen fällt, an der man sich reiben kann
in der man sich verstecken kann, gefällt
verkauft, verbrannt, deine Asche
wertlos

Ich flehe, ich kann mich winden wie eine Metapher
ich passe mich an, ich schwanke, knie tief
im Farn, ich bin kultiviert, schön,
meine Rinde ist wie ein dicker Panzer

Ich stehe neben einer liebenden Frau
wir sind der Windschutz um Bauernhöfe
der Melkschemel, die Wiege
wir sind Schiffe und Kisten
Besen, Särge, Tische und Papier
wir sind eure Böden, eure Fenster
unsere Wurzeln nähren uns, doppelte
Labyrinthe von Erinnerungen, zwischen uns
Durchgänge, Spalten und Haltepunkte
die Dunkelheit feucht unter
dem wirren Baldachin unserer Haare

Mein Vater schnitzt seinen Namen
in jeden in der Plantage
entfernt unsere Blüten, entlaubt uns
mit einem einzigen Wort
jahrelang habe ich mich gebeugt
ich habe gelächelt in seiner Gegenwart
und jetzt, wenn ich auf ihn falle
ihn erdrücke, begehrt er dennoch auf
du bist mein Baum, nur ein Baum.

Auch ich habe jetzt Worte, ich habe Worte
ich bin eine Frau in der Stadt, ich gestalte
die Natur um, ich überlebe
Stürme; aber meine Träume
blühen mit ihm auf

Der Wald ist Vergangenheit, ist
kohletief in der Erde
jetzt
ich laufe durch das Labyrinth
folge dem goldenen Zopf, dick und geflochten
wenn ich sie finde, bin ich nicht nur
eine Heldin, sondern auch
ein Minotaurus, auch sie

Erinnerungen an Bäume
die nie Schmerzen ertrugen
oder schrien
oder weinten
oder weggingen

BARBARA BRONNEN

Der Wanderer

Barbara Bronnen, Dr. phil., wurde am 19. August 1938 in Berlin geboren. Sie wuchs in Österreich auf. Nach »Ich bin Bürger der DDR und lebe in der Bundesrepublik«, »Wie mein Kind mich bekommen hat«, »Mütter ohne Männer« u. a. erschien 1980 ihr erster Roman »Die Tochter«. Seither folgten »Die Diebin«, »Mein erotisches Lesebuch« und »Die Überzählige«. Barbara Bronnen ist die Autorin des Fernsehfilms »auf der suche nach A. B. – Der Schriftsteller Arnolt Bronnen«, des Hörspiels »Die Marmorengel« und des Bühnenstücks »Solange ich noch warm bin«. Sie lebt mit ihrem Mann und ihrem Sohn in München.

Katharina dachte an ihren Vater, für den die Frauen den Gong zu schlagen hatten, wenn das Mittagessen bereitet war, und der keine Anrede duldete, ehe er nicht das Wort an die Frau gerichtet hatte, und wie sie das nicht begriff und nicht begreifen wollte, Katharinakind, und immer wieder die Treppe des Einfamilienhäuschens in Berlin hochlief, kaum daß sie laufen konnte, auf der Suche nach dem Vater, wie sie nicht abzuhalten war von der vorwurfsvoll bemühten Mutter. Bis der Vater, der zum Jähzorn neigte, eines Tages die Türe zuwarf und ihren Finger verkrüppelte, und hinfort blieb das Zimmer verschlossen.

So war es ein Leben lang geblieben, bis er starb: daß sie ihm nachlief und nachschrieb und die Spur nicht fand, die zu seinem Zimmer führte. Und ihr Vater, der war anderswo und hatte sein Gesicht mit einem Tuch bedeckt.

So blieb es vierzig Jahre lang, und Katharina erneuerte den Verband um ihren Finger, wenn er schwarz geworden war, und haßte und vergötterte den Mann, der sie zwischen Tür und Angel eingeklemmt hielt, bis die Mutter sie befreite, weil er es gar nicht merkte, und Katharina hatte Angst vor dem, was sich enthüllte, wenn sie das Tuch wegzog. Er war ein Fremder, der Mann, den Ada geliebt und der sie gezeugt hatte, der sie krank machte vor Erinnerungen, und sie war nicht bereit, die Schatten zu überspringen, die sein Bild warf. Sie verharrte wehrlos davor, auch wenn sie den nicht unberechtigten Verdacht hatte, daß der Held ein eher angstvoller, wenn auch entfesselter Kleinbürger gewesen war. Sie wollte ihn für ihre Träume, sie, die Bebra-Tochter, und er blieb Erroll Flynn, Pirat der Liebe, dessen Silberhaar im Seewind flatterte und der seine Frauenbeute im Sturzflug nahm; er war Parzival, der ohne Rücksicht auf sich selbst Grenzen überschritt, auf der Suche nach dem eigenen Dasein; er war Kazantzakis, der auf dem Berge Athos lebte und an die Kraft des einzelnen glaubte. Er war der Mann, der fünfzehn Sprachen perfekt beherrschte und mit Worten spielen konnte wie kein zweiter, der alles wußte und alles schaffte, und was er tat, das war wohlgetan.

Daß Katharina ihn nun jedoch in Zweifel zu ziehen hatte, war nicht nur der Auftrag eines Theaters, den sie zuerst ablehnte und dann doch annahm, nachdem sie ihre Versuche, sich in Adas und Marthas Leben hineinzumogeln, nicht ohne Schuldbewußtsein beiseite gelegt hatte. Jahrelang hatte sie einen erbitterten Kampf mit dem Schatten Alfrets geführt, dem sie hadernd verkündet hatte: Jetzt kommst du mir nicht wieder in die Quere, jetzt bin ich dran und schreibe ein Buch, du hast deine Bücher geschrieben, du hast gelebt. Jetzt ging sie von vorn auf ihn zu, nahm den Gegner direkt an.

Sie schlug seine Lebensgeschichte erneut auf und blieb gleich am Beginn haften: »Es erscheint vor Ihnen, hoher und richtender Leser, der Angeklagte Alfret Bebra, geboren am 19. 8. 1895 zu Wien. Er ist laut seinem Personalausweis 1,80 Meter groß, wiegt 74 Kilo, hat schütteres graumeliertes Haar und trägt Brillen, die er oft absetzt. Die Augen sind grau mit wechselnden Farbtönen. Die Hände wirken unmännlich, eher kindlich. Seine Haltung ist nachlässig. Das Gesicht scheint mehr Maske als Ausdruck. Sie, hoher und richtender Leser, dem es aufgegeben ist, hinter diese Maske zu blicken, stellen daher dem Angeklagten die Frage nach dessen Werdegang.« Katharina las das Buch durch, doch, wie immer, ohne Ergebnis: Sie entdeckte den Vater hinter seinen Verkleidungen nicht. Je größer ihre Verwirrung wurde, desto stärker wurde auch der Wunsch, ihn aufzuspüren. Katharina begann, als sei sie Studentin, und schlug das Lexikon auf:

> Bebra, Alfret, *19. 8. 1895 Wien, †12. 10. 1959 Berlin. B., Sohn des Gymnasialprofessors und Schriftstellers August Bebra, hatte schon als Schüler in Wien Kontakte zu deutschnationalen und zionistischen Verbindungen. Er zog 1920 nach Berlin. Unter dem Einfluß von F. Nietzsche und H. St. Chamberlain entwickelte er eine dynamistische Lebensphilosophie, die z. Z. seiner Freundschaft mit dem Dramatiker Bancart Baal, 1922/23, anarchistische Züge trug und die er seit 1923/24 mit nationalistischen antisemitischen Zielen verband. Diese »Tendenz der rechten Hand« führte zur Freundschaft mit J. Goebbels, 1929/33, der den faschistischen Tendenzen des Romans »S.O.S.« (1929) zustimmte. Seit 1926 war B. Mitarbeiter, 1928/33 Dramaturg des Berliner Rundfunks, 1936/40 Programmleiter des Deutschen Fernsehsenders. 1937 erfolgten Berufsverbot und Ausschluß aus der Reichsschrifttumskammer. Seit 1943 lebte er in Gamsern, Österreich, dessen Bürgermeister er 1945 wurde. B. übersiedelte 1954 nach Berlin (Ost). Seine frühe Tragödie ›Uranos‹ (1922, das Drama einer Vater-Entmannung, mit den Regieanweisungen Baals), die Dramen ›Österreichische Rebellen‹ und ›Anarchie zu zweit‹ zeigen, bei naturalistisch-psychologischer Motivierung, den transformierenden, pathetischen Sprachstil des Expressionismus. In seinem erzählerischen Werk entwickelte sich B. vom expressionistischen Pathetiker zum Realisten. A. B. schrieb 1954 seine Biographie unter dem Titel ›Niemand. Beiträge zur Geschichte des modernen Schriftstellers‹.

Katharina dachte: Hier hilft nur die Wiederaufnahme des Verfahrens. Sie beschäftigte Jonas mit Bauklötzchen, die sie im Zimmer verstreute, um Zeit zu gewinnen, während er sie einsammelte, und ging zum Telefon. Sie rief die »Schiache Mariann« an, einst die Freundin Bancart Baals, nun eine betagte, skurrile alte Dame, die Katharina ins Herz geschlossen hatte.

»Mariann, sag mir, hat Alfret jemals mit dir darüber gesprochen – war er der Sohn seines Vaters oder nicht? Wer weiß, wohin mich das führt, Mariann, aber sag es mir, einmal muß ich es doch wissen.«

Die Mariann klang weit weg, und sie sagte es: »Ich bin weit weg, weit weg, ganz weit weg, von wem sprichst du?«

Katharina wiederholte: »Alfret Bebra, mein Vater, der sagte, Adamus Bebra wäre nicht sein Vater gewesen. Alfret Bebra, der Freund deines ersten Mannes Bancart Baal, weißt du noch?«

»Bancart Baal, Bancart, ach ja, Bancart«, Marianns alte Stimme belebte sich. »Ach der. Die beiden mit ihren Kappen und steifen Hüten, die zwei mit der frechen Fotze. Mich habens immer abgeschoben, und von Alfret hab ich diesen Namen ›Schiache Mariann‹, der ist mir geblieben, naja, schön war ich nie, dafür nannten die sich bombastisch ›der Herr des Südmeers‹ und ›der Herr des Nordmeers‹, und meiner war der aus dem Norden. Jaja, mich haben's abgeschoben, wenn sie ihre Salonstückchen trieben, denn da war was zwischen den beiden, das kann mir keiner ausreden, auch wenn sie sich in ihren Briefen ironisch ›o du augenwonne seligkeit nabel rauchfleisch‹ titulierten. Ich weiß noch, wie der Alfret schrieb: ›wirf doch eigenhändig die schiachwanzen aus den kammern, denn natürlich brauch ich die wohnung.‹ Oder ›wenns nicht geht, wisch ihr das ärschchen mit dem reibeisen‹, ›beschäme sie durch güte und bescheiße sie durch list, auf daß sie abgehe wie bandwürmer‹; oh, ich werde das nie vergessen, aber was haben sie für eine Sprache gehabt, auch wenn sie geschlottert haben vor Kälte und nichts zu essen, und schließlich, als sie in der Charité lagen und sich verköstigen ließen und Alfret schrieb: ›Die Sodomie‹ und Bancart ›Die Becken‹, im Dämmerlicht, zwischen Schwerkranken, die Luft zum Ersticken, Geschnarche, um sie die mannsgeilen Mädchen, manchmal auch ich.« Die Schiache Mariann schwieg, als sei sie erschöpft, aber sie holte nur Luft: »Die ›Becken‹ wären die Becken, wenn dies alles drin wäre, sagte Bebra. ›Das ist gut, das ist gut, sehr gut‹, sagte der Baal, ›ich tu es hinein.‹ ›Wann‹, fragte Bebra. ›Jetzt ist es schon drin‹, sagte Baal. Und solche Scherze. Doch gleich darauf mußte ich Leine ziehen, weil der Bebra mich ausgetrickst hatte und der Baal dem Bebra die ›säuerliche alte Jumpfer‹, die der am Halse hatte, ausredete, naja, da konnten sie endlich mehr allein sein, die zwei Schnorrer. Aber sie hat doch lange gedauert, diese Freundschaft, trotz der Unterbrechungen, weißt du, daß sie noch dreiundfünfzig ein Stück konzipierten ›Warten – aber nicht auf Godot‹? Kindsköpfe, die zwei, ach ja...«

Mariann versank in ihre Ferne, doch Katharina zwang sie zurück.

»Ich will wissen, ob Alfret dir jemals was über seinen Vater gesagt hat«, forderte sie.

»Da brauchte er mir nicht viel zu erzählen«, sagte Mariann, »das weiß ich von seiner Mutter. Das war schon eine schlimme Sache, daß Alfret Bebra seine Mutter dazu brachte zu gestehen, daß sie Ehebruch getrieben habe und habe ein Kind Alfret nicht erzeugt mit dem Studienrat Dr. August Bebra, jüdischer Abstammung, sondern mit irgendeinem anderen mit einwandfreiem Ariernachweis, was Bebra dann ja unsinnigerweise in der ganzen Zeit des Dritten Reiches wieder nachweisen sollte. Das Ganze war ja nicht nur eine Komödie, die Bebra, der Theatraliker, sich da unfreiwillig geleistet hat, es war vor allem eine üble Sauerei: zunächst einmal nachweisen zu wollen, daß er nicht der Sohn Augusts, des Juden, sei, dann versucht der August begreiflicherweise zu beweisen, daß er kein Jude sei, und dann ist wahrscheinlich der August ja doch Jude gewesen und, soviel ich weiß, mit Sicherheit der Vater.«

Katharina fand sich bebraferner denn je nach diesem Telefonat, und in ihrem Kopf verschwammen die Grenzen zwischen dem realen Vater und dem seines Bühnenseins.

Es war gut, daß es Ralph Roth gab, denn sie schätzte sein literarisches Wissen, und Ralph hatte einmal eine Arbeit über Alfret Bebra geschrieben (die Katharina jedoch in irgendeiner Schublade ungelesen abgelegt hatte). Ralph schniefte, Schnupfen, aber er freute sich über ihren Anruf, wobei eine Hoffnung mitschwang.

»Nein, Ralph, zum Essengehen habe ich keine Zeit«, sagte

Katharina, »aber helfen Sie mir, ich verstehe nichts mehr, ich bin auf der Suche, ich habe den Auftrag übernommen, ein Stück über Bebra zu schreiben...«

Ralph – sie hörte, wie er es genoß, gefragt zu werden – holte aus:

»Ich persönlich habe immer die Meinung vertreten: es gibt eine Theaterfigur von Alois Grübler in seinem Stück ›Das Kaninchen im Rucksack‹, das ist jener Martin Eichkopf, der die ganzen Wandlungen der deutschen politischen Geschichte, Weimarer Republik, Drittes Reich, Antifaschismus, Restauration, mitmacht, jedesmal aber ein bißchen im Rückstand ist, also immer Ideen vertritt zu einem Zeitpunkt, an dem man sie längst nicht mehr trägt. Er ist mitten im Dritten Reich noch Antifaschist, da wird er so gründlich in einem Erziehungslager umgeschult, daß er noch Nazi ist zur Zeit nach 45 usw.«

»Ralph, ich kenne das Buch«, sagte Katharina, »was aber ist mit Bebra?«

»Bebra ist der umgekehrte Fall. Bebra kam immer zu früh, er hatte Ideen vertreten, die dann eine bestimmte Entwicklung nahmen, und als er nun die Möglichkeit gehabt hätte, sich opportunistisch zu verhalten – aber merkwürdigerweise war A. B. eben gar kein Opportunist vom Charakter her und als Schriftsteller –, da war er schon wieder in einer anderen Position: Er war Freund von Goebbels, als man am Ende der Weimarer Republik unter allen Umständen eine Gegenposition einnehmen mußte, ist dann im Dritten Reich, wo alle geglaubt haben, jetzt wird er aufsteigen und Kultusminister werden, mit Schimpf und Schande verfolgt worden. Dann hat man ihn eingezogen als kranken Mann, und er geht nach Österreich 1943, und was tut er, in Österreich unter dem Staatsvertrag ist er plötzlich Kommunist. Also genau das, was man nicht sein konnte – Grund genug für die Leute zu sagen, mit diesem will ich nichts zu tun haben.«

Katharina verdarb sich den Magen an diesen Auskünften und saß wie gelähmt vor ihren Recherchen und dachte: Das muß ich anders machen. Sie legte erst mal alles beiseite und spielte mit Jonas, bis es Zeit war, ihn ins Bett zu legen. Erst dann begann sie ihre Wanderung durchs Zimmer, setzte sich endlich ermattet hin, überließ sich ihren Erinnerungen.

Ein Glück, daß du so faul bist, sonst würdest du eine Hure werden, hatte der Vater gesagt, und Katharina mußte lachen, als sie daran dachte, und wie er ihr das Schreiben auszureden versuchte, diesen Beruf, der sie an ihm so faszinierte. Sie wollte sein wie er, weil sie zuwenig Kenntnis hatte von ihm, und sie wollte auch einer werden, der über die Kosakenfrauen Schränke stülpen mußte (wie Alfret es von Vera erzählt hatte), damit sie nicht seinetwegen aus dem Fenster heraussprang, während der Verleger Sturm läutete und ihm, endlich eingelassen, die Tausender auf den Knien ins Zimmer robbend hinhielt; wollte der sein, für den die Frauen Scheren drohend über ihre Schöße hielten, um sie sich aufzuschlitzen, wenn er es nicht tat; jener, der es fertigbrachte, zu leben, was er schrieb (oder lebte er es, um es zu schreiben?).

Sie sah ihn vor sich, den weichen Wilden, der weinte, wenn er Filme sah, in denen eine feierliche Kamera österreichische Berggipfel abtastete und die er dann zwei Stunden später in seinen Kritiken ungerührt verriß; den Eigensinnigen, der nicht ruhte, als bis die Frauen sagten: Ja, dieser Tisch ist schwarz, auch wenn er weiß war. Den hinterhältig dunklen Gott, dessen erste Frau sich mit Gas das Leben nahm und der zur zweiten, als sie todkrank war, sagte, das kannst du mir nicht antun und einfach sterben, wo ich dich brauche, und der sie dann doch mitsamt den Kindern verließ wegen der dritten; und als es diesmal er war, der todkrank war, und sie, die dasaß mit zwei Kindern, zu ihm sagte: Das kannst du doch nicht machen, da sagte er nur, ich kann nicht mehr, und starb (und so sind die Männer).

Und so war er auch der Tochter gegenüber: Er verließ sie, als sie zwölf Jahre alt war, und starb ab, als sie beinahe die Nähe zu ihm gefunden hätte. Er hatte sie sich als Geschenk zu seinem 43. Geburtstag gewünscht, und Ada und Katharina brachten das zuwege, und dennoch behielt Katharina später das Gefühl, daß er in einem Sohn weniger einen stummen Vorwurf gesehen hätte als in ihr, deren Mätressensehnsüchte er schürte durch seine Werke.

Alles, was er gelebt hatte, gab er an sie weiter, und das war viel und Unlebbares und Unvereinbares. Dazu all das, das er nicht gelebt hatte, und das war ebenso Unlebbares und Unvereinbares. Sie konnte deshalb kein Vertrauen zu ihm fassen, weil der Saldo des Unmöglichen zu groß war. Er band sie durch eine Kette illusionärer Vorstellungen von dem, was eine Frau alles zu sein habe: Die Königin und die Hure und das unschuldige Mädchen und die Hexe – und was nicht: am allerwenigsten die Intellektuelle. Ihr Vater war ein Lebewesen, das für sich keine Frau wollte, die etwas von sich hermachte. Nie hätte er, wie sein Freund, der Nachttrommler, eine Frau zur Ehefrau genommen, die die Hauptrolle spielte, und Katharina hatte es noch im Ohr, wie Gisela, die Dritte, es eines Tages zu ihm sagte: Warum hast du nie eine Jüdin geheiratet, da wärst du aus allem herausgewesen für die Zeit nach dem Krieg, und dein Freund Bancart, der hat genau gewußt, warum er das getan hat.

Nein, Alfret Bebras Frauen waren immer jene gewesen, die den Gong mächtig anschlagen durften, doch nur dafür, daß sie der Vorspann waren zu dem Metro-Goldwyn-Mayer-Film, den der Löwe Alfret einbrüllte und der sein Leben war. Ihr Vater, dieser zurechtgeschminkte Löwe, wirkte stets ein wenig peinlich, wenn er brüllte, denn das konnte er nicht: Seine Stimme war im Oktober 1916, da war er einundzwanzig Jahre alt, gestorben. Später behauptete er, wobei er sich selbst der Mystifizierung bezichtigte, daß er selber es war, der damals gestorben war und der seitdem lebte als ein anderer und nicht diesen Vater hatte, den er haßte.

Seit jenem Tag, an dem ihm ein Italiener am Monte Coltello durch die Luftröhre schoß, pfiff und fauchte Alfret Bebra, wenn er schreien wollte, und seine Stimme blieb gebrochen. Der laut klagende Ton der Stimme ihrer Mutter war die Antwort auf sein durch Türenzuschlagen überhöhtes Geröchel, und Katharina, die weder das eine noch das andere Muster übernehmen wollte, schwieg oder blieb unhörbar, wenn sie nach außen ging mit Worten.

Ihre Sache war es nie gewesen, sich mit Gesprochenem zu behaupten, denn sie empfand dann sogleich etwas Undifferenziertes darin. Sie konnte das Verschiedenartige, das ihr durch den Kopf schoß, nicht formulieren, und sie glaubte es nicht, daß Gesprochenes sich gut an ihr ausnahm. Sie hatte zwei Jahrzehnte lang im Schweigen verbracht und schlief ein über ihrem Schweigen beim Studium, das sie schriftlich hinter sich brachte, ohne sich ein einziges Mal zu Wort zu melden. Ihre Worte formte ihr Körper inwendig, die erst dann zur Sprache erwachten, wenn einer kam, der sie begriff. Sie las seit ihrer Kinderwelt immer wieder die Geschichte vom Kaspar Hauser und litt mit ihm, dem die Welt durch ihre Worte seine Unschuld genommen hatte.

So hatte Katharina, wenn sie an den Vater dachte, immer jenes Erlebte im Ohr, das er aufschrieb, und sie beneidete ihn darum und wollte sich beschreiben können wie er, obwohl sie sehr bald durchschaute, daß für ihn die Sprache eher ein Mittel war, sich zu verbergen als zu offenbaren.

Doch auch das war beneidenswert, und bei einigem Nachdenken kam sie dahinter, daß dies das Schönste sein müßte auf Erden, die Welt mit einer Vielzahl verwirrender Kennzeichen zu täuschen, sich ab und zu treffen zu lassen und dabei zu tun, als wäre man's nicht, und unvertraut zu machen, was den Menschen vertraut schien.

Sie spürte ihren Vater in Verkleidungen mal da, mal dort auf, und sie war froh, daß er ihr nie wirklich in die Arme gelaufen war, denn das hätte ihr eine Verwundung zugefügt, wie Ada sie für ihr weiteres Leben davongetragen hatte. Katharina konnte sich nur deshalb so lange an den Vater lehnen (obwohl er ihr wahrlich keine Stütze war), weil sie ihn nicht kannte und weil sie nie den Alltag mit ihm gelebt hatte. Denn darin stimmten die Anschauungen der Witwen überein, daß Alfret Bebra als Alltäglichkeit eine glatte Zumutung war. Es waren Reptilienjahre, die sie mit ihm als seine Ehefrauen verbrachten, und trotzdem, was blieb, war eine tiefe Sehnsucht nach ihm, wenn er sich aufmachte von der einen zur anderen und schließlich in den Tod.

Die Kleinigkeiten, die Katharina für ihr Bildnis Alfrets aus dem Weg räumte, das waren das Genörgel um ein zu hartes oder zu weiches Ei und der Streit um ein anderes Ei, ein Ei vom Jahre 1945, das ein von Martha bestochener Grenzler über den Inn von Simbach nach Braunau gerudert hatte und das für die Kinder und nur für die Kinder gedacht war und nicht für Alfret, der es schließlich verspeist hatte; das waren ein gewisser Jungesellengeruch, der ihrem Vater beständig anzuhaften schien, und sein ruchbarer Glaube, daß die Zähne besser mit Salz zu putzen seien als mit Creme; die Emphase, mit der er seine vegetarische Lebensweise verteidigte, und der nebelhafte Eindruck, den der erste Anblick seines Glieds in ihr hinterließ; seine dem Vater, der nicht sein Vater gewesen sein sollte, entlehnte Angewohnheit, die Spelzchen der damals noch ungeschälten Haferflocken sorgfältig um den Tellerrand zu gruppieren; seine Seßhaftigkeit, was die Toilette betraf, und die bewundernswerte Einrichtung einer Bibliothek dort, wo sie, wie Ada meinte, nichts zu suchen hatte; seine ausgesuchte Mundartelei und gebückte Körperhaltung; seine zum Geruch im Widerspruch stehende sonstige Gepflegtheit, die sie danach bei keinem Mann mehr entdeckt hatte, seine Hände, die sie weder streichelten noch Nägel in die Wand schlugen; sein Haarkranz um die sich verlängernde Stirn, den sie, wenn er guter Laune war, zu Zöpfchen flechten durfte.

Bewundernswert war die Disziplin, mit der er seine gelebten Undiszipliniertheiten aufschrieb, seine Ordnungsliebe aus Faulheit, seine pingelige Beständigkeit, die ihn täglich zehn Stunden an die Schreibmaschine bannte. Seine zufälligen Ansätze zu einer Erziehung, von der sie hauptsächlich körperliche Gewaltakte in Erinnerung hatte, sei es, daß er sie als Kleinkind nach jeder Mahlzeit durch seine gegrätschten Beine schwenkte, worauf ihr das Essen regelmäßig aufstieß, oder daß er eine Riesentour auf den Dreitausender Göschen mit ihr unternahm und sagte, als sich Katharina nach drei Stunden verweigerte: Es ist gut für dich, wenn wir weitergehen. Sie blieb zurück, allein, voll Angst und Trotz und Zorn über ihren Vater, der sie später wieder auflas, als er erfüllt vom Berggipfel zurückkam. Aber so war er: Entweder er war nicht da, oder er war da als einer, der vom Olymp kam, Übermächtiges forderte, und es war seinetwegen, daß sie die Männer nicht einschätzen lernte. Er war immer nicht dazugehörig, und wenn sie zurücksieht in ihre Kindereinsamkeit, so sieht sie Ada, die für Speise sorgt, die beiden Töchter an sich geschmiegt, und auf der anderen Seite der Straße wanderte ihr Vater, einsam, fremd und auf der Suche, voll Mißtrauen und Verletztheit und voll Gesten der Abwehr, die Verantwortung für die Familie von sich weisend.

Sie hört sein Klagen, weil immer zuwenig Geld da war, und sieht Ada, Susanne, Katharina auf den Feldern Brennesseln sammeln und die Wälder nach Bucheckern absuchen, sie pflücken Sauerampfer und Holunder und lesen die Ähren zusammen, die auf den Feldern liegen und die ihnen der Bauer überläßt.

Katharina sieht einen Baum, und auf dem sind Birnen, und die sind alle gezählt. Da tritt sie hinzu und ißt eine ab, um ihren Hunger zu stillen, eine, aber nicht mehr, und als sie die Birne gegessen hat, ist sie gesättigt und geht und versteckt sich im Gebüsch. Der Mann, dem der Garten gehört, kommt am anderen Morgen herab, da zählt er und sieht, daß eine der Birnen fehlt, und Katharina bekommt von Alfret eine Ohrfeige.

»Das ist ein alter Nazi«, sagte der Vater, »und ich wünsche es nicht, daß du dir von einem solchen etwas stiehlst.« Und sie erinnerte sich, wie Alfret die Birnen, die der Bauer kurz darauf, nachdem Alfret Bürgermeister geworden war, ins Haus schickte, heimlich selbst aufaß, denn keine von den Frauen hatte sie angerührt.

Und immer wieder kamen ihr Menschen unter, von denen Alfret sagte, daß mit ihnen nicht zu verkehren sei, und eine Frau, die Ada viel Arbeit abgenommen hatte, wurde verbannt. Andere tauchten auf, von denen es hieß, daß sie im Widerstand stünden, womit Katharina wenig anzufangen wußte, denn meist standen sie bei ihnen zu Hause herum. Die Überzeugung ihres Vaters, daß sie bessere Menschen seien als jener Onkel Bobby, der mit einem Panzer vor dem Dorf steckengeblieben war und mit dem Ada manchmal ›Lili Marleen‹ auf der Laute spielte und der rote und schwarze Cadbury-Schokolade mitbrachte und Care-Pakete aus seiner Heimat einfliegen ließ – das war nicht einzusehen. Ebensowenig wie die Behauptung, daß es sinnvoll sei, in ihrem Haus ein Lazarett einzurichten mit fünf käsbleichen, hüstelnden Männern, bei denen inwendig und außen etwas fehlte.

Katharina hatte es noch im Ohr, wie Ada kreischte und schrie, das machst du mir nicht mit meinen Kindern, daß sie sich anstecken mit der Tbc, und von mir aus können sie herkommen, wo sie wollen, und wenn sie zehnmal aus dem KZ Ebensee sind, du schmeißt sie mir hinaus, und wie Alfret zurückflüsterte und dabei eine Suppenterrine gegen Adas Bauch schleuderte: Sie sterben zu Hunderten, wenn wir nicht helfen, und Ada, die zurückschrie, wer hat denn die Arbeit mit den Siechen, das bin doch ich, und du schleichst dich davon, du machst deinen Widerstand auf unsere Kosten, und die Kinder werden krank fürs ganze Leben, schau lieber, daß wir was zu essen haben. Dann kamen Gefepo-Patrouillen und durchsuchten das Haus, und Alfret wurde krank, wie er immer krank wurde, wenn es ihm über den Kopf wuchs. Meist war es der Magen, der dann eine schonende Kost verlangte, und das war immer schon besonders schwer zu bekommen. Und da half es auch nicht, daß er Sprüche klopfte wie *jede Krankheit ist eine Flucht*, solange er immer die Flucht antrat. Ada mußte ihn pflegen und ihm den Nacken streichen, in dem die Angst saß, und Katharina fand im nachhinein, daß es zuviel war.

Menschen traten auf, die Katharina hochzuschätzen hatte, weil sie, wie Alfret sagte, waschechte Proletarier waren, und Katharina hatte Ehrfurcht vor ihnen und wagte nicht, das Wort an Hias zu richten, mit dem sie früher manchmal im Wald spazierengegangen war, seit sie wußte, daß auch er etwas anderes war. Sie sah ihn mit anderen Augen an. Auch er war übergelaufen zu den Menschen, die sie ängstigten, nicht anders als die Freunde ihrer Großmutter, die die Adelstitel untereinander aufteilten.

Dennoch, eine mußte wachen, daß Alfret, vor allem, zu Brot kam, aber auch die Kinder und die Schwindsüchtigen und die Proletarier, und das war Ada, die am Auseinanderfallen war, denn sie kam aus Berlin und war von heute auf morgen ein Flüchtling. Sie wurde immer darauf gestoßen, daß sie eine andere war und eine andere Sprache sprach, und mußte trotzdem so tun, als wäre sie ihresgleichen und als gehörte sie zur Gemeinschaft. Ada hatte nie gelernt, wie man mit Bauersleuten umgeht, wie es Martha von jeher wußte, deshalb brauchte sie ihre Mutter.

Oft fuhren Ada und Katharina auf dem Rad nach Braunau, und Katharina stand mutterseelenallein in dem Boot auf dem Inn, auf der einen Seite Ada, auf der anderen Seite Martha, und beide streckten weinend die Hände nach ihr aus. Martha nahm sie auf der deutschen Seite in Empfang, und sie wurde geatzt und gepflegt und dann mit vollem Bauch und prallen Taschen und kleinen Zettelchen und Rechnungen vom Grenzbeamten wieder zurückgerudert zu Ada.

Vielleicht hätte sie das gar nicht als eine solche Tragödie in Erinnerung, wenn es nicht von beiden Seiten zu so vielen Tränen gekommen wäre, denn sie war das Bindeglied zwischen den beiden Müttern und hatte Küsse zu übermitteln und Nähe. Dann fuhren sie stolz zurück, Katharina auf den Sitz gezwängt zwischen den Nahrungsmitteln, Ada, mit anschwellender Schilddrüse – nicht nur vom Radfahren: Die Bergenge machte ihr zu schaffen, denn sie liebte die Weite des Nordens und haßte dieses Gefühl des Eingepferchtseins. Sie brachten alles nach Hause, was Alfret liebte: Milch und Butter und Eier und Gemüse und Obst und Brot. Und Alfret, der sich immer wunderte, warum Ada das nicht im Dorf erhielt, fragte nicht, woher es kam, und aß davon mit dem Vorrecht desjenigen, der anschaffte, und sie warteten auf das, was übrigblieb.

Für Katharina trug Alfret eine Tarnkappe, wenn er den Bürgermeister spielte mit Seidenkrawatten, die Ada aus Marthas Hochzeitskleid genäht hatte, denn sie spürte, daß er die Genossen, all diese waschechten Proletarier, nicht so liebte, wie er es sich zum Programm gemacht hatte; er war nicht ihresgleichen, sosehr er auch so tat. Sie merkte seine verbissene Leutseligkeit, mit der er ihnen begegnete. Sie verstand im nachhinein, welche Bedeutung es für ihn hatte, daß sie ihn zum Bürgermeister des Dorfes wählten, aber sie bezweifelte, daß er in der Reihe der kämpferischen Arbeiter stand, wie er behauptete. Er stand außerhalb.

Doch was sie miteinander verband, das war seine Liebe zur Umgebung, die er Heimat nannte. Alfret kannte jeden Berg und wußte seine Höhe, und manches, was er sagte, klang nicht anders als die Dialoge aus jenen Heimatfilmen, die er später schlechtmachte, doch das merkte sie damals nicht.

Für Ada war damals kein Platz in seinem Leben. Sie konnte ihm nicht helfen bei seinem Amt, denn sie war ein Problem, für das auch die Genossen, die einheimischen, keinen Sinn hatten. In Gamsern war man eben Gamserer oder Österreicher in jedem Fall, doch keinesfalls aus Berlin. Katharina sah, wie Ada die Fensterläden mit den gesägten Herzlöchern schloß und allein in der Stube blieb. Wie grausam sie waren, Katharina und Susanna, die nach Hause kamen mit Worten, die Ada nicht verstand, und die, um selbst eingemeindet zu werden, alles taten, um Ada in der Familie auszugemeinden. Sie schäkerten österreichisch mit dem Vater und brachten Ada zur Weißglut.

Alfret sprach mit großen Worten von der berauschenden Symphonie seiner Heimat, die überragt sei von der dreizackigen Krone des ewig eisichten Dachsteins und von den blauen Felsen der Ewigen Wand, für die er eine Vorliebe hatte, weil sie eben ewig war, und Ada hielt sich die Ohren zu und duckte sich zusammen, weil sie Angst hatte, von den ewigen Felsbrocken erschlagen zu werden. Es war merkwürdig, wie sehr so ein Mann eine Frau entwurzeln konnte, wenn er das Gewicht seiner Worte und seiner Ortsveränderungen für die anderen verkannte. Er machte sie zum Fußvolk seiner selbst, und Katharina begriff, daß ein Schriftsteller so etwas wie Heimat brauchte, um Worte darum zu machen, und daß er da wenig Rücksicht nahm auf seine Frau und sie verkümmern ließ, wenn ihre Ableger nicht angingen, und dann eine andere nehmen mußte, die die Wurzeln dort anlegte, wo er sie gerade haben wollte.

Da konnte eine zehnmal sagen, wo du hingehst, da will auch ich hingehen, das half nichts, wenn sie nicht bereit war, dort auch Wurzeln zu schlagen, wie es Katharina damals tat, die gerade im richtigen Alter dafür war. Aber auch ihr nützte es wenig in der Zeit danach, als sie zwei Jahre lang heulte, wenn sie Blasmusik hörte, denn da hatte Alfret ihr die Heimat genommen und sein Lager in Fahrn aufgeschlagen, das war in der russisch besetzten Hälfte einer dreckigen Großstadt auf der anderen Seite der Donau.

Und so war Ada letztlich die Getäuschte, weil er sie zurückließ und ihr nicht die Hand reichte, um sie auf seinem Hochweg mitzunehmen. Er vergaß, daß sie in Berlin Bunkernächte geteilt hatten und daß Ada ihren Beruf aufgegeben hatte, um die Kinder aufzuziehen, und sich die Rente hatte ausbezahlen lassen, um Möbel und Teppiche und Hausrat anzuschaffen für das gemeinsame Haus. Er fand es nicht recht, wenn sich die Frau in das Leben des Mannes anders einmischte als durch Rettung desselben, wie damals, als Ada bei der Hausdurchsuchung die Liste der Widerständler vor den Gendarmen verschwinden ließ. Das war erwähnenswert.

Aber alles andere war seine Sache, und er konnte nun mal ohne Heimat nicht leben, damals, konnte nicht leben ohne diese bewaldeten Hügel und verträumten Seen, *ohne diese männerstirnen und frauen-augen, ohne diese melodie der worte,* und als er die Heimat und die Frau wechselte, da schrieb er von der *sächsischen kulisse* und vom *weißen hirsch* und vom *Blick hinunter auf die eisrosenbedeckte schwarze elbe und dahinter das sonnenglitzernde hügelland,* er schrieb von zuversichtlich wimmelndem Menschentreiben in kleinen Städten und von der politisch notwendigen Architektur der Stalinallee, von *offenen, klaren, klugen arbeiter-gesichtern* und von Tiefsttemperaturen seit 200 Jahren: *aber gerade in der naturkatastrophe bewährte sich die kraft des sozialismus; schnee fiel auf alle gemeinsamen, und niemand konnte an −30 grad profitieren.*

Nun, Ada konnte damals wenig anfangen mit der Eiseskälte, die ihr ans Herz kroch. Katharina merkte, daß sie nach wie vor Partei war, wenn sie an jene Zeit dachte, weil sie sich ebenso getäuscht fühlte wie Ada, betrogen um den Vater, auf den sie ein Recht gehabt hätte. Damals im Gamsern begann es, daß sie erbrach und spuckte und kein Essen behielt, und niemand kam je dahinter, was es eigentlich war.

Sosehr sie es auch suchte, sie fand es nicht, in keiner Zeit, das Bild ihrer Eltern, Hand in Hand. Sie sah den Vater mit den Töchtern, in Knickerbockern und Wollstutzen, auf Wanderungen und auf Gängen durchs Dorf, Alfret in Amt und Würden und Lederhose, den Steirerhut mit dem Gamsbart, der in Gamsern erfunden worden war, im Gemeindeamt, wohin er sie mitgenommen hatte, in einem kleinen, engen Haus, eingepfercht zwischen anderen Häusern. Er arbeitete mit Papierstößen und empfing Leute, die Sorgen hatten, und sagte zu ihr, das wäre es, nun hätte er seine Aufgabe und den Weg gefunden, er sei angelangt.

Sein Schatten wurde immer schmaler für die Familie, und schließlich hatte er sich abgewandt. Katharina sah ihn nicht mehr, wenn sie zurückblickte. Sie bemerkte nur noch Ada, die sich innerlich steif gemacht hatte und morgens um sechs Uhr das Holz hackte, die Zimmer heizte, dann den Umzug ins Bauernhaus allein bewerkstelligte, weg von jenem Fleischhauershaus, in dem es Katharina grauste wegen des Geruchs nach warmem Blut und getötetem Tier und über dessen Treppen sie geeilt war, die Hand vor Mund und Nase gepreßt, um zu behalten, was nach außen wollte; in dem sie meist vor einem Buch gesessen war, mit Stoffstückchen in den Ohren, um nicht das Gebrüll der Tiere zu vernehmen, die hingerichtet wurden, und mit einem Taschentuch, getränkt mit Marthas Lavendelwasserresten, vor der Nase, und sie wurde siebzehn Jahre, bis sie zum erstenmal Fleisch aß in Form von Faschiertem oder Würstchen.

Sie sieht Ada, in endlose Korrespondenzen mit Martha verwickelt, worin es um eine neue Gummiunterlage für Susanna geht, die immer ins Bett näßt, oder um einen Fetzen Stoff; Ada, die dreißig Kilometer mit dem Rad fährt, um reine Schafwolle aufzutreiben, aus der sie ihnen dann Strumpfhosen strickt, die beide nicht aushalten, so sehr kratzen sie, und sie wagen es nicht zu sagen, weil sie wissen, wieviel Mühe sie gekostet haben; Katharina, die ein Quadrätchen Schokolade in vier Teile teilt, damit sie alle vier etwas davon haben – und das wird eine der Geschichten, die Ada erzählen wird bis an ihr Lebensende: wie selbstlos sie waren, die beiden Kinder (ein Lied, in das Martha auch immer mit einstimmte), wie sie sich nie etwas gewünscht hätten, weil sie so bescheiden waren und ihre Mütter sie so bescheiden erzogen hatten.

Doch das stimmte gar nicht, und Susanna und Katharina waren randvoll von Wünschen und konnten mit nichts zu Ada kommen, weil es sie gekränkt hätte. Die Erbsensuppe der amerikanischen Besatzer in der ersten Klasse Volksschule (die Katharina wiederholt, weil sie die Zeit hauptsächlich im Bunker verbringt, wo sie anderes lernt, nämlich Angst); der baumleere Schulweg, auf dem sie sich hinwirft, wenn ein Flugzeug zu sehen ist, so daß sie die Erbsensuppe erbricht.

Ada weint; Alfret, vorläufig aus dem Wehrmachtsgefängnis entlassen, von Ada mit einem gefälschten Urlaubsschein gerettet, kehrt zurück, doch die Anklage der Wehrkraftzersetzung läßt man Ada entgelten. Eine ehemaliger Ortsgruppenleiter hat sie vom Fahrrad geworfen und beschimpft sie als Saboteurin. Alfret versteckt sich im Haus und simuliert eine schwere Krankheit. Trotzdem saß der Kranke am Schreibtisch im Dachboden und bohrte in der Nase; und sie liest zehn Jahre später, daß er damals an einem Basis-Bühnenwerk über das Kraftwerk Kaprun gearbeitet hat, in dem die Arbeiter vor der Baracke mit dem Personal-Büro im Chor sprechen:

Wir kommen her,
Die mägen leer,
Im hals die not,
In keinem sack ein stück brot –
Gebt uns zu tun
In kaprun!

Er schrieb und schrieb, während Ada mit dem Rad die Bauernhäuser aufsuchte, um Brot aufzutreiben:

ERSTE SCHICHT
Die ham gut spotten
Die faulen Falotten
Die Arbeit tut weh
Auf der Höh'.

ZWEITE SCHICHT
Wer soll da mehr klagen?
Uns alle tuns jagen!
Wir sind ja schon eh
Auf der Höh'

ERSTE SCHICHT

Schnallts euch die Wampen
Und nehmts die Krampen!
Du kommst und ich geh
Von der Höh'.

ZWEITE SCHICHT

An Meter Beton
Und paar Schillinge Lohn
Das is die Idee
In der Höh'. –
Adieu!

Katharina ist jahrelang irritiert und weiß nicht, ist das nun ehrlich gemeint oder ist das eine Parodie, und diese Österreichsimpelei und dieser Mythos, als seien alle Arbeitermassen Marxistenchöre, ist das nicht ein schlechter Stil oder was, damit kam sie nicht zu Rande, außerdem klang alles so verdammt ähnlich nach seinem ersten Gedicht, das er mit acht Jahren geschrieben hatte:

Auf der grünen Wiese
Wo die Lamperln sin'
Und die Blumen sprießen
Das ist eine Freud.

Das Gedicht hatte für Katharina immer etwas Aufmunterndes, wenn sie es las, ebenso wie dieses Spiel für Arbeiter, weil sie dachte, wenn er mit Fünfzig noch so schrieb und hatte doch diesen Ruf, dann kann aus mir auch noch was werden. Trotzdem, es mußte doch etwas dran sein, oder war es so, daß der gute Zweck die Mittel heiligte?

Sie hatte den Eindruck, daß Alfret für sehr vieles Tränen hatte, für Berggipfel und Genossenantlitze und deutsche Volkskörper, doch weniger für seine Frauen, mit einer Ausnahme, und das war seine Mutter, die seit dem Jahre 1918 erblindet war, und mit seinem Vater, den er verleugnete, der in einem Pflegeheim in Gamsern wohnte. Er hätte ihre Hand gesucht, diese trockene, runzlige Greisinnenhand, von der doch für ihn alle Liebe und Zärtlichkeit dieser Welt ausstrahlte, sagte er, als der Krieg zu Ende ging, und hielt sich an ihr fest, als er, auf der Suche nach seinen Wurzeln, sich endgültig vom Nationalsozialismus ablöste.

Es stand zwar auf dem Papier, doch Katharina glaubte es nicht so recht, das mit der Sohnesliebe, und sie dachte damals, daß Alfret sicherlich nicht anders gewesen wäre als sein Vater, der die Blindheit der Frau ausnutzte und vor ihren Augen aus dem Marmeladentopf aß, den er auf den Schrank ganz oben hingestellt hatte, damit sie ihn nicht fand. So sind sie wohl, die Menschen, aber warum nur taten sie immer so, als wären sie anders?

Sie hatte nie Angst um ihre Stimme, denn die Stimmen taten einem meistens weh, schon wenn sie laut waren, aber sie hatte immer Angst gehabt davor, blind zu werden wie ihre Großmutter, denn dann wurde man betrogen. Der gleichgültige Verkehr zwischen den Menschen, um den war es nicht schade, besser war es, wenn man ihn nicht auch noch vernahm, aber das Allerwichtigste war doch der Anblick, hie und da, wenn man Augen sah, die sich aufgehoben hatten, Menschen, in deren Blick es lag, daß sie das Glück der anderen vertragen konnten. Einen solchen Blick hatte jener kleine Nachbarsjunge damals, mit dem sie *Oascherln* spielte, vor dem sie sofort das Röckchen hochschob, kaum daß sie alleine waren, und der ein Bügeleisen auf ihren Hintern legen durfte und ein Brett, auf dem er auf- und abhutschte; wie er sie ansah, als sie eines Tages Glasstäbchen von einer zerstörten Jugendstillampe mitbrachte, damit er sie ihr hineinsteckte, und er tat es, behutsam, und da schauten sie sich an und liebten sich voraus, wie es leider so selten kam, später, als sie hätten tun können, was sie wollten. Es war ein Rausch, der sich ihnen da mitteilte, und sie sprachen nie miteinander, aber sie trieben mit heißen Köpfen ihre Spiele weiter in jenem Holzschuppen, dessen oberer Raum nur mit einer Leiter zu erreichen war, und einmal sahen sie herunter und bemerkten den steinalten Bromberger, wie er ein Blechbüchslein hervorholte und seinen Stummel hineinsteckte, auch er ein stummer Besessener.

Es waren Tage, in denen sie sich auf ihr nächstes wortloses Treffen freuten und darauf, was der andere wohl diesmal in den Händen hielt, es war ein seltsamer Reiz in all dem und in den Nächten, in denen Susanna und Katharina sich aneinander festhielten, bis Ada hereintrat und sie dabei erwischte.

Ada hatte wohl Angst, daß sie herunterkam, und zog Katharina hinter sich her zu einem Arzt, der ihr eine Salbe verschrieb für unten, die wie Höllenfeuer brannte.

Sie waren kleine Mädchen mit gestrickten Wollröcken und Gretelfrisuren, beide gleich gekleidet, wenn das ging, und manchmal traten sie auf Gamserer Volksabenden auf und sangen zweistimmig »Wo i geh und steh, tuat mir mei Herz so weh«, und dann schuhplattelten und jodelten sie, und sie waren tatsächlich gut, wie es hieß, doch Katharina war jedesmal fertig mit den Nerven, weil Susanna, die den Sopran hatte, kräftig falsch sang und sie ihr nachzufolgen hatte in der Terz, damit es nicht auffiel. Dann gingen sie aufeinander los, wenn der Vorhang herunterfiel, und zogen sich an den Haaren, und Susanna sagte später, daß Katharina immer gemein gewesen sei und sie gequält hätte ohne Rücksicht darauf, daß sie die Kleinere war. Katharina hätte einen flinken, harten Griff gehabt und ihr büschelweise das Blondhaar ausgerissen und ihr einmal sogar einen Stoß mit dem Knie gegeben, wie es die Männer untereinander taten, deren *Buamabrunzen* sie nachübten, und das hätte auch bei einer Frau saumäßig weh getan.

Katharina erinnert sich daran nicht mehr, sondern sie sieht sich als ein verträumtes, großäugiges Mädchen, das in der Droschke durch den grünglitzernden Laubwald nach Bad Ischl fährt, bräutlich gekleidet, den Bauch voll himmlischer Speise, das Haar in Zuckerwasserlocken gelegt. Oder sie sieht sich mit der Milchkanne im Wald, das Gerät ist nur pro forma dabei, sie verkriecht sich im Blättergeflecht eines Haselbusches, wo sie sich eingerichtet hat mit Decke und Glasperlen und Hobellocken, die sie dem Schreiner abgebettelt hat und die sie dort trägt, mit Klammern befestigt, und sie findet, daß sie aussieht wie die Kaiserin Sissy.

Sie hatte Ringe unter den Augen, und wenn sie angstträumte, so handelte es von Augenausstechen und Blindwerden, und einmal, das war bereits in Fahrn, hatte Ada Schuhe gekauft, und die Kinder bekamen einen Luftballon mit dem Aufdruck des Schuhgeschäfts, der an einen Draht gesteckt war, und plötzlich stand der Luftballon von ihrem Auge ab, und es blutete, und alle dachten, das Auge wäre hin. Doch Ada zog den Drahthaken vom Augenlid, und sie war nicht blind geworden, aber sie träumte es und haßte das Lied ›Kauf mir einen bunten Luftballon‹, das damals modern war.

Ihr erstes erotisches Erlebnis hatte sie mit Zwölf, sie war lang und dürr, hatte aber schon große Brüste, deretwegen sie sich nachts von der einen auf die andere Seite wenden mußte, weil sie auf dem Bauch schlief, und sie verdankte dieses Ereignis Marthas christlichem Rat, jedem Gebrechlichen zu helfen.

Es war im Parkbad zu Walz, da ging ein Blinder mit seinem Stock hin und her – wie sollte er sonst auch seine Kabine finden. Katharina sprang, die Brüste säuberlich verpackt, hinzu und geleitete ihn, der sich sofort an sie klammerte, zur Kabine, die er mit überraschender Behendigkeit abschloß. Katharina verharrte in schreckensvoller Starre, als er anfing, sie zu berühren. Sieh ein, daß ich dich nicht sehe und dich deshalb betasten muß, flüsterte er, und Katharina spürte, zitternd, wie er seine Hände über ihr Haar, ihr Gesicht führte, wie er durch den Baumwollstoff die Brüste berührte, und er war gerade dabei, nach Prüfung der Hals- und Schulterlinien und des Bauchs, vom Nabel mit seinem Finger abwärts zu fahren, als sie ihn wegstieß und den Schlüssel herumdrehte und schamerfüllt nach Hause lief. Sie konnte sich lange nicht entscheiden, ob sie diese Viertelstunde geliebt hatte, erst fand sie, daß kein Schatten einer Schuld auf sie gefallen war, weil sie ihm ja nur hatte helfen wollen, später bedauerte sie ihre Flucht, da das Erlebnis in seiner köstlichen Passivität in jeder Hinsicht unwiderbringlich war und die vielleicht schönste Einführung in die Liebe gewesen wäre, die sie aus ihrer schläfrigen Selbstgenügsamkeit erlöst hätte. Schade, daß sie so einen plumpen Bikini getragen hatte, der sie allzu zugänglich gemacht hatte, und nicht ein Musselin-Kleid mit hundert Knöpfen oder eine jener Spitzenblusen mit Stuartkragen und einem geschlitzten Rock.

Ihre ersten erotischen und politischen Erlebnisse formten sich um den Vater herum. Katharinas Erinnerung teilte ihr Leben sorgfältig in ein hauptsächliches mit der Mutter und ein schubhaftes mit dem Vater. Sie vermutete inzwischen, daß er damals allein war und daß seine beliebten Versuche, ein von den Kindern umgekehrtes leeres Ei mit allen Anzeichen der Erwartung und dann der Enttäuschung zu öffnen, ein hilfloser Versuch zur Väterlichkeit war, weil sie ihm in der Tat Leeres vorsetzten, ein Trostpflästerchen für sich selbst, der er in Wahrheit ausgeschlossen war.

Von ihren Spaziergängen mit Ada waren es Bildungsspiele, an die sie sich erinnerte: Rate mal, einen Komponisten mit B, oder ›Ich sehe was, was du nicht siehst‹, und dabei ging es immer um etwas Reales, einen Gegenstand, ein Tier. Es kam ihr vor, als wären es immer kleine, kurze Spaziergänge in einem abgesteckten Umfeld gewesen, ähnlich den Spaziergängen mit Martha, die Orte des Wiedererkennens mit Denkmälern und Grabsockeln bevorzugte.

Anders die Wanderungen mit Alfret, die Suchbewegungen waren und die nichts zu tun hatten mit dem, was sie bereits zurückgelegt hatten. Kein Bildungsgut wurde da abgefragt, da war etwas dynamisch Unzufriedenes, Herausforderndes bei seinen Wanderungen, und sie konnte sich erinnern, wie er die dösige Katharina herausforderte und sie kritisierte, daß sie nur glotze, anstatt zu sehen, und dann nicht dahintersah, wenn sie es sah, wobei er mit dem Sämischläppchen seine Brille putzte. Er schüchterte sie ein, wenn er die Selbstverständlichkeit, mit der sie die Beichte absolvierte, schlecht hieß oder wenn er sie fragte, inwiefern denn jener Franziskus, den sie Bruder nannte, tatsächlich Brüderlichkeit übe. Katharina wußte darauf keine Antwort, als daß er nett sei, und Alfret entgegnete, nett seien insofern alle Menschen und auch der Papst. Aber er hielt nicht damit hinterm Berg, wie so ein Papst lebte, woher er sein Einkommen bezog, nämlich von Menschen, die so bewußtlos daherwuchsen wie Katharina, und daß er auf Kosten der Ärmsten einer der reichsten Menschen war auf der Welt und so ganz und gar nicht brüderlich teilte.

Solche Äußerungen wiederum standen im Widerspruch zu der Tatsache, daß Alfret Adas wegen vom evangelischen zum katholischen Glauben übergetreten war und auch als österreichischer Katholik in die DDR zog – während Katharina immerhin austrat, als sie dreißig Jahre alt war – oder daß Alfret ganz gekränkt den Weihnachtsbaum zu Unzeiten forderte, wo kein Faserchen Lametta und kein Bonbon aufzutreiben war, und es nach der Flucht aus Berlin zu einem heftigen Krach kam, weil Ada nur einen Teil des Weihnachtsschmucks mitgenommen hatte; und daß sie jeden Adventssonntag auf seinen Wunsch ›Maria sei gegrüßet‹ sangen und er heiser mit einstimmte und jedes Weihnachtsfest zu einem Tränenfest geriet, auch bei ihm.

Besonders, wenn sie dreistimmig vor dem Christbaum sein Lieblingslied anstimmten:

Bei ihrem schwer erkrankten Kinde
Saß die Mutter still und weint:
»Woaßt du Muaattal wos mir traamt hod
I hob in Hümmi einigschaut...
Do woren tausend klaane Engal...«

Offenbar war es so, daß er manchmal den gleichen Traum träumte wie Ada und es dann fertigbrachte, ihn von einer Stunde zur anderen plötzlich aufzugeben, und Katharina wurde später, als er ihr von Dialektik erzählte, klar, daß es nur das sein konnte, was ihren Vater so verschieden gemacht hatte. Er brachte einem Holzknecht bei, wie man Worte pflanzte und schlug, und Katharina saß dabei und hörte zu, wie Alfret dem Hias das genaue Schreiben beibrachte und ihn auf jede Phrase hetzte, und dann kam noch der Sepp hinzu, und sie saßen zu dritt da, und Alfret nannte es eine Werkstatt. Und den beiden Holzknechten half es, und sie sagten später, daß sie dem Alfret alles verdankten, und ihre Werke wurden in Verlagen gedruckt und hießen ›Die Föhnlawine‹ oder ›Wenn das Eis einbricht‹ oder ›Der Gosausee‹.

Dennoch bekam Katharina um so mehr Angst vor den Worten, weil sie den Terror fürchtete, den Alfret ausübte, wenn sie ein Wort ungenau anwandte oder etwas gegen einen guten Gamserer sagte. Sowenig Alfret zum Volk gehörte in Katharinas Augen, so sehr hielt er doch zu ihm mit den Worten; dazwischen lagen die Abgründe. Mit Alfret betrat Katharina das erstemal eine Mine und ein Kraftwerk und erfuhr, wie sie zu dem kamen, was sie jeden Tag brauchten; die Dialektik daran wiederum war, daß Ada, und nicht Alfret, die Kohlen erschlich und hinaufschleppte aus dem Keller und die Öfen anheizte und daß Ada tagtäglich das Wasser vom Brunnen holte, damit sie zu trinken hatten, und mit den Bauersfrauen im eiskalten Bach die Wäsche wusch, damit sie nicht verkamen.

Doch das stand auf einem anderen Blatt, und Katharina begriff, daß Alfret keinen Brotberuf hatte für damalige Zeiten und daß Ada deshalb geistig nicht mithalten konnte, weil sie ins Joch gespannt war, und daß es trotzdem allerhand war, wie sie so einigermaßen auf dem laufenden blieb und las und bei den Gesprächen folgte. Ada tat vieles für Alfret, um mit ihm leben zu können, doch was er anderen gab, zum Beispiel den beiden Holzhackern, das verweigerte er ihr. Da war ihm Unbildung lieber als Halbbildung – und das war der Dank, wenn man sich seinetwegen bildete, soweit es ging.

Katharina war auf der Hut und gratwanderte zwischen zu großer Abweichung und zu großer Anpassung an den Vater und bemühte sich, ohne sich dessen bewußt zu sein, dem Leben, das ihre Eltern führten, genau zuzuschauen, und zog den Schluß, das es da recht verschiedene Arten gab. Was für ihre Großmutter Herzensbildung war und ein bißchen Französisch, das war für Ada das Wissen darüber, wer die ›Eroica‹ komponiert hatte und wer der Verfasser des Gedichts war vom Land, in dem die Zitronen blühen; für Alfret jedoch war Bildung eine Ehe zwischen jenem Wissen Adas, das er als selbstverständlich voraussetzte, und einem Darüberhinausdenken, auch Drüberhinwegsehen und Nichtachten, ja Verächtlichmachen, eine Absage an die Teilhaberschaft mit dem Herkömmlichen, und offensichtlich war Veränderung für ihn eine Lebensnotwendigkeit – zumindest im Kopf, denn als er sie nicht mehr denken konnte, da starb er.

Es war für Katharina schwer zu begreifen, daß das Leben für ihn morgen begann, der heute von der Hand in den Mund lebte, und zu lernen, daß das zweierlei war. Zu wissen, woher das Ei kam, oder es zu essen, ohne zu fragen, wenn es auf dem Küchentisch lag. Ihr Vater war geizig, in der Tat, und er zahlte nach der Scheidung zweihundert Schilling pro Kind und fand es doch selbstverständlich, sie zu jeden Ferien wieder lebend vorzufinden.

Und als Alfret 1954 aufbrach in die DDR, da versiegten seine Zahlungen mitunter. Die beiden Töchter schienen für ihn eine Art Pflanzen zu sein, die im Wildwuchs gediehen, zwischen Karst und Geröll, und die sich von selbst das Nötigste aus dem Boden zogen. Er sagte es oft, daß er kein Verhältnis hatte zu Nähnadel und Schrubber und Hammer und Sichel, die er nur als Symbol guthieß, aber er bestand doch zu jeder Zeit auf seinem gepflegten Äußeren, das Ada zusammenhielt mit Nadel und Faden und Kernseife.

»Ein junges Mädchen schwebt immer zwischen Skylla (venerische Krankheit) und Charybdis (Schwängerung), beides bedeutet meist eine Schädigung fürs Leben – also aufpassen!« warnte Alfret, als Katharina, siebzehn Jahre alt, ihn mit geheimnisvollen Worten ihre Entjungferung erraten ließ, und als sie eine nachlässig eingeschobene Liebesgeschichte in einem recht törichten Brief bereute, bemerkte er: »reue ist etwas unmenschliches, von unmenschlichen kräften ins menschliche leben getragen, etwas illegitimes. wozu reue? man tötet die erinnerung, schwächt das gedächtnis, reue ist etwas unproduktives.«

Sie fragte sich, ob sie nach der mißlungenen Begegnung ihres Verlobten mit ihrem Vater Besseres hätte tun können, als von einem Mann in den anderen hineinzufallen und, zwanzig Jahre alt und hoffnungslos blind, ein zweitesmal einen, wie Alfret später schrieb, keineswegs zornigen jungen Mann anzuschleppen, 26, Jurist, Konformist, Bayer, und ihn im Ostberliner Häuschen im sogenannten Intelligenzviertel auf Alfret losgehen zu lassen mit jenen Allerweltsargumenten, mit denen man in der westlichen Presse Alfrets verschlungene Wege verurteilte: Pah, immer habe Alfret sein Mäntelchen nach dem Wind gehängt, erst hätte er sich mißbrauchen lassen im seltsamen Ornat des nationalsozialistischen Schreibers, doch den Lorbeerkranz, den hätten ihm auch die Faschisten nicht gegeben. Er habe ein Marxist sein wollen, zuvor und nun wieder, wo es doch nur der Brotkorb sei, nach dem er greife, weil man ihn ihm diesmal zu hoch gehängt hätte im Westen.

Es war im tiefen Kalten Krieg, und Katharina spürt die Spannung noch und sieht Alfret wie einen Tiger im Käfig auf und ab schreiten in seinem Zimmer, die Stimme krächzend vor Wut.

Sie schreien sich an, daß es immer solche sind wie jener, der gegenübersteht, die am lautesten von Freiheit reden, wenn es keine Freiheit gibt, Parteibonzen kämpfen gegen Bonner Borussen, Ulbricht gegen Franz Josef Strauß, und Alfret flüstert, daß jener Herr Schulz, so nannte sich Katharinas Liebster, noch nicht kapiert habe, wie wenig wichtig in der heutigen Welt Hamburg oder München seien gegenüber Peking, Neu Delhi oder Bandung, von Moskau ganz zu schweigen. »Ja, Moskau«, brüllt Herr Schulz, »da geben Sie mir das richtige Stichwort, gerade Sie in diesem Trabantennest.« Und schließlich, als Alfret den ganzen Marxismus herausgelassen hat, schreit Herr Schulz: »Wenn Ihnen das alles nicht Beweis genug ist dafür, daß ich in dem besseren System lebe, dann fühlen Sie gefälligst mal, ob das nicht der bessere Stoff ist«, und Herr Schulz hält Alfret seinen Kammgarnkragen entgegen, und Alfret kontert mit seinem Jackett und krächzt zurück, daß es ihm nicht gefällt, daß sich seine Tochter mit einem jungen Anpaßler verquickt, an dem kein Faden reiner Wolle ist. Und Herr Schulz springt voll Zorn zum Gartenschlauch, um zu demonstrieren, daß westdeutsches Kammgarn selbst das übersteht, und Alfret tut es ihm nach, und beide stehen sich naß, jedoch nicht abgekühlt, gegenüber, und an beiden hängen die Jacketts herunter, denn auch Alfrets stammt aus dem Westen.

Das war 1959, und Alfret war nicht zu blöd, bei allem Freiheitsgeschwätz die Zahlungen für Katharina nicht zu vergessen, und sagte zu ihr: »Aus allen diesen Gründen werde ich den Versuch, dir weiterhin ein wenig zu helfen, davon abhängig machen müssen, daß du entweder hier bei mir studierst oder dich um Aufnahme in das Studentenheim bewirbst. Denn so wie die Dinge jetzt liegen, finanziere ich nur deine sturmfreie Bude mit, die weder deinem Körper noch deinem Geiste förderlich ist. Sollte aber Herr Schulz seiner Gefühle nicht Herr werden können, so möge er sich in die entsprechenden Lokalitäten bemühen.«

Doch Katharina wurde damals noch ein halbes Jahr von Herrn Schulz bewegt, und sie verließ den Vater mit Groll, weil er dessen Intelligenz so mißachtet hatte, und sie pflegte aus Liebe ihren Blick abzuschalten, wenn sie merkte, daß sie darauf aus war zu überprüfen, ob Herr Schulz diesmal Wolle oder Perlon trug, bevor er sich auszog.

Katharina erinnerte sich, wie sie ihren Vater kurz vor seinem Tod empfunden hatte – da war nichts mehr von dem übriggeblieben, was die Leute früher an ihm so entrüstet hatte, weder Arroganz noch Parvenütum. Das war ein erloschener, leiser, diskreter Mann, der den Unauffälligen spielte und so tat, als wäre er's nicht, ein Mann, der auf dem Altenteil saß und sein Gnadenbrot aß, den man nur widerwillig Kritiken, hauptsächlich aus Westberlin, schreiben ließ und dem man die Kleinschreibung und seine geliebten Trennstriche zwischen zusammengesetzten Wörtern boshaft herausredigierte – ein Mann, der sich verkauft hatte. Sie erinnerte sich anhand dieser Schulz-Episode an die aufgestaute Angriffslust eines Menschen, der nicht sagen kann, was er sagen will, und der im Innersten daran zerbricht.

Katharina blätterte in seinen letzten Briefen, und da fand sie einen, den er ihr kurz nach der Publikation seiner DDR-Reisebriefe zugeschickt hatte.

du schreibst von der gefahr, daß wir uns gleichgültig
werden könnten
aber woran liegt es
wenn du mir deine männer-geschichten erzählst
so revanchiere ich mich mit dem wetter
als ich in meinen reportage-briefen
dich in eine diskussion einbezog
hast du nur mit einem nebensatz
darauf nicht reagiert
warum schreibst du mir nicht
was du darüber denkst
was dir gefällt
oder nicht gefällt
wirst du imstande sein

dir deine eigene zukunft zu bauen
oder wirst du auf den mann warten
der dir den platz im leben anweist?
also mußt du doch über sinn
und unsinn
recht und unrecht
in dieser (deiner) welt denken.
es könnte ja auch sein
daß du dir eines meiner bücher ansiehst
etwa ›niemand‹
wirst du imstande sein
nicht auf den nächsten herrn schulz zu warten
aber wenn du nicht anders kannst
erzähle mir weiterhin deine männer-geschichten
nicht nur die kinder
auch die greise
hören es gern

Katharina schämte sich zwei Jahrzehnte zu spät über die Briefe, die sie wohl an Alfret geschrieben haben mußte, und sie schlug die ›Deutsche Reise‹ auf, jene Entdeckungsfahrt durch die DDR, überlegte, wie sie in das Theaterstück einzubauen sei; da sah sie ihre Kinderschrift, die unter den Titel ›sentimental journey‹ gekritzelt hatte; sie blätterte weiter und las, daß sie im ersten Brief des Mannes, der angeblich die DDR sorgfältig erkunden wollte, bereits in der zehnten Zeile angestrichen hatte: »ich bin hierhergekommen, um hier zu bleiben.«

Sie blätterte weiter, und da hatte sie jene Stellen angestrichen, wo er sich darin wiederholte: »aber ich will nicht neu beginnen ohne euch«, sie sah, daß sie darunter gekritzelt hatte: »Lieber Alfret, ich komme trotzdem nicht«, und als er schrieb »hier gilt die parole: glauben. folg ihr!«, da stand schlicht daneben ihr »Nein!!!«.

Sie hatte das gesamte Buch redigiert, mit Anmerkungen versehen, dem Vater sentimentale Stilbrüche angekreidet – aber sie hatte ihm nie geantwortet und dies alles bei sich behalten. Sie war feige gewesen und voll Mißtrauen, voll Widerwillen gegen seine Emphase. Und hatte sie nicht lange

Zeit das getan, was die herkömmliche Literaturkritik mit ihm gemacht hatte: ihn als einen Niemand zu übergehen?

Katharina beschloß, Blumen auf Alfret Bebras Grab zu legen, weil sie ihm keine rote Nelke mehr ins Knopfloch stekken konnte. Sie wollte ihren geprügelten und verflixten Vater aus dem Grab holen und jene letzten zornigen alten Männer aufspüren, die es noch gab und die seine Zeit gelebt hatten. Nichts hinderte sie daran, am nächsten Tag aufzubrechen.

OLIVIA HARRIS

Mein himmlischer Vater

Ich bin in einer großen Familie aufgewachsen, die, nachdem meine Mutter gestorben war und meine Stiefmutter mit ihren beiden Kindern in unser Leben trat, noch größer wurde. Wir waren sechs Kinder – das Älteste und das Jüngste waren acht Jahre auseinander. Ständig rannte irgend jemand die Treppe hinauf oder hinunter. Es war immer etwas los; ich hatte ältere Brüder oder Schwestern, die ich bewundern, denen ich zuhören und nacheifern konnte, und eine Stiefschwester in meinem eigenen Alter, mit der ich spielte und raufte. Die beste Form der Kommunikation war für mich jedoch die Musik. Als sich später auch Vettern und Cousinen, Onkel und Tanten daran beteiligten, war das ein bißchen wie die Trapp-Familie. Ich war davon restlos begeistert. Meine Stiefmutter behauptet zwar, ich hätte darüber nie ein Wort verloren.

Wir Kinder wurden, eines nach dem anderen, alle auf Internate geschickt; um zu überleben, mußte ich dort mein Schweigen brechen.

Mein Wunsch, England von außen zu sehen, hat mich über den Ärmelkanal, über den Atlantik und insbesondere nach Bolivien getrieben, wo ich etwa zwei Jahre als Anthropologin tätig war. Dort entdeckte ich den Feminismus – zunächst war er nicht mehr als eine Eingebung, später aber verwandelte er sich in eine Waffe. Gegenwärtig lehre ich Anthropologie am Goldsmiths' College im Südosten Londons.

Bei meinen Bemühungen, über Väter zu schreiben, haben mir Gespräche mit vielen Freunden und Familienmitgliedern sehr geholfen. Ich bin ihnen dankbar dafür, daß sie ihre Erinnerungen und Erfahrungen mit mir geteilt haben.

Ich wurde 1948 geboren. Das genaue Datum ist in mancherlei Hinsicht unwichtig, da die Zeit, in der ich ein Bewußtsein für die Welt um mich herum entwickelte, für mich vollkommen in die Familie eingebettet war und meine Welt kaum weiter reichte als der Gartenzaun. Der Rhythmus dieser Welt wurde nicht von der Zeitung bestimmt, die täglich durch den Briefschlitz fiel, und auch nicht durch den Märchenonkel im Radio, sondern durch die Flut von Vätern, Aktentaschen und Bowler-Hüten, täglich zur selben Stunde aus jedem Haus herausgeschwemmt, und durch die Ebbe, die sie auf den Vorstadtbahnhöfen absetzte, wo ihre Frauen, hin- und hergerissen zwischen Küche und Kinderzimmer, wie Celluloidfiguren auf sie warteten. Geheimnisvolles London, in dem die Väter arbeiteten. Es war ein Magnetpol – und wir, die Kinder von Surrey, befanden uns immer wieder in seinem Anziehungsfeld. Es stellte unerbittliche Ansprüche an die Väter und dadurch auch an die, die sie zurückließen. Und jeden Abend mußte man diese Väter, die aus London zurückkehrten, willkommen heißen; angesichts dieser Heimkehr waren alle anderen Dinge, die den Rhythmus unseres Lebens hätten bestimmen können, zweitrangig.

Vielleicht sind englische Väter auf archetypische Weise abwesend. In meiner Familie wuchsen wir damit auf, daß unser Vater nur selten zu Hause war, daß seine Arbeit ihn von uns fernhielt. Was »Arbeit« eigentlich war, blieb für mich lange ein Mysterium; ich wußte, daß sie eine Aktentasche und Unmengen Papier erforderte, verstand jedoch nicht, warum sie so ermüdend war oder was man mit dem ganzen Papier machte. Dieses Geheimnis wurde nur im »Büro« gelüftet. Zurückblickend glaube ich, daß dies dieselbe Art von Mystifizierung war, wie sie die bolivianischen Indianer, bei denen ich zweieinhalb Jahre lebte und deren Leben ich studierte, angesichts meiner »Arbeit« empfanden. Sie bestand aus endlosen Niederschriften, die Seite um Seite füllten und die diese Indianer hauptsächlich deswegen ernst nahmen, weil ich damit, trotz meiner offenkundigen Untätigkeit, ein Einkommen verdiente, das ihre wildesten Träume überstieg.

Da mein Vater meist abwesend war, gehörte der Sonntag ihm. Er nahm uns alle mit in die Kirche, schob uns in eine Bank und entschied, wer neben ihm sitzen durfte – das alles vor den Augen der restlichen Gemeinde. Abends beteten wir gemeinsam, und es wurde aus besonderen Sonntagsbüchern wie *Pilgrim's Progress* und *The Water Babies* vorgelesen. Montag und der ganze Rest der Woche war völlig anders. Und doch sind die abwesenden Väter immer und ewig anwesend. In der englischen Kultur ist der Mann der Herr im Haus, auch wenn die Realität diesen Status nicht immer rechtfertigt. Ob der Vater anwesend ist oder nicht, ob er am häuslichen Leben aktiv Anteil nimmt oder nicht – seine Autorität steht nicht in Frage. Das Leben wird durch seine Abwesenheit ebenso strukturiert wie durch seine Anwesenheit, und seine Position innerhalb der Familie ist unantastbar. Bis auf den heutigen Tag nimmt mein Vater in meinen Träumen eine ähnliche Stellung ein. Der Mann, der tatsächlich existiert und dies liest, hat sich seither fast bis zur Unkenntlichkeit verändert, aber der Vater schwebt immer noch am Rand meiner Träume – er greift nur selten direkt ein, setzt jedoch ihre Grenzen fest und ist darin das strukturierende Prinzip.

Eine lateinamerikanische Freundin schilderte mir kürzlich, wie exotisch die englische Art des Patriarchats für sie sei. In ihrer Welt, in Bolivien, stellen die Mütter die Autorität innerhalb der Familie dar. Sie haben zu Hause das Sagen, während der Platz des Vaters außerhalb der Familie ist. In den englischen Familien, die sie kennengelernt hatte, schien nur der Vater zu bestimmen und die Mutter lediglich das ausführende Organ seiner Befehle zu sein. Bei einem Vergleich mit der lateinamerikanischen Kultur, in der die Position der Männer innerhalb der Familie recht schwankend ist, hat es den Anschein, als seien englische Frauen außerordentlich unterwürfig. Lateinamerikanische Männer leben in der Öffentlichkeit, und dort ist es auch, wo sie sich mit ihren Freunden treffen. Das Heim ist die Sphäre der Frau, mit der Männer gewöhnlich nicht vertraut sind. In englischen Familien dagegen, selbst in solchen, in denen der Vater sich nur wenig für die Kinder interessiert, ist der Platz am Kopfende des Tisches ihm vorbehalten. Und Mütter, die ganz offen die Erziehung ihrer Kinder in die eigene Hand nehmen, gelten als suspekt und von der Norm abweichend.

Ich spreche hier von der englischen Kultur, weil meine Erfahrungen im großen und ganzen allgemeingültig sind, auch wenn sie in Einzelheiten voneinander abweichen. Ich bin mir nicht einmal darüber im klaren, wieviel meiner Erfahrungen tatsächlich durch meinen Vater bestimmt sind und wieviel aus anderen Quellen kommt, aus Büchern, von Freunden, aus der Schule und vor allem aus der anglikanischen Kirche. Ein Großteil davon – allerdings nicht alles – ist typisch für die durch die evangelische Kirche geprägte wohlhabende Handwerkerschicht, aus der die Familie meines Vaters stammt, und deren Werte von so entscheidender Bedeutung für die Entstehung der häuslichen Kultur in der viktorianischen Zeit gewesen sind.

Obwohl ich im Nachkriegsengland zur Schule gegangen bin, ist es sicher wahr, daß meine Phantasie hauptsächlich von Büchern beherrscht wurde, die vor der Jahrhundertwende geschrieben wurden. Diese Kinderbücher waren die Lieblingsbücher meines Vaters in seiner eigenen Kindheit gewesen, und ich glaube, mit einigen von ihnen war auch seine Mutter schon aufgewachsen. Die Handlung darin war bewegt und angsteinflößend: Es ging um den schrecklichen Tod eines Kindes, die Belohnung, die einem anderen für seine Frömmigkeit zuteil wurde, oder um ein gesichtsloses Ungeheuer, das Menschen ihrer Familie entriß. Es muß aber auch noch andere Bücher gegeben haben. Ich weiß, daß ich *Winnie the Pooh* und Geschichten von Enid Blyton gelesen habe wie andere Kinder auch und daß ich gelegentlich Radio hörte. Aber diese viktorianischen Bücher waren für mich mehr als bloße Unterhaltung: Sie waren die Welt, die wir mit unserem Vater teilten, das Treibholz seiner Kindheit, das wir gemeinsam wiederentdeckten, und ein wirklicher Berührungspunkt zwischen den Generationen. Diese Bücher und die Kirchenlieder, die wir tagein, tagaus sangen und die sich in meinem Gedächtnis festgesetzt haben, waren wirklich und besaßen eine erhebliche Tiefenschärfe. Sie gehörten uns, sie bildeten ein Gegengewicht zu der Welt da draußen, die sich ständig veränderte. In unserer Welt wurden kleine Mädchen für ihre Sünden bestraft; im viktorianischen Zwielicht der Sonntagabende sangen wir:

»Führ' uns, himmlischer Vater, führ' uns
über das wilde Meer der Welt.

Beschütze uns, leite uns, bewahre uns, ernähre
uns,
denn wir haben niemand, der uns erhält,
Du, Vater, bist unser einziger Segen
in dieser jammervollen Welt.«

Und in *The Nursery History of England* sah uns Charles I., der sich vor seiner Hinrichtung von seinen Kindern verabschiedete, edel und gefaßt ins Auge.

Die objektive Zeit, die die Historiker untersuchen, hat sehr wenig mit der Generationszeit zu tun, durch die wir mit unseren Eltern und Großeltern verbunden sind. Ich habe das Gefühl, daß meine frühe Kindheit das Ende des 19. Jahrhunderts war und daß ich in Wirklichkeit gar nicht zu jenen geburtenstarken Jahrgängen der Nachkriegszeit gehöre. Auf welche Weise wird die Familienmythologie, die Bewertung der Ereignisse innerhalb der Familie, in jeder Generation aufs neue erschaffen? Wie stark wird dies durch die Außenwelt beeinflußt? Ich habe meine Großmutter kaum direkt kennengelernt, aber ich habe das Gefühl, daß sie all das, was sie in ihrer Jugend erlitt, sich vorstellte oder ersehnte, an meinen Vater weitergab, und dieser wiederum vererbte es mir: eine paradoxe Verbindung von Menschen, durch die von uns erwartet wird, einerseits gegen Gespenster anzukämpfen, die Leute heimgesucht haben, welche schon lange tot sind, und andererseits, die Träume dieser Leute zu verwirklichen. All dies wird weitergegeben – von der Mutter an den Sohn, vom Vater an die Tochter.

Ebenso wie mein Zeitgefühl durch die Generationszeit bestimmt wird, die ihren eigenen Gesetzen folgt, ist auch mein Ortsgefühl beeinträchtigt. Die Wohngegend der Börsenmakler, in der ich aufwuchs, gehörte zu den guten Adressen. Wir wohnten, wo »das Land« anfing, am Rand von London. Wir lebten zwischen Welten, die immer »draußen« waren, und wir nahmen Unterschiede wahr, die niemals deutlich auf der Hand lagen. Und auch mein Vater, der nicht anders aussah als all die anderen Männer in dunklen Anzügen, war anders: altmodisch, aber unkonventionell, streitlustig und charmant.

Mein Vater kam und ging wie die Gezeiten. Meine Mutter dagegen war immer da, wenn auch blaß, krank, ängstlich und erschöpft durch ihren Sohn und ihre Töchter – bis sie eines Tages starb. Die Vitalität und Robustheit meines Vaters, die ihn so sehr von ihr unterschied, hat sich mir um so tiefer eingeprägt. In meiner Familie war der Vater tatsächlich stark und die Mutter schwach, und seit sie starb, als ich erst sieben war, bin ich in doppelter Hinsicht sein Kind. Meine Schwestern haben manchmal behauptet, ich sei seine Lieblingstochter gewesen. Was immer das auch heißen mochte – es bedeutete nicht, daß ich irgendwelche besonderen Privilegien genoß. Vielleicht setzte er in mich mehr als in die anderen seine Hoffnungen, und ich teilte seine Leidenschaft für Geschichte und die Vergangenheit. Kinder bieten ihren Vätern die Möglichkeit, Wege zu gehen, die sie selbst nicht gegangen sind, und sie rufen auch die Sehnsucht nach der Vergangenheit wach und erinnern sie an das Idealbild der Mutter. Ich glaube, ich sah in meiner Kindheit der Mutter meines Vaters von allen seinen Kindern am ähnlichsten.

Väter haben schwer zu erfüllende Träume. Sie wollen Töchter, die nach ihrem Bild geschaffen sind, die männliche Tatkraft, Durchsetzungsvermögen und Unabhängigkeit verkörpern. Die einzige Möglichkeit, die Aufmerksamkeit ihres Vaters zu erlangen, besteht für viele Frauen darin, im landläufigen Sinne Erfolg zu haben. Ihr Leben besteht aus der verzweifelten Anstrengung, unmöglichen und oft imaginären Ansprüchen gerecht zu werden, da dies offenbar die einzige Möglichkeit ist, mit einem Menschen zu kommunizieren, der ihr Leben gar nicht wirklich versteht, sondern in ihnen nur ein Spiegelbild seiner selbst sieht. Aber Väter wollen zugleich die ideale Frau, den perfekten Ehepartner, und das erfordert grundsätzlich andere Fähigkeiten. Den meisten Frauen fällt es schwer, beiden Erwartungen gerecht zu werden.

Man könnte dies das Cordelia- oder Brünhilde-Syndrom nennen, da diese beiden Frauen »Lieblingstöchter« waren. Sowohl Shakespeare als auch Wagner scheinen die Situation erkannt zu haben und schildern anschaulich die Wut, die den allmächtigen Vater überkommt, als er herausfindet, daß er keine Frau, sondern eine Rivalin aufgezogen hat. Die »Fehler« von Cordelia und Brünhilde waren Handlungen, bei denen sie sich von den erklärten Werten ihrer Väter leiten ließen, indem sie ihnen gehorchten oder versuchten sie zufriedenzustellen. Sie werden nicht bestraft, weil sie ihre Väter nicht verstanden haben, sondern weil sie sie *zu gut* verstanden haben und sich auf ihrem Gebiet mit ihnen messen wollten. Und wenn Cordelia und Brünhilde als dramatische Heldinnen unbefriedigt erscheinen, so deshalb, weil sie den Starrsinn der Könige widerspiegeln, die sie gezeugt haben.

Auf wie viele Frauen mag es zutreffen, daß sie all ihre Energien in dem Bemühen verbrauchen, ihren Vater auf immer kompliziertere Weise zufriedenzustellen? Wie viele haben das Gefühl, daß sich die stolzesten Momente ihrer Unabhängigkeit als diejenigen erweisen, in denen sie mit ihrem Vater kommunizieren? Einer meiner Freunde, der selbst Vater ist, äußerte seine Bewunderung für die Selbständigkeit und die geistige Unabhängigkeit seiner siebenjährigen Tochter, die in krassem Gegensatz zu der sklavischen Abhängigkeit seiner Frau stehe. Im weiteren Verlauf des Gesprächs gab er zu, es sei möglich, daß ihr in Absätzen erkennbarer Feminismus ihre Art sei, *ihm* zu imponieren, da seine Beziehung zu seiner Frau, ihrer Mutter, ziemlich schlecht sei. Manche Väter wollen eine hingebungsvolle, ergebene Sklavin, andere eine Suffragette. In Wirklichkeit wollen die meisten wahrscheinlich beides gleichzeitig – und das ist ein schlimmer Gegensatz, der dazu führt, daß die Töchter solcher Männer den größten Teil ihres Lebens und ihrer schöpferischen Phantasie darauf verwenden, eine Lösung für dieses Dilemma zu finden.

Ein erheblicher Teil der Literatur des 19. und 20. Jahrhunderts belegt, daß der Vater das Fundament des moralischen Empfindens in England darstellt. Die Stellung des Vaters basiert auf einem Paradox: Er ist abwesend und doch gegenwärtig, ja er ist sogar um so gegenwärtiger, je abwesender er ist. Seine Autorität bleibt unangezweifelt und wird dennoch nur selten direkt ausgeübt – sie ist gleichzeitig unpersönlich, besorgt und egoistisch. Ich persönlich empfinde bei jedem

Paradox eine seltsame Befriedigung. Ich kann mich deutlich an die Schulbank erinnern, in der ich saß, als die Geschichtslehrerin zum ersten Mal den Ausdruck »wohltätiger Despot« gebrauchte, und ich weiß noch, wie jemand sie fragte, wie man das buchstabiere, und sie die beiden Wörter an die Tafel schrieb. Der Ausdruck war mir auf der Stelle vertraut. Fernbedienung, wohltätiger Despot – es liegt ein innerer Gegensatz in diesen Wörtern. Sie scheinen gegeneinander anzukämpfen, und doch ergänzen sie sich.

Ich kann nicht behaupten, daß ich eine ganz und gar viktorianische Kindheit gehabt hätte oder daß meine Kindheit von äußeren Ereignissen völlig abgeschirmt gewesen wäre, aber die Bruchstücke, an die ich mich am besten erinnere und die meine Kindheit am deutlichsten heraufbeschwören, sind jene, die ein Leben in einer sehr privaten, abgeschlossenen Welt symbolisieren. Vielleicht war dies der Grund, warum Geschichte von Anfang an mein Lieblingsfach war. Es begünstigte das Aufgehen der Saat, die durch die viktorianischen Kindergeschichten in mich gelegt war, und gab mir ein Mittel in die Hand, mir eine Welt zu erschaffen und zu erleben, die mit dem weltlichen Treiben um mich herum nichts zu tun hatte. Und die Geschichte setzte die Mythen, die ich in meinem Bewußtsein mit mir herumtrug, nicht außer Kraft. In *The Nursery History of England,* die mein Vater uns, als wir klein waren, vorlas, hieß es: »Die kleine Prinzessin war älter als ihr Bruder und begriff besser als er, was nun passieren würde, und sie weinte sehr. König Charles war sehr traurig, aber auch sehr tapfer, und als er hinausging, um vor seinem Palast in Whitehall hingerichtet zu werden, sah er so gut und schön aus, daß alle Leute furchtbar traurig waren.« Warum töteten sie ihn dann? Und warum bereuten sie es? Im Geschichtsunterricht lernte ich, daß es für diese blutige und scheinbar sinnlose Tat doch Gründe gegeben hatte und daß nicht alle furchtbar traurig gewesen waren. Aber das Bild des schamlosen Königsmordes, der ohne Grund und ohne Gefühl begangen wurde, blieb noch lange Zeit in meinem Bewußtsein.

Für viele Leute liegt einer der Gründe, Anthropologie zu studieren, in dem Bedürfnis, gegensätzliche und manchmal miteinander nicht zu vereinbarende Erfahrungen zu verstehen: das Gefühl, zu etwas zu gehören und doch nicht dazu zu gehören; der Wunsch herauszufinden, ob unsere Art zu leben die beste ist und welche andere Lebensweisen es außerdem noch gibt. Mir persönlich wurde immer mehr bewußt, daß die englische Kultur eine Absonderlichkeit darstellt und daß sie eine Moral, derzufolge es ungehörig ist, in persönliche Beziehungen einzugreifen, mit einer weltweiten Politik der massiven Einflußnahme in Einklang gebracht hat.

Die Anthropologie eröffnete mir eine Welt, in der Väter angesichts eines Ungehorsams ihrer Kinder nur lachten.

Einer der ersten Impulse für das Studium »primitiver Gemeinschaften« war der Wunsch zu verstehen, wie ihr Familiensystem funktionierte, wie sie Frauen behandelten, wie die Ehe organisiert und erfahren wurde. Es ging eine Faszination aus von der Rekonstruktion einer mythologischen Entwicklung der Gesellschaft – von den frühesten Zeiten der »primitiven Promiskuität« oder der bloß vermuteten Brutalität einer »erzwungenen Ehe« bis zur wohlanständigen Zivilisiertheit viktorianischer Monogamie. Die ersten ethnologischen oder anthropologischen Texte, die die größte Popularität erreichten, beschäftigten sich überwiegend mit diesen Themen. Daß die patriarchalische Familie der Inbegriff zivilisierter Werte sei, wurde von einigen in Frage gestellt. Aber selbst diejenigen, die die weniger aggressiven und großzügigen Werte matriarchalischer Gesellschaften betonten oder darauf hinwiesen, daß das patriarchalische System grundsätzlich auf einer ungleichen Verteilung von Privateigentum basierte, waren sich im allgemeinen darüber einig, daß das Patriarchat, trotz aller Nachteile, als historisches Phänomen unerläßlich für die soziale Evolution und insbesondere für die Entwicklung des Staates sei, da es die Grundlage der politischen Organisation darstellte.

Anfang des 20. Jahrhunderts gab die Anthropologie diese großartigen Versuche, die universale gesellschaftliche Entwicklung zu rekonstruieren, auf und widmete sich detaillierten Feldstudien sogenannter »primitiver« Gesellschaften.

Der Glaube an die Existenz einer matriarchalischen Zeit in einem früheren Stadium der Geschichte, der sich auf eine Mischung aus Beobachtungen, archäologischen Funden, zuweilen gewagten Schlüssen beim Studium klassischer Texte sowie reine Phantasie gründete, wurde ersetzt durch die Beschreibung matrilinearer Gesellschaften, die noch existieren. Das Konzept eines Matriarchats hatte auf der Annahme basiert, daß Frauen irgendwann einmal tatsächlich die Macht innegehabt hatten. Die Schilderungen matrilinearer Organisationen jedoch entsprachen mehr den westlichen Auffassungen, da die meisten anthropologischen Studien bis vor kurzem zu dem Schluß kamen, daß die Macht und die Bestimmungsgewalt über das Eigentum unangetastet in den Händen der Männer liege, obwohl die Erbfolge in einem solchen System über die weibliche Linie geht. Das heißt, daß die Kinder nicht von ihren Väter, sondern von ihren Müttern erben, insbesondere von den Brüdern ihrer Mütter. Auch die Familienidentität wird so übertragen: von den Müttern auf die Kinder und von den Brüdern der Mütter auf die Nichten und Neffen, anstatt auf die eigenen Kinder. Dieses System findet sich in den meisten Regionen der Welt, d. h. in den ursprünglichen Kulturen Australiens, Amerikas, Afrikas und Südostasiens. Die Frauen in matrilinearen Gesellschaften genießen jedoch immer ein größeres Maß an Freiheit und Autonomie als in vergleichbaren patrilinearen Gesellschaften, und auch wenn Männer letztlich die Machtpositionen innehaben, spielt der Vater eine kleinere Rolle als in Kulturen, in denen sich die Erbfolge nach der männlichen Linie richtet.

In einigen Beispielen, wie im Fall der berühmten Trobriand-Inseln vor der Küste Neuguineas, die Anfang dieses Jahrhunderts von Bronislaw Malinowski und in jüngerer Vergangenheit von Annette Weiner untersucht wurden, ist der Vater eine beschützende Person, von der keine Drohung ausgeht, während der Bruder der Mutter für seine Nichten und Neffen eine Autoritätsperson ist. Um Malinowski zu zitieren:

»Der Ehemann ist gleichberechtigt an der Fürsorge für die Kinder beteiligt. Er trägt das Baby und spielt mit ihm, säubert und wäscht es und gibt ihm den Gemüsebrei, den es bereits kurz nach der Geburt zusätzlich zur Muttermilch bekommt. Tatsächlich gehört es zu den speziellen Aufgaben und Pflichten des Vaters (*tama*), das Baby auf den Armen oder auf den Knien zu halten, eine Tätigkeit, die mit dem Wort *Kopo'i* beschrieben wird. Man sagt, die Kinder unverheirateter Frauen, die, um es mit dem Eingeborenenwort zu sagen, ›keinen *tama* haben',... seien ›unglücklich‹ oder ›schlecht‹, weil sie ›keinen haben, der sie füttert oder in den Arm nimmt‹. Wenn man andererseits fragt, warum Kinder Pflichten gegenüber ihrem Vater haben, der doch ein ›Fremder‹ für sie ist, so lautet die Antwort stets: ›weil er sie gefüttert hat‹... ›weil er seine Hände mit ihrem Kot und Urin beschmutzt hat‹.

Der Vater erfüllt seine Pflichten mit echter natürlicher Liebe: Er trägt das Kleinkind stundenlang auf seinen Armen, und in seinen Augen spiegeln sich soviel Liebe und soviel Stolz, wie man sie selten in denen eines europäischen Vaters sieht. Jedes Lob, das man dem Baby zollt, erfüllt sein Herz mit Freude, und er wird nie müde, auf die Tugenden und Fähigkeiten des Kindes seiner Frau hinzuweisen oder darüber zu sprechen.«

Das Geschlechtsleben der Wilden, 1929

Die Gesellschaft der Trobriand-Inseln ist matrilinear, und daher hat der Vater seinen Kindern gegenüber nur wenige langfristige Rechte und Pflichten. Das Bild, das Malinowski zeichnet und das durch jüngere anthropologische Studien bestätigt wurde, steht in starkem Kontrast zu der typischen Auffassung von der Vaterrolle in Malinowskis Zeit. Wie zahlreiche andere Anthropologen gebraucht auch Malinowski die Bewohner der Trobriand-Inseln, um zu unterstreichen, daß die europäischen Familienmuster weder allgemein gültig noch, wie man damals ganz selbstverständlich annahm, die besten und zivilisiertesten sind. Insbesondere widersprach er der freudianischen Annahme, der Ödipuskomplex sei ein universeller Bestandteil der menschlichen Entwicklung. Er vertrat statt dessen die These, daß jede Kultur eine bestimmte Familienform und ein Sozialisationsmuster entwikkelt, das sich im Einklang mit anderen Aspekten ihres Wirtschafts- und Sozialsystems befindet.

Nicht alle matrilinearen Gesellschaften gleichen sich jedoch. Andere Studien entwerfen ein weniger idyllisches Bild als das Malinowskis. Mary Douglas, Ethnographin der westafrikanischen Lele (Republik Kongo), schreibt:

»Für die Lele spielte die Vaterschaft eine große Rolle. Die Jungen lehrte man: ›Dein Vater ist wie Gott. Wo wärst du, wenn er dich nicht gezeugt hätte? Darum ehre deinen Vater.‹ Man brachte ihnen bei, daß die Schuld dafür, daß er sie als Kleinkinder gepflegt hatte, unermeßlich und nie zu tilgen sei. Es war entehrend für einen Mann, seinem Vater keinen Respekt zu erweisen. Von den Vätern erwartete man, daß sie ihre erwachsenen Söhne mieden, so daß diese durch den Respekt, den sie ihren Vätern zu erweisen hatten, nicht zu Boden gedrückt würden. Wenn eine Tochter sich weigerte, den Wünschen ihres Vaters hinsichtlich ihres Ehepartners zu gehorchen, dann war er, so hieß es, in der Lage, ihre Fruchtbarkeit zu verwünschen. . . Der Vater empfing den größeren Teil des Brautgeldes, nämlich fünfzig Decken und eine Axt, im Gegensatz zu vierzig Decken, die die Familie des Mädchens erhielt.«

The Lele of the Kasai, 1963

Der allgemeine Eindruck, den Mary Douglas von den Lele-Mädchen gibt, ist der einer flatterhaften Unabhängigkeit; aus dem Zitat geht hervor, daß Söhne mehr Achtung vor ihren Vätern zu haben hatten als Töchter. Nur bei der Wahl des Ehepartners hatten sich die Töchter den Wünschen ihres Vaters unbedingt zu fügen.

In den meisten anthropologischen Studien scheint diese Frage (die Wahl des Ehepartners) die ganze Beziehung des Mädchens zu seinem Vater zu überschatten. Ihre Kindheit ist lediglich insofern von Bedeutung, als sie die Vorbereitungszeit für die Ehe darstellt: Die Erziehung und Ausbildung, die sie erhält, die Tugenden und Werte, die ihr vermittelt werden, die handwerklichen Fähigkeiten, die sie erlernt – dies alles dient nur einem bestimmten Ziel. Nicht nur ihr Vater und ihre älteren Brüder, sondern in vielen Fällen auch die ganze Familie hat ein vitales Interesse daran, wen die jüngeren weiblichen Familienmitglieder heiraten werden. Selbst wenn die Eigentumsverhältnisse zweitrangig sind, bleibt immer noch die Tatsache, daß die Ehe jene Beziehung darstellt, durch die die Verwandtschaftsverhältnisse von einer Generation auf die nächste weitergetragen werden, und daher ist sie das Instrument, durch das Klassenzugehörigkeit, ethnische Identität, religiöse Empfindungen und Familienethos vermittelt werden. Die Einrichtung der Ehe ist es also, die die Beziehung des Vaters zu seinen Töchtern beherrscht.

In manchen Gesellschaften dienen Frauen ihren Vätern oder anderen männlichen Verwandten als direktes und ausdrückliches Tauschobjekt für einen Brautpreis oder für die Frau eines anderen männlichen Familienmitgliedes. Aber selbst in Gesellschaften wie der unseren, in denen Frauen ihren Mann angeblich selbst wählen dürfen, stellt sich bei objektiver Betrachtung heraus, daß in gewisser Hinsicht ein »Tauschgeschäft« zwischen ihrem Vater und ihrem zukünftigen Ehemann stattfindet. In einem ihrer frühen Tagebücher schreibt Beatrice Webb über ihren Vater, als sie glaubte, er werde sterben:

»Er zog seine Frau und alle seine Kinder ins Vertrauen: Er ließ sie in seine Karten sehen, begründete eingehend jede Entscheidung und äußerte Vermutungen über die Absichten seiner Gegner. Aber wenn man sah, welche Beziehungen er zu diesen Männern hatte, wenn man sein mitfühlendes Lächeln und das offensichtliche Fehlen eines Zwecks in allem, was er sagte und tat, in Betracht zog, die Natürlichkeit, mit der andere dazu gebracht werden, die Dinge, die er erreichen wollte, selbst vorzuschlagen – diese absolute Unbefangenheit in seinen Bemühungen –, dann hatte man das Gefühl, es mit einem geborenen Diplomaten zu tun zu haben. Ein Gedanke ging einem durch den Kopf: ›Behandelt er seine Familie nicht ganz genauso?‹ Und angesichts der Resultate konnte es diesbezüglich keinen Zweifel geben, denn er war es gewesen, der sieben eigenwillige Frauen mit Männern verheiratet hatte, mit denen er vollständig einverstanden war, und er hatte es verstanden, die Wahl etwaiger anderer Partner zu verhindern, ohne ein Verbot auszusprechen.«

Diary, Band I, 1982

Eine standesgemäße Ehe erfordert also nicht immer formelle Verhandlungen zwischen Brautvater und zukünftigem Ehemann. Während ein Vater bei den Lele seine Tochter gegen fünfzig Decken und eine Axt eintauscht, findet in anderen Kulturen ein symbolisches Geschäft statt, daß auf »freie Wahl« gegründet ist. »Eigenwillige Frauen« wissen durchaus, auch ohne direkte Intervention ihres Vaters, was er von ihnen erwartet.

Von den Südseeinseln bis zu jener eminent respektablen, liberalen viktorianischen Familie, der Beatrice Webb entstammt, basiert die Verbindung zwischen Vater und Tochter darauf, daß er sie aufgibt und einem anderen Mann überläßt. »Töchter! Worin besteht der Wert von Töchtern? Sie sind Dinge, die man fortgibt!« Diese Einstellung taucht in unzähligen anthropologischen Studien auf. Die Bedeutung der Tochter liegt in der Zukunft. Ihre Kindheit und Jugend ist ein Vorspiel, eine Periode latenter Existenz, die erst durch ihre spätere Ehe eine Bedeutung erhält. Eine gesellschaftliche Stellung erreicht sie erst als verheiratete Frau.

Ich bin die einzige Tochter meines Vaters, die er nie vor dem Altar einem auf sie wartenden Ehemann zugeführt hat. Heißt das, daß zwischen uns noch etwas unerledigt ist? Was für einen Unterschied hätte es gemacht, wenn ich geheiratet hätte? Beatrice Webb, die so deutlich erkannte, wie wichtig für ihren Vater die Ehen seiner Töchter waren, wartete so lange damit, Sidney zu heiraten, bis ihr Vater gestorben war – mit der Begründung, daß er dagegen angekämpft und nicht verstanden hätte, warum sie sich zu Sidney hingezogen fühlte. Aber es fällt schwer, aus ihren Tagebüchern nicht den Schluß zu ziehen, daß sie, abgesehen von der möglichen Reaktion ihres Vaters, wenig Grund sah zu heiraten, bevor der Tod ihn ihr genommen hatte. Kann es sein, daß Töchter nicht nur Tauschobjekte sind, sondern auch selbst einen Mann gegen einen anderen eintauschen? Es gibt viele anthropologische Theorien, die davon ausgehen, daß Vater, Ehemann und sogar Söhne im Grunde genommen austauschbar sind. Inwieweit erwarten Frauen von ihren Ehepartnern, inwieweit ermuntern sie ihre Söhne zu sein wie das Idealbild, das sie von ihrem Vater haben? Weigere ich mich, indem ich unverheiratet geblieben bin, meinen Vater zu ersetzen, oder bemühe ich mich nur, diese Kette zu unterbrechen?

Die Austauschbarkeit männlicher Verwandter hat sicher ihre Grenzen. Psychologisch gibt es eine eindeutige Gewichtung: Der Vater ist die Autorität, und zwar auf Grund seiner Wichtigkeit, nicht auf Grund der Tatsache, daß er früher da war. Und in der christlichen – insbesondere der protestantischen – Welt ist die Autorität des individuellen Vaters generalisiert und verkörpert im transzendentalen Bild Gottvaters.

Während ich, die ich in einer Atmosphäre libertären Selbstbewußtseins aufgewachsen bin, von Kulturen, in denen Väter keine zwingende Autorität besitzen, auf positive Weise fasziniert war, wären meine Vorväter entsetzt und abgestoßen gewesen. Besonders die Missionare beschäftigten sich intensiv mit der Familienmoral. Die Monogamie, der Stellenwert der Vaterschaft und die gebührende Achtung vor dem Vater waren die grundsätzlichen Bestandteile der Religion, die man in sogenannte primitive Gesellschaften exportierte. Wie konnte man ein echter Christ sein, wenn man nicht auch die christliche Familienmoral übernahm? Malinowski verdeutlicht das in einer Passage, in der die Überzeugungen einer nach-viktorianischen Welt anklingen:

»Wenn wir das Dogma von Gottvater und Gottsohn, von dem Opfer des einzigen Sohnes, von der kindlichen Liebe der Menschheit zu ihrem Schöpfer betrachten, so müssen wir einsehen, daß dieses Dogma in einer matrilinearen Gesellschaft nicht zum Tragen kommen kann... Es versteht sich von selbst, daß das Prinzip der Vaterschaft die erste neue Wahrheit sein muß, die von missionierenden Christen verbreitet wird. Sonst würde der Gedanke der Dreieinigkeit in matrilineare Begriffe übersetzt werden, und wir müßten von einem Gott-*kadala* (Mutterbruder), dem Sohn der Schwester Gottes und einem göttlichen *baloma* (Geist) sprechen.«

An einer anderen Stelle wird er noch deutlicher:

»Eine Religion, deren Dogma auf der Heiligkeit der Verbindung zwischen Vater und Sohn beruht und deren Moral mit der Stärke des Patriarchats steht und fällt, muß selbstverständlich die Stellung des Vaters stärken, indem sie zunächst zeigt, daß sie auf natürlichen Gegebenheiten basiert. So habe ich – übrigens erst während meiner dritten Expedition nach Neuguinea – entdeckt, daß die Eingeborenen ziemlich verwirrt waren, weil man ihnen etwas gepredigt hatte, das ihnen als Absurdität erschien.«

Während es Malinowski in diesen Textstellen darauf ankommt, das offensichtliche Fehlen eines Konzepts der Vaterschaft in der matrilinearen Gesellschaft der Trobriand-Inseln zu erklären, sehen wir natürlich weitere Konsequenzen. In der Religion werden familiäre Beziehungen als primäre Metaphern benutzt; Glaube und Familienstruktur sind direkt voneinander abhängig. Bereits vor langer Zeit hat man die Beziehung zwischen Monotheismus und patriarchalischer Familie erkannt. Aber wenn es stimmt, daß die Manifestationen Gottes zum großen Teil aus idealisierten Elternfiguren abgeleitet sind, dann muß das Gegenteil gleichermaßen richtig sein, auch wenn diese Folgerung nicht so weite Anerkennung findet.

Die Kinder der westafrikanischen Lele lernen, daß ihr Vater ein Gott ist. In einer Welt, die in zunehmendem Maße zwischen religiösen und weltlichen Autoritäten unterscheidet, erscheint dieser Satz fast blasphemisch – und doch ist er im Lauf der Jahrhunderte auch im Christentum in ähnlicher Weise geäußert worden. In seinem Brief an die Epheser ermahnt Paulus Frauen, Kinder und Diener, dem Herrn des Hauses ebenso zu gehorchen wie Gott. In England scheint diese Beziehung noch enger gewesen zu sein, insbesondere im Jahrhundert des Puritanismus, der Revolution und des Königsmordes. Christopher Hill schreibt, daß die Familie im England des 17. Jahrhunderts »spiritualisiert« war und das Familienoberhaupt den örtlichen Priester als Repräsentanten der göttlichen Autorität fast ganz ersetzte. Gott war der »allmächtige Haushaltsvorstand«, und der sterbliche Haushaltsvorstand hatte daher, trotz seiner menschlichen Fehler, Anteil an einigen Aspekten der Göttlichkeit. In einem Traktat über »Häusliche Pflichten« schrieb der Puritaner William Gouge: »Wenn auch ein Ehemann aufgrund seiner schlechten Eigenschaften ein Abbild des Teufels sein mag, so entspricht er doch, was seine Stellung betrifft, dem Bild Gottes.«

In der anglikanischen Religion ist die Mutter buchstäblich unsichtbar. Die Bildersprache des anglikanischen Gottesdienstes ist fast ausschließlich männlich geprägt. Selbst Eigenschaften, die zweifellos weiblich sind, werden im Protestantismus einzig und allein dem Vater und dem Sohn zugeschrieben. Im Anglikanismus des 19. Jahrhunderts wurden Glaubenssätze, die die römische Kirche vertrat (unter anderem die Verehrung der Jungfrau Maria), anscheinend nicht nur als weibisch, sondern auch als eindeutig verderblich betrachtet. Im Gegensatz dazu förderte die anglikanische Kirche Männlichkeit, und Gott war ein englischer Gentleman. Die folgenden Zeilen von Charles Kingsley, einem einflußreichen christlichen Sozialisten aus der Mitte des 19. Jahrhunderts, der auch *The Water Babies* geschrieben hat, sprechen für sich selbst:

»Halten Sie kurz inne ... und überlegen Sie, ob Sie wissen, was die anglikanische Kirche ist, worin Gottes Erziehung Englands bestanden hat und ob sich das eine mit dem anderen in Einklang befindet. Meiner Meinung nach ist das der Fall. Meiner Meinung nach entspricht die anglikanische Kirche auf wunderbare und geheimnisvolle Weise den Bedürfnissen einer freien nordisch-sächsischen Rasse. ... Und meiner Meinung nach ist jenes Element, das bei uns teilweise eingeführt ist und das einen Gang nach Rom erfordert, um es vollständig in sich aufzunehmen, ein fremdes Element, ungeeignet für Engländer und für den Plan, den Gott mit England hat. Inwiefern es dem italienischen oder spanischen Geist entspricht, kann ich nicht beurteilen. Ich kann nur sagen: Wenn diese Völker in der Lage wären, etwas Größeres zustande zu bringen, hätte Gott ihnen etwas Größeres gegeben, davon bin ich überzeugt; denn das Größte, was ein Mensch erreichen kann, ist, seinen Vater zu kennen und das Angesicht seines Vaters zu sehen, gefestigt in Glauben und Liebe. Und dieser Erfahrung entspringt alle männliche Energie, alle Selbstachtung, alle Selbstbeherrschung, alles, was der echte Engländer hat und was dem Griechen und dem Spanier fehlt. ... Wenn jemand den Armen, denen Gott ihre Aufgabe zugewiesen hat, helfen will, dann darf er ihnen auf keinen Fall raten, nach Rom zu gehen und ihre Zuflucht bei einem Glauben zu suchen ..., (der) Vereinigung und Zusammenarbeit für sie unmöglich macht, indem er einen Vater, der sie zu Männern und Brüdern macht, durch eine Jungfrau Maria ersetzt, die sie behandelt wie eine *Amme* ihre Säuglinge.«

Letters and Memories, Band I, 1877

Die Frauenfeindlichkeit, die im letzten Jahrhundert ein so außergewöhnliches Ausmaß erreichte, war natürlich nicht nur auf die Kirche beschränkt. Die religiösen Anschauungen verstärkten jedoch die bereits vorhandene Tendenz.

Ein weiteres Hauptmerkmal des protestantischen Christentums ist das Fehlen der Institution der Beichte als Mittel der Freisprechung von Sünden. Wo der Priester, wie in der katholischen Kirche, direkten Anteil am Intimleben seiner Gemeinde hat und die Autorität besitzt, zu strafen und zu vergeben, nimmt das Familienoberhaupt notwendigerweise eine andere Stellung ein als in einer Kultur, in der der Vater die völlig unumstrittene moralische Autorität darstellt. Ein Teil des Widerstandes gegen die mündliche Beichte, der sich in der anglikanischen Kirche während des Wiederauflebens des Ritualismus im 19. Jahrhundert erhob, rührte von dem Widerwillen über die Einmischung in das Familienleben her, die sich über die »gottgeschaffenen intimen Bande zwischen Mann und Frau, Vater und Kindern« hinwegsetzte. Was auch immer mit diesen »intimen Banden« gemeint war – es war jedenfalls etwas völlig anderes als die intimen Bande zwischen Priester und Beichtendem. Der Vater hatte das Recht, ja die Pflicht, sich mit den Aktivitäten und der Gemütsverfassung der Mitglieder seiner Familie zu befassen und sie zu tadeln oder sie zu bestrafen, wenn er dazu Anlaß sah. Aber Kinder beichten ihrem Vater nicht freiwillig ihre Sünden. Die intimen Bande stellten also eine einseitige, keine gegenseitige Beziehung dar. Von den Kindern wurde als Gegenleistung Respekt, Liebe und Gehorsam erwartet. Die moralische Autorität des Vaters schließt die Pflicht zur Bestrafung ein, aber erst die Kultivierung des Gewissens garantiert diese Autorität. Die Selbsterforschung, das Forschen des Individuums nach Sünden, von denen es weiß, daß es sie begangen haben muß, ist ebenso wichtig wie Gehorsam; sie ist sogar das Fundament, auf dem der Gehorsam aufbaut. Dieses fein abgestimmte Instrument begleitet uns im Schlafen wie im Wachen, es läßt uns an den Worten, die wir sprechen, zweifeln. Wenn man als Engländer oder Engländerin in einer anderen Kultur lebt, wird man sich plötzlich der Zwanghaftigkeit bewußt, mit der man sich entschuldigt. Das geht so weit, daß man seinen Gesprächspartner um Entschuldigung bittet, bevor man das Wort an ihn richtet. Gleichzeitig ist das englische Gespür für die mögliche Überschreitung der territorialen Grenzen anderer die Kehrseite eines stillschweigenden Gefühls der eigenen Überlegenheit. Diese Fähigkeit, Schuld zu empfinden, hat etwas Leeres; in protestantischen Religionen läßt einen der Wunsch, sich immer »richtig« zu verhalten, nicht zur Ruhe kommen, und dem Bild der Hölle fehlt es somit irgendwie an Überzeugungskraft.

Wenn Gott, der Vater, uns dazu anhält, unser eigener Richter zu sein, wird der leibliche Vater natürlich um so unpersönlicher. Wenn die Tochter sündigt, ist dies kein Vergehen gegen den Vater, sondern gegen die Moral. Die Strafe erfolgt nie aufgrund eines so niederen Motivs wie der Rache, sondern im Namen eines höheren Gutes – sie ist zum Besten des Bestraften. Da Gott über persönliche Motivationen erhaben ist, trifft dasselbe auch auf den gottähnlichen Vater zu. In gewisser Weise erfährt man unter einer solchen Herrschaft weder Strafe noch Vergebung. Eine Strafe, die zum Wohl des Bestraften ist, verschmilzt mit allen anderen Dingen, die ebenfalls zu seinem Wohl sind – wie beispielsweise Lebertran.

In seinem Buch *Bleak House* entwirft Dickens eines der merkwürdigsten Bilder des englischen Gottes. Es ist in meinen Augen jedoch sehr vielschichtig. John Jarndyce ist ein freundlicher, gütiger und gemütlicher Junggeselle, dem die Leidenschaften des täglichen Lebens fremd sind und der nicht einmal wütend wird, als sein Mündel, sein angenommener Sohn, ihn hintergeht. Dickens versieht diese Figur mit einem größeren Wissen über das Leben der anderen Personen und dem, was gut für sie ist, als sie selbst. Der Pflegesohn erfährt die Konsequenzen seiner Auflehnung und durchlebt ein Leben voller Reue, ohne daß Jarndyce auch nur ein einziges Wort des Tadels geäußert hätte. An seinem anderen Mündel, der selbstlosen, sanftmütigen Esther, erweisen sich die gottähnlichen Eigenschaften ihres Vormundes vielleicht noch deutlicher. Er weiß, was gut für sie ist, und arrangiert eine Ehe gegen ihren ausdrücklichen Wunsch, und natürlich gibt sie später zu, daß er recht hatte. Aber trotz der angeblichen Liebe und Intimität, die zwischen ihnen herrscht, hat man immer das übermächtige Gefühl, daß Jarndyce weit entrückt ist. Sein wohlwollendes, freundliches Lächeln unterstreicht sogar noch diese Entfernung.

Aus viktorianischer Sicht war Gott kein älterer Junggeselle, sondern ein Mann von unbestimmbarem mittleren Alter, der auf eine aristokratische, englische Weise gut aussah. Er hatte Ähnlichkeit mit einem Van-Dyck-Portrait von Charles I.: edel, besonnen, höflich, aber auch entrückt. Die patriarchalische Autorität in der englischen Kultur, in der ich aufwuchs, hatte nichts gemein mit dem Zorn des Alten Testaments, sondern gründete sich auf Zurückhaltung und Würde.

Die englische Version des Patriarchats ist vielleicht der Paternalismus. Strenge galt den Eltern als Tugend – Gehorsam und Ausflüchte waren etwas für Kinder. Offener Widerstand war geradezu undenkbar. Eltern bestätigen sich gegenseitig in ihrer Angst, ihre Kinder zu verziehen. »Verziehen« bedeutet hier eine Unterminierung des Charakters, die eintritt, wenn man allen Wünschen und Forderungen nachgibt. Aber vielleicht schwingt auch noch mehr darin mit: daß man dem Kind zu viel Zeit widmet, daß man zu viel körperlichen Kontakt mit ihm hat. Daher das Mißtrauen gegenüber dem Matriarchat: Man geht davon aus, daß Mütter ihre Kinder verziehen, wenn sie nicht daran gehindert werden. Die Autorität des Vaters ist um so größer, je weiter er entrückt ist. Die Entfernung bedeutet, daß er weniger persönliches Interesse am Verhalten des Kindes hat, so daß seine Reaktionen sowohl von Objektivität als auch von einer gewissen unparteiischen Großherzigkeit geleitet werden. Fernbedienung, wohlwollender Despotismus...

Es kommt der Moment, da man die moralische Tarnung des Vaters zu durchschauen beginnt, da man sich darüber klar wird, daß sein Ärger nicht immer uneigennützig ist und daß er wütend und wirklich unfair sein kann, auch wenn er vorgibt, es nicht zu sein. Meine älteren Schwestern haben dies lange vor mir erkannt, und ich mußte damit fertig werden, daß es für mich unmöglich war, ihre neuen, erwachsenen Ansichten mit meinem Bild von einem Menschen zu vereinbaren, der über menschliche Vorwürfe erhaben war.

Und doch ist das alles nicht nur eine Frage des Erwachsenwerdens. Es gibt direktere Methoden, die Last des Paternalismus zu lindern. Der Gehorsam einer Tochter richtet sich auch an den Menschen, über den und mit dem wir lachen. Meine dreizehnjährige Nichte und ich sahen uns Geburtstagskarten für Väter an und überlegten, welche davon die beste für ihren Vater war. Es gab eine, auf der unter dem Bild einer Boeing 707 stand: »Für einen wundervollen Vater zum Geburtstag«; auf einer anderen waren zwei Rennbote zu sehen (das mit der englischen Fahne lag in Führung), und darüber stand: »Herzlichen Glückwunsch zum Geburtstag, lieber Papa«; auf einer dritten fuhr ein alter, roter Wagen durch ein romantisches Dorf. Aber die Karte, die sie, ohne einen Augenblick zu zögern, auswählte, zeigte »Papa« hoffnungslos verstrickt in seine Angelschnur: Der Haken hatte sich in seinen Hut gebohrt, und die Fische streckten die Köpfe aus dem Wasser und lachten ihn aus. Meine Nichte erklärte, genau so sei ihr Vater.

Ob das nun der Wahrheit entsprach oder nicht – ich kann gut verstehen, warum sie eine Scherzkarte kaufte anstelle der platten Darstellung männlicher Macht oder der suggestiven Sentimentalität des roten Autos. Ein Sohn hätte vielleicht nach dem Rennboot oder dem startenden Flugzeug gegriffen. Meine Nichte erinnerte mich daran, daß Töchter angesichts der Feierlichkeit väterlicher Autorität auch lachen können und daß in dem Gelächter vieles zum Ausdruck kommt. Der inkompetente Vater ist vielleicht das notwendige Gegenstück zu Gottvater. Er ist die Alternative zu jenem Paradox, das ein Vater darstellt, eine weitere Gegenposition zu jenen widersprüchlichen Elementen, aus denen ein Vater zusammengesetzt ist. Wenn ich an das Gelächter in meiner Kindheit zurückdenke und es mit den *wirklichen* Memoiren aus viktorianischer Zeit vergleiche und wenn ich dann meiner Nichte zuhöre, wird mir klar, wie vieles sich verändert hat.

ELAINE FEINSTEIN

Ein legendärer Held

Ich wurde 1930 in Boothe geboren, ging auf die Wyggeston Grammar School in Leicester und studierte von 1949 bis 1952 Englisch am Newnham College in Cambridge. In den nächsten zwei Jahren nahm ich (nachdem ich den ersten Teil meiner Prüfungen ohne große Mühe geschafft hatte) an feierlichen Abendessen im Gray's Inn teil, in der Hoffnung, daß der Beruf, den ich erlernte, mir helfen würde, mich in dieser männerorientierten Welt zurechtzufinden. Meine tatsächliche Situation (die selbst im Fall eines jungen Mannes die Aufwendung erheblicher privater Mittel erforderlich gemacht hätte) kam mir nach und nach zu Bewußtsein, worauf ich in Schulen und Volkshochschulen unterrichtete, Tutorien für Studenten in den unteren Semstern veranstaltete, als Lektorin bei der Cambridge University Press arbeitete und etwa zwei Jahre lang mehrmals pro Woche zur University of Essex fuhr, wo ich Assistentin für vergleichende Literaturwissenschaft war. Ich bin seit 1956 mit Dr. Arnold Feinstein verheiratet und habe drei Söhne.

Alles, was ich früher geschrieben habe, mußte ich zwischen diese Tätigkeiten einschieben. Das machte mir weniger aus, als man hätte meinen können, denn ich betrachtete mich als Dichterin, und meine Situation entsprach ganz der, in der andere Dichter vor mir gewesen waren. Schon als Kind hatte ich immer Gedichte geschrieben, und lange bevor ich Romane schrieb, trat ich als Verfasserin und Übersetzerin von Gedichten an die Öffentlichkeit. Mein erster Roman, *The Circle,* spricht deutlich erkennbar die Stimme meiner Gedichte. Seitdem habe ich sechs weitere Romane (zuletzt *The Survivors*) und einen Band mit Kurzgeschichten *(The Silent Areas)* geschrieben; ein Band mit ausgewählten Gedichten *some Unease and Angels)* erschien 1982. Meine Übersetzung der *Selected Poems of Marina Tsvetayeva* ist seit kurzem in einer Neuauflage erhältlich. In letzter Zeit habe ich Hörspiele und

Fernsehstücke geschrieben, und im Augenblick arbeite ich an einer zwölfteiligen Serie, die auf dem Hintergrund des *Country Diary of an Edwardian Lady* basiert.

Ich bin noch immer froh, eine von denen gewesen zu sein, die wenigstens am Anfang ihres Lebens ein allgemeines Vertrauen in Männer hatten; oft genug bekommt man vom Leben mehr oder weniger das, was man davon erwartet. Ich bezweifle, daß es ein Vorteil ist, mit dem Schlimmsten zu rechnen.

Ich hatte eine glückliche Kindheit, eine abwechslungsreiche Jugend und (vielleicht als Folge des Verhaltens meines Vaters) keine Angst vor Sex. Aber ich stellte zu große Erwartungen an die Liebe. Wahrscheinlich konnte mir niemand jene Loyalität geben, die, wenn man Glück hat, ein Geschenk eines der Eltern an das Kind ist, und zweifellos ist das für den späteren Partner eine unerträgliche Last.

Vielleicht wurde ich als Kind zu sehr verwöhnt. Nachdem sie mich empfangen hatte, durfte meine Mutter keine Kinder mehr bekommen – sie hatte einen negativen Rhesusfaktor –, und daß ich lebte, muß meinen Eltern wie ein Wunder erschienen sein. Mein Vater jedoch wäre auf jeden Fall nachgiebig gewesen. Er war von Natur aus extravagant, und seine ganze Familie zeigte eine südländische Gutmütigkeit gegenüber Kindern.

Zurückblickend frage ich mich, warum meine Mutter es duldete, daß er mich so unkritisch vergötterte. Sie war eine sanfte, belesene Frau, die mein Vater mit seinem prahlerischen Gehabe immer wieder in Erstaunen versetzte; sie war klug genug, um zu erkennen, daß mein Vater keine glückliche Hand für Geschäfte besaß. Aber damals war ihre Stärke für mich unsichtbar. Ich richtete mich nach meinem Vater. Und wenigstens dies war bewundernswert an ihm: Er ließ nie lange den Mut sinken. Aber nicht alle Einflüsse, die von ihm kamen, waren so ermutigend. Er hatte mit zwölf die Schule verlassen und besaß wenig Geduld mit Büchern oder Lehrern.

Seine Eltern waren russische Juden gewesen, die in der

Holzbranche tätig waren und sich um die Jahrhundertwende in Liverpool niedergelassen hatten. In meiner Kindheit bestand seine ganze Familie aus Giganten; die Frauen arbeiteten oft mit ihren Brüdern an der Werkbank. Das Geschäft der Familie ging nie so, daß man davon hätte reich werden können – es war wahrscheinlich nur durch puren Arbeitseinsatz lebensfähig. Mein Vater hatte geschickte Hände. Er konnte jede Maschine zum Laufen bringen. Aber er war kein geborener Geschäftsmann; er hatte eine einfache, direkte Art zu reden, und es lag ihm nicht, jemandem etwas aufzuschwatzen.

Mein Großaver war in Odessa auf eine *Yeshiva* – eine Universität, auf der die Studenten in den Heiligen Schriften, in der jüdischen Philosophie und im jüdischen Recht unterwiesen werden – gegangen und war wirklich belesen, ja sogar gelehrt. Er machte jedoch von seinen Kenntnissen keinen weltlichen Gebrauch. Der Talmud verbot ausdrücklich, für Geld zu unterrichten, und er verspürte keinerlei Neigung, in irgendeiner Gemeinde ein öffentliches Amt zu bekleiden. Statt dessen erfreute er sich eines Rufes als *Zaddik* (ein heiliger Mann, an den man sich um Rat wandte) und arbeitete mit seinen Händen – immer in dem Bewußtsein, unter dem besonderen Schutz Gottes zu stehen. Mein Vater als sein Lieblingssohn hatte das Gefühl, daß auch er unter diesem Schutz stand, obwohl er nur sehr wenig von dem Wissen meines Großvaters in sich aufnahm. Sein Glaube war es, der ihm über alle finanziellen Kalamitäten hinweghalf.

Tatsächlich war das einzige, woran er glaubte, Glück und harte Arbeit, und für die unvergleichlich weltgewandtere Familie meiner Mutter war er ein hoffnungsloser Träumer. Aber was wußten die schon, diese Schlauköpfe? Er lehnte Skeptizismus rundweg ab. Er mochte die Rituale, die weißen Tücher und Kerzen, die Gewißheit, daß alles seinen Platz hatte.

Es war meine Mutter, die beschloß, daß ich die beste Schulausbildung haben sollte, die es in Leicester gab. Und ich war dankbar dafür, obwohl ich etwas gegen die Wyggeston School hatte, nachdem ich gemerkt hatte, wie beunruhigt mein Vater darüber war, daß ich dorthin ging. In der Schule fühlte ich mich rastlos und eingeengt, und ich lernte nie, mich mit der Disziplin, die dort herrschte, abzufinden. Ständig bekam ich Schwierigkeiten, weil ich nicht die richtigen Schuhe trug oder Bücher und Bleistifte vergessen hatte. Die Schuldirektorin wußte genau, wie sie mich zum Weinen bringen konnte. Wenn ich meinem Vater davon erzählte, zuckte er nur mit den Schultern, und das tröstete mich wieder. Insgesamt jedoch war das keine harmlose Angelegenheit.

Als ich neun oder zehn war, holte er mich oft von der Schule ab und brachte mich in seine Fabrik in der Clinton Street in Leicester. Damals, in den späten dreißiger Jahren, war das ein heruntergekommenes, dreistöckiges Monstrum in einer Slumgegend. In derselben Straße standen ein paar kleine Häuser (zwei rechts, zwei links), vor denen Kinder auf dem Gehsteig Murmeln oder Kreisel spielten. Ich fühlte mich seltsam weit entfernt von ihnen. Sie waren ärmlich gekleidet und hatten, trotz ihrer Munterkeit, oft Rotznasen – irgendwie konnte ich mir nicht vorstellen, eine von ihnen zu sein. Mein Vater lachte, wenn ich mir über ihr Leben Gedanken machte, und sagte, nichts sei einfacher, als plötzlich mit so wenig Geld in der Tasche dazustehen, daß man sich nicht einmal eine Tasse Tee leisten konnte.

Die Fabrik in der Clinton Street hatte gar nichts Besonderes an sich. Mein Vater mußte immer seine Jacke ausziehen, wenn er in sein Büro ging, damit sie nichts von dem Staub und den Sägespänen abbekam, die den Boden bedeckten. Das Wimmern der Kreissägen war in seinem Zimmer ständig zu hören, und überall roch es nach Kreosot und kochendem Leim. Wie die Arbeiter kochte mein Vater seinen Nachmittagstee auf einem Spirituskocher, und er trank ihn aus denselben angeschlagenen Emaillebechern wie sie. Aber er war der Boß, und seine Zeit gehörte ihm. Er schätzte das. Niemand konnte ihm Anweisungen geben.

Jeden Nachmittag holte er mich von der Schule ab, wo ich vertrauensvoll auf ihn wartete und den Hügel hinab nach dem platten, V-förmigen Kühler des Armstrong Siddeley Ausschau hielt, bis er schließlich hinter Radfahrern und kleineren Autos auftauchte. Der Wagen schien nur aus Leder und Holz zu bestehen und einige der Eigenschaften seines Fahrers zu besitzen: Er war schwer, zuverlässig und vertrauenserweckend solide.

Das einzige Mal, daß er mich nicht abholte, war ich so niedergeschmettert, daß ich es über eine Stunde lang nicht fassen konnte. Selbst die strengsten Lehrer hatten die Schule inzwischen verlassen, und ich hätte sie ohnehin nur ungern angesprochen. Ich hatte angefangen zu weinen, und mein Gesicht war tränenverschmiert.

Ich hatte nur ein paar Kupfermünzen in der Tasche; das reichte nicht ganz für die zwei Straßenbahnfahrten durch die Stadt zur Groby Road, wo wir damals wohnten. Aber die Schaffner sahen mein verweintes Gesicht und ließen mich umsonst mitfahren. Ich weiß noch, daß ich es kaum glauben konnte, als ich zu Hause ankam und sah, daß sein Wagen bereits vor der Tür stand. War es möglich, daß er mich einfach vergessen hatte? Vor dem Haus stand ein Krankenwagen, und während ich noch dastand, wurde jemand auf einer Bahre herausgetragen. Ohne eine weitere Erklärung bedeutete mir mein Vater mit einer Handbewegung, ich solle bleiben, wo ich war. Ich ging trotzdem über die Straße, aber er schien mich kaum wahrzunehmen und sagte nur: »Deine Mutter. Ich muß mit ihr ins Krankenhaus. Einer deiner Vettern wird kommen und nach dir sehen.«

Er sagte nicht einmal, daß es ihm leid tat, mich nicht von der Schule abgeholt zu haben.

Als einer meiner Lieblingsvettern vorbeikam und mich in Tränen aufgelöst vorfand, dachte er, daß ich wegen meiner Mutter weinte. Wie sollte er auch wissen, daß der wirkliche Grund die schmerzliche Feststellung war, daß ich für meinen Vater nicht immer an erster Stelle stand? Ich schäme mich jetzt, so wenig Angst um meine Mutter gehabt zu haben. Vielleicht erriet ich ihre innere Stärke, vielleicht brauchte ich das Gefühl, sie sei unverwundbar.

Etwa um diese Zeit muß es gewesen sein, daß ich begann, von Träumen heimgesucht zu werden, in denen mein Vater von einem Mann mit einem Brotmesser angegriffen wurde. Ich mußte hilflos zusehen, wie aus den mächtigen Armen meines Vaters die Kraft schwand. Jedesmal wachte ich schreiend auf, bevor der Angreifer ihm das Messer in den

Kopf stechen konnte. Ich nehme an, dieser Traum entsprang meiner Angst, mein Vater könne verwundbarer sein, als ich zugeben wollte. Es gibt noch andere Deutungsmöglichkeiten. Wahrscheinlich besiegelten diese Träume meine Abhängigkeit von jedem schwachen Mann, den ich seither geliebt habe.

Solange wir Geld hatten, liebte es mein Vater, in Grandhotels abzusteigen: Ihre Eleganz und Pracht, die Arroganz der Angestellten, die man sich nicht bieten lassen durfte, die Erlesenheit der Speisen und Getränke – das alles faszinierte ihn. »Genau wie im Film, was?« bemerkte er oft verwundert, und tiefer ging die Analyse des Genusses, den er dabei empfand, bei ihm nie. Daß er damit seine ärmliche Herkunft kompensieren wollte, wäre eine zu leichte Erklärung. Niemand in seiner Familie wäre je auf den Gedanken gekommen, sich unterprivilegiert zu fühlen. Vielmehr betrachtete er das Ganze als sein angestammtes Recht, als einen Beweis dafür, daß das Schicksal es gut mit ihm meinte.

Seine Selbstdarstellung fand immer ohne irgendwelche Hintergedanken statt. Niemandem hat es jemals mehr Spaß gemacht, einen steifen Hut zu tragen, als ihm, als er Vorsteher der Synagoge von Leicester wurde. Und meiner natürlichen Habgier nahm er den Wind aus den Segeln, indem er allen meinen Wünschen nur zu bereitwillig nachgab. Wenn ich mich nicht zwischen zwei Spielzeugen entscheiden konnte, schlug er vor, ich solle beide nehmen – bei Kleidern war es später dasselbe. Er überstimmte uns beide, auch wenn meine Mutter den Mund dabei zusammenkniff. Und ich liebte ihn nicht wegen seiner Geschenke, sondern wegen der Art, wie er etwas verschenkte. Es war keine ›Schrank-Liebe‹, wie meine Mutter es geringschätzig nannte, wenn man das liebte, was einem materielle Vorteile versprach.

Trotz seiner Extravaganz ging mein Vater nie bankrott, obwohl eine unerwartete Fehlspekulation Mitte der fünfziger Jahre zur Folge hatte, daß er alles verkaufen und noch einmal von vorne anfangen mußte. Soweit mir der Sachverhalt bekannt ist, warf die Fabrik in der Clinton Street immer noch Profit ab, als der Pachtvertrag auslief; aber der Vermieter, der das wahrscheinlich wußte, verlangte plötzlich 5000 Pfund mehr, mit der üblichen Begründung, er müsse ja für die Instandhaltung des Gebäudes aufkommen. Mein Vater war äußerst wütend über die Absurdität dieser Forderung, die in seinen Augen reine Chuzpe war, und weigerte sich zu zahlen.

Leider sah er in dieser Entwicklung ein Zeichen, eine Gelegenheit, ein Signal, Land in dem neu ausgewiesenen Gewerbegebiet in der Nähe von Oadby zu kaufen, ein schöne, moderne Fabrik dort hinzustellen und den rattenverseuchten Slum zu verlassen, in dem er den größten Teil seines Arbeitslebens verbracht hatte.

Aber es war natürlich der falsche Zeitpunkt für eine Expansion. Abgesehen von der allgemeinen Wirtschaftslage (von der ich, wie ich mich erinnere, nichts spürte), hatten die Leute bereits begonnen, lieber Wäscheklammern aus Plastik als solche aus Holz zu benutzen. Und selbst wenn man alles andere außer acht ließ, blieb die Tatsache, daß mein Vater in den Monaten, in denen er zunächst die Pläne studierte und dann voller Aufregung zusah, wie sie sich in Beton und Glas verwandelten, kein Geld einnahm.

Der eigentliche Schlag kam, als der Architekt schließlich seine Rechnung vorlegte. Der Betrag lag weit höher, als mein Vater in seinen pessimistischsten Schätzungen angenommen hatte.

Ich kann mich noch genau erinnern, wie er die telefonische Nachricht erhielt und sich dann wieder setzte, um ins Feuer zu starren.

»Ich weiß nicht, ob ich solvent bin«, sagte er, und ich fragte: »Heißt das, daß wir gar kein Geld mehr haben?« Meine Mutter versuchte, mich von ihm fernzuhalten, aber er knurrte: »Was glaubst du wohl, was das hier ist?«

Mit einer weitausholenden Geste umschloß er das ganze Haus und das Mobiliar. Ich bemühte mich, ihm zu versichern, daß mir das alles nichts ausmachte.

Aber ich sah, daß es ihm etwas ausmachte. Ich wußte, daß er das Parkett eigenhändig verlegt und die Eckschränke mit verdeckten Schwalbenschwanzzinken zusammengefügt hatte. Alles war aus massiver Eiche, alles war das Werk seiner Hände.

Es machte ihm etwas aus – aber für mich sah er nicht aus wie einer, der am Ende ist. Er war von Natur aus sehr belastbar. Ich sah ihn nur einmal zusammenbrechen, und das war Jahre später, als meine Mutter Krebs bekam.

Jetzt, da sie beide tot sind, verstehe ich, wie abhängig er von ihrer ruhigen Klugheit war. Damals klang seine Stimme selbst dann noch stark und tröstlich, als er mir am Telefon von der Krankheit meiner Mutter erzählte.

Er wirkte niedergeschlagen, als er mich vom Bahnhof abholte, und betonte immer wieder, wie wichtig es sei, ihr Mut zu machen. Ich erinnere mich an ihre schmalen Schultern und ihre dünnen Handgelenke, ihre Tapferkeit, an ihr feines Lächeln und ihre Bereitschaft, sich mit allem, was kommen mochte, abzufinden.

Als man meine Mutter ins Krankenhaus gebracht hatte und er allein zu Hause war, verschwand die heitere Stärke meines Vaters. Er konnte es nicht fassen. Immer wieder murmelte er: Warum sie? Sie war doch so sanft und gütig. Warum also sie? Und zu meinem Entsetzen weinte er.

Ich hatte ihn nie weinen sehen – ich hatte überhaupt noch nie einen Mann weinen sehen. In England weinen Männer nicht so leicht. Nun sah ich es und hatte Angst.

Am Tag der Operation war er vor Sorgen kaum wiederzuerkennen. Seine Brüder und Vettern kamen; sie riefen einen Arzt, der ihm eine Spritze mit einem starken Beruhigungsmittel gab, das so lange wirken sollte, bis meine Mutter aus ihrer Narkose erwachte. Aber das Mittel konnte nicht verhindern, daß er im Schlaf wimmerte.

Und worum weinte ich, während ich wartete? Weinte ich um meine tapfere Mutter mit dem sanften Gesicht, die dem Tod entgegensah, oder weinte ich um meinen Vater, der den Gedanken, sie zu verlieren, nicht ertragen konnte? Oder weinte ich um mich, weil mein legendärer Held völlig zusammengebrochen war? Oder war der wahre Grund vielleicht mein Wissen, daß ich meine Mutter nicht ersetzen wollte?

In Wirklichkeit lebte sie noch dreißig Jahre länger, und als ich schließlich verheiratet war und drei Kinder hatte, war meine größte Angst, glaube ich, mich buchstäblich in sie zu verwandeln, ein schweigender, dienstbereiter Rückhalt zu sein und erleben zu müssen, daß sich die Liebe meiner Kinder einem anderen zuwendet.

Als meine Mutter starb, zog mein Vater zu mir und meiner Familie, und die Gefahr, meine eigene Mutter zu werden, nahm für mich eine neue Gestalt an. Er erwartete es einfach von mir. Daß er nicht der emotionale Mittelpunkt der Familie war, erschien ihm als Ablehnung, und das rief in ihm eine unerwartete Bitterkeit hervor.

Meine Kinder fanden ihn schwierig. Er dominierte auf eine unangenehme Art. Er setzte sich in die Küche, die der größte Raum des Hauses und das Zentrum des Familiengeschehens war, und nörgelte an ihnen herum.

»Was? Du glaubst allen Ernstes, daß du von deiner Musik leben kannst?« fragte er höhnisch einen meiner Söhne (der heute tatsächlich ein Musiker ist). So hatten wir täglich hitzige Auseinandersetzungen. Heute sehe ich, wie ähnlich wir uns immer gewesen sind, aber damals konnte ich einfach nicht glauben, wie boshaft er sein konnte. Und doch war er in so mancher Hinsicht noch immer der freundliche Mensch, der er früher gewesen war. Wenn er ausging, brachte er immer Geschenke mit. Selbst wenn er wutentbrannt mit seinem Wagen nach Bournemouth gefahren war, überkam ihn schon auf dem Weg Reue (meistens in genau demselben Moment, in dem sich meine eigene Wut in Angst verwandelte), und dann rief er mich an, damit ich mir keine Sorgen machte.

Er versuchte mir zu helfen, indem er, in Erinnerung an den makellosen Haushalt meiner Mutter, meine Söhne aufforderte, mir ein paar Arbeiten abzunehmen, und begriff einfach nicht, daß er dadurch nur weitere Spannungen hervorrief.

Als er Bronchitis hatte, fand er mein Benehmen rücksichtslos und häßlich, und er beschwerte sich mit der Quengelstimme eines Kindes, das eine bessere Behandlung erwartete. »Wenn ich noch mehr Eier essen muß«, sagte er, »werde ich mich in ein Huhn verwandeln.« Er erwartete, daß man sich zu ihm ans Bett setzte und ihm Gesellschaft leistete, und hatte recht gesunde Wutanfälle, wenn ich mich um meine eigene Familie kümmerte. Es muß ihm vorgekommen sein, als hätte ich überhaupt kein Mitleid mit ihm.

Den meisten seiner Bemühungen, etwas zum Zusammenleben beizutragen, haftete das Pathos einer Sache an, die von vornherein zum Scheitern verurteilt ist. So beschloß er zum Beispiel, kochen zu lernen – insbesondere jüdische Gerichte wie Brotpudding, der ihn nicht nur an die Zeit seiner Ehe, sondern auch an seine Kindheit erinnerte. Mit Kochbüchern konnte er nichts anfangen, aber trotzdem waren die Resultate ganz passabel. Der Geschmack von Zucker und Zimt rief in mir Erinnerungen an meine Kindheit wach, und es schmerzt mich jetzt, wenn ich an ihn denke, wie er mit einem Geschirrhandtuch im Hosenbund dastand, mir sein müdes, blasses Gesicht zuwandte, dessen Haut infolge einer Schilddrüsenunterfunktion ausgetrocknet und faltig war, und mich um Anerkennung heischend ansah.

Aber ich war immer außerstande, ihm so viel Dankbarkeit und Lob zu geben, wie er erwartete. Um meiner selbst willen mußte ich irgendwo die Grenze ziehen. »Was tust du denn schon für mich? Mir das Essen kochen? Das könnte ich in einer Pension auch haben.«

Er sehnte sich nach jemanden, der so sanft und unermüdlich war wie meine Mutter. Das wußte ich, und das war es auch, was mich davon abhielt, allzu herzlich auf seine liebevollen Gesten einzugehen. Nach unseren heftigsten Auseinandersetzungen breitete er die Arme aus und sagte: »Na, macht nichts. Du liebst mich doch immer noch, oder?« Aber die eiskalten Nadelstiche, die ich in meinem Herzen spürte, verhinderten, daß ich ihm zustimmte. Er starb sehr plötzlich mit vierundsiebzig Jahren.

Als Stadt war ihm Cambridge vom ersten Augenblick seines Lebens bei uns an verhaßt. Er schaffte es einfach nicht, dort Freundschaften zu schließen. Da er ein unternehmungslustiger Mann war, legte er sich einige überraschende und völlig neue Hobbys zu. Zum Beispiel begann er zu malen. Er kaufte sich eine Staffelei und gute Farben und machte sich daran, die Weiden zu malen, die sich in der Nähe unseres Hauses in Jesus Green über den Fluß neigten. Zu seinem Ärger gelang es ihm nicht, sie naturgetreu hinzukriegen.

Also ging ich mit ihm in das Fitzwilliam Museum. Er war auch früher schon, auf Auslandsreisen, in Kunstgalerien gewesen, ohne großes Interesse dafür zu zeigen; jetzt aber nahm er sich Zeit, betrachtete die Bilder von Corot und Constable eingehend, und staunte über das Wunder der Lichtreflexionen auf der Wasseroberfläche. »Es ist schwieriger, als ich dachte«, grummelte er. Und es war charakteristisch für ihn, daß er sich auf die Suche nach jemanden machte, der ihm diese Kunst beibringen konnte. Eines Tages, als ich in London war, rief ich ihn an, um ihm zu sagen, daß ich erst gegen sieben Uhr zu Hause sein würde. Er klang enttäuscht.

»Nicht früher? Ich will dir etwas zeigen.«

»Na gut, dann nehme ich den nächsten Zug«, antwortete ich. Aber bevor ich zu Hause ankam, hatte er seinen Herzanfall. Er hatte ein Bild gemalt, mit dem er zufrieden war, und war gerade dabeigewesen, es einzurahmen (es sollte ein Geschenk sein), als er plötzlich über entsetzliche Zahnschmerzen klagte. Darauf kroch er zur Heizung. Mein Sohn Martin sah, daß er zitterte und seine Lippen blau waren, und ging nach oben, um einen Arzt anzurufen.

»Wo ist meine Tochter, wenn ich sie brauche? Treibt sich herum wie üblich«, stöhnte er.

Als ich eintrat, stockte mir bei seinem Anblick das Blut in den Adern. Man hatte einen Krankenwagen alarmiert, und als er dann im Addenbrooke-Krankenhaus war, dauerte es lange, bis man seine Unterlagen gefunden hatte.

»Kannst du nicht dafür sorgen, daß sie sich ein bißchen beeilen?« fragte er mich. »Mir ist kalt!«

Er schien ungewöhnlich gelassen. Er war im Jahr zuvor schon einmal krank gewesen und hatte hohes Fieber gehabt. Damals hatte er mich bei allen möglichen Kosenamen genannt: ›Elainela‹, ›Elainski‹ – all die alten jiddisch-russischen Verkleinerungsformen. Jetzt – und das war sonderbar und merkwürdig verletzend – nannte er mich ganz kühl – ›Elaine‹.

»Geht es jetzt zu Ende?« fragte er.

Ich wollte, ich hätte ihm damals die Wahrheit gesagt, vor der er Angst hatte. Statt dessen antwortete ich schroffer, als ich eigentlich wollte.

»Unsinn, du bist zäh wie Leder.«

Natürlich war ich mir nicht sicher. Einige Augenblicke später, als ich der Schwester seinen Namen diktierte (»Isidor Cooklin«, sagte er langsam betont, »und daß Sie es ja nicht falsch schreiben!« fragte ich mich sogar, ob ich mich nicht vielleicht geirrt hatte.

So haben wir uns nie wirklich voneinander verabschiedet. Jedenfalls nicht so, wie ich es gewollt hätte. In jener Nacht hatte er einen zweiten schweren Herzanfall, und das war das Ende.

Ein Jahr lang machte ich mir Vorwürfe wegen jedes lieblosen Wortes, das ich zu ihm gesagt hatte. Und immer wenn ich daran dachte, wie gut er gewesen war, mußte ich weinen.

Ich kenne Frauen, die ihren Vater weniger geliebt haben als ich, und einige, die ihren Vater sogar gehaßt haben, und nach meiner Erfahrung sind diese Frauen selbständiger als ich. Es fällt ihnen leichter, sich aus Beziehungen zu lösen, die sie belasten, und ihr Bedürfnis, einen Mann an ihrer Seite zu haben, der sie beschützt, ist weniger stark entwickelt. Ich bin zutiefst monogam veranlagt, und das in einer Zeit, in der eine solche Einstellung selten ist und sogar komisch wirken könnte.

Ich weiß wenig über Psychotherapie, aber, auch ohne meine Seele zu erforschen, weiß ich, daß meine Tugenden dadurch, daß ich meinen Vater imitierte, eher dem männlichen als dem weiblichen Stereotyp entsprachen, der in den ersten Jahren meiner Ehe allgemein vorherrschte. Aber seit den fünfziger Jahren hat sich einiges verändert. Ich war energisch, unternehmungslustig, geschäftig und vielleicht auch geschäftstüchtig. Aber ich schaffte es nicht, die Teller abzuspülen, bevor sie benutzt wurden, von den Bergen von schmutzigen Windeln (damals gab es noch keine vollautomatischen Waschmaschinen) ganz zu schweigen. Ich hätte einen guten Ehemann abgegeben. Aber damals waren alle meine besten Freunde Männer.

Wenn heute ein großer Teil meines Freundeskreises aus Frauen besteht, mag das ein Zeichen dafür sein, daß ich nach dem Tod meines Vaters gezwungen war, erwachsen zu werden.

Vater, der du begraben und noch immer unvergessen bist –

vergib mir meine Feigheit. Vergib mir die Art, wie mein Leben verlaufen ist, seit du tot bist. Vergib mir, daß ich nicht deinen Mut und deine Entschlossenheit habe. Ich bin eingeschüchtert und gedemütigt worden – kleine Schicksalsschläge haben mich so erzogen, wie du es nie getan hast.

Und wenn ich immer noch das Gefühl habe, unter deinem Schutz zu stehen, dann kommt dieser Schutz nicht aus irgendeinem imaginären Himmel (du liegst neben meiner Mutter auf dem Friedhof auf der Groby Road in Leicester), sondern von einer Stimme in meinem Herzen, die mich mit jiddischen Phrasen für meine Angst tadelt. Der Satz: »Warum sich Sorgen machen?« den ich in meiner Kindheit so oft hörte, wäre auch jetzt eine Richtschnur, an die ich mich halten könnte.

Und mein Gebet?

Es soll mich stärker machen.

Vater

Dein alter Hut schmerzt mich, und diese schwarzen,
dicken Rosinen, die deine weiche, schwere
Hand mir in die Hand gab:
Ich sehe dich den Weg hinaufwanken,
mit einem Sack Kartoffeln vom Bauernhof,
frische Eier, Blumen. Jeden Tag trauere ich,

weil dein großes Herz gebrochen ist und du tot bist.
Du liebtest es, die Bäume zu betrachten. Dieses Jahr
hast du den Frühling nicht erlebt.
Der Himmel über dem Moor war gefroren,
und an einem irgendwo insgeheim vorausbestimmten Tag
bist du gestrandet: kalt, bleich und zitternd.

Was ist geschehen, mein alter Stier, mein treuer,
heiserer Ritter? Der Schlag,
der dich traf, und der dich
in ein Krankenhaus brachte,
hat deinem Mut nichts anhaben können,

und bis zum Ende konnte dich nichts einschüchtern,
nichts konnte dich dazu bringen, jemandem zu schmeicheln.

Ich denke an dich, jetzt wie früher,
geborgen an der Seite meiner Mutter, die Erde habt ihr euch
als Bett erwählt – ich trauere um
all das, was sonst
in meiner Kindheit war, dort begraben, früher schon verwirkt
und jetzt für immer verloren.

CHRISTINE BRÜCKNER

Mein Vater: der Pfarrer

Christine Brückner wurde 1921 in einem Waldeckschen Pfarrhaus geboren. Nach einem Kunstgeschichtsstudium und einem fünfjährigen Kriegseinsatz war sie an den verschiedensten Orten in unterschiedlichen Stellungen tätig (u. a. als Köchin, Journalistin, zuletzt als Dipl.-Bibliothekarin). 1954 gewann die Schriststellerin mit ihrem Roman ›Ehe die Spuren verwehen‹ den ersten Preis in einem Romanwettbewerb. Von 1980–1984 war sie Vize-Präsidentin des deutschen PEN-Clubs. 1982 wurde ihr vom Land Hessen die Goethe-Plakette verliehen und 1985 hat sie zusammen mit ihrem Ehemann O. H. Kühner den Kasseler Literaturpreis für grotesken Humor gestiftet. Heute lebt Christine Brückner als freie Autorin in Kassel.

Am zweiten Weihnachtstag des Jahres 1921 taufte der Pfarrer Carl Gottfried E. in der Kirche eines kleinen Waldeckschen Dorfes ein Kind. Weil es das Christfest war, taufte man es auf den Namen Christine. Der Winter war kalt, die Kirche ohne Heizung; dem Täufling stand ein Rauchfähnlein vorm Mund. Es wurden wenig Kinder in jenem Winter geboren, man sah das später deutlich, als der Jahrgang eingeschult wurde. Die Kinder hatten auf einer einzigen Schulbank Platz, eine Zwergschule, einklassig. Der Pfarrer predigte über ein Wort aus dem Matthäusevangelium (Kap. 18, Vers 5): »Wer ein solches Kind aufnimmt in meinem Namen, der nimmt mich auf.« Er nahm den Predigttext als Taufspruch für das Kind.

Der Pfarrer war nicht mehr jung. Am Weltkrieg, der damals noch kein Zahlwort trug, hatte er nicht aktiv teilgenommen, sondern passiv. Er hatte die Trauergottesdienste gehalten und die Todesbotschaften in die Häuser gebracht. Seine Gemeinde horchte auf den Spruch, den er einem Kind mit auf den Lebensweg gab, einem Brautpaar mit in die Ehe, dem Toten mit ins Grab. Sie nahm den Spruch als Losungswort.

Ein solches Kind war ich. Die Leute im Dorf haben das nicht vergessen, sie erinnern mich daran, wenn ich zurückkehre. Unser alter Pastor, sagen sie.

Dieser Pastor war mein Vater. Nicht Pfarrer: Pastor. Hirte. Er trug einen graumelierten Bart, war viel zu alt für so ein kleines Kind, ein Mittfünfziger bei meiner Geburt, hoch über mir, 1 Meter 80 oder mehr. Ich mußte anklopfen, wenn ich ihn zum Essen rufen sollte. Patriarchalische Verhältnisse im Pfarrhaus. Autorität. Aber: Der Vater klopfte ebenfalls an die Tür des Kinderzimmers, bevor er eintrat. Ein Erwachsener ist in seine Arbeit vertieft, ein Kind in sein Spiel. Respekt wurde erwartet. Respekt verdient auch ein Kind. Bei Tisch: Kinder reden nur, wenn sie gefragt werden! Das Kind sagt: Fragt mich bitte mal was! Der Vater zur Mutter: Laß das Kind reden! Gleiches Recht.

Dieser Pfarrer, der mein Vater war, wurde als Sohn des Lehrers geboren, in demselben Dorf. Man hat mir Ohrläppchen gezeigt, die schlecht angewachsen waren, nachdem er sie halb abgerissen hatte im Zorn. Aber: Wer bei dem Lehrer Heinrich E. in die Schule gegangen war – und vierzig Jahrgänge waren es –, der konnte einen Brief aufsetzen, dessen Handschrift war wie gestochen, der konnte bis ins hohe Alter die wichtigsten Choräle auswendig, der deklamierte Schillers ›Glocke‹, ohne zu stocken, der konnte kopfrechnen, der konnte auch singen. Er sprach platt mit ihnen, wenn er zufrieden war, hochdeutsch, wenn er zornig war. Höcher, Henner, höcher! pflegte er in der Gesangsstunde zu sagen, das sagt man im Dorf noch heute. Er züchtigte die Schulkinder und gewiß auch die eigenen. Der älteste Sohn, der mein Vater wurde, schlug nie, nicht seine Konfirmanden, auch nicht die Gymnasiasten, denen er im Weltkrieg Latein- und Religionsunterricht erteilte, auch nicht die Schulkinder, als er zwölf Jahre lang Kreisschulaufseher war, nicht die eigenen Töchter. Er verließ sich auf die Überzeugungskraft seiner Worte, seines Beispiels.

Mit zehn Jahren verließ er sein Heimatdorf, kam auf ein Alumnat, studierte dann Theologie, wurde Einjähriger, dann Vikar, dann Prinzenerzieher im fürstlichen Schloß. Fürstin-Mama fuhr später oft mit der Kutsche am Pfarrhaus vor, und wir knicksten ehrerbietig. Keine Rede davon, daß man auf gleicher Stufe stünde, nicht einmal der Tod macht alle gleich, für die fürstliche Familie ein Erbbegräbnis. So habe ich es gelernt. Wenn ich in das Residenzschloß gehe, das heute von den Erbprinzen bewohnt wird, um es Freunden zu zeigen, bin ich befangen und lache darüber, halte mit Filzpantoffeln den Waldeckschen Stern blank.

Als mein Vater dreißig Jahre alt war und schon andernorts ein Pfarramt versehen hatte, schickte ihn seine Kirchenbehörde in das Dorf zurück. Nun nicht mehr der Carl, der älteste Sohn des Lehrers, sondern der Pastor, der Diener Gottes. Das Du hörte auf, das schien ihm notwendig. Die Leute im Dorf gewöhnten sich daran. Er hörte auf, platt mit ihnen zu sprechen, verlernte es sogar, sprach ein Hochdeutsch ohne jeden mundartlichen Anklang. Der Talar trennte ihn ebenfalls. Kein Vorname mehr, auch kein Familienname mehr, nur noch Titel, nur noch Amt. Der Herr Pastor.

Drei Dörfer gehörten zum Kirchspiel. Ein Berg trennte das Kirchdorf von den Filialdörfern; er fuhr mit dem Fahrrad über die Landstraße, ging den Fußweg über den Berg. Zwei Gottesdienste an jedem Sonntag, einmal im Monat ein dritter in dem kleinsten Dorf, um den Alten den mühsamen Weg über den Berg zu ersparen. Seine Spaziergänge machte er erst, wenn es dämmerte, wenn kein Bauer mehr auf dem Feld arbeitete. Solange noch jemand in Stellmacherei und Schmiede hämmerte, setzte er sich nicht in den Garten. Er lebte in seinem Studierzimmer in freiwilliger Absonderung.

Pfarrer sein, daß hieß für ihn, ein Predigtamt zu haben, seiner Gemeinde Gottes Wort zu verkünden. Das an erster Stelle. In den frühen Morgenstunden des Freitag suchte er nach dem Textwort, in der darauffolgenden Nacht wurde die Predigt fertig; jede handschriftlich ausgearbeitet, auf kleinen, sparsam beschnittenen Zetteln, in einer zierlichen, leserlichen Handschrift. Nie griff er auf eine alte Predigt zurück. Zweiundfünfzig Sonntage im Jahr, dazu Freitage, Karfreitage, Himmelfahrt und Buß- und Bettag, sechzig Predigten im Jahr, von 1890–1934, mehr als zweitausendsechshundert Predigten, alle in Schubladen aufbewahrt und dann im Zweiten Weltkrieg verbrannt. Er war zunächst ein liberaler Christ des ausgehenden 19. Jahrhunderts gewesen. Am Ende seiner langen Amtszeit wurde er ein Anhänger der Bekennenden Kirche. Er hat mit den theologischen Studien nicht aufgehört, in seinem Nachlaß fanden sich die frühen Bücher Karl Barths, Paul Tillichs, Rudolf Bultmanns; sie waren sorgfältig durchgearbeitet und mit Randbemerkungen versehen. Ferien und Urlaub waren fremde Worte für ihn. Er war der Ansicht, daß ein Pfarrer seine Gemeinde nicht verlassen dürfe. Anspruch auf Anwesenheit. Die Leute im Dorf kannten Ferien ebenfalls nicht, er gehörte zu ihnen. Als er sich bei Glatteis das Bein gebrochen hatte, trugen ihn einige Männer im Korbstuhl in die Kirche, er predigte im Sitzen, vom Altar aus.

Am Samstag lernte er seine Predigt auswendig. Sein Konzept war mit Lineal und Farbstift rot und grün unterstrichen, forte und fortissimo. Er mußte die Bauern wachhalten, die müde wurden, sobald sie zum Sitzen kamen. Er lernte laut, er lernte im Gehen, er folgte dem Rosenmuster seines Teppichs, bis die Rosen verschwunden waren, er ging im Oval, nicht auf und ab. Der Lebensweg meines Vaters. Wir hörten seine Stimme, wenn wir wach wurden und wenn wir einschliefen. Manchmal schwoll sie zu Donner an, dann klopfte meine Mutter an seine Tür: Carl! Die Kinder!

Von Freitag früh bis zum Gottesdienst am Sonntag herrschte unbedingte Stille im Pfarrhaus. Vater macht die Predigt! Er verlor das Kanzelfieber nie. Kein Frühstück am Sonntag, nicht einmal einen Schluck Kaffee. Er wurde erst ruhig, wenn der Höhepunkt der Predigt erreicht war. Beim Mittagessen war er erleichtert und entspannt, heiter, gesprächig.

Er predigte, er taufte, er konfirmierte, er segnete die Brautpaare ein. Er hielt auf Tugend. Eine Braut, die schwanger war, traute er nicht in Kranz und Schleier. Er brachte den Sterbenden das Abendmahl, er beerdigte die Toten. Das waren seine Amtspflichten. Aber er ging selten ins Dorf. Seine Besuche bei Kindtaufen und Hochzeitsfeiern währten nur kurz. Die sozialen Aufgaben übernahm die Pfarrfrau. Sie wußte, wo jemand krank lag, sie versorgte die Verletzten; einen Arzt gab es nicht. Sie besuchte die Alten. Sie war der verlängerte Arm des Pfarrers, sie, die Ortsfremde, schwarzhaarig unter den Blonden, die Großstädterin. Sie veranstaltete Gemeindeabende, führte Regie, wenn Turnverein und Jungmädchenbund Theater spielten, leitete den Frauenverein, gab Kurse in Säuglingspflege. Für alles Soziale war die Pfarrfrau zuständig.

Der Pfarrer, der mein Vater war, ging ungern aus dem Haus. Er war scheu. Er fühlte sich sicherer in seinem Studierzimmer. Bücherwände, Kachelofen, hochstämmige Rosen und Bienenhaus. Idylle. Die Männer, die zu ihm kamen, um die Pacht für das Kirchenland zu zahlen oder um Stundung zu bitten, zogen im Flur die Schuhe aus, stiegen in Strümpfen die Treppe hinauf, gingen den Flur entlang; ans äußerste Ende des Hauses hatte er sich verzogen. Abstand. Er setzte sich mit seinem Amt gleich, er war das Amt. Er gehörte zu seiner Gemeinde, aber er stand über uns. Das mag auch an der Kanzel überm Altar gelegen haben, zu der eine hohe Treppe führte. Eine alte Kirche, die Innenausstattung barock. Wir blickten zu ihm auf. Vertrauen, nicht Vertraulichkeit. Ehrfurcht, aber nicht Furcht. Aber auch Fälle, wo es hieß: Darüber kann man mit dem Herrn Pastor nicht reden. Über vieles ließ er nicht mit sich reden.

1934, im Herbst, ließ die Gemeinde ihren Pfarrer ziehen. Ungern, aber erleichtert. Er paßte nicht mehr in das Dorf, in dem ein paar junge Erbhofbauern, Mitglieder der SS-Reiterstandarte, nun den Ton angaben; sie versuchten, den alten Pastor zu ihrem ›fördernden Mitglied‹ zu machen, sie wollten seine Stimme, die ihnen recht gab, er gab sie nicht, gab seine Stimme für nichts. Man nahm ihm das Amt des Kirchenrats; eines Nachts fand eine Hausdurchsuchung statt.

Sie wollten sicher vor ihm sein, und sie wollten ihn in Sicherheit wissen, beides. Der Kirchenvorstand stellte sich nicht hinter ihn, erst recht nicht vor ihn. Er mußte gehen. Er war gehorsam gegenüber der Kirchenbehörde, gegenüber jeglicher Obrigkeit. Sein Widerspruch ging nach innen, nicht nach außen. Er litt. Er wurde leidend. »Wenn Erziehung und Ermahnung irgend etwas fruchteten, wie könnte dann Senecas Zögling ein Nero sein.« Das Dorf, in dem mein Großvater vier Jahrzehnte als Lehrer gewirkt hatte, in dem mein Vater mehr als drei Jahrzehnte Pfarrer gewesen war, geriet unter den Einfluß einiger SS-Männer.

Er kehrte nie mehr in sein Dorf zurück, obwohl es nur fünfzig Kilometer von seinem späteren Wohnort entfernt lag. Er hat nie wieder eine Kanzel betreten. Er ist wenige Jahre später gestorben. Es war sein Wunsch, in der Heimat begraben zu werden. Es war Krieg, eisiger Dezember. Die SS-Männer standen als Soldaten an den Fronten. Alte Männer trugen den Sarg aus der Kirche bis zum Friedhof am Wandrand. Dort liegt er zwischen denen, die er getauft und konfirmiert und begraben hat. Auf seinem Grabstein stehen der Name und die Lebensdaten. Nicht Titel und nicht Amt, so hat er es gewünscht. Er ist heimgekehrt in das Dorf, in dem er geboren wurde. Vor seinen Gott tritt er nicht als Pfarrer. Er war demütig und ein wenig einsam. ›Pslam 110, 14‹ steht unter seinem Namen. ›Deine Gnade müsse mein Trost sein, wie du deinem Knecht zugesagt hast.‹ Die Gemeinde nahm ein zweites Mal von ihrem Pastor Abschied. Die Tränen galten nicht nur ihm. Es gab vieles, das zum Weinen war.

In den letzten Lebensjahren hat er seine Erinnerungen niedergeschrieben. Fünfzig Seiten über den Kirchenstreit zwischen Deutschen Christen und Bekennender Kirche, dreißig Seiten über die Theologen, die seine Lehrer waren, zwanzig Seiten über den Kirchenvorstand. Was er über die eigenen Kinder zu sagen hatte, ging auf fünf Seiten.

Manchmal durfte ich auf seinem Fuß sitzen, und er ließ mich wippen, manchmal sang er Bellmann-Lieder, Lieder von Heinrich Heine.

›In meinem Elternhaus hingen keine Gainsboroughs‹, es war wie im Pfarrhaus, in dem Gottfried Benn aufwuchs, aber bei uns wurde Chopin gespielt. Gab es Schwierigkeiten in der Schule, erkundigte er sich: Kannst du dem Unterricht nicht folgen? Wenn deine Begabung nicht ausreicht, dann mußt du das Gymnasium verlassen. Fehlt es dir aber an Fleiß, dann hat es keinen Zweck, dann wird nichts aus dir. Er erwartete Einsicht. Die Folgen des Tuns und Nichttuns wurden den Kindern deutlich gemacht. Alles hat seine Ursache und seine Folgen. Keine Strafe, keine Strafandrohung. Keine Nachhilfe. Du kannst oder du kannst nicht. Er behandelte seine Töchter wie zwar kleine, aber doch zurechnungsfähige Erwachsene, nur eben noch unerfahren, man mußte ihnen einiges erklären, aber sie waren voll verantwortlich.

Der Vater, der Pfarrer, Gott Vater, Lieber Vater, Unser Vater, der du bist im Himmel, das war eine Einheit, das mußte nicht unterschieden werden, alle waren sie zuständig für mich, allen war ich verantwortlich, ich gehörte ihnen, sie sahen, was ich tat. Erst viel später trennten sie sich voneinander, aber ich habe meinen Vater nie völlig von dem Pfarrer, der er war, trennen können. Er blieb der Mittler und Fürsprecher; erst recht, seit er tot ist. Da ist vieles unkontrolliert und unkritisch. So soll es bleiben.

Er steht nicht mehr über mir, er steht am Rande meines Lebens, Beobachter und Kritiker meines Tuns. Ich weiß, was ihm mißfällt. Er ist mir von Jahr zu Jahr näher gerückt, ich erkenne den Antrieb seines Lebens: zu predigen, was er glaubte; zu leben, was er predigte. Noch einige Jahre, dann bin ich so alt, wie er war, als ich geboren wurde. Etwas wie Gleichaltrigkeit und Partnerschaft entsteht.

Der Satz ›Die Kunst darf alles und muß nichts‹ kann für mich nicht gelten: Ich stehe unter Kontrolle. Die Kontrollaufgabe hat dieses Dorf, das ich mein Dorf nenne und in dem mein Vater Pfarrer war, übernommen. Nichts tun, nichts schreiben, was in den Augen dieser Menschen falsch oder unrecht ist. Sie sind unbestechlich in ihrem Urteil. Da gilt nicht Ansehen und nicht Erfolg. Sie sind bereit anzuerkennen, was ihnen unverständlich ist, nicht weil es von mir kommt, sondern weil ich die Tochter ihres Pastors bin. Sie erheben Anspruch auf mich, ich bin eine der Ihren, sie sagen du zu mir. Sie haben ein Recht auf mich, ich erkenne sie als Gericht an.

Dieses Dorf ist mein Nährboden, dort ist mir Urvertrauen zugewachsen, das nur ein anderes Wort ist für Gottvertrauen.

MELANIE MACFADYEAN

Auf der Suche nach Papa

Ich bin freie Journalistin, Anfang Dreißig und lebe in London.
Diese Geschichte ist ein Versuch, mit den immer wiederkehrenden Erinnerungen an jenen Tag im Jahr 1959 fertig zu werden, an dem alles auseinanderzubrechen schien.
Meine Eltern taten, was sie tun mußten, und es ist nicht meine Absicht, sie für irgend etwas zu verurteilen. Beide sind wieder glücklich verheiratet.
Diese Geschichte hat für mich inzwischen eine seltsame Bedeutung. Als meine Schwester sie gelesen hatte, gab sie mir Wasserfarben und bat mich lachend, einige Details, die sie betrafen, zu malen. Ein paar Monate später starb sie. So dürr und traurig diese Geschichte auch ist – sie handelt von einer Erfahrung, die wir beide teilten und die unser Leben geformt hat. Wir haben uns viel gestritten, aber nachdem dies geschehen war, beschützte sie mich, und dafür werde ich sie immer lieben.
Bleibt nur noch zu sagen, daß ich inzwischen weiß, daß auch ›echten Männern‹ es ab und zu kalt ist, auch wenn sie es nicht so gut zeigen können.

»Kommt mal ins Wohnzimmer, Kinder, wir haben euch etwas zu sagen.« Damit fing es an. Ich weiß noch, daß Mama und Papa sehr groß waren.

Während seiner Reise nach Amerika schien Papa gewachsen zu sein – er war noch größer geworden und sah noch besser aus. Eines Tages, wenn ich 25 war, würde er mich heiraten, das war ganz klar. Wir würden mindestens zwei Kinder haben. Es kam mir immer komisch vor, daß sie nur zwei hatten, mich und meine ältere Schwester.

Während seiner Reise nach Amerika schien Mama immer kälter geworden zu sein. Irgend etwas hatte sich in ihr festgefressen. Sie war noch schöner geworden, dünner und entrückter.

Während er in Amerika gewesen war, hatte ich in jeder Nacht, in der er nicht da war, um uns zu beschützen, Angst gehabt. Ich wußte, daß eines Nachts ein Mann eingebrochen war und das Zimmer meiner Schwester durchsucht hatte, während sie schlief. Das hatte mir niemand erzählt, aber ich wußte es trotzdem.

Während ich weg war, benahm sich meine Schwester ganz komisch. Sie malte Gesichter auf ihre Finger und sprach mit ihnen. Ich spielte immer mehr auf der Straße, weil sein Fehlen im Haus an den Wochenenden, oder wenn ich von der Schule nach Hause kam, mir angst machte.

Meine Schwester blieb zu Hause und veranstaltete irgendwelche Treffen, zu denen die Kinder von der Straße eingeladen wurden, aber nie kamen. Die, mit denen ich immer spielte, wollte sie nicht ins Haus lassen. Sie knallte meiner Freundin Penny die Tür vor der Nase zu, und wenn ich dann einen Wutanfall kriegte, zeigte sie allen die Kratzer, die sie auf der Hand davongetragen hatte, und sagte, jetzt würde sie niemand mehr heiraten, und das sei meine Schuld. Aber ich wußte, daß das nicht stimmte, und mir ging es gut, weil ich wußte, daß Papa und ich eines Tages heiraten würden, dessen war ich mir sicher. Sie erzählte mir, Papa und Mama hätten mich in der Gosse gefunden, aber ich dürfte ihnen nicht sagen, daß ich das wußte. Dann machte sie ihre eigene Geschichte kaputt, indem sie eine andere erzählte: Ich könne mich doch sicher erinnern, wie ich geboren worden war? Daß ich in Mamas Bauch gewesen war? Jeder könne sich daran erinnern, und ich solle mir besser nicht anmerken lassen, daß ich das nicht konnte, denn sonst würde mich niemand mehr mögen. Aber andererseits, fügte sie hinzu, sei ich ja sowieso verrückt, und es hätten sich nur alle abgesprochen, nett zu mir zu sein und mich so zu behandeln, als sei ich normal, und ich sollte ja niemandem erzählen, daß ich die Wahrheit wußte, sonst...

Es war an einem Samstag. Irgendwie waren Samstage für mich immer rot, weil ich sie so aufregend fand. Das waren die Tage, an denen Papa einen mit in die Stadt nahm, in das altmodische Buchgeschäft, wo die dicke Frau einen mit dem Vermittlungsapparat spielen ließ, aus dessen Röhren wunderbarerweise Stimmen kamen. Papa machte seine Witzchen und ließ mich auf dem Rücksitz seines Ford Continental Kabriolets sitzen, das er das ganze Jahr über mit heruntergeklapptem Dach fuhr. Aber nur, wenn Mama es nicht sah.

Jener Samstag begann noch roter als die meisten anderen, weil es der Tag war, an dem Papa von seiner Reise aus Amerika zurückkehrte. Aber er hatte noch seinen Anzug an, und dabei trug er doch sonst an den Wochenenden immer alte Shorts und eine Lederjacke und arbeitete fluchend im Garten, wo er Beete umgrub oder Bäume beschnitt. Im Sommer fuhr er mich in der Schubkarre herum und pflückte mir Brombeeren, und im Herbst spielte ich mit dem Feuer, in dem er das Laub verbrannte.

An jenem Samstag ging er aber nicht in den Garten. Er und Mama standen vor dem Flügel, unter dem ich mich immer versteckte und mich mit einem Fantasiewesen unterhielt. Sie waren riesig groß, als wir vor ihnen standen, um zu hören, was sie uns zu sagen hatten. Sie trug ein maßgeschneidertes Kleid, und ihr Haar war sehr sorgfältig frisiert. Sie sahen nicht so aus, als hätten sie sich geküßt. Sie schien fast leblos, und Papa kam mir ganz unwirklich vor.

Er sagte, er habe uns etwas aus Amerika mitgebracht. Er drehte sich zum Flügel um und gab jeder von uns ein in braunes Papier eingeschlagenes Paket. Normalerweise riß man ein solches Paket sofort auf. Aber ich weiß noch, daß ich es ganz langsam auspackte, so als wollte ich das hinausschieben, was danach passieren würde. Denn man mußte Papa einfach liebhaben – selbst wenn er einem im Garten bloß eine Brombeere gab, war man glücklich –, aber diese schreiendrote Nylonstrickjacke mit den weißen Plastikknöpfen und dem großen Kragen gefiel mir überhaupt nicht. Ich tat so, als fände ich sie sehr schön, und zog sie an. Ich war ein lautes Kind, aber irgend etwas ließ mich an jenem Tag sehr still sein. Auch meine Schwester zog ihre Strickjacke an, und wir zeigten uns damit, Papa sagte, wir sähen ganz reizend aus. Mama sagte gar nichts. Sie stand einfach nur da, sehr stolz und kalt und tragisch.

Nachdem sie es uns gesagt hatten, rannte meine Schwester in den Garten und ließ sich stundenlang nicht mehr blicken. Niemand konnte sie dazu bringen, von dem Baum im verwilderten Teil des Gartens, weit weg vom Haus, herunterzuklettern. Ich saß unter dem Tisch, der an der Unterseite gedrehte Verzierungen aus Eisen hatte, und hörte mir immer wieder an, was sie gesagt hatten: »Eure Mutter und ich lassen sich scheiden.« Im Fernsehen und in den amerikanischen Filmen ließen sich die Leute andauernd scheiden, und so hätte es eigentlich ganz normal sein sollen. Und schließlich hatte ich nachts oft gehört, wie sie sich stritten. Einmal hatte ich mich auf der Treppe versteckt und Mama weinen sehen, und ich war darüber erschrocken, daß auch Erwachsene weinten. Als ich mich an ihr vorbeischlich, stieß ich auf Papa, der, den Kopf in die Hände gestützt, dasaß. Sein Hemd war zerfetzt, und auf seinem Rücken hatte er rote Streifen. Daß sie sich scheiden ließen, mußte irgend etwas damit zu tun haben.

Mama saß an ihrem Schreibtisch und telefonierte. Ich hörte nicht zu. Sie legte dabei immer ihre Füße auf den Tisch und sprach deutsch – es gefiel mir, daß sie Ausländerin war, auch wenn ich nicht verstehen konnte, was sie sagte. Sie war sehr schlank und hatte schöne Kleider an, und all ihre Weichheit war verschwunden. Früher hatte sie sich manchmal an den Flügel gesetzt und ›Over the Hills and Far Away‹ oder ›Johnny's Not Back From the Fair‹ gesungen. Ich spürte diese Stimmung von Wind und Hügeln und Leuten, die nie zurückkommen. Das Haus war wie diese Lieder, aber leer und hohl. Papa mußte gleich, nachdem er es uns gesagt hatte, gegangen sein, denn als ich in ihr Schlafzimmer ging, waren seine Sachen alle weg – er mußte gepackt haben, bevor er es uns sagte. Er hatte es eilig gehabt, uns zu verlassen. Im Schlafzimmer waren nur die Sachen meiner Mutter: die Bürsten und das Make-up und Parfümfläschchen, Nylonstrümpfe über der Stuhllehne und Fotos von ihrer Familie.

Auf einer Seite des Zimmers stand sein Schrank. Ich durchsuchte alle Fächer. Sie waren mit Papier ausgeschlagen, und rochen nach Sandelholz. Er hatte ein Paar Socken vergessen. Ich nahm sie in die Hand und drückte sie an meine Wange und dachte an ihn, aber eigentlich war es kein Denken. Die Straße war wie ausgestorben, was ungewöhnlich war, denn normalerweise spielten dort an den Wochenenden die anderen Kinder. Es war einer jener farblosen, schattenlosen Tage, weder warm noch kalt. Manchmal meine ich ihn noch um die Ecke, am Briefkasten vorbei, verschwinden zu sehen.

Papa kehrte nie zurück. Die Wochen vergingen, es wurde Winter, und in seinem Garten war morgens Rauhreif. Das Leben ging weiter, aber es war unwirklich. Mama versuchte zu lächeln. Meine Großmutter, ihre Mutter, hatte immer im ersten Stock gelebt. Sie gab uns jedesmal, wenn wir sie besuchten, tiefgefrorene Butterscheiben und Orangensaft aus der Dose. Meine Schwester schickte mich immer hinauf ins Zimmer unserer Großmutter, wo ich so tun mußte, als hätte ich Magenschmerzen, damit sie mir Geschichten erzählte, während meine Schwester hinter dem Sofa saß und sich im Fernsehen die Erwachsenenfilme ansah. Aber dann ging sie weg. Sie war gelähmt, und Mama konnte sich nicht um sie kümmern. Ich lief Rollschuh im Schein der Straßenlaternen, bis es Zeit war, ins Bett zu gehen.

Eines Abends, als ich zur Schlafenszeit ins Haus kam, saßen Mama und meine Schwester im großen Sessel und weinten. Sie sagte, unsere Großmutter sei gestorben. Ich glaube, ich habe auch ein bißchen geweint, aber eigentlich hatte der Schock einfach alle Geräusche erstickt.

Manchmal holte er mich samstags ab. Meine Schwester wollte nicht mitkommen. Er ging mit mir in ein Selbstbedienungs-Restaurant und gab mir so viel zu essen, daß mir schlecht wurde. Einmal fuhr er mit mir auf die Autobahn, um zu sehen, ob sein neues rotes Ford Kabriolet wirklich hundert Meilen pro Stunde fuhr, aber das durfte ich meiner Mutter nicht erzählen.

Manchmal ging er mit mir in den Zoo und brachte die Elefanten zum Knicksen oder machte den Orang-Utan nach. Er zeigte mir die ägyptischen Mumien im Britischen Museum, und ab und zu gingen wir ins Kino.

Ich fragte mich immer, was er meinte, wenn er von ›echten Männern‹ sprach. Er sagte, sie trügen keine Mäntel oder Pullover. Sie tränken keinen Tee und spürten keine Kälte. Lange

Zeit glaubte ich ihm. Ich dachte, sie seien wie er. Sie würden mich lieben und mich ausführen, mich verwöhnen und aufregende Sachen mit mir machen, wenn sie Lust dazu hätten, und dann wieder in ihr anderes Leben zurückkehren, das nichts mit mir zu tun hatte.

KATE OWEN

Mein Vater

Ich wurde 1970 in Oxford geboren. Als ich zehn Tage alt war, wurde ich adoptiert und lebte sechs Monate lang in Oxford. Dann zogen wir nach London um. Meine Eltern haben sich getrennt, und jetzt habe ich meine Mutter unter der Woche und meinen Vater am Wochenende. 1982 ging ich mit meinem Vater und meiner Stiefschwester für vier oder fünf Monate nach Amerika. In Amerika hat es mir sehr gut gefallen. Ich möchte gern wieder dorthin.

Ich habe drei Väter. Zwei von ihnen kenne ich, den dritten nicht. Mein erster Vater lebt in Frankreich, und ich weiß nicht, wer er ist, weil ich adoptiert worden bin. Einer von meinen anderen Vätern ist ein Stiefvater. Der dritte ist mein richtiger Vater.

Mit meinem richtigen Vater bin ich an den Wochenenden und die halben Ferien über zusammen. Er hat eine Frau, die also meine dritte Mutter ist. Sie haben auch einen Sohn namens Ben. Das ist mein Bruder.

Das erste Erlebnis mit meinem Vater, an das ich mich erinnern kann, war während eines Urlaubs in Spanien (damals war ich anderthalb). Ich rannte von dort, wo wir wohnten, weg. Der Weg kam mir damals sehr lang vor. Rechts und links von ihm wuchsen Hecken. Ich weiß nicht mehr genau, warum ich weglaufen wollte, aber ich glaube, es war, weil ich wütend auf ihn war. Ich rannte den Weg hinunter, aus dem Garten hinaus auf die Straße. Er lief mir nach. Das machte mich sehr wütend, denn ich fand es sehr mutig von mir, auszureißen. Ich setzte mich mitten auf die Straße, und er stellte sich hinter eine Telefonzelle und beobachtete mich. Das machte mich noch wütender. Aber er ließ mich nicht lange dort sitzen, weil er Angst hatte, ein Auto könnte mich überfahren.

Ich dachte, weil ich wütend auf ihn geworden war, würde er mich nicht mehr liebhaben – und eigentlich soll man ja die Leute, auf die man wütend ist, nicht mögen – aber dieses Erlebnis beweist, daß er sich wirklich um mich Sorgen machte. Mein Vater ist zu allen Leuten freundlich und hilfsbereit. Er ist sehr mitleidig, wenn man krank ist, aber er verwöhnt einen dann nicht, damit man nicht glaubt, daß es gut ist, wenn man krank ist. Er war sehr aufgekratzt, als im Krieg im Libanon Menschen umgekommen sind.

Er findet es nicht gut, wenn ich kämpfe, aber ich tue das trotzdem, denn ich glaube, daß es sehr wichtig ist, daß man sich selbst verteidigen kann, und was andere (auch mein Vater) davon halten, ist mir egal.

Wenn mein Vater in den Nahen Osten fliegt, habe ich Angst, daß er getötet werden könnte. Einmal saß er gerade auf seinem Balkon, als es ein kleines Erdbeben gab und das ganze Haus zu wackeln begann, und unten auf der Straße wurde geschossen. Aber ich würde nicht versuchen, ihn davon abzuhalten, dorthin zu gehen, weil ich weiß, daß ihm das viel Spaß macht. Einmal war ich vier Monate mit meinem Vater in Amerika. Das war die längste Zeit, die ich mit ihm verbracht habe, seit meine Mutter und mein Vater geschieden sind. Es hat sehr viel Spaß gemacht, mit ihm in Amerika zu sein. Er war dort ziemlich anders als sonst, das heißt, er kaufte sich auf einmal Freizeitjacken und Freizeithosen, wo er doch zu Hause meistens Anzüge trägt. Mir gefiel das besser, weil er darin nicht so streng aussah. Ich mag meinen Vater lieber als die meiner Freundinnen, denn der Vater von einer meiner Freundinnen will sie gar nicht aus dem Haus lassen, weil sie dann vielleicht verhauen wird; der Vater von einer anderen Freundin schreit sie immer an, wenn sie auch nur den kleinsten Lärm macht; und den Vater von meiner dritten Freundin mag ich nicht, weil er in der Sozialdemokratischen Partei ist. Mein Vater ist nicht so wie diese Väter.

Das einzige, was ich an ihm nicht mag, ist, daß er mich immer so früh ins Bett schickt. Das finde ich ziemlich blöd.

Mein Vater setzt mich nicht unter Druck, damit ich tue, was er will, denn er meint, ich soll so sein, wie ich sein will. Darum liebe ich ihn.

EILEEN FAIRWEATHER

Der Mann in der Apfelsinenkiste

Ich wurde im Juni 1954 in Nordlondon geboren. Mein Vater war Polizeibeamter, meine Mutter arbeitete in einer Schulküche. Ich ging auf eine katholische Mädchenschule, wo man mich, was ich ziemlich verwirrend fand, ermunterte, eine akademische Laufbahn einzuschlagen und viele Kinder zu haben. Aber die Nonnen vermittelten mir auf ihre strenge, liebevolle, widersprüchliche Weise die starke Überzeugung, daß ›Mädchen alles können‹. Jedenfalls schaffte ich es, nachdem ich in verschiedenen Einzimmer-Apartments gelebt und mich als Verkäuferin und Putzfrau über Wasser gehalten hatte, an der Sussex University angenommen zu werden. Dort studierte ich Englisch, entdeckte voller Begeisterung die damals noch im Entstehen begriffene Frauenbefreiungsbewegung und hielt es (dieser Meinung bin ich übrigens auch heute noch) für eine wunderbare Sache, daß ich drei Jahre lang für das Lesen und Nachdenken Geld bekam. Nach meinem Abschluß arbeitete ich als Schauspielerin und Bühnenschriftstellerin für kleine Theatertruppen und schrieb einen Roman, den ich, kaum daß ich ihn fertiggestellt hatte, entsetzlich fand. Von 1979 bis 1980 arbeitete ich ganztägig für die feministische Zeitschrift *Spare Rib* und habe es seitdem geschafft, mich – wenn auch mehr schlecht als recht – als freie Schriftstellerin durchzuschlagen. Zusammen mit Melanie McFadyean und Roisin McDonough habe ich das Buch *Women in Belfast* geschrieben, das auf Interviews mit Frauen in Nordirland basiert. Meine Beiträge sind in zahlreichen Publikationen erschienen, wie zum Beispiel *Cosmopolitan, Leveller, New Statesman, She, Honey, Sunday People,* und *Guardian.* Im Augenblick pendle ich zwischen England und Finnland, arbeite an einem Roman, der von Michael Joseph herausgebracht werden soll, und ziehe, zusammen mit dem Mann, der ›viel zu gut für mich‹ ist, meine Tochter groß.

Mein wirklicher Vater war der Filmstar Robert Mitchum. Jedenfalls war das der Gedanke, mit dem ich mich tröstete, als ich etwa acht Jahre alt war. Immerhin war Mitchum so, wie ein Mann zu sein hatte: zuverlässig, charmant, ritterlich und beschützend. Er war hinreißend autoritär, aber er hatte Achtung vor Frauen und war vor allem liebevoll. Der perfekte Vater. Ganz anders als mein wirklicher Vater.

Das Aussehen meines Vaters stand im krassen Gegensatz zu seiner Verdrossenheit. Er hatte ein gutaussehendes, offenes Gesicht und ein Lächeln, das, wenn er es aufsetzte, überaus charmant wirkte. Körperlich schien er immer entspannt zu sein, und er sah weit jünger aus, als er in Wirklichkeit war. Ein Verwandter zog einmal einen Vergleich zu meiner abgearbeiteten Mutter und sagte: »Na, alter Junge, du hast dich ja gut in Schuß gehalten.« Mein Vater faßte diese sarkastische Bemerkung stolz als ein Kompliment auf. Vermutlich fühlte er sich wirklich so, wie er aussah: wie ein Mann, der keinerlei Sorgen hatte – und sei es auch nur, weil er sie allzugern auf andere abwälzte.

Anderen die Schuld zuzuschieben, war die Spezialität meines Vaters, und von Anfang an machte er mich dafür verantwortlich, daß meine Mutter nicht gerade begeistert von ihm war. Wenn ich nicht so treu zu ihr halten würde, dann wäre meine Mutter – davon war er offenbar überzeugt – eine richtige Frau und nicht ›so kalt wie eine Hexentitte‹. Er fragte mich ernsthaft, ob ich mir eigentlich vorstellen konnte, wie schrecklich es für einen vitalen Mann wie ihn war, ›in einem Kloster zu leben‹. Ich konnte es nicht, aber ich fühlte mich jahrelang schuldig, weil ich ihn anscheinend dazu gezwungen hatte. Die Tatsache, daß die nächtlichen Auseinandersetzungen, auf die das Quietschen der Bettfedern folgte, seine angebliche Enthaltsamkeit Lügen straften, war kein Trost für mich. Ich fühlte mich dann nur schuldig, weil meine Mutter dies über sich ergehen lassen mußte, um zu verhindern, daß sich sein Zorn auf uns Kinder richtete.

Auf seinem Schoß erfuhr ich die ganze Bandbreite männlicher Vorurteile. Die ritterliche Fassade löste sich in nichts auf. Ich erfuhr, daß alle Frauen am Steuer ›verdammte Frauen am Steuer‹ waren und daß die meisten Frauen entweder nymphomanische Betthasen oder, wie er sich meiner Mutter gegenüber drastisch ausdrückte, ›kälter als ein Eskimoschwanz‹ waren. Als ich und meine beiden Schwestern in der Pubertät Babyspeck ansetzten, nannte er uns ›Fettsäcke‹, und als die Unsicherheit Männern gegenüber einsetzte, war das für ihn ein Zeichen ›typisch weiblicher Neurosen‹. Eine Schulausbildung für Mädchen war für ihn nichts weiter als eine teure Zeitverschwendung, und er war davon überzeugt, daß wir drei Nichtsnutze es ohnehin zu nichts bringen würden. Die Ehe schien der einzige Fluchtweg zu sein, der uns offenstand, aber die Folge davon würde, wie er düster prophezeite, auch nur sein, daß wir ihm, dem Großvater, Dutzende von Bälgern aufhalsen würden.

Mein Vater war zwar Polizist, aber das hieß nicht, daß er besonders fürsorglich war. Wenn eine von uns krank war, verkündete er lauthals, unser Gejammer gehe ihm auf die Nerven, und machte sich in die Kneipe oder ins Wettbüro davon. Vorher mußte ihn meine Mutter noch anbetteln, damit er Geld für Medikamente herausrückte. Von diesem Verhaltensmuster wich er nie ab – auch nicht, als eine meiner Schwestern so krank war, daß sie fast gestorben wäre.

Mein Vater lebte nach der Regel: ›Teile oder herrsche‹. Er ermunterte mich und meine Schwestern, sowohl meine Mutter als auch einander zu verachten. Seine Bevorzugung der jüngeren Töchter erzeugte zwischen uns eine Eifersucht, die wir bis heute nicht ganz überwunden haben. Zwischen uns Geschwistern besteht eine starke Verbundenheit, die aber auch Narben davongetragen hat in den Jahren, in denen wir um die tägliche Ration Anerkennung kämpften, uns vor Schlägen und Beleidigungen duckten und schuldbewußt hofften, daß es heute die *andere* sein würde, die er als verrückt, verkommen oder dumm bezeichnete.

Je weniger Anerkennung mein Vater uns vermittelte, desto mehr sehnten wir uns danach. Selbst als meine älteste Schwester durch ihre ›Mod-Phase‹ ging, Kaugummi kaute, ihre Augen schminkte und starke Sprüche klopfte, brach sie einmal in Tränen aus, als mein Vater sie nicht an ihren Haaren zog, sondern sanft darüber strich. Selbst als ich eine fanatische Feministin geworden war und nicht mehr mit meinem ›Bullen‹-Vater sprach, brach ich in Tränen aus, als ich ihm auf einer Demonstration begegnete, und er, anstatt mich zu beschimpfen, murmelte: »Na ja, wenigstens siehst du nicht so verlottert aus wie diese anderen gekauften Wirrköpfe.« Noch Stunden später war ich so glücklich und aufgeregt wie ein fünfjähriges Kind.

Diese paar Worte, die mein Vater auf der Demonstration zu mir sagte, reichten aus, um meinen bitteren Haß in eine verzweifelte Hoffnung zu verwandeln. Jahrelang pendelte ich zwischen solchen Extremen hin und her. Ich wollte ihm glauben, wenn er in seinen seltenen liebevollen Momenten sagte, er liebe mich, meine Schwestern und meine Mutter, und es sei ihm ein Rätsel, warum wir so widerborstig und undankbar seien. Ich wollte ihm verzeihen, ich wollte glauben, daß hinter seinem Verhalten nicht Bosheit, sondern Gedankenlosigkeit steckte, denn so konnte ich mich wenigstens der Illusion hingeben, von ihm geliebt zu werden. Als meine Mutter ihn schließlich verließ, verstärkte sich diese Illusion noch mehr.

Die Heimkehr

Plötzlich brauchte er mich. Er war völlig allein: Seine Frau hatte ihn verlassen, seine Töchter waren erwachsen, er selbst hatte keine Freunde und stand vor der Pensionierung. Ständig klingelte mein Telefon – mein Vater suchte bei mir Rat und Trost. In den Monaten, bevor meine Mutter ihn verlassen hatte, hatten wir kaum ein Wort miteinander gewechselt, und jetzt tat er so, als sei zwischen uns immer eitel Sonnenschein gewesen. Ich war zwar auf der Hut, aber auch gerührt. Vielleicht liebte mich mein Vater doch, vielleicht ließ sich einiges retten.

Ein Jahr oder länger bemühte sich mein Vater um mich und ersparte mir alle Beleidigungen. Er hörte sogar auf, mich für die Scheidung verantwortlich zu machen. Dann fand er eine Freundin und beschloß, zu ihr zu ziehen. Er sagte mir, ich solle mir holen, was ich haben wollte, bevor er unsere alte Wohnung auflöste.

Wir hatten absolut nichts, was einen wirklichen Wert besaß – die meisten unserer Möbel waren billig, abgenutzt und häßlich. Aber aus sentimentalen Gründen wollte ich ein paar Erinnerungsstücke an meine Kindheit und Jugend retten und auch die Sachen abholen, die ich bei meinen diversen Umzügen zu Hause eingelagert hatte. Und auch ein paar Dinge, die meiner Mutter gehört hatten, wollte ich als Erinnerung an sie haben – sie hatte es so eilig gehabt, meinen Vater zu verlassen, daß sie außer ihrer Kleidung nichts mitgenommen hatte.

Ein paar Tage bevor ich meinem Elternhaus diesen letzten Besuch abstattete, schickte mir mein Vater zwei Urkunden: meine Geburtsurkunde und meine Kommunionskurkunde. Er hatte keinen Brief beigelegt. Das war der Moment, wo ich hätte Verdacht schöpfen müssen, aber erst ein paar Tage später, als ich das Haus betrat und es fast völlig leer vorfand, ging mir auf, was passiert war. Mein Vater hatte sein unschuldiges, leutseliges Lächeln aufgesetzt, das einen zur Weißglut treiben konnte, und sagte mir, daß er alles von der Sperrmüllsammelstelle habe abholen lassen, nachdem er sich herausgesucht hatte, was er aufheben wollte. Warum ich mich denn so aufregte, fragte er in scheinbar verletztem Erstaunen. Immerhin habe er doch alles aufgehoben, wovon er glaubte, daß ich es noch würde brauchen können. Ja, genau, diese beiden Urkunden. Die eine, aus der hervorging, daß ich geboren worden war, und die andere, die bewies, daß ich wenigstens früher einmal ein braves katholisches Mädchen gewesen war.

Ich weinte nicht vor seinen Augen, ich geriet noch nicht einmal in Wut. Ich war einfach wie vor den Kopf geschlagen. Als ich durch das leere Haus ging, an den Einbauregalen vorbei, in denen meine Mutter die Fotos von uns als Babys und die unförmigen Tontöpfe aufbewahrt hatte, die wir für sie in der Schule gemacht hatten, hörte ich meinen Vater beim Packen fröhlich vor sich hinpfeifen. Mir fiel ein, was meine Mutter einmal gesagt hatte: Das einzige, was ihn wirklich glücklich mache, sei, anderen Leuten Schmerz zu-

zufügen. Vielleicht waren Glück und Macht für ihn dasselbe.

Wie machtlos muß er sich gefühlt haben, daß er seine eigenen Kinder so ablehnte! Und insbesondere mich, weil ich die einzige war, die die Oberschule geschafft und die Chancen gehabt hatte, um die er sich durch die Armut seiner Eltern betrogen fühlte. Aus meinem Zimmer hatte er alles entfernt, was an meine Ausbildung, für die er nach außen hin so wenig übrig gehabt hatte, erinnerte: Die Bücher waren ebenso verschwunden wie der Schrank, in dem ich meine Schul- und Seminararbeiten aufbewahrt hatte, und nur die Abdrücke im Linoleum erinnerten noch daran, daß dort mein Lieblingsstück gestanden hatte – mein Schreibtisch.

Meine Mutter hatte ihn mir geschenkt, als ich sechzehn war. Es war ein hoher, altmodischer Lehrer-Schreibtisch gewesen. Er hatte ein eingelassenes Tintenfaß, eine aufklappbare Deckplatte und viele kleine Aufbewahrungsfächer. Wir fanden ihn sehr romantisch. Sie hatte ihn als Überraschung für mich in einer Schule gekauft, die ihr altes Mobiliar ausrangierte, als ich in den Sommerferien in einem Schülerlager arbeitete. Als ich nach Hause kam, war meine Mutter gerade dabei, weinend die Tischbeine anzustreichen, während mein Vater schrie: »Das Gör ist es gar nicht wert, daß du dir soviel Arbeit machst – sie ist so faul, daß sie sich doch nie an den verdammten Tisch setzen wird!« Mit dem Schreibtisch wollte meine Mutter mich dafür belohnen, daß ich in neun Fächern hervorragende Noten bekommen hatte. Das war ihre Art, mir zu zeigen, daß sie meine Fantasien, ich könne eines Tages vielleicht eine Gelehrte oder eine ernstzunehmende Schriftstellerin werden, unterstützte. Aber jetzt hatte mein Vater sich endlich an meinen anmaßenden Träumen gerächt, indem er meinen verhaßten Schreibtisch und buchstäblich alles, was sich darin befand, weggeworfen hatte.

Dazu gehörten meine Schulzeugnisse, mein Universitätsdiplom, die ersten unschuldigen Liebesbriefe und kleinen Geschenke, die ich von Jungen bekommen hatte, die Tagebücher, die ich geschrieben hatte, seit ich zehn Jahre alt war, die Fotos von Familie, Schulfreunden und Tieren, der Umschlag mit meinen ersten Lohnabrechnungen und das Halsband meines Hundes Micky, den mein Vater weggegeben hatte, nachdem er auf den Teppich gepinkelt hatte. In dem Schreibtisch hatte ich auch meine ersten Versuche als Schriftstellerin aufbewahrt, die Geschichten, Theaterstücke und Gedichte, die ich als Teenagerin geschrieben hatte. Schwülstige Sachen, zweifellos, aber für mich hatten sie ihren Wert. Sie waren meine Jugend. Es waren lauter Dinge, die ich mir eines Tages gern noch einmal angesehen hätte, um darüber zu lachen oder zu weinen, um ein Gefühl für meine Herkunft zu haben und zu sehen, wer ich früher einmal gewesen war.

Und jetzt, da alle Andenken an mein Leben bis zum Alter von etwa zwanzig Jahren auf der städtischen Müllhalde gelandet waren, fühlte ich mich verletzt, hilflos und verloren, so als habe man mich meiner Vergangenheit, meiner Identität beraubt. Ich weiß noch, daß ich mich fragte, ob mein Vater wohl alles gelesen hatte, bevor er es wegwarf. Vermutlich hatte er das getan, um dann das zur Seite zu legen, was er des Aufbewahrens für wert hielt: jene beiden Urkunden.

Und auch mein Puppenhaus, mein geliebtes Puppenhaus, das ich später einmal meinen eigenen Kindern geben wollte, war verschwunden. Auch das war ein Geschenk meiner Mutter gewesen – ein großes, in Handarbeit gefertigtes Holzhaus (nicht so ein Tand aus Plastik), das sie liebevoll bemalt und mit Vorhang- und Teppichresten ausgestattet hatte und das meinem Vater natürlich ebenfalls ein Dorn im Auge gewesen war. Denn es hatte mich durch meine ganze Kindheit und sogar durch meine frühe Jugend begleitet; ich konnte stundenlang davor knien und spielen, das Haus sei das Heim einer Familie oder eine Schule oder ein Krankenhaus. Ich schrieb Zeitungen und Liebes- oder Abschiedsbriefe und entwarf Diagnosen unheilbarer Krankheiten für die winzigen Puppen, die darin wohnten. Sie lebten in einer melodramatischen Welt, in der es Vergewaltigungen, Mühsale und Familienstreitigkeiten gab, aber ich, ihre Schöpferin, hatte immer die Macht, alles zum Guten zu wenden.

Die meisten Eltern wären wahrscheinlich froh gewesen, ein Kind zu haben, das sich stundenlang still beschäftigen konnte, aber mein Vater drohte mir ständig damit, mein Haus zu Kleinholz zu machen und auf den Müll zu werfen. Was ihn so aufbrachte, war wahrscheinlich meine Fähigkeit, mich zurückzuziehen, und vielleicht spürte er mein Bedürfnis, mir eine Fantasiewelt zu schaffen. »Das sind doch nur blöde Puppen!« rief er wütend, genauso wie er immer sagte: »Das ist doch nur ein blöder Film!« wenn ich das Schicksal der Cowboys und Indianer in den Fernseh-Western beweinte. Für ihn waren meine Ausflüge in die Fantasie eine kindische und typisch weibliche Zeitverschwendung. Wenn er nach oben kam, um mit mir zu schimpfen, weil ich mit dem Haus gespielt hatte, zitierte er mit strenger Stimme die biblische Weisheit: »›Als ich ein Kind war, sprach ich wie ein Kind und hatte den Verstand und die Gedanken eines Kindes; aber als ich zum Mann wurde, tat ich kindische Dinge ab.‹« Schließlich wehrte ich mich. »Wenn deine Welt nicht richtig ist«, sagte ich so ruhig wie möglich, »dann mußt du dir eben eine eigene schaffen.« Damals war ich zehn Jahre alt und, wie er sich ausdrückte, ein frühreifes kleines Gör. Meine ganze Jugend hindurch ärgerte sich mein Vater über mich und versuchte, mich von der Schule zu nehmen, und ich nehme an, der Grund dafür war, daß meine Bildung es mir ermöglichte, ihm Widerworte zu geben.

Nachdem er meine Sachen weggeworfen hatte, weinte ich zwei Tage lang. Ich rief ihn sogar an und bat ihn, es mir zu erklären, aber anscheinend war es ihm völlig unmöglich einzusehen, was er mir angetan hatte. Er hatte mein Leben weggeworfen, aber für ihn war das nichts weiter gewesen als ein gründlicher Hausputz.

In einer rostigen Blechdose, die in einem Winkel der Speisekammer vergessen worden war, fand ich ein paar winzige Lockenwickler aus Plastik. Sie hatten meiner Mutter gehört, und sie sind die einzigen greifbaren Gegenstände, die mich an meine Kindheit erinnern.

Schließlich verzieh ich ihm. Immerhin wollte er wieder heiraten, und er sollte die Chance auf einen neuen Anfang haben.

Da sich sonst niemand dazu bereitgefunden hatte, hielt ich die Rede bei seiner Hochzeit. Ich weinte dabei vor Glück, genauso wie ich geweint hatte, als der Standesbeamte sagte: »Und so erkläre ich euch für Mann und Frau.« Bei all meinem Zynismus gegenüber meinem Vater oder der Institution der Ehe – er sah so jung und attraktiv und hoffnungsvoll aus, daß es mir nicht darauf ankam. Auch wenn er bis dahin immer ein widerwärtiger Bursche gewesen war, sollte er eine zweite Chance haben.

Und auch ich sollte sie vielleicht haben. An jenem Tag bedachte mich mein Vater mit ein paar kleinen, anerkennenden Bemerkungen, über die ich mich gebührend freute. Auch wenn er mich mit seinem trockenen Humor jedem als ›die Tochter, über die ich nicht oft spreche‹ vorstellte, gab er doch nur zu gern damit an, daß ich einen Universitätsabschluß besaß, dies und das publiziert hatte und (der letzte Beweis für meinen Erfolg) im Fernsehen aufgetreten war. Er lobte mich dafür, daß ich ein Kleid trug (»ich wußte gar nicht, daß du Beine hast«), und daß ich ›nicht mehr ganz so dick‹ war. Und ich war dankbar für seine Aufmerksamkeit, als sei ich wieder ein kleines Mädchen, das aufgeregt »Sieh mal Papa!« schrie, weil es stehend Fahrrad fahren oder ohne Schwimmgürtel schwimmen konnte. Zum ersten Mal gab mir mein Vater nicht das Gefühl, beruflich oder als Frau eine Versagerin zu sein. Die Krönung des Ganzen war, daß mein Vater mir, als ich den Mann meines Lebens kennengelernt hatte, seinen Segen gab – auch wenn er nachdenklich hinzufügte: »Eigentlich ist er ja viel zu gut für dich.«

Nach kurzer Zeit schon und nachdem mein Vater den Enkel seiner Frau, den sie großzog, hinausgeworfen hatte, fiel das neue Familienglück in sich zusammen. Erst als mein Vater mich für das Scheitern seiner zweiten Ehe verantwortlich machte (wo ich doch, trotz meiner enormen Bereitschaft, Schuld auf mich zu nehmen, genau wußte, daß das nicht stimmte), fiel bei mir der Groschen. Wenn ich wußte, daß ich beim zweiten Mal unschuldig war – vielleicht war ich es dann auch beim ersten Mal gewesen? Als Kind hatte ich die Anschuldigungen meines Vaters, ich sei dafür verantwortlich, daß meine Mutter ihn haßte, verzweifelt beiseite geschoben, aber auf einer irrationalen Ebene war doch etwas hängengeblieben. Jetzt fühlte ich mich, vielleicht zum ersten Mal, wirklich unschuldig. Und das war es, was es mir ermöglichte, mich endgültig von meinem Vater zu lösen und die Tatsache zu akzeptieren, daß ich seine Anerkennung nie würde bekommen können, und daß ich sie auch gar nicht brauchte. Nicht ich war es gewesen, die seine Ehe und sein Leben zugrunde gerichtet hatte – ich brauchte seine Vergebung nicht.

Dadurch begriff ich, wie sinnlos dieser Kampf um die Liebe meines Vaters war. Aber natürlich blieb immer noch ein Rest von Sehnsucht nach seiner Liebe. Es ist sehr unwahrscheinlich, daß mein Vater dieses Buch jemals lesen wird, aber wenn ich denke, er könnte es doch tun, dann stelle ich mir vor, daß er nicht mit Zorn, sondern mit Reue und Zerknirschung reagiert, daß er ausruft: »O Gott, mein armes kleines Mädchen, was habe ich nur getan!« und mich um Verzeihung bittet, die ich ihm natürlich gewähre, bevor ich ihn in meine Arme schließe.

Dahinter steht das Bild von der pflichtbewußten Tochter. Ich frage mich manchmal, was ich tun werde, wenn mein Vater – was nicht unwahrscheinlich ist – alt, einsam und vielleicht krank und arm enden sollte. Werde ich ihm sein Essen kochen, ihm seine Zigaretten drehen und ihm Gesellschaft leisten? Ich bezweifle, daß mein Vater jemals die Fähigkeit verlieren wird, mich verletzen zu können – und doch...

Mein Vater hatte noch eine sanftere, romantische Seite, die in den Stunden zutage trat, in denen er sich liebevoll um seine Rosen- und Gemüsebeete kümmerte, oder wenn er die Erhabenheit der lateinischen Messe auf sich einwirken ließ. Vielleicht war mein Vater nur ein überkonditionierter ›echter Mann‹, vielleicht hatte er Angst, unmännlich zu wirken, wenn er Gefühle zeigte oder auf sie reagierte. Denn wenn er etwas genoß, dann hatte nur die Natur oder Gott daran einen Anteil, und die stellten keine Ansprüche an ihn – jedenfalls nicht im menschlichen Sinn.

Sein Verhältnis zu meiner Mutter war gespannt, und sein Glaube hinderte ihn daran, Seitensprünge zu unternehmen;

vielleicht haben wir, seine Töchter, die Frustration, unter der er litt, daher nur noch vergrößert. Gewiß war die Pubertät der Punkt, an dem er sich uns verschloß, und als meine ältere Schwester heiratete, verriet er mir auf dem Weg zum Standesamt, daß er schon seit langem eifersüchtig auf unsere Freunde sei.

Ich habe mich auch oft gefragt, wie stark die Einstellung meines Vaters durch seine Arbeit beeinflußt war. Ein Polizeibeamter wird mit den häßlichsten, brutalsten und schrecklichsten Aspekten des Lebens konfrontiert. Mein Vater hatte oft mit Leichen zu tun, und einmal mußte er einen Unfall aufnehmen, bei dem ein Freund unserer Familie auf entsetzliche Art getötet worden war. Und er war zu Mitleid fähig: Einmal bekam er eine Belobigung, weil er stundenlang eine Frau getröstet hatte, der er die Nachricht hatte überbringen müssen, daß ihre ganze Familie im Ausland ums Leben gekommen war. Uns, seiner Familie, erzählte er nie von dieser Auszeichnung – wir erfuhren erst aus der Zeitung davon.

Und welchen Eindruck, frage ich mich, hat die Armut seiner Kindheit in ihm hinterlassen? Ich erinnere mich an die feuchte, dunkle, winzige Landarbeiterhütte, in der er in den 30er Jahren aufgewachsen war, und an die Bitterkeit in seiner Stimme, als er erzählte, daß er noch mit drei oder vier Jahren zusammengekrümmt in einer Apfelsinenkiste hatte schlafen müssen. Selbst sein einziges Weihnachtsgeschenk – Marmelade auf seinem Brot anstelle des üblichen Zuckerrübensirups – stammte aus einem Wohltätigkeitspaket, das die British Legion zusammengestellt hatte, und dafür mußte man, sagte er trocken, auch noch mit der Erniedrigung bezahlen, auf dem Anschlagbrett des Dorfes als ›einer der dankbaren Wohltätigkeitsempfänger‹ bezeichnet zu werden.

Und doch bin ich alles im allem nicht davon überzeugt, daß die Apfelsinenkiste und die Leichen sein Verhalten ausreichend rechtfertigen. Mein Vater benützte seine Uniform, um das Gefühl, ›nur ein armer, dummer Bauer‹ zu sein, zu überwinden. Indem er andere – z. B. Homosexuelle, Prostituierte oder Schwarze – fertigmachte, bestätigte er sich selbst. Er lebte nach der Devise: »Ich habe es nicht leicht gehabt – warum also sollte ich es dir leichtmachen?« Wie ich es auch betrachtete – seine Gedanken waren genauso gemein wie seine Handlungen. Und so beschloß ich schließlich, einfach außerhalb seiner Reichweite zu bleiben.

In unserer Kultur gibt es starke Vorstellungen und völlig unerfüllbare Ideale hinsichtlilch dessen, was eine gute Mutter ausmacht, aber andererseits ist das Konzept des guten Vaters so gut wie nicht existent. Selbst heute erwartet unsere Gesellschaft nicht viel von einem Vater. Ein guter Vater ist ein Mann, der nicht seinen ganzen Lohn vertrinkt und der seine Kinder nicht schlägt.

Ich habe nur wenig Zweifel daran, daß es für ein Mädchen von gewaltigem Vorteil ist, einen Vater zu haben, der ihm ein Gefühl für Würde und Stärke gibt. Was mich betrifft, so bin ich mir schon lange des Konfliktes zwischen meinem Drang nach Unabhängigkeit und meiner Sehnsucht nach Anerkennung durch Männer bewußt. Dieser Konflikt ist meiner Meinung nach einer der Gründe für die ›unerklärlichen‹ Gefühlsschwankungen so vieler Frauen. Er ist dafür verantwortlich, daß selbst die energischsten und selbstbewußtesten Frauen unvermittelt in Selbstzweifel und selbstzerstörerische Verhaltensweisen verfallen. Die Wurzel dieses Konfliktes ist geradezu täuschend einfach: Man will frei sein und trotzdem geliebt werden. Und wenn der erste Mann, mit dem man es im Leben zu tun hat, einem das Gefühl vermittelt, das diese beiden Dinge nicht miteinander in Einklang zu bringen sind, kann der Preis der Freiheit unbezahlbar hoch erscheinen.

CAROLA STERN

Vaterlos

Die Autorin, geb. 1925, studierte in West-Berlin und wurde anschließend Lektorin. Seit 1970 ist sie Redakteurin beim Westdeutschen Rundfunk in Köln. Neben ihrer Tätigkeit bei amnesty international, deren Mitbegründerin sie ist, hat sie folgende Bücher geschrieben: ›Ulbricht. Eine politische Biographie‹ (1964), ›Willi Brandt‹ (1975), ›Zwei Christen in der Politik. Gustav Heinemann – Helmut Gollwitzer‹ (1979), ›Strategien für die Menschenrechte‹ (1980), ›In den Netzen der Erinnerung‹ (1986). Außerdem ist sie Mitherausgeberin von: ›Lexikon zur Geschichte und Politik im 20. Jahrhundert‹ (1971), ›Wendepunkt deutscher Geschichte 1848–1945‹ (1979) und der Zeitschrift ›L 80‹.

»Assmus«, ruft der Lehrer, und das Kind springt auf. »Vater?« – »Tot«, antwortet das Kind. Jedes Jahr – am ersten Schultag – schreibt der Lehrer die Personalien der Schüler in das Klassenbuch. Und jedes Jahr antwortet das Kind auf die Frage nach dem Vater mit einem lauten ›tot‹. Damals, in den Friedenszeiten zwischen beiden Kriegen, war es etwas Besonderes, ein vaterloses Kind zu sein, ein kleines Mädchen, dessen Vater starb, noch ehe es geboren worden war.

Kinder wünschen sich, zu sein wie andere Kinder, sich in nichts zu unterscheiden. Ohne Vater, doch mit seinem roten Haarschopf – da sei mal eine wie die anderen. Ich kaprizierte mich darauf, ein besonderes Kind zu sein, ein Kind, dessen Vater schon vor der Geburt... Hilfreich kam die Umwelt mir entgegen. Eintragung in das Klassenbuch. Ich hatte was zu sagen, was andere nicht zu sagen hatten. Ich unterschied mich, fühlte mich herausgehoben. Erwachsene fuhren mir zärtlich in den roten Pony. Die Mutter zog mit mir ins Krankenhaus, um mich selbst zu pflegen – erfuhr ich nicht mehr Sorge und mehr Liebe als die anderen Kinder? Und hatte das alles nichts zu tun mit diesem fremden toten Mann, der seinerseits etwas Besonderes, ein Bevorzugter sein mußte?

»Wen Gott liebt, den nimmt er früh zu sich« – im Kindergottesdienst erläuterte der Pastor seine Abwandlung des Plutarch-Wortes. Das ging mich an; das war gemünzt auf Vater. Wer hat schon einen Götterliebling als Erzeuger? Unerklärlich blieb, warum Mutter der Gottesliebe nicht teilhaftig wurde. »Dich muß er weniger lieben.«

Es war etwas Besonderes, vaterlos zu sein. War es auch schmerzlich? Trauerte das Kind um seinen Vater? Schwerfällig versuche ich, die im Alter taubgewordenen Gefühle zu beleben. Doch nein, die Trauer, die mit mir geboren wurde, habe ich in meiner Kindheit nicht gespürt. Sie wuchs langsamer als Zähne, Haar, Verstand. Ohne selbst Trauer zu empfinden – für einen Menschen, den ich gar nicht kannte –, war ich doch umgeben von Trauer. Meine Mutter trug noch schwarze Kleider, als ich schon zur Schule ging. Sie war Ende Zwanzig, als mein Vater starb, und nur fünf Jahre seine Frau gewesen. Immer, wenn sie von ihm sprach, weinte sie. Ich war betroffen über die Tränen und wußte doch zugleich den Schmerz zu nutzen. Unter den Fantastereien des Kindes – Lügereien nannte sie die Mutter – fand das kleine Mädchen eine, die Mutter nicht bestrafen konnte: »Wo warst du nur so lange, Kind? Wo kommst du so spät her?« – »Ich war im Himmel.« – »So? Und was hast du da gemacht?« – »Papa besucht. Es geht ihm gut. Er läßt dich grüßen.«

Ein Schlafzimmer ohne Vater. Im Ehebett des Mannes liegt die Tochter, kriecht unter Mutters Decke, schmiegt sich an. Da liegen sie nun beide unter seinem Bild, flüstern miteinander, wärmen sich gegenseitig, schlafen ein im Arm der anderen. In den Schubladen der Waschkommode liegen Haarnadeln, lange schwarze, mit denen man im Sommer Obst entkernt, liegen Strumpfbänder, Ösen, Haarschleifen in Rot und Rosa, Samtreste, glatte und gewellte Lockenscheren, die man in der Gasflamme fürs Ondulieren wärmt. Hinter Glas in der Vitrine als Andenken der Rasierpinsel des Toten. Es riecht nach Franzbranntwein, den die Tochter der Mutter auf den kranken Rücken reibt. In den Schränken keine Unterhosen, keine Herrensocken, Hosenträger, Schnurrbarthalter.

Wie stärkt man Manschetten? Wie wird ein Schlips gebunden? Wie mag ein nackter Mann aussehen?

Mein Vater war nicht bei uns, und doch war er in unserem Haus allgegenwärtig. Kurz nach meiner Geburt schrieb meine Mutter in ihr Tagebuch: »Zwei Wochen bist Du, mein liebes kleines Mädchen, alt. Wie sehne ich mich danach, daß ich erst mit Dir sprechen ... mit Dir zusammen seiner gedenken kann ... Nach und nach werde ich Dir alles von Deinem Vater erzählen. Ist es mir doch eine Erleichterung, mich auszusprechen, und zu wem könnte ich es wohl besser als zu Dir, mein Kind, das Du ein Teil Deines Vaters, meines, geliebten Mannes bist.«

Seit meiner frühesten Kindheit kenne ich den Krankheitsverlauf, die Wortwechsel mit dem Arzt, weiß von den letzten Stunden meines Vaters. Die Stationen der Hochzeitsreise meiner Eltern kann ich im Schlaf benennen: Potsdam, das Neue Palais, Sanssouci, der Park, die Pfaueninsel, Nikolskoe. Oder soll ich erzählen, wie mein Vater seine spätere Frau in ein Konzert einlud? »Tief wie das Meer soll deine Liebe sein«, sang der Sänger. »Wie finden Sie das, Fräulein Schwandt?« – »Wunderschön, Herr Assmus.« Otto Assmus griff zärtlich nach der Hand von Ella Schwandt.

Die Erinnerung läuft mit mir davon. Einmal gingen meine Eltern mit Liesbeth, Lenchen und mit Onkel Karl in die ›Tannenburg‹ zum Tanzen. Auf dem Nachhauseweg am frühen Morgen setzte mein Vater sich auf die Holzbretter der Seebrücke, ließ die Beine baumeln und begann laut zu singen: »Was frag' ich viel nach Geld und Gut, wenn ich zufrieden bin ...« – »Nein, was war das für ein Hallodrie! Nein, was haben wir gelacht. Dein Vater war ein so fröhlicher Mensch, mein Kind.«

Vaterlose Kinder kennen ihre Väter durch die manischen, nicht endenwollenden Erzählungen der Mütter, und sie gedenken ihrer Väter als Verklärte, als Idole. Aus dem Tagebuch der Mutter: ›Dein Vater kannte das Leben. Er wußte, daß es unbarmherzig hart sein kann, und er besaß darum ein grenzenloses Mitleid mit allen gequälten Menschen, und sein ganzes Bestreben war, zu helfen. Wie vielen hat er geholfen. Er war die Liebe und die Güte selbst, gleich gut als

Sohn, als Bruder, Schwiegersohn und Gatte. Seinen alten Eltern war er der Halt und die Stütze ihres Lebens. Mir war er der beste und liebevollste Gatte.‹ Im Unterschied zu anderen Männern, die ich kannte, war mein Vater auch niemals scharf oder verletzend, er war einfühlsam, liebenswürdig und besaß viel Zartgefühl. Sein gerader Charakter kannte keine schiefen Wege, und bis zu seinem Tod blieb er sich selbst treu.

Wär's denn möglich, daß auch Otto Assmus mal seine Güte und sein Zartgefühl vergaß, aus der Haut fuhr, fluchte? Seine Tochter hörte nichts dergleichen. Auch die Onkel und die Tanten – und die Tanten ganz besonders – rühmten allesamt den Toten. Ja selbst Fremde erinnerten sich seiner freundlich und mit Sympathie. Von der Schule kommend, traf die Tochter einen unbekannten Mann. »Bist du das Kind von Otto Assmus?« – »Ja, gewiß.« »Komm mit in das Geschäft da drüben, ich will dir Schokolade kaufen. Dein Vater war ein guter Mensch.« Was für ein Glückgefühl, die Tochter eines solchen Mannes zu sein. Was für eine Freude, selbst noch heut', im Alter. Eine andere Wahrheit als jene, die ich kenne, begehr' ich nicht zu wissen. Es war zwar schwierig, doch es hat mir auch gut getan, mit einem solchen Vaterbild zu leben.

Je mehr es sich verklärte, um so stärker wurde auch der Wunsch, wenn schon nicht diesen wunderbaren, so doch wenigstens einen anderen Vater zu besitzen. Zunächst versucht sich das kleine Mädchen in kindlicher Kuppelei, Ferien bei Verwandten in Berlin. Eines Tages erscheint ein fremder Onkel, bringt Schokolade mit, lädt zu Schokolade ins Kaffee Kranzler ein, erzählt von seinem Haus im Grünen, von Kaninchen, Ausflügen und Reisen. Die Frau des Onkels ist gestorben, so erzählt die Tante. »Könntest du dir den nicht als deinen Papi denken?« Warum nicht, man sucht doch einen. Die ahnungslose Mutter wird unter einem Vorwand nach Berlin geschleppt. Wieder trinkt man, dieses Mal gemeinsam, Kranzler-Schokolade. Danach hört man nichts mehr von dem Onkel.

Ein paar Jahre später kommt ein gutbekannter Onkel auf Besuch: Onkel Richard, dessen Frau davongelaufen ist. Er trägt seinen besten Anzug und bringt einen großen Blumenstrauß für Mutter. »Nachtigall, ick hör dir trapsen«, sagte Frau Giese, unsere Waschfrau, die gerade in der Küche sitzt. Gespannt warten die Waschfrau und die Tochter in der Küche auf das Ende des Besuchs. Fast sieht es so aus, als stolpere Onkel Richard aus der guten Stube. »Na ja, dann alles Gute, Ella.«

Warum heiratet die junge Witwe nicht ein zweites Mal? Ein halbes Jahr nach Vaters Tod schrieb sie in ihr Tagebuch: ›Reinste Liebe führte uns zusammen, und es ist gewiß, daß es so ein wunderbares, heiliges Gefühl ein zweites Mal in meinem Leben nicht geben kann.‹ Woher weiß sie das? Vorsichtige Fragen der heranwachsenden Tochter werden ebenso beantwortet: Dieses Glück ein zweites Mal noch zu erleben – unvorstellbar. Mit einem anderen Mann im Ehebett – undenkbar. Auch solle der Tochter die mütterliche Liebe ungeteilt erhalten bleiben. Und schließlich, könne man denn wissen, ob ein Mann es nicht vor allem auf das ererbte Fremdenheim abgesehen hätte?

Jahrzehntelang blieb die Vorstellung von dem Eheglück der Eltern unangestastet, bis zu jenem Tag, da die bald vierzigjährige Tochter deprimiert, ohne Selbstvertrauen, dem Psychotherapeuten anvertraut, wie glücklich doch die Eltern waren. »Glückliche Ehefrauen«, erwiderte dieser, »sind geneigt, ein zweites Mal zu heiraten. Vielleicht war Ihre Mutter gar nicht so...?« Nein. Kein Wort mehr. Aus. Die Patientin kommt nie wieder. Das Glück der Eltern in Frage zu stellen ist niemandem erlaubt. Die Wissenschaft will wissen, glückliche Ehefrauen heiraten auch ein zweites Mal? Eigentlich leuchtete das ja ein. Warum war die Mutter nur so strikt dagegen? Auf einem Familiengrabstein steht das Bibelwort: ›Sei getreu bis in den Tod, so will ich dir die Krone des Lebens geben.‹ Mit meiner Vorstellung bezieht es sich auf den nächsten, den gliebten Menschen. Die Treuevorstellung gegenüber dem einzigen Geliebten, vor dem kein anderer Mann gewesen ist, nach dem kein anderer sein darf – zugestanden, wenn man will, die Ideologie von der heiligen Ehe und der ewigen Treue – war es das, woran sich Mutter hielt? Ach ja, das war's.

Jungmädchenerfahrungen. Er blieb mir in Erinnerung als der Herr ›Ich-bin-so-frei‹, ein neunzehnjähriger Landser, der mit seinen Kameraden während des Krieges für ein paar Wochen bei uns einquartiert war und sich ohne jene Floskel nichts vom Tisch nahm. Dieser Junge war so frei, mir einen scheuen Kuß zu schenken, der mich nachhaltig verstörte. Doch das war nicht die Schuld des Jungen. Gewöhnt daran, in der Mutter eine Vertraute zu besitzen, der man alles sagen konnte, doch ungewiß, wie sie das erste ›Liebesabenteuer‹ aufnehmen würde, schrieb ich es beim Erzählen der Freundin zu. Ein Kuß, ein flüchtiger Kuß. Mutter sprach von viel zu jung, die wird schon sehen, Herumtreiberei, Unappetitlichkeiten. Es gab etwas, was wichtig, was erregend war und was ich mit meiner Mutter, die ›davon‹ schon lange nichts mehr wissen wollte, nicht bereden konnte.

In dieser Zeit kam mir erstmals der Gedanke: Wäre doch der Vater noch am Leben – da für mich, da auch für die Mutter! Ich las in seinen Büchern, die im eichenen Bücherschrank und in Kisten auf dem Boden lagen. Klassiker-Ausgaben, Cäsar Fleischlein, Ellen Kay, Bismarcks Erinnerungen, Schopenhauer. Ich sortierte Ansichtskarten, die der Junggeselle in Italien und der Schweiz gesammelt hatte, trug die kleinen Zettel bei mir, auf die der Vater Verse von Goethe, Inschriften, Zeilen Michelangelos geschrieben hatte. Wie hatte der Vater eigentlich gelebt, bevor er Mutters Mann geworden war? Das Abitur in Abendkursen nachgeholt, während der zwölfjährigen Soldatenzeit Fernkurse in Mathematik gegeben, das Leben Friedrichs des Großen ausgiebig studiert – was für ein Glück müßte es sein, mit ihm zu reden, auch allein, ohne Mutter. Hatte er sie nicht oft auf gemeinsamen Spaziergängen belehrt? Ich versuchte, seine Stelle einzunehmen, erzählte Mutter von Friederike Brion und von Lilli Schönemann und was Wissenschaftler von Goethes Liebesleben hielten. Manchmal, wenn ich in ein Buch vertieft war, sagte Mutter: »Kind, wie du den Mund herunterziehst. Und diese tiefen Falten zwischen Mund und Nase – wie dein Vater.« Auch die Verwandten sprachen von der Ähnlichkeit. Ich hatte seine Statur, ich hatte seine Haare, ich entschied, ›eine Assmus‹ zu sein, *Vaters* Tochter, ganz wie er.

Die Elternrollen waren vertauscht: Gehorsam, Respekt verlangte hier allein die Mutter. Autorität und Willensstärke erschienen in weiblicher Gestalt. An den toten Vater banden sich Verständnis, Zärtlichkeit, Melancholie. Mit Mutters Schöpfung, die Idealgestalt des Vaters fest umschlungen, ging die Tochter nun gegen die Mutter an. Bald darauf starb auch die Mutter.

Studienobjekt Vaterlos. ›Nun sieh mal von dir und deinem Schicksal ab‹, denke ich, ›und frage, was Wissenschaft und Literatur zum Thema beizutragen haben.‹ Doch seit Freud hat sich die Forschung wenig mit der Vaterrolle und dem Vaterbild beschäftigt. Im Blickfeld unserer Psychologen und Pädagogen steht, so scheint es, jener Vater, der nie da ist, der nie Zeit für die Familie hat. In den wenigen Büchern oder Buchkapiteln, die ich zu meinem eigentlichen Thema fand, schien mir das Interesse am vaterlosen Sohn zu überwiegen. Zudem störte mich, wenn die traditionelle Rollenverteilung zwischen Mann und Frau, Sohn und Tochter unkritisch übernommen wurde. Das gilt besonders für die Dissertation des Schweizer Psychologen Peter Landolf, die Ende der sechziger Jahre unter dem Titel ›Kind ohne Vater‹ in Bern erschien. Abgesehen von diesen beiden Vorbehalten fand ich in dieser Arbeit eigene Erfahrungen bestätigt und Erklärungen für eigene Verhaltensweisen, besonders in der Kindheit, die ich bisher entweder gar nicht oder nur sehr vage mit der Vaterlosigkeit verbunden hatte. Auch jene ohne Väter aufgewachsenen Frauen und Männer, aus deren Lebensläufen und Berichten Landolf seine Schlüsse zieht, verklärten ihre toten Väter, bewahrten kindliche Bedürfnisse bis in das Erwachsenenalter, sehnten sich nach Liebe und Geborgenheit. Die Frauen litten lange unter ihrer Vatersehnsucht, den Männern fiel es schwerer, sich ohne starkes Schuldgefühl aus der engen Mutterbindung zu befreien. Landolf zeigt, wie unterschiedlich Söhne und Töchter in einzelnen Phasen die Vaterlosigkeit erleben, und er vermittelt eine Vorstellung davon, wie stark Menschen unter besonders ungünstigen Voraussetzungen durch Vaterlosigkeit beschädigt werden.

Wenn hauptsächlich der Vater die Beziehung zwischen Familie und Gesellschaft wahrgenommen hat, entsteht nach seinem Tode eine Kluft, die für Kinder schwer zu überwinden ist. Ihre Welt verengt sich, ihre Augenbeziehung wird gestört. Die Folgen: Rückzug aus einer als fremd und feindlich empfundenen Welt; anstelle des In-der-Welt-Seins der Versuch des Bei-sich-selbst-Seins, Kontakthemmungen, Desintegration, Depression, Resignation, Verzweiflung. Ich selbst habe in meiner Kindheit und auch später unter übertriebener Angst vor Menschen, übersteigerter Selbstkritik, Minderwertigkeits- und Schuldgefühlen gelitten und war erstaunt darüber, daß fast alle Menschen, die der Psychologe für sein Buch befragte, über ähnliche Erfahrungen sprachen. Der Verlust des Vaters, sagt der Psychologe, beschädigt das Urvertrauen und Sicherheitsgefühl des Kindes, und wo das nicht oder nicht ausreichend vorhanden ist, kann auch nicht genug Selbstvertrauen entstehen, wird das Selbstwertgefühl oft schwanken. Hinzu kommt: Da das Kind auf den einen Elternteil verzichten muß, wird der andere, die Mutter, zum alleinigen Liebesgegenstand und die Furcht, auch diesen zu verlieren, ganz besonders groß. Darum so Landolf, neigt das vaterlose Kind dazu, eher Schuld zu übernehmen, sich anzupassen, vernünftig zu erscheinen, als möglichen Liebesentzug durch seine Mutter zu ertragen. Trotz wird unterdrückt. In Tagträumen, intensiven Fantasien werden die unerfüllten Wünsche ausgelebt. Das erinnert mich daran, wie gerne ich als Kind in meine selbstgebaute Höhle oder in mein Bett kroch, um mich sekundenschnell in eine ›Gnädige Frau‹, eine grande dame, eine berühmte Filmschauspielerin wie Jenny Jugo oder Anny Ondra zu verwandeln, um fremde Erdteile, Gebirge und Wüsten, Himmel und Hölle zu durchschreiten, beliebt, beklatscht, umjubelt – wo auch immer.

Beglückende Weltumwanderungen, seligmachende Verwandlungen – Produkte der Vaterlosigkeit? Ich ›fantasiere ... mir eins im Hirn herum‹, schreibt der vaterlose Hölderlin in einem Brief aus seinen Jugendjahren. ›Ich fühlte ein weichliches Mitleid mit mir selbst und liebte es, meine Person symbolisch in die interessanten Szenen zu versetzen, welche ich erfand‹, heißt es in Gottfried Kellers autobiographisch bestimmten ›Grünen Heinrich‹, der, wie Keller, mit fünf Jahren den Vater durch den Tod verlor. Landolf suchte Belege auch bei prominenten Vaterlosen, bei Hölderlin, Keller, Pestalozzi. Doch je stärker die Individualität, die herausragende Begabung, um so weniger, will dem Laien scheinen, läßt sich die Persönlichkeit auf einen Nenner bringen, um so reichhaltiger sind ihre Triebkräfte, Impulse und Gefühle, Bertha von Suttners und Marlene Dietrichs Leben mag auch durch die frühe Vaterlosigkeit bestimmt worden sein, doch fällt es schwer, Übereinstimmungen zwischen beiden Frauen oder gar mit Hölderlin, Keller, Pestalozzi für wesentlich zu halten. Jean-Paul Sartre wuchs zwar auch ohne Vater auf, doch bestimmender für sein Leben als der Vater ist der Großvater geworden.

Von allen Schriftstellern, die versucht haben zu beschreiben, was ein vaterloser Mensch ersehnt und fühlt, kommt meinem eigenen Erleben Gottfried Keller stets am nächsten. »Der Mensch«, so läßt er seinen ›Grünen Heinrich‹ sagen, »rechnet immer das, was ihm fehlt, dem Schicksal doppelt so hoch an, als das, was er wirklich besitzt. So haben mich auch die langen Erzählungen der Mutter immer mehr mit Sehnsucht nach meinem Vater erfüllt, welchen ich nicht mehr gekannt habe... Ich kann mich nicht enthalten, so sehr ich die Torheit einsehe, oft Luftschlösser zu bauen und zu berechnen, wie es mit mir gekommen wäre, wenn mein Vater gelebt hätte und wie mir die Welt in ihrer Kraftfülle von frühester Jugend an zugänglich gewesen wäre... Nach vielen Jahren hat meine Mutter... wiederholt geträumt, der Vater sei plötzlich von einer langen Reise aus weiter Ferne, Glück und Freude bringend, zurückgekehrt, und sie erzählte es jedesmal am Morgen, um darauf in tiefes Nachdenken und in Erinnerungen zu versinken, während ich, von einem heiligen Schauer durchweht, mir vorzustellen suchte, mit welchen Blicken mich der teure Mann ansehen und wie es unmittelbar werden würde, wenn er wirklich eines Tages so erschiene. Je dunkler die Ahnung ist, welche ich von seiner äußeren Erscheinung in mir trage, desto heller und klarer hat sich ein Bild seines inneren Wesens vor mir aufgebaut, und dies edle Bild ist für mich ein Teil des großen Unendlichen geworden, auf welches mich meine letzten Gedanken zurückführen und unter dessen Obhut ich zu wandeln glaube.«

Zwanzig, dreißig Jahre meines Lebens war ich auf der Suche nach dem Vater. »Ich kenne ganz dieses Leiden, sich einen Götzen schaffen zu müssen und, mit allen Kräften der Seele und der Natur liebend, ihn zu belegen und anzubeten.« (Clemens Brentano)

Als Vater-Götze bietet sich der Onkel an. Doch wie soll die Sechzehnjährige, die väterlich geliebt, gedrückt, gestreichelt werden will, den burschikosen Klaps auf ihren Rücken als Zärtlichkeitsausbruch eines verklemmten Mannes erkennen? Vaters Bruder war ein spröder Götze.

Es bietet sich der Lehrer an. In der Begegnung mit dem fast Siebzigjährigen ahnt die Studentin etwas von den Träumen, von der Scheu und Wehmut alter Männer, die hinter gemessenen Ratschlägen, väterlichen Gesten ein Gewirr von Lust und Schmerz verbergen. Über der Anbetung versäumt die Junge, liebevoll den Alten zu umarmen.

Und nun der Langersehnte, der Liebhaber um Fünfzig. Das äußere Idealbild eines Vaters, vornehm, welterfahren oder sich gekonnt so gebend, erlesen höflich und zugleich verständnisvoll – der Vater-Götze in Person, hoch auf einem Thron, auf den ihn schon Tradition und Angehörige schoben. Vater-Götzen sind verheiratet und haben Kinder. Ihre vätersüchtigen Schätzchen sind ausersehen, dem Überanstrengten die Druckstellen der abgenommenen Krone sanft zu streicheln, den nackten Kaiser aufzumuntern, zu erheitern und zu trösten, auf daß er erfrischt den Thron zu Hause besteigen kann. Vaterlose Frauen, die sich Väter halten wollen, müssen lange suchen. Oft geraten sie an altgewordene Söhne, die nach Müttern suchen.

Wann zerrissen Wunsch und Illusion, auf der lebenslangen Suche nach der väterlichen Idealgestalt zu sein? – Als kindliches Anlehnungsbedürfnis zum ersten Mal als heiteres Ehezeremoniell erschien? Im Protest gegen den Ehemann, der in gutgemeinter Absicht aus seiner Frau was machen will, was die nicht aus sich machen lassen will? In der nachdenklichen Selbstbeobachtung einer weiblichen Selbständigkeit, deren herrische Züge matriarchalische Gelüste freilegen? – Mit dem Alter verblassen Vatersehnsucht und der Götzen-Traum. Dem ins Leben mitgenommenen Kinderwunsch, in dieser fremden, kühlen Welt umsorgt, geliebt zu werden, gesellt sich endlich der Mut zu, selbst zu lieben. Der Mut? Ja, Mut, denn die früheste, vitalste Erfahrung eines vaterlosen Kindes bleibt, daß die Liebe und der Tod eng zusammengehören, schmerzlich fest gebunden sind. Aus dieser Urerfahrung wuchs die Angst, den Nächsten wieder zu verlieren. Im Schlaf und mitten in der Arbeit, beim ausgelassenen Trubel packt uns diese Angst, er könnte tot sein, der, den wir so lieben wie den Vater.

GRACE PALEY

Ein Gespräch mit meinem Vater

Mein Vater war ein kluger Mann. Er konnte lustige Geschichten erzählen, aber natürlich versteckte er sich beim Frühstück hinter der *New York Times*, und beim Mittagessen las er vielleicht Gibbon. Er hatte seine Arztpraxis in einem Armeleuteviertel und mußte schwer arbeiten. Er war ein russischer Jude und als politischer Häftling in Sibirien gewesen. 1905 ließ er sich mit meiner Mutter in den Slums der großen Stadt New York nieder, um unbehellilgt von Pogromen und der zaristischen Polizei zu leben. Meine Mutter hatte im Exil gelebt und war nach New York gekommen, um mit ihm zusammen zu sein. Sie war ernsthaft, intelligent und gütig, aber sie wurde bald krank und starb.

Eine wichtige Information: Mein Vater mochte mich sehr, aber er war viele Jahre lang enttäuscht von mir. Die ganze liebevolle Familie teilte diese Enttäuschung, und so war sie für ihn leichter zu ertragen. Sie konnten diese Enttäuschungen gemeinsam auflösen, indem sie voller Trauer darüber sprachen, und in den ersten Jahren, nachdem ich mein Elternhaus verlassen hatte, dachte ich ohnehin nicht sehr oft an sie. Ich lebte während des zweiten Weltkrieges mit einem Mann, der Soldat war, in der aufregenden und nicht allzu gefährlichen, abgeschlossenen Welt amerikanischer Kasernen. Etwas später sah sich meine Familie meine Kinder an, und da sich alle darin einig waren, daß die Babys entzückend und intelligent waren, verzieh ich ihnen, daß sie mich für eine Versagerin hielten, und sie setzten all ihre Hoffnungen in die Generation, die nach mir kam.

Für mein späteres Leben als Literatin war meine Kindheit wahrscheinlich ideal: In der Küche saßen immer viel Frauen und unterhielten sich, ich wuchs mit zwei starken Sprachen – Englisch und Russisch – auf, und die Sprache meiner Großmutter und der Erwachsenen auf der Straße – Jiddisch – erinnerte mich ständig daran, wer ich wirklich war: Das Mittelklasse-Kind einer Arbeiterfamilie, die behütete Tochter Vertriebener, die für eine Generation zwischen zwei Sprachen zur Ruhe gekommen war. Heute, da ich, inzwischen sechzig Jahre alt, immer noch in New York lebe, erscheint es mir natürlich geradezu unausweichlich, daß ich Schriftstellerin geworden bin. Es kommt mir selbstverständlich vor, daß ich ohne Kinder und einen guten Küchentisch nicht glücklich wäre, daß ich einen großen Teil meines Lebens damit zugebracht habe, die Welt auf legale und illegale Weise zu verbessern, und daß ich, die ich von meinen Eltern so viele Geschichten über Jugend und Rebellion gehört habe, den politischen Kampf nicht nur als etwas Ernstes und Lohnendes betrachte, sondern wegen seines möglichen Happy-Ends auch als etwas, das mir Spaß macht.

Mein Vater ist achtundsechzig Jahre alt und liegt im Bett. Sein Herz, die Blutpumpe, ist ebenso alt wie er und arbeitet nicht mehr so recht. Es versorgt seinen Kopf immer noch mit Gedankenblitzen, aber es ist auch dafür verantwortlich, daß seine Beine ihn nicht mehr tragen können. Trotz meiner Metaphern behauptet er, daran sei nicht sein Herz schuld, sondern Kaliummangel. Er sitzt, drei Kissen in seinem Rücken, auf einem vierten Kissen, gibt mir letzte Ratschläge und äußert eine Bitte.

»Ich möchte, daß du noch einmal eine einfache Geschichte schreibst«, sagte er. »So eine, wie die Geschichten von de Maupassant oder Tschechow, so eine, wie du früher geschrieben hast. So eine Geschichte über Leute, die man zu kennen meint. Schreib einfach auf, was weiter mit ihnen passiert ist!«

Ich sage: »Ja, warum nicht? Das geht.« Ich möchte ihn zufriedenstellen, obwohl ich mich nicht daran erinnern kann, jemals so geschrieben zu haben. Ich möchte wirklich versuchen, so eine Geschichte zu erzählen, wenn er eine von denen meint, die so anfangen: ›Es war einmal eine Frau...‹, und dann folgt der Handlungsentwurf, die kürzeste Verbindung zwischen zwei Punkten, die ich immer verachtet habe. Nicht aus literarischen Gründen, sondern weil man dadurch alle Hoffnung erstickt. Jeder Mensch, ob wirklich oder erfunden, verdient es, ein Leben zu haben, dessen Ende offen ist.

Schließlich fiel mir eine Geschichte ein, die sich über einige Jahre hinweg in einem Haus gegenüber ereignet hatte. Ich schrieb sie auf und las sie ihm laut vor. »Wie wäre es damit, Pa?« fragte ich. »Meinst du so etwas?«

Ich kannte einmal eine Frau, die einen Sohn hatte. Sie lebten rechtschaffen in einer kleinen Wohnung in Manhattan. Als der Junge etwa fünfzehn war, wurde er rauschgiftsüchtig, was in unserer Stadt nichts Ungewöhnliches ist. Um ihre enge Beziehung zu ihm aufrechtzuerhalten, begann die Mutter ebenfalls Rauschgift zu nehmen. Sie sagte, das gehöre eben zur Jugendkultur, in der sie sich sehr wohl fühle. Nach einer Weile hörte der Junge aus verschiedenen Gründen auf, Rauschgift zu nehmen, und verließ angeekelt die Stadt und seine Mutter. Einsam und verzweifelt verfiel sie in tiefe Trauer. Wir alle besuchen sie.

»Okay, Pa, das war's«, sage ich. »Eine schlichte, traurige Geschichte.«

»Das ist aber nicht gemeint«, sagte mein Vater. »Du hast mich absichtlich mißverstanden. Du weißt, daß da noch mehr dazugehört. Du weißt das. Du hast alles weggelassen. Turgenjew hätte das nicht getan. Tschechow hätte das nicht getan. Es gibt russische Schriftsteller, von denen du noch nie etwas gehört hast, von denen du, wie die meisten anderen, keine Ahnung hast, und die wissen, wie man eine ganz einfache, gewöhnliche Geschichte schreibt, und die würden nicht weglassen, was du weggelassen hast. Ich habe nichts gegen Tatsachen, nur etwas gegen Leute, die in Bäumen hocken und sinnloses Zeug reden – Stimmen von Gott weiß woher...«

»Lassen wir das, Pa. Also was habe ich in dieser Geschichte weggelassen?«

»Wie die Frau aussieht, zum Beispiel.«

»Oh. Ganz gut, glaube ich. Ja.«

»Ihr Haar?«

»Dunkel und mit schweren Locken. Sie sieht aus, als sei sie ein Mädchen oder eine Ausländerin.«

»Wie waren ihre Eltern, ihre Familie? Wie ist sie so geworden, wie sie ist? Das ist wichtig.«

»Sie waren vom Land. Der Vater war Facharbeiter. Die Eltern waren die ersten in ihrem Landkreis, die sich scheiden ließen. Reicht das?« fragte ich.

»Für mich ist das alles bloß ein Witz«, sagte er. »Was ist mit dem Vater des Jungen? Warum hast du ihn gar nicht erwähnt? Wer war er? Oder war der Sohn ein uneheliches Kind?«

»Ja«, sagte ich. »Er war ein uneheliches Kind.«

»Warum sind die Leute in deinen Geschichten nie verheiratet? Haben sie keine Zeit, aufs Standesamt zu gehen, bevor sie miteinander ins Bett springen?«

»Nein«, antwortete ich. »Im wirklichen Leben schon, aber in meinen Geschichten nicht.«

»Warum gibst du mir eine solche Antwort?«

»Oh, Pa, das ist doch nur eine einfache Geschichte über eine kluge Frau, die voller Interesse, Liebe, Vertrauen, Aufregung und sehr aufgeschlossen für alles Neue nach New York kam, und über ihren Sohn, und darüber, was für ein schweres Leben sie hatte. Ob sie verheiratet war oder nicht, ist doch unwichtig.«

»Es ist sehr wichtig«, widersprach er.

»Okay«, sagte ich.

»Okay – dein Okay kannst du dir an den Hut stecken«, sagte er. »Hör zu: Ich glaube dir, daß sie eine gutaussehende Frau war, aber ich habe nicht den Eindruck, daß sie sehr klug war.«

»Das stimmt«, sagte ich. »Das ist der Ärger mit Geschichten. Am Anfang sind die Leute ganz fantastisch. Man meint, sie seien außergewöhnlich, aber im Verlauf der Geschichte stellt sich heraus, daß sie nur eine gute Ausbildung hinter sich haben und ansonsten Durchschnitt sind. Manchmal ist es auch anders herum, und die Hauptfigur ist ein harmloser Einfaltspinsel, aber dann schlägt sie dir plötzlich ein Schnippchen, und dir fällt kein Schluß ein, der gut genug wäre.«

»Und was machst du dann?« fragte er. Er war ein paar Jahrzehnte lang Arzt und dann ein paar Jahrzehnte lang Künstler, und Details, Geschicklichkeit und Technik interessieren ihn immer noch.

»Dann lasse ich die Geschichte so lange liegen, bis ich und mein querköpfiger Held uns geeinigt haben.«

»Jetzt wirst du albern«, sagte er. »Fang noch einmal von vorne an! Zufällig werde ich heute abend nicht ausgehen. Erzähl die Geschichte noch einmal, und laß hören, was dir diesmal dazu einfällt!«

»Na gut«, sagte ich. »Aber das dauert etwas.« Zweiter Versuch:

Es war einmal eine anständige, gutaussehende Frau, die lebte in einem Haus gegenüber von uns. Sie war unsere Nachbarin. Sie hatte einen Sohn, den sie liebte, denn sie kannte ihn schon von Geburt an (sie kannte ihn sowohl als hilfloses Baby als auch in dem Alter zwischen sieben und zehn, in dem Kinder raufen und umarmen, und sie kannte ihn auch davor und danach). Als die Pubertät über ihn hereinbrach, wurde er rauschgiftsüchtig. Er war kein hoffnungsloser Fall. Im Gegenteil: Er war hoffnungsvoll – er war von einer Idee besessen und verstand es, auch andere zu überzeugen. Mit brillanter Geschäftigkeit schrieb er überzeugende Artikel für die Schülerzeitung. Da er einen größeren Leserkreis erreichen wollte, nahm er Verbindung zu einflußreichen Leuten auf und brachte ein Magazin mit dem Titel *Oh! Golden Horse!* an die Zeitungsstände in Lower Manhattan.

Um zu vermeiden, daß er Schuldgefühle entwickelte (denn Schuldgefühle, sagte sie, seien heutzutage das steinerne Herz von neun Zehnteln aller Krebserkrankungen in Amerika) und weil sie immer der Meinung gewesen war, man müsse schlechte Angewohnheiten in den eigenen vier Wänden dulden, damit man ein Auge auf sie haben könne, wurde auch die Mutter rauschgiftsüchtig. Eine Zeitlang war ihre Küche ein berühmter Treffpunkt für intellektuelle Süchtige, die wußten, was sie taten. Einige von ihnen meinten, sie seien Künstler wie Coleridge, andere sahen sich als revolutionäre Wissenschaftler wie Leary. Obwohl sie oft unter dem Einfluß von Drogen stand, behielt sie gewisse mütterliche Verhaltensweisen bei und sorgte dafür, daß immer genug Orangensaft und Honig und Milch und Vitaminpillen da waren. Sie kochte allerdings nie etwas anderes als Chili, und das auch nicht öfter als einmal pro Woche. Als wir als besorgte Nachbarn ein ernsthaftes Gespräch mit ihr führten, erklärte sie uns, was sie tue, sei ihr Beitrag zur Jugendkultur, und sie sei lieber mit jungen Leuten zusammen – das sei für sie eine Ehre – als mit Leuten ihres eigenen Alters.

Eines Tages, als er sich einen Antonioni-Film ansah und immer wieder einnickte, bekam der Junge einen schmerzhaften Rippenstoß von einem Mädchen, das neben ihm saß und Unnachgiebigkeit und Überzeugungskraft besaß. Um seinen Zuckerspiegel zu heben, bot sie ihm erst einmal Aprikosen und Nüsse an, bevor sie ihm eindringlich ins Gewissen redete und ihn mit zu sich nach Hause nahm.

Sie hatte von ihm und seiner Arbeit gehört und gab ein Konkurrenzmagazin mit dem Titel *Man Does Live By Bread Alone* heraus. In der organischen Hitze ihrer ständigen Gegenwart blieb ihm gar nichts anderes übrig, als seine Aufmerksamkeit wieder seinen Muskeln, seinen Arterien und seinem Nervensystem zuzuwenden. Er begann seinen Körper zu lieben, ihn zu schätzen und in sonderbaren kleinen Gedichten zu preisen, die in *Man Does Live By Bread Alone* erschienen:

> Ich reiche mit dieser meiner Hand
> weiter als meine Seele,
> meine Schultern sind nicht mehr verspannt,
> ich bin gesund dank meiner Zähne

Er fütterte den Mund in seinem Kopf (der der Sitz von soviel Willenskraft und Entschlossenheit war) mit harten Äpfeln, Nüssen, Weizenkeimen und Sojabohnenöl. Er sagte zu seinen alten Freunden: »Ich glaube, von jetzt an werde ich mich zusammennehmen. Ich werde nur noch gesunde Sachen machen.« Er sagte, er wolle sich mit Hilfe von Tiefenatmung auf eine spirituelle Reise begeben. »Was ist mit dir, Mama? Kommst du mit?« fragte er sie freundlich.

Seine Verwandlung war so wunderbar, so strahlend, daß die anderen jungen Leute in der Gegend behaupteten, er sei nie wirklich rauschgiftsüchtig gewesen, sondern habe als Journalist Material für eine Reportage gesammelt. Ohne ihren Sohn und seine Freunde war die Mutter nur noch eine einsame Süchtige. Sie versuchte mehrmals, sich zu entwöhnen, schaffte es aber nur, ihren Drogenverbrauch so weit hinunterzuschrauben, daß sie ihre Sucht finanzieren konnte. Der Junge und seine Freundin nahmen ihren elektronischen Mimeographen und zogen in einen anderen Stadtteil. Sie waren sehr rigoros. Sie sagten, sie wollten mit der Mutter erst dann wieder etwas zu tun haben, wenn sie mindestens sechzig Tage ohne Drogen auskommen könne.

Eines Abends, als sie allein in ihrer Wohnung saß, las die Mutter weinend immer wieder die sieben Ausgaben von *Oh! Golden Horse!* Was sie da las, schien so wahr zu sein wie eh und je. Wir gingen oft zu ihr hinüber, um sie zu besuchen und sie zu trösten. Aber wenn wir unsere Kinder erwähnten, die auf dem College oder im Krankenhaus waren oder zu Hause herumsaßen und sich von der Gesellschaft verabschiedet hatten, schrie sie auf: »Mein Baby! Mein Baby!« und brach in schreckliche, ihr Gesicht zerfurchende, zeitraubende Tränen aus. Ende.

Zunächst schwieg mein Vater. Dann sagte er: »Erstens: Du hast einen gut entwickelten Sinn für Humor. Zweitens: Du kannst keine einfache Geschichte erzählen. Also vergeude deine Zeit nicht.« Dann fuhr er traurig fort: »Drittens: Ich schätze, das soll heißen, daß sie allein war, daß der Sohn seine Mutter sich selbst überlassen hat. Allein. Vielleicht auch noch krank?«

»Ja«, sagte ich.

»Arme Frau. Sie ist in eine Zeit hineingeboren, in der die Dummköpfe regieren, und sie war von Dummköpfen umgeben. Ende. Das hast du zu Recht da hingeschrieben: Ende.«

»Aber das ist nicht unbedingt das Ende, Pa.« Ich wollte mich nicht mit ihm streiten, aber ich mußte es einfach sagen.

»Ja«, sagte er, »was für eine Tragödie. Das Ende eines Menschen.«

»Nein, Pa«, beschwor ich ihn. »Es muß ja nicht so sein. Sie ist erst etwa vierzig. Sie hat noch Zeit, sie hat noch so viele Möglichkeiten. Sie kann Lehrerin werden, oder Sozialarbeiterin. Eine ehemalige Süchtige! Manchmal ist das besser als ein Diplom in Pädagogik.«

»Witze«, sagte er. »Damit hast du beim Schreiben die größten Schwierigkeiten. Du willst es nur nicht sehen. Eine Tragödie! Eine einfache Tragödie! Eine historische Tragödie! Hoffnungslos. Ende.«

»Aber, Pa«, sagte ich, »sie könnte sich doch ändern.«

»Genau wie in deinem eigenen Leben. Das ist eine Tatsache, mit der du dich abfinden mußt.« Er nahm ein paar Nitroglyzerinkapseln. »Stell auf fünf«, sagte er und zeigte auf den Hebel an der Sauerstofflasche. Er steckte sich die Schläuche in die Nasenlöcher und atmete tief ein. Er schloß die Augen und sagte: »Nein.«

Ich hatte der Familie versprochen, ihm bei Auseinandersetzungen immer das letzte Wort zu lassen, aber in diesem Fall hatte ich eine größere Verantwortung. Diese Frau wohnt gegenüber. Sie ist ein Geschöpf meiner Erfindung. Sie tut mir leid. Ich werde sie nicht dort sitzen und weinen lassen. (Die Leute von *Life* würden das übrigens auch nicht tun, und die haben, im Gegensatz zu mir, kein Mitleid.)

Darum: »Sie hat sich geändert. Natürlich ist ihr Sohn nie mehr zu ihr zurückgekehrt. Aber im Augenblick arbeitet sie in der Aufnahme einer kleinen Klinik in East Village. Die meisten Patienten sind junge Leute, manche sind alte Freunde von ihr. Der Chefarzt hat zu ihr gesagt: ›Wenn wir in dieser Klinik nur drei Leute mit Ihrer Erfahrung hätten...‹«

»Das hat der Arzt gesagt?« Mein Vater zog sich die Sauerstoffschläuche aus der Nase und sagte: »Witze. Schon wieder Witze.«

»Nein, Pa, das könnte wirklich passieren. Wir leben in einer komischen Welt.«

»Nein«, sagte er. »Die Wahrheit muß Vorrang haben. Sie wird wieder in ihre Sucht zurückfallen. Man muß Charakter haben. Sie hat keinen.«

»Nein, Pa«, antwortete ich. »Das ist es doch. Sie hat einen Job. Vergiß es. Sie arbeitet in dieser Klinik.«

»Wie lange denn?« fragte er. »Eine Tragödie! Wie bei dir. Wann wirst du dem endlich ins Auge sehen?«

Eines Nachmittags, als ich auf dem Bauch lag und zu schlafen versuchte
überkam mich Penisneid (sehr
zu meinem Erstaunen
und dabei hatte ich jahrelang nicht an Freud geglaubt
sondern ihn rundheraus
abgelehnt) Was blieb mir anders übrig als mich umzudrehen
und meine Augen zu schließen und vom Sommer zu träumen
damals war ich
ein Junge
der vor dem Haus pfiff
damit Tom herunterkam

Dann wachte ich auf
Dann schlief ich ein
und träumte einen anderen Traum:
In den leeren Taschen meines ertrunkenen Vaters
waren neun Dollar und salziges Meerwasser
er sagte ich kenne dich mein liebes Mädchen
du bist es die ich ist.

CORA KAPLAN

Schlechte Väter – eine Familiengeschichte

Jeder Emigrant hat ein Foto von seiner Heimat. Meines ist eine Doppelbelichtung, auf der Connecticuts Berkshire-Hügel, die die kleine Stadt meiner Kindheit umringen, mit den schmutzigen, lärmenden Straßen von Manhattan verschmelzen, wo ich im April 1940 geboren wurde und wo ich mit Anfang zwanzig zwei aufregende Jahre mit dem – vergeblichen – Versuch zubrachte, Schauspielerin zu werden. Als ältestes Kind und einzige Tochter zweier jüdischer Marxisten aus New York, deren Eltern in Amerika geboren waren, wuchs ich in Northampton, Massachusetts, auf. Meine Eltern hatten nach dem Weltkrieg die Stadt verlassen und waren dorthin gezogen. Die akademische Karriere meines Vaters hatte sich durch den Krieg und die Weltwirtschaftskrise verzögert; er ist ein bedeutender Historiker und Kulturgeschichtler und befaßt sich hauptsächlich mit den Erfahrungen, die Schwarze im weißen Amerika machen und gemacht haben. Zuvor war meine Mutter Sozialarbeiterin gewesen, aber in Northampton arbeitete sie als Bibliothekarin. Ich ging während der McCarthy-Ära dort zur Schule und besuchte danach das Smith College, wo ich die Fächer Englisch und Drama belegte. Meine Leidenschaft für das Theater war geweckt worden, als ich mit zehn Jahren in einem Schauspiel mitspielen durfte, und sie ließ mich während der nächsten vierzehn Jahre nicht mehr los. Mit Mitte zwanzig gab ich dann allerdings widerwillig dem praktischen und psychologischen Bedürfnis nach einer festen Anstellung nach. Als ich 1963 das Newnham College in Cambridge besuchte, entdeckte ich meine Liebe für England wieder, die damit begonnen hatte, daß mein Vater mir Anekdoten aus der Zeit erzählte, die er dort während des Krieges verbracht hatte. Nach zwei Jahren als Doktorandin an den Universitäten von Harvard und

Brandeis kehrte ich 1966 nach England zurück, heiratete, bekam ein Kind, trennte mich von meinem Mann und arbeitete. In Amerika war mein politisches Bewußtsein geweckt worden, und ich hatte mich in der Bürgerrechts-, Studenten- und Friedensbewegung engagiert, aber in England hat sich mein persönliches, politisches und intellektuelles Leben durch den Feminismus grundsätzlich verändert. Seit 1969 lehre ich an der Sussex University, wobei ich mich hauptsächlich mit der Frage der Rolle des Geschlechts in der Geschichte und in der Kutur befasse. Mit diesem Thema beschäftigten sich auch meine Publikationen während der letzten zehn Jahre. Ich bin außerdem in der Erwachsenenbildung tätig und engagiere mich in meiner Gewerkschaft und in verschiedenen Bereichen der Frauenbewegung. In diesem Jahr bin ich der Labour Party beigetreten. Zusammen mit meinem fünfzehnjährigen Sohn Jacob und einigen anderen lebe ich in Brighton, würde jedoch lieber heute als morgen nach London ziehen. Es liegt also auf der Hand, daß ich, obwohl ich dreitausend Meilen von ihm entfernt bin, in mancherlei Hinsicht eine echte Tochter meines Vaters bin.

›Ob jemand seinen Vater getötet hat oder nicht, ist nicht entscheidend. Schuldig fühlt man sich so oder so ... Solange die Gemeinschaft keine andere Form annimmt als die der Familie, wird dieser Konflikt den Grundstein für das Gewissen legen, die ersten Schuldgefühle erzeugen und sich im Ödipuskomplex ausdrücken.‹

Sigmund Freud: *Das Unbehagen in der Kultur*

›Aber was du *nicht* siehst, was du nicht sehen *kannst,* ist die tiefe zärtliche Zuneigung, die hinter all diesen patriarchalischen Gedanken, man müsse auch seine erwachsenen Kinder leiten, steht und ihnen zugrunde liegt ... Das Übel liegt im System – und er betrachtet es als seine Pflicht, zu herrschen ... wie die christlichen Könige, die ihr Herrschaftsrecht von Gott ableiteten.‹

Elizabeth Barrett an Robert Browning, August 1845

Dieser Essay war ursprünglich als eine kurze, feministische Bewertung einer historischen Eltern-Kind-Beziehung gedacht, die heute mythische Dimensionen angenommen hat. Ich ging davon aus, daß zwischen meiner Erfahrung als Tochter und der von Elizabeth Barrett Browning eine Verbindung bestehe, denn ich bin immer stolz darauf gewesen, mein eigenes Leben als Beispiel dafür anführen zu können, wie eine Frau zur Feministin werden kann. Aber nachdem ich eine oder zwei Seiten über mich und meinen Vater geschrieben hatte, wurde mir klar, wie stark – und irrational – mein Gefühl war, wie sehr eine solche Veröffentlichung der Beziehung zwischen mir und meinem Vater, die zwar reich an Kämpfen, aber auch sehr liebevoll ist, ein Angriff, ja ein Verrat sein würde. Es bereitet mir zwar einigen Kummer, aber ich muß zugeben, daß ich einige ganz gewöhnliche Bereiche meiner persönlichen Geschichte noch nicht öffentlich ausbreiten kann. Diese Erkenntnis hat dazu geführt, daß ich mich damit befaßt habe, wie dieses Problem von der Frau bewältigt wurde, mit der ich mich beschäftigt habe. Ich hatte zunächst vorgehabt, mich darauf zu konzentrieren, wie solch ein ›schlechter Vater‹ in kultureller und psychologischer Hinsicht möglich war. Statt dessen befasse ich mich jetzt mehr mit der Tochter und versuche zu ergründen, wie sie die Bedeutung der väterlichen Autorität in ihren autobiographischen und romanhaften Schriften fragmentarisch verarbeitet hat, indem ich die ›privaten‹, persönlichen Texte ihrer Jugend mit ihrem späteren großen, feministischen Werk, dem Gedichtroman *Aurora Leigh* vergleiche, in dem sie uns ein Portrait der Dichterin als junger Frau präsentiert. Seitdem ich mich mit ihrem Bemühen um ein Verständnis der komplexen Bedeutung beschäftigte, die Väter für ihre Töchter haben, und sah, inwieweit diese durch das Geschriebene wiedergegeben werden können oder verschwiegen werden müssen, habe ich auch ein neues Verständnis für meine eigenen Hemmungen, für meine eigene Tochter-Vater-Beziehung entwikkelt. Ich hoffe, daß diese Entdeckung für andere ebenso nützlich sein wird wie für mich.

Wenn man heute den Namen Elizabeth Barrett Browning hört, denkt man nicht so sehr an die bedeutende Dichterin des 19. Jahrhunderts, die sie war, als vielmehr an die ungehorsame, kränkliche Tochter, die im September 1846 mit vierzig Jahren mit dem jüngeren, unbekannten und bettelarmen Dichter Robert Browning vor ihrem autoritären Vater davonlief. Angesichts der Tatsache, daß unsere Kultur oft ein ungleich größeres Interesse für die Lebensgeschichte von Schriftstellerinnen als für ihr Werk zeigt, ist es nicht erstaunlich, daß diese romantische biographische Episode hauptsächlich für Elizabeth Brownings Bekanntheit verantwortlich ist, zumal sie in ihren Liebesgedichten an Browning, den *Portugiesischen Sonetten*, ihren Niederschlag gefunden hat. Tatsächlich hätten wir vielleicht nie erfahren, unter welchen Umständen Browning und seine Frau zueinander gefunden haben, wenn sie nicht eine der bekanntesten Dichterinnen ihrer Zeit geworden wäre. Dieser Umstand hat letzlich dafür gesorgt, daß ihre Liebe und ihre Flucht sowie die Tyrannei ihres Vaters Edward Moulton Barrett bekannt wurden. Er nimmt seinen gebührenden Platz neben Dickens' Romanfigur Paul Dembey sen. ein und ist damit einer der beiden schlimmsten Väter in der viktorianischen Kultur.

Zu ihrer Berühmtheit hat auch das in den 30er Jahren dieses Jahrhunderts entstandene Schauspiel *The Barretts of Wimpole Street* von Rudolph Besier beigetragen, das auch verfilmt worden ist. Besier gab der Geschichte eine freudianische Wendung und bereitete sie für das 20. Jahrhundert auf, indem er Edward Barretts väterliche Grausamkeit als ein nur oberflächlich getarntes inzestuöses Verlangen darstellte. ›Mein Vater ist nicht wie andere Männer‹, läßt er Elizabeth voller Entsetzen und Abscheu ausrufen, bevor sie mit ihrem Spaniel Flush für immer aus der Wimpole Street verschwindet, gefolgt von ihrem treuen Diener Wilson, der unter der Last viktorianischer Gebrauchsgegenstände fast zusammenbricht. Die Enthüllung eines Inzestmotivs (welches, das muß man Besier zugestehen, in ihren Briefen und anderen Schriften immer wieder anklingt) schmälert die Bedeutung für den

Feminismus von Elizabeth Barretts Tat. Indem er das Normale und Weibliche in der Tochter und das Pathologische und Schurkische in ihrem Vater betonte, unterdrückte Besier die Aspekte Edward Barretts, in denen er genauso war ›wie andere Männer‹, und verschwieg, daß die Dichterin und Tochter mehr war als ein nettes kleines Mädchen, das sich vor einem Mann, der sie verführen wollte, zu schützen suchte.

Besiers Melodram spielt mit dem potential subversiven Gedanken, daß Widerstand gegen Tyrannei zu Hause, bei den Frauen in der Familie beginnt, nur um sich dann von einer solch gefährlichen Interpretation wieder zurückzuziehen. Statt dessen baut das Schauspiel auf Edwards perversem Interesse an der Krankheit und der Keuschheit seines talentierten Kindes auf, ein Interesse, das auf seine in sexueller Hinsicht unbefriedigte Ehe mit einer verängstigten, aber ständig nörgelnden Frau zurückgeht. Wie ein Film von Hitchcock oder ein Roman von Ross MacDonald konstruiert Besier die grobe psychologische Geschichte einer Familie, ein verborgenes, entsetzliches Trauma, um die verdrehten und durch Unterdrückung gekennzeichneten Beziehungen innerhalb der Familie zu erklären. Damit Elizabeth die Heldin sein kann, darf zwischen ihr und ihrem verderbten Kerkermeister kein Einvernehmen bestehen, das über einen formalen Gehorsam hinausgeht, den eine Tochter in jener Zeit ihrem Vater angeblich ganz selbstverständlich entgegenzubringen hatte. Indem er die Geschichte so aufbaut, verbirgt Besier ihre interessanten Aspekte. Seine Version verschweigt die leidenschaftliche und qualvolle Liebe, die Elizabeth ihrem unversöhnlichen Vater zeit ihres Lebens entgegenbrachte: Sie negiert die komplexe Beziehung zwischen den beiden, die schließlich in eine ausweglose Situation führte. Wenn schlechte Väter und ihre Stellvertreter nicht oft auch geliebte und lebendige Menschen wären, wenn ihre weiblichen Kinder ihnen nur jenen gerechtfertigten Haß entgegenbrächten, den sie für ihre abstrakte Tyrannei verdient haben, dann würden sie für den Feminismus kein solches Problem darstellen.

Die Beweise, die wir in Form einer Autobiographie ihrer Jugendzeit und eines kürzlich entdeckten Tagebuchs haben, das sie mit Mitte zwanzig, während eines für sie äußerst wichtigen Jahres ihres Lebens, geführt hat, deuten auf widersprüchlichere und interessantere Ereignisse hin, als Besiers dramatisierte Version es vermuten läßt. Wenn wir diese persönlichen Erkenntnisse lesen und sehen, wie Elizabeth sie poetisch verarbeitet hat, beginnen wir, die Grenzen zu erkennen, innerhalb derer eine Frau der Mittelschicht in der Mitte des 19. Jahrhunderts ihre Befreiung von patriarchalischen Strukturen erträumen und durchsetzen konnte.

Man vergißt manchmal, daß sich Edward Moulton Barretts exzentrisches Heiratsverbot auf alle seine zehn überlebenden Kinder bezog, einschließlich seiner sieben Söhne. Nur Elizabeth, die Älteste, hatte ein eigenes Einkommen; nur sie konnte es sich erlauben, das Verbot ihres Vaters zu übertreten: Ein Verbot, das so unumstößlich war, daß sie ihrem Verlobten Browning sagte, ein Heiratsantrag würde ein sofortiges Verbot nach sich ziehen, das Haus noch einmal zu betreten. Doch trotz der Absonderlichkeit von Barretts Standpunkt bedeutete, wie Elizabeth in den Monaten nach ihrer Flucht niedergedrückt feststellte, eine Ehe ohne die väterliche Zustimmung praktisch ein Zusammenleben ohne kirchlichen Segen. In mittleren Jahren einen jüngeren und ärmeren Mann zu heiraten, war für eine Frau fast das schlimmste, was es geben konnte. Eine solche Handlung stellte für andere abenteuerlustige Töchter der Bourgeoisie einen gefährlichen und gefährlich attraktiven Präzedenzfall von Undankbarkeit eines Kindes, romantischen Eskapismus' und ökonomischer Rücksichtslosigkeit dar. Wie sie es vorhergesehen hatte, stellte sich Elizabeths Bekanntenkreis nach diesem Vorfall fast ausnahmslos auf ihre Seite, wobei die uneingeschränkteste Unterstützung von jenen älteren Männern kam, die in quasi-väterlicher Beziehung zu ihr standen: von ihrem Cousin John Kenyon und dem blinden Gelehrten Hugh Stuart Boyd. Auch ihre Schwestern und ihre jüngeren Freundinnen waren bald auf ihrer Seite, aber ihre Brüder und viele andere Freunde gestanden ihr nur zögernd zu, daß sie richtig gehandelt hatte. Obwohl die Brownings in den Jahren nach ihrer Flucht mehrmals Reisen nach England unternahmen, waren diese Besuche für sie immer etwas überschattet. Bis zu Elizabeths Tod ließen sich die Brownings im Ausland nieder.

Als der Skandal 1846 öffentlich diskutiert wurde, war er ein Beitrag sowohl zur zeitgenössischen Diskussion über die Bedeutung von Familie, Kindheit und Ehe als auch zu der Debatte über die Benachteiligung der Frau, die unter der Überschrift ›Die Frauenfrage‹ geführt wurde. Romane und Gedichte wurden als sehr geeignete Medien für diese Debatte angesehen, und sowohl Tennysons *The Princess* (ein Gedicht über eine Universität, die ausschließlich von Frauen besucht wird), das entstand, als Robert und Elizabeth sich ineinander verliebten, als auch Dickens' düstere Darstellung des Themas in *Dombey and Son*, die in den Monaten nach der Emigration der Brownings in mehreren Folgen erschien, wurden als ernstzunehmende Beiträge zu dieser Diskussion betrachtet. Tatsächlich liest sich die Darstellung von Florence Dombeys Flucht aus ihrem Elternhaus in Kapitel 47 dieses Romans wie eine Beschreibung von Elizabeths letzten Monaten in der Wimpole Street:

›Sie sah ihn nur an, und ein Schrei der Verlassenheit entrang sich ihrem Herzen. Denn während sie ihn betrachtete, sah sie, wie er jene zärtliche Vorstellung mordete, die sie sich trotz allem immer noch von ihm gemacht hatte. Sie sah seine Grausamkeit, seine Mißachtung, seinen Haß über jenes ferne Bild siegen und es mit Füßen totstampfen. Sie sah, daß sie auf dieser Welt keinen Vater mehr hatte, und stürzte verwaist aus seinem Haus.‹

Dieses klischeehafte Bild von Vater-Tochter-Beziehungen kommentierte Elizabeth 1856 in ihrem begeistert aufgenommenen Gedichtroman *Aurora Leigh*. Darin beschrieb sie noch einmal in abgeschwächter Form den emotionalen und künstlerischen Werdegang einer Dichterin. Sie holte bis in die 40er Jahre des 19. Jahrhunderts aus und griff die Debatte über Heirat, Feminismus, Klassenkampf, Kunst und Liebe auf. Ein Jahr nach der Veröffentlichung starb Edward Barrett, ohne die Heirat seiner Tochter anerkannt zu haben. Er hatte nie versucht, die Entfremdung zwischen ihnen zu überwinden. ›Nun ist es also vorbei‹, schrieb Browning hilflos an eine

Freundin der Familie. ›Es gibt keine Hoffnung mehr auf eine Besserung des Verhältnisses oder eine freundliche Antwort auf die flehentlichen Bitten, die ich Pa traurigen Herzens habe schreiben müssen. Es muß irgend etwas in der Erziehung gewesen sein – wenigstens wäre das eine Erklärung...‹ In ihrem Schmerz um ihren Vater beschrieb Elizabeth derselben Freundin ihre Bitterkeit: ›... und auch die Vorwürfe, die ich mir mache... Es ist seltsam, daß das, was ich so viele Jahre lang ›Herzlosigkeit‹ genannt habe, mich jetzt, nach seinem Tod, in plötzlicher Einsamkeit zurückläßt. Aber vielleicht ist das doch nicht so seltsam.‹

Familiengeschiche

Der Vater. Die Tochter. Die Familie. Wie weit und in welchem Winkel entfernt man sich im Augenblick der Trennung, der ja zur Genüge auf der Bühne und im Film dargestellt worden ist? Elizabeth verließ nicht nur den Vater, den sie noch immer ›zärtlich liebte‹, sondern auch ihre neun Geschwister. Durch ihren Akt des Ungehorsams setzte sie einen Schlußstrich unter vierzig Jahre ihres Lebens. ›Denke daran: Ich werde getötet werden – und es wird schlimmer sein als Du es Dir vorstellen kannst‹, schrieb sie Browning einen oder zwei Tage nach ihrer heimlichen Heirat, als sie noch immer zu Hause lebte. Ihre letzten Stunden in der Wimpole Street waren von ›Aufregung und größter Seelenqual‹ erfüllt. ›Es ist schrecklich... schrecklich..., daß ich hier freiwillig Schmerz zufügen muß, zum ersten Mal in meinem Leben.‹ Ein Mord. Ein Opfer. Es fällt schwer, anhand der letzten Briefe, die Elizabeth an Browning eine Woche vor ihrer Flucht schrieb, festzustellen, wer der Mörder und wer das Opfer war.

›Es muß irgnd etwas in der Erziehung gewesen sein...‹ Auch wir stellen uns Brownings Frage, aber wie er wissen wir nicht, wessen Erziehung es ist, die wir verstehen müssen. Über Edward Barretts Erziehung ist nur sehr wenig bekannt. Wir wissen nur, daß er und sein jüngerer Bruder angeblich wegen seiner Ausbildung durch seine Mutter und seine Großeltern von ihren westindischen Liegenschaften, die er eines Tages erben sollte, heim nach England gebracht wurden. Der Vater der beiden Jungen hatte sich aus dem Staub gemacht, als sie noch Kleinkinder waren. Nichts deutete darauf hin, daß dieser ›schwierige, stumpfe, eigenwilllige und einzelgängerische junge Mann‹ viel mehr tat, als sich im Harrow and Trinity College in Cambridge einzuschreiben. Da er darauf brannte, seine Kindheit hinter sich zu bringen, wurde er mit noch nicht einmal zwanzig Jahren mit Mary Graham-Clarke verheiratet, einer Frau, die sechs Jahre älter war als er und ein umfangreiches Vermögen zu erwarten hatte. Edward war erst 21, als Elizabeth, das erste seiner zwölf Kinder, geboren wurde. Beharrlicher vielleicht als die meisten Männer seiner Zeit widmete sich der vaterlos aufgewachsene Edward seiner Vaterrolle.

Nachdem er sich sein Erbe gesichert hatte, machte er sich auf die Suche nach einem eigenen Landsitz, den er in Hope End, Herefordshire, fand. ›Je mehr ich von diesem Besitz sehe, desto mehr gefällt er mir, und desto mehr glaube ich, daß es in meiner Macht steht, Dich, Deinen Bruder, Deine Schwester und Deine liebe Mama glücklich zu machen‹, schrieb er an seine kleine Tochter. Die Macht des Geldes – die Macht des Vaters. Es erscheint unwahrscheinlich, daß die ›liebe Mama‹, die sich von der Geburt des dritten Kindes innerhalb von drei Jahren erholte, bei dieser Entscheidung gefragt wurde.

In späteren Jahren fand Elizabeth ihre ungewöhnlich lange Kindheit in Hope End zu einsam, zu ruhig. Dennoch scheinen diese Jahre für den jungen Vater und seine Kinder insgesamt glücklich gewesen zu sein. Die Atmosphäre war sehr religiös, aber keineswegs trist, und wenn Edward sich auch oft autokratisch, launisch und streng gab, so war er im Kreis seiner Familie nach übereinstimmendem Urteil auch witzig, spielerisch und fröhlich. Er war der Vertraute und Meister seiner Kinder, ein typischer liebevoller Patriarch. Den Kindern, auch den Mädchen, gab man Zeit und Gelegenheit, individuelle Interessen zu entwickeln. ›Ich lebte in Büchern und Träumen – das häusliche Leben schien nur in der Entfernung vor sich hin zu summen wie die Bienen im Gras‹, erinnerte sich Elizabeth. Für die damalige Zeit klingt das nach einer sanften Erziehung, die das Kind in den Mittelpunkt stellte.

Die Spannungen, die es in diesen frühen Jahren gab, treten besonders in Elizabeths nachdenklichen Beschreibungen ihrer Mutter zutage: ›Sie war sehr zart, und das Leben hatte ihr einige Wunden geschlagen... Sie war eine liebe, gute Frau, aber ihre Erfahrungen hatten ihr etwas von ihrer Sanftheit genommen...‹ An einer anderen Stelle beschreibt die Tochter sie als ›eine jener Frauen, die nicht imstande sind, sich zu wehren, die aber, wenn sie sich fügen und sich beugen, eine innere Narbe davontragen – ein Zeichen ihres Leidens‹. Die Kräfte, gegen die sie sich nicht wehrte, sondern denen sie sich fügte und die sie ertrug, werden nie genau benannt. Mary Barrett starb 1828, als Elizabeth 22 war, erschöpft, so darf man annehmen (obwohl es niemals ausgesprochen wurde), durch die Tatsache, daß sie in achtzehn Jahren zwölf Kinder geboren hatte.

Als Erwachsene schilderte Elizabeth ihre Mutter als eine Frau, die sich so sehr von ihr selbst unterschied, daß sie ebensogut einer anderen Rasse hätte angehören können. Schon in jungen Jahren zeigte sich, daß sie anders war als ihre Mutter. Das tritt besonders deutlich in dem autobiographischen Manuskript *Glimpses into My Own Life and Literary Character* hervor, das sie schrieb, als sie 14 war. In diesem Manifest ihrer persönlichen und künstlerischen Identität verfolgte sie ihr leidenschaftliches, aktives Temperament bis in die früheste Kindheit zurück: ›Ich war immer schon sehr willensstark, und auf Widerstand reagierte ich mit Gewalt. Was mein Temperament und meine Handlungen betrifft, so war ich mit drei Jahren unendlich viel unbeugsamer als heute, mit vierzehn Jahren. Ich kann mich erinnern, daß ich schon als kleines Kind das Kinderzimmer beherrschte und bei den Dienern für meine Selbstsucht und meine unangemessenen Gefühlsausbrüche bekannt war.‹

Die Autorin dieses schockierenden Selbstporträts ist davon offensichtlich angetan und versucht nicht, etwas zu beschönigen. Einige Seiten später kehrt sie zu dem faszinierenden Thema ihres unverändert widerspenstigen Charakters zurück, der ›immer noch ebenso stolz, ebenso eigensinnig, ebenso unbeherrscht, ebenso sprunghaft‹ ist, obwohl er ›inzwischen, Gott sei Dank, im Zaum gehalten wird‹. Die ›gewohnheitsmäßige‹ Selbstbeherrschung wird als eine gesellschaftlich bedingte Tarnung dargestellt, nicht als moralische Notwendigkeit. Sie ist eine oberflächliche ›Umkehrung‹ des Charakters, die ihre Freunde irreführen mag, ›ich aber weiß sehr gut, daß tief in mir jene Neigung zur Leidenschaft wohnt...‹.

Leidenschaft, Energie und Sprunghaftigkeit waren in ihren Augen positive Eigenschaften, und ihre verstockte Besitzerin betrachtete ›jene Ausgeglichenheit, die ich nicht kenne, mit einem eher verächtlichen Gefühl, da sie den menschlichen Geist in erheblichem Umfang daran hindert, seine intellektuellen Fähigkeiten zu entwickeln‹! Arme Mary Barrett! Während Elizabeth trotzig einer romantischen Definition eines durch die Leidenschaft genährten kreativen Intellekts nachhing, achtete sie sorgfältig darauf, sich gegen die Betonung weiblicher Eigenschaften abzugrenzen, die auch von Mary Wollstonecraft und Jane Austen kritisiert wurden: ›In meinen Augen ist nichts so schimpflich wie eine Dame, die in einer Gesellschaft für ihre im Übermaß vorhandene Sensibilität gerühmt wird.‹ Trotz ihrer Versicherung, sie habe sich im Zaum, verteidigt ihr Essay ihr ›gutes Herz‹ und sein Recht, eindeutige Gefühle zu empfinden (beides Dinge, die für sie einen Wert und eine positive Bedeutung hatten), gegen einen unsichtbaren Ankläger – gewiß nicht nur ihre sanfte Mutter, in deren Augen sie ›eitel, trügerisch oder rachsüchtig‹, ›neidisch oder widersetzlich‹ war.

In dem Bewußtsein, daß sie kühn ein Bild ihrer selbst gezeichnet hat, welches in fast jeder Hinsicht im Widerspruch zur zeigenössischen Ideologie der Weiblichkeit steht, ein Bild, das eher der männlichen Romantik entspricht, wird Elizabeth gegen Ende des Essays noch deutlicher.

›Mein Geist ist von Natur aus unabhängig und weist die geistige Unterwürfigkeit, die man gemeinhin mit weiblicher Sanftheit verbindet, mit Verachtung zurück... Ich spüre in mir ein fast stolzes Bewußtsein der Unabhängigkeit, das mich zwingt, meine Meinungen zu verteidigen und sie nur zu ändern, wenn man mich überzeugt!!!!!!!‹

Die sieben Ausrufezeichen machen deutlich, daß diese Passage der Höhepunkt des Essays ist und daß sie diesem Gedanken die allergrößte Wichtigkeit beimaß.

In *Glimpses* wendet sie sich an ihren um ein Jahr jüngeren Bruder Edward, ›Bro‹, mit dem sie in Unterricht und Spiel immer zusammen war und der bis zu seinem tragischen Tod durch Ertrinken im Jahr 1840 ihr Lieblingsbruder war. Sie schrieb diesen Essay, kurz nachdem Bro nach Charterhouse auf die Schule geschickt worden war, und diese Trennung, durch die Elizabeth sowohl ihren geliebten Bruder als auch den Hauslehrer für die klassischen Sprachen verlor, führte ihr mit einem Mal mit erschreckender Klarheit die gesellschaftliche Bedeutung des Geschlechtsunterschiedes vor Augen. Bro war ein ganz normaler Junge, der keine besonderen intellektuellen Fähigkeiten besaß; dennoch stand ihm die klassische und literarische Ausbildung, nach der sich die frühreife Elizabeth sehnte, aufgrund seines Geschlechts zu. Der Zorn, der in *Glimpses* zum Ausdruck kommt, scheint durch einen bestimmten häuslichen Konflikt hervorgerufen worden zu sein, über den wir nichts Genaues wissen. Es ist aber anzunehmen, daß ihr Vater daran beteiligt war. In diesem detaillierten Bericht über die intellektuellle Entwicklung, die sie zwischen Kindheit und Jugend durchgemacht hat, taucht das Wort ›Papa‹ nur ein Mal auf. Ihr Vater stiftete nämlich einen Preis in Höhe von zehn Shilling für den ›Hofdichter von Hope End‹, nachdem die Sechsjährige ein Gedicht über die Tugend geschrieben hatte. Eine stille, zornige Ablehnung der Hilfe und des Einflusses des Vaters durchzieht diese Autobiographie. Wir wissen nicht, ob Edward Moulton Barrett diese schriftliche Attacke seiner Tochter gelesen hat. Aber wenn er sie gekannt und die Warnung beherzigt hätte, daß sie niemals jemanden lieben könne, den sie nicht ›bewundern, achten und verehren‹ könne, wäre ihr späterer Ungehorsam für ihn wahrscheinlich nicht so überraschend gekommen.

Trotzdem war der Vater, dessen marginale Erwähnung in *Glimpses* bereits auf den Widerstand und die Rebellion seiner Tochter hindeutet, auf sehr direkte Weise für die intellektuelle Entwicklung und den literarischen Ehrgeiz seiner Tochter verantwortlich. Ihre ganze Kindheit hindurch wurde ihre Frühreife immer anerkannt und belohnt. Sie hatte praktisch freien Zugang zu seiner Bibliothek, die für einen Mann, der nur eine rudimentäre Ausbildung genossen hatte und keine besonderen Interessen pflegte, sehr groß war. Bereits mit vier Jahren las sie Märchen; mit elf beschäftigte sie sich nicht mehr mit Romanen, sondern mit Philosphie. Trotz seiner Religiosität besaß Edward Moulton Barrett zahlreiche Bücher, in denen radikale Thesen vertreten wurden. Elizabeth las Tom Paines *Zeitalter der Vernunft,* Voltaires *Philosophisches Wörterbuch,* Humes Essays sowie Bücher von Goethe, Rousseau und Wollstonecraft – all dies, bevor sie das fünfzehnte Lebensjahr erreicht hatte. Nur wenige Bücher – sie erwähnt in diesem Zusammenhang Gibbon und *Tom Jones* – galten als zu blasphemisch und obszön. Als sie zwölf Jahre alt war, durfte sie mit ihrem Bruder am Privatunterricht bei dem Hauslehrer Mr. McSwinney teilnehmen; dadurch machte sie Fortschritte in den klassischen und modernen Sprachen, obwohl sie hier bereits gewisse, im Selbststudium angeeignete Kenntnisse besaß. Mehr als dies durften die meisten Mädchen im 19. Jahrhundert nicht erwarten. In dem Jahr, in dem sie *Glimpses* schrieb, hatte ihr Vater ihr frühes ›Epos‹ in vier Büchern, *The Battle of Marathon,* das sie mit zwölf Jahren geschrieben hatte, privat drucken lassen. Es ist, wie kaum anders zu erwarten, ›meinem Vater, dem ich seine immerwährende Güte und Liebe nie werde vergelten können‹ gewidmet, aber es ist unübersehbar, daß der geistige Vater dieses Epos Byron war. Ihre Eltern waren hocherfreut, als eines ihrer ersten Gedichte, die sie als Erwachsene schrieb, die *Stanzas on the Death of Lord Byron,* 1824 im *London Globe and Traveller* erschienen, und *An Essay on Mind, with Other Poems* (1826) wurde von ihrem stolzen Vater sehr gelobt. Edward Barretts Unterstützung der literarischen Versuche seiner Tochter war aufgrund der zeitgenössischen Vorurteile zwar eingeschränkt, aber keinesewegs unmöglich gemacht. Seine Güte, Liebe und Ermutigung, seine erklärte Zufriedenheit mit ihren Bemühungen war der Nährboden der energischen Überheblichkeit und der unabhängigen Geisteshaltung, die in *Glimpses* zum Ausdruck kommt. Bis zu dem Zeitpunkt, da

Elizabeth durch die Tatsache, daß Bro nach Charterhouse auf die Schule geschickt wurde, die Grenzen der väterlichen Unterstützung vor Augen geführt wurden, entsprach Edward Barrett vielleicht eher dem Muster eines feministischen Vaters als dem Bild eines patriarchalischen Tyrannen.

Elizabeth verbrachte ihre Kindheit in Hope End mit Studien und Träumen. In ihrem Kopf tobte ›ein Tumult miteinander widerstreitender Leidenschaften, die nicht so sehr durch äußere Kräfte als vielmehr durch Sprunghaftigkeit und innere Reflexion genährt wurden‹. In *Glimpses* schildert sie, mit gewissem Humor, eine 24 Stunden währende religiöse Krise, die sie mit zwölf Jahren durchmachte, aber es gibt nichts außer der Autobiographie selbst, das auf die schwere und mysteriöse Krankheit hindeutet, die sie mit fünfzehn Jahren überfiel und die sie fast achtzehn Monate ans Bett fesselte. Dieser Krankheit ging eine bei einem Sturz vom Pferd erlittene Rückgratverletzung voraus, die sich später als ernster erwies, als man zunächst angenommen hatte, aber eigentlich handelte es sich hierbei eher um eine jener hysterischen Krankheiten, die Ende des Jahrhunderts Freud die ersten Hinweise auf die Funktionsweise des Unterbewußtseins gaben. Der Nervenspezialist Dr. Coker notierte detailliert die Symptome: Es begann mit wochenlangen Kopfschmerzen, die dann anfallartigen Schmerzen ›in den verschiedensten Körperteilen‹ wichen.

›Die Schmerzen sind äußerst heftig – die Anfälle dauern von einer Viertelstunde bis zu mehr als einer Stunde – und werden von Muskelkrämpfen begleitet, die insbesondere das Zwerchfell befallen. Der Anfall scheint langsam zu einem Höhepunkt zu kommen und ist dann plötzlich vorbei. Während des Anfalls ist sich die Patientin ihrer Umgebung die meiste Zeit bewußt, aber gegen Ende ist ihr Geist meist etwas, und manchmal auch erheblich gestört. Die Anfälle erfolgen gewöhnlich dreimal täglich, aber niemals nachts ... Opium wirkte zunächst krampflösend, hat diese Wirkung jedoch mittlerweile verloren ...‹

Die Hysterie, schrieb Freud, überfällt oft ›Menschen, die über außergewöhnliche intellektuelle Begabung, einen starken Willen, große Charakterfestigkeit und höchste Kritikfähigkeit verfügen‹; Dinge, die nicht in Worte gekleidet werden dürfen – also Fantasien und Gefühle, die psychologisch und gesellschaftlich nicht akzeptabel sind –, finden ihren Ausdruck in den Reaktionen des Körpers. In *Glimpses* scheint Elizabeth ihre Krankheit zu prophezeihen, denn sie schreibt: ›Wenn ich nur einen Augenblick lang die Beherrschung verlöre, würde ich, wie Phaeton, aus aller menschlichen Gemeinschaft, ... aus dem Reich der Vernunft hinausgeschleudert!‹ Man sollte also ihre Krankheit wie eines ihrer Werke betrachten, wobei es wahrscheinlich um die starken emotionalen Konflikte geht, die in ihrer Autobiographie angedeutet werden. Vielleicht war auch die ›Unabhängigkeit‹, nach der es sie verlangte, schwieriger zu verwirklichen, und die Bürde ihres Geschlechtes eine größere psychische Belastung, als sie zugeben wollte. Man weiß nicht, wie bald nach ihrer ersten Menstruation die Krankheit einsetzte, aber sie selbst hat in *Aurora Leigh* mit wagemutiger Offenheit auf die Bedeutung dieses Ereignisses für die emotionale Entwicklung hingewiesen, mit besonderer Betonung der traumatischen Veränderungen, die dies für die Vater-Tochter-Beziehung bedeuten kann.

Aurora Leigh beschreibt die Entwicklung einer Dichterin von der Kindheit bis zur Reife. Das Werk ist eine epische Version von *Glimpses*. In dieser an tatsächliche Erlebnisse angelehnten Beschreibung wird das Mädchen von seinem verwitweten Vater aufgezogen. Dieser ist ein ›nüchterner Engländer‹, der durch seine leidenschaftliche Liebe zu seiner florentinischen Frau über sein ›Durschnittsleben‹ hinausgehoben wird. In seinem Schmerz zieht er sich mit seiner Tochter in die Abgeschiedenheit der Berge zurück, wo seine liberale Erziehung sie über die Fehlbarkeit der patriarchalischen Denkungsart aufklärte: ›Aus Büchern / lehrte er mich die Unwissenheit der Männer...‹ Nach neun Jahren wird diese abgeschiedene Kindheit und mit ihr die idyllische Beziehung zerstört. ›Ich war erst dreizehn, / ich wuchs noch wie die Blumen aus unsichtbaren Wurzeln / in sprachlosen Lenzen, – und erwachte plötzlich / zur Fülle des Lebens und seinen Bedürfnissen und Schmerzen / mit einem bebenden, starken, kämpfenden Herzen neben / einem toten Vater. Wenn Leben auf den Tod trifft, / entsteht ein furchtbarer Blitz.‹ Die Menstruation und der Tod des Vaters. Für Elizabeth war ihre Pubertät eng verbunden mit der Konfrontation mit jenem ›bebenden, starken, kämpfenden Herzen‹, das in ihrer Autobiographie so eindringlich beschworen wird. In *Aurora Leigh* ermuntert der fiktionale Vater seine Tochter zu ›lieben‹, worauf er ihr, als übermächtiges und tabuisiertes potentielles Liebesobjekt, durch eine schicksalhafte Fügung genommen wird: ›Bevor ich antworten konnte, war er verschwunden, / und in der ganzen Welt gab es nichts mehr, das ich lieben konnte.‹ Dieses Bild von Auroras fürsorglichem wiedererstandenem Vater, dessen neues Glaubensbekenntnis die Liebe war, entstand in den fruchtbaren mittleren Jahren der Ehe mit Browning, vor dem Hintergrund von Edward Moulton Barretts ›herzlosem Schweigen‹. Aber die Wurzeln dieses Gedichtes reichen vielleicht bis in ihre unbeschwerte Kindheit in Hope End zurück. Elizabeths Entwicklung vom Mädchen zur Frau und der Tod des liebevollen Vaters erfolgen in diesem Werk gleichzeitig, und dieses Zusammentreffen wird wie ein Blitz aus heiterem Himmel erlebt. Die symbolische Parallele zu Elizabeths persönlicher Geschichte wird auch dadurch deutlich, daß in Auroras Trauer teilweise auch Elizabeths Krankheit anklingt:

›Damit endete die Kindheit. Später erinnere ich mich,
nach den Fieberträumen, nur noch an Männer,
die das Delirium bevölkerten, den Weg verfehlend,
vor verschlossener Tür;
endlos dahinfließende Tage, hier und dort gezeichnet durch eine Messerkerbe,
eine matte, wurmige Dunkelheit, und ich getrieben,
von einer Flamme, meine Tage zu enden
wie ein gequälter Skorpion.‹

Elizabeths Krankheit schwächte sie ihr Leben lang. Obwohl sie später wieder gehen und reiten konnte, ermüdete sie schnell, weinte leicht und litt an Ohnmachtsanfällen und überreizten Nerven – alles äußerliche Anzeichen jener weiblichen Empfindsamkeit, die sie verachtete. Die verschiedenen Krankheiten waren sowohl eine Belastung als auch eine

Art der Verteidigung gegen ein Leben in der Öffentlichkeit, eine Reaktion auf Krisen und Konflikte, die sie nicht immer durch Taten überwinden oder lösen konnte. 1824 war diese erste schwere Krankheit abgeklungen. Sie mußte nicht mehr das Bett hüten und konnte wieder schreiben. Sie hatte ihre erste schwere Krise überstanden.

Gedanken des Herzens

Eine weitere Episode aus Elizabeths Jugend bietet sich durch ihren einzigen erfolgreichen Versuch, ein Tagebuch zu führen, unserem Blick dar und zeigt, wie schwierig es ist, die Vater-Tochter-Beziehung vom allgemeinen Widerstand einer patriarchalisch geprägten Kultur zu trennen, die sich Elizabeths Verlangen nach Anerkennung als unabhängige, kreative Frau widersetzte.

Die Jahre 1827–1832 stellten für die Famililе Barrett eine harte Zeit dar. Mary Barrett starb 1828 nach einjähriger Krankheit. 1831 hatten Edward Barretts finanzielle Verhältnisse einen solchen Niedergang erfahren, daß er Hope End verkaufen mußte. Seine geschäftlichen Schwierigkeiten erforderten eine häufige Abwesenheit von der Familie. Zum Glück für Elizabeth erregte sie durch die Veröffentlichung von *An Essay on Mind* im Jahr 1826 die Aufmerksamkeit eines neuen Nachbarn, des fünfundvierzigjährigen blinden Gelehrten Hugh Stuart Boyd. Seine ›Sehbehinderung‹, sein Alter und die Tatsache, daß er eine Frau und eine Tochter hatte, machten ihn zum idealen Partner einer platonischen Freundschaft. Trotzdem wies Barrett seine Tochter darauf hin, daß es für sie als ›junge Frau‹ unschicklich sei, den ersten Besuch zu machen. Aber nachdem die Freundschaft einmal begonnen hatte, wuchs sie auf der Grundlage von Achtung, Bewunderung und dem gegenseitigen Bedürfnis nach intellektueller Anregung. Boyd umgab sich mit zahlreichen jungen Frauen, die seine Protegées waren und ihm als Vorleserinnen und Sekretärinnen dienten. Unter ihnen nahm Elizabeth die etwas heikle Position der Favoritin ein. Boyd erscheint uns, wie auch Elizabeth in späteren Jahren, als verschrobener und ziemlich engstirniger Pedant. In den Jahren ihrer vertrauten Freundschaft – ›ohne Vertrauen keine Freundschaft‹, erklärte Boyd – brauchte ihn Elizabeth, um ihre Fähigkeit zu starken Gefühlen außerhalb der Familie zu erforschen. Trotz der unterschiedlichen Temperamente, der eifersüchtigen Einmischungsversuche beider Familien und Elizabeths angegriffener Gesundheit entwickelte sich diese Beziehung zu einer Art Liebesäffäre, und Elizabeth bekam einen Vorgeschmack von den wachsenden Besitzansprüchen, die ihr Vater seinen Kindern gegenüber erhob.

Im März 1832, als Elizabeth ihr Tagebuch begann, hatte die Beziehung zu Boyd ihren Höhepunkt erreicht, und auch die Spannung über das Schicksal von Hope End stieg ständig. Aus dem Tagebuch geht hervor, daß die ganze Familie in Edwards Briefen und Launen nach Hinweisen auf den weiteren Verlauf ihres Lebens suchte. Barrett hatte ihren Bruder angewiesen, den Mädchen gegenüber ›nichts andeuten zu lassen, was auf einen Umzug hindeutet‹. Sein eigensinniges Schweigen über den bevorstehenden Verlust seines Königreiches unterstrich seine uneingeschränkte Machtstellung innerhalb der Familie.

Wie *Glimpses* diente auch das Tagebuch dazu ›die Gedanken meines Herzens wie die meines Kopfes‹ aufzuzeichnen, und die lange Einleitung entstand nach einem äußeren und inneren Gewitter, das ›heiße und kalte Angst in mir und vielen anderen, die mir nah und fern sind‹, hervorrief; ›ich war besorgt um Papa und Bro, die nicht da waren – um Mister Boyd, der in Malvern ist, wohin der Sturm weiterzog. Arabel träumte letzte Nacht, *er* sei tot, und ich habe gelacht! Was für ein dummer Traum...‹ Jener ›*er*‹ in Arabels Traum steht in Elizabeths Assozationen für alle Menschen, die sie liebte und haßte. Der Eintrag fährt fort mit einer düsteren Betrachtung über die Beziehung zwischen ihr und Boyd: ›Ich habe den Verdacht, daß seine Freundschaft von seiner literarischen Wertschätzung abhängig ist und daß sie nicht so groß ist, daß ich es mir leisten könnte, auch nur einen Teil davon zu verlieren.‹ Diese negative Einschätzung ihres Wertes in den Augen von Männern durchzieht auch den letzten Teil des Eintrags, einer auf den ersten Blick fröhlichen Schilderung von Edward Barretts Zufriedenheit, als er von Bros Erfolg als Tischredner erfuhr: ›Lieber Papa! Lieber Bro!‹ Die unzusammenhängenden ›Bruchstücke‹ sind eine assoziative Beschreibung von Angst, Zorn, Sehnsucht und drohendem Verlust, bei der ihr sexuelles und ihr kreatives Selbst die nicht näher bestimmten Protagonisten sind. Kein Wunder, daß sie sich Sorgen machte, ihr ›sehr genauer und ausschließlicher und eifriger und stürmischer und *starker*‹ Geist könne Gedanken hervorbringen, deren Anblick sie ›nach der Niederschrift... nicht ertragen‹ könne. Das sexuelle Element in diesen Gedanken erschreckte sie und zog sie zugleich an: ›Adam nahm sich ein Feigenblatt nicht nur für den Körper, sondern auch für den Geist.‹

Gegen Ende des Tagebuchs schildert Elizabeth einen Traum, der die Jahre ihrer Qual beschreibt und zusammenfaßt. ›Träumte von Adolphe und Endymion und einer Dame, die abwechselnd Emily und Amalthea war und die Endymion ermordete, deren Seele mit Adolphe verschmolz. Papa machte ihr Vorwürfe. Aber sie hob ihr wunderschönes Gesicht und sagte: ›Und doch bin ich sehr schön.‹ ›Tönerne Maske‹, sagte Papa!‹ Diese mythisch-romantischen Figuren entsprechen der klassischen Welt, die Elizabeth und Boyd in ihr ›modernes‹, kreatives Leben integriert hatten. Endymion/Adolphe (der griechische Jüngling verschmolz mit Constants byronartigem Helden) wird von zwei edlen Töchtern ermordet, von Amalthea, dem Kind des Königs von Kreta und der Amme von Zeus, und Emily, der Heldin von Ann Radcliffes *Mysteries of Udolpho*, das Elizabeth im Sommer zuvor gelesen hatte. Radcliffes Roman sprach Elizabeths Ängste an, denn die verwaiste Emily muß mit ansehen, wie ihr sicheres ländliches Heim zerstört wird, und fällt lüsternen gotischen Plünderern zum Opfer. In dem Traum tötet diese aus mehreren Komponenten zusammengesetzte Tochter das Verlangen in Form einer ihm entsprechenden Gestalt: der eines schönen jungen Mannes. Vielleicht steht dieser Mord auch für die Verführung, die er verhindern sollte; vielleicht sollte auch der romantische Held in den Gedanken der Träumenden getötet werden. Gewiß gehören alle diese passiven/aktiven Identitäten zur Träumend-Frevelnden, deren kokette Rechtfertigung auf die Ablehnung des Vaters stößt – auf die blinde Indifferenz einer tönernen Totenmaske gegenüber einer Tochter, die auf tönernen Füßen steht. Dies ist nur eine von vielen möglichen Interpretationen, eine Interpretation, die in diesem Traum das Bild der Frustration jener kritischen Monate sieht, in denen Elizabeths Zukunft als Künstlerin, Frau und Tochter vollständig von den Worten und Ansichten zweier Männer abzuhängen schien, die beide zugleich zurückhaltend und besitzergreifend und für sie außerdem sexuell tabu waren.

In *Aurora Leigh* ist die weibliche Tendenz zu emotionaler und künstlerischer Abhängigkeit vom Lob »eines Freundes« in bitterer Ausführlichkeit dargestellt und wird schließlich in einer brillianten Passage verurteilt, die mit den Worten endet: ›Muß ich vergeblich schaffen, / ohne den Beifall eines Mannes? / Das kann nicht sein; daß soll nicht sein.‹ Aber das Tagebuch, ein weiterer Versuch, die Bedeutung der Unabhängigkeit zu erforschen, erbrachte den allzu schmerzlichen Beweis dieser geschlechtlich bedingten, unbefriedigenden Abhängigkeit. Nach einem Jahr brach sie es ›voller Selbstekel‹ ab.

Der Familienroman der Neurotiker

Die ersten Zeilen von *Der Familienroman der Neurotiker*, einem der packendsten kurzen Essays von Sigmund Freud, rufen uns ins Bewußtsein, wie weit verbreitet die Schwierigkeiten waren, denen sich unsere romantische Heldin gegenüber sah. Freud war der Meinung, daß die ›Befreiung des heranwachsenden Individuums von der Autorität der Eltern eines der unerläßlichsten, wenn auch eines der schmerzhaftesten Ergebnisse ist, die seine Entwickung hervorbringt. ... Der gesamte Fortschritt der Gesellschaft beruht auf der Opposition zwischen zwei aufeinanderfolgenden Generationen‹. Menschen (nach Freuds therapeutischer Erfahrung im allgemeinen Männer), die dieser Aufgabe nicht gewachsen sind, neigen zu einer typischen neurotischen Fantasie, in der der wirkliche Vater ein Betrüger ist, der durch einen liebevollen

Vater, der sich in einer gesellschaftlich gehobeneren Stellung befindet, ersetzt wird. Diese Fantasie kann den gegebenen Umständen angepaßt werden und erlaubt unzählige Variationen. Durch die Neigung der Blutsbande beispielsweise können Geschwister zu Geliebten werden – die Handlung und die Figuren der Familiengeschichte des Betreffenden können so abgeändert werden, daß die Erfüllung einer Vielzahl unerfüllbarer Wünsche möglich erscheint. Die familiäre Liebesbeziehung, die ursprünglich sowohl aus dem Gefühl des Kindes, nicht genug geliebt und anerkannt zu werden, als auch aus dem Schuldgefühl angesichts seiner nicht zu leugnenden Feindseligkeit entsteht, gründet sich ebensosehr auf die Überbewertung des abgelehnten Elternteils wie auf den Haß, den das Kind für es empfindet. In der Ersatzperson, die das Kind sich in seiner Fantasie schafft, sind die Eigenschaften des eigentlichen Elternteils immer noch zu erkennen. Der ›neurotische Familienroman‹ einer Frau ist immer stark durch ihre Weiblichkeit, durch die innere und äußere Konstruktion eines geschlechtlichen Unterschiedes gekennzeichnet. Für die Weiblichkeit ist es unabdingbar, daß Frauen auch als Erwachsene in gewisser Weise kindliche Eigenschaften behalten, daß sie der Autorität von Männern, die ihrer eigenen und höheren Klassen angehören, mit Ehrerbietung begegnen. Frauen stellen die väterliche Autorität nicht immer direkt in Frage, da sie nicht zu dem Geschlecht gehören, das in Konkurrenz zu dieser Autorität steht oder sie zu ersetzen sucht. Die Ansprüche des Erwachsenenlebens erlauben ihnen oft, die Rolle der Abhängigen beizubehalten; die Befreiung von ihren Vätern ist häufig nichts anderes als ein Wechel vom väterlichen in den ehelichen Haushalt. Aber Weiblichkeit stellt weder eine unabdingbare geschlechtsspezifische Eigenschaft noch eine sehr stabile psychologische Struktur dar. Die erwachsene Identität, nach der Elizabeth sich sehnte, befand sich in manchen, aber nicht allen Punkten im Widerspruch zur psychischen und gesellschaftlichen Auffassung von Weiblichkeit, und ihre Erfahrungen belegen, wie zerstörerisch die Aneignung einer ›normalen‹ Weiblichkeit sein kann und wie kulturell verschieden die Bedingungen hierfür sind.

Es mag sein, daß Edward Moulton Barrett zu den Bedingungen, die zu Elizabeths letztlichem Akt des Widerstandes führten, mehr beigetragen hat, als ihm bewußt war. Die Art und Weise, wie er sie als Kind behandelte, entsprach in der damaligen Gesellschaft eher der Behandlung eines älteren Sohnes – darauf deutet ein Brief hin, in dem er sie über seine Pläne bezüglich des Gutes Hope End ins Vertrauen zog. So verstärkte er den kindlichen Eigensinn, mit dem sie das Kinderzimmer beherrschte. Elizabeth verzichtete nie auf ihr Recht auf jenen Fühungsanspruch, dessen Höhepunkt sie in *Glimpses* in einem Alter von etwa drei Jahren sieht, einem Alter, in dem die vollen psychischen und gesellschaftlichen Implikationen des Unterschiedes zwischen Mann und Frau einem Kind noch nicht bewußt sind. Das vierzehnjährige Mädchen klammerte sich eigensinnig an jene prä-ödipale Zeit der Autonomie, der Handlungsfreiheit und der Leidenschaft, denn sie wußte aufgrund ihrer wunderbaren Weitsicht, daß hier die Wurzeln ihres Daseins als romantische Künstlerin lagen. Edward identifiziert sich, wie Eltern es manchmal tun, mit ihrer Begabung, er förderte ihre frühreife Intelligenz und belohnte ihre poetischen Bemühungen, und dadurch ermöglichte er es ihr, ohne es zu wollen, sich als ›Hofdichter‹ zu sehen (in *Glimpses* läßt sie die weibliche Endung ›-in‹ weg). Für den Vater war dieser Teil nichts weiter als ein kleiner Witz; die Tochter jedoch nahm ihn äußerst ernst.

Während sie erst Märchen, dann Romane und schließlich klassische Literatur, Philosophie und moderne Lyrik las, nahm in ihr das Bild einer romantischen Dichterin Gestalt an. Als ältestes Kind, das in relativer gesellschaftlicher Abgeschiedenheit aufwuchs, genoß sie mehr Freiheit als die meisten anderen Mädchen, sich eine Welt vorzustellen, in der es möglich war, Dichterin *und* Frau zu sein. Das Bild des romantischen Dichters war männlich definiert; es basierte auf Autorität, Autonomie und der Möglickeit, starke Gefühle auszudrücken. Wenn Frauen Gefühle ausdrückten – das wußte die vierzigjährige Elizabeth aus Erfahrung und aus ihrer Lektüre –, dann war das in den Augen anderer ein Symbol für Schwäche, Unterlegenheit und Abhängigkeit. Der widersprüchliche Gebrauch des Wortes ›Beherrschung‹ in *Glimpses* –

Selbstbeherrschung, Beherrschung der Bedeutung von Wörtern – deutet auf das Dilemma hin: Was sie in den Augen anderer verletzlich machte, war für ihr kreatives Selbst eine notwendige Stärke. Als Bro auf die Schule geschickt wurde und Elizabeth einsam und ohne Lehrer zurückblieb, erfuhr sie, wie hart das Schicksal, nicht ein Sohn, sondern eine Tochter zu sein, wirklich war. *Glimpses* ist ein Aufschrei, mit dem sie sich gegen das Los der Weiblichkeit wehrt. Die Krankheit, die sie ein Jahr später überfiel, bringt ebenso deutlich die starken Konflikte zum Ausdruck, die sie nicht zu lösen vermochte. Das Tagebuch von Hope End war ein weiterer Versuch, diesen sinnlosen gesellschaftlichen und spirituellen Widerspruch zu überwinden.

Zwischen Elizabeths zwanzigstem und dreißigstem Lebensjahr trat das Pathologische im Charakter ihres Vaters immer deutlicher hervor. Der Verlust von Hope Ende war ein schwerer Schlag für das Bild gewesen, das er von sich selbst als Vater hatte; noch zehn Jahre später durfte der Name in seiner Gegenwart nicht erwähnt werden. Er war entschlossen, seine väterliche Macht auf gar keinen Fall weiter in Frage stellen zu lassen, und so setzte er seinen Willen und die ihm verbliebenen erheblichen finanziellen Mittel ein, um seine Familie als absoluter Monarch zu regieren. Mochte seine Tochter auf kulturellem Gebiet Lorbeeren erringen, soviel sie wollte – das einzige, was für ihn zählte, war ihre materielle Abhängigkeit von ihm.

Viele Jahre lang akzeptierte Elizabeth diese nie eindeutig ausgesprochene Bedingung, obwohl ihre immer wiederkehrenden, schwächenden Krankheiten nur zu deutlich zeigen, welchen Preis sie dafür zu zahlen hatte. Zwei zeitlich zusammenfallende Ereignisse halfen ihr, sich freizumachen. 1845 stellte sich Browning ihr in einem Brief vor, in dem er ihr seine glühende Bewunderung zum Ausdruck brachte und der begann: ›Ich liebe Ihre Gedichte von ganzem Herzen, liebe Miss Barrett.‹ Und er pries ›die frische, seltsame Musik, die flüssige Sprache, das herrliche Pathos und diese echten, neuen, mutigen Gedanken... Das alles erhebt meine Gefühle. Ich liebe, wie gesagt, diese Bücher von ganzem Herzen – ich liebe auch Sie.‹ Die darauf folgenden persönlichen Begegnungen bestärken ihn in seiner Verliebtheit und weckten Zuneigung in Elizabeth. Wie konnte sie dieser späten Anerkennung ihrer Kunst und ihrer Weiblichkeit widerstehen? Gleichzeitig rieten ihr die Ärzte, sie müsse, wenn sie nicht bald sterben wolle, der Kälte des englischen Winters nach Süden entfliehen. Als ihr Vater sich weigerte, ihren Plänen zuzustimmen, den Winter in angemessener Begleitung im Ausland zu verbringen, schritt sie schließlich zur Tat. Da Browning ihr den Rücken stärkte, fand sie den Mut, sich dem Willen ihres Vaters zu widersetzen. Immerhin war Edward Barretts Liebe nicht von der Art, für die zu sterben sie bereit war. Nachdem sie sich jahrelang Aspekten der Weiblichkeit ausgesetzt hatte, die ihren Charakter verkrüppelten, und sich gleichzeitig ihre innere Willensstärke bewahrt hatte, sah sie sich plötzlich in der Lage, das erstere neu zu definieren, ohne das letztere aufzugeben. Brownings Alter, sein Status, seine Armut und sein sanfter Charakter sprachen für ihn. In persönlicher Hinsicht war der Preis, den sie für die Überbewertung männlicher Autoritätsfiguren bezahlt hatte, sehr hoch gewesen. Danach war sie nur noch bereit, politische Patriarchen zu verehren – sie brauchte ein Ventil für die Faszination, die für sie von starken Männern ausging. Und sie verehrte sie, trotz Brownings Mißbilligung, tatsächlich – angefangen von Cavour bis zu Napoleon III. Diese Männer waren für sie ein Bestandteil der politischen Bewunderung, die sie für Italien empfand.

Aber in *Aurora Leigh* hat sie ihrer eigenen schweren Vergangenheit und den Männern, die darin eine Rolle spielten, ein Denkmal gesetzt, und das Muster entspricht dem von Freuds *Familienromans der Neurotiker*. Der liebevolle, liberale englische Vater von Buch I ist mit Sicherheit der Vater ihrer frühen Kindheit in Hope End, der seiner Tochter freien Zugang zu seiner Bibliothek gewährt und der mit Emilys idealistischen, nachgiebigem Vater aus *Mysteries of Udolpho* verschmilzt. In Auroras Cousin und zukünftigen Ehemann, Romney Leigh, sind die drei wichtigen Beziehungen zu Männern, die sie in ihrer Jugend hatte, – Papa, Bro, Boyd – eingeflossen. Ganz wie es der Struktur des Familienromans entspricht, trägt Romney denselben Nachnamen wie sie, was ihn zu einem Verwandten macht, zu dem sie sexuellen Zugang hat. Wie der Vater, der Bruder und Boyd bewundert auch der junge Romney Auroras Begabung. Er leiht ihr Bücher, ohne ihr Recht auf eine unabhängige kreative Identität wirklich anzuerkennen. Und in dem traurigeren, aber weiseren Romney späterer Jahre, der mit Blindheit ›gestraft‹ ist, aber sein Verlangen nach seiner Cousine nicht verloren hat, ist das erotische Element der Beziehung zu Boyd auf zärtliche Weise zum Ausdruck gebracht. Dieser Cousin/Liebhaber trägt jedoch auch weit weniger schmeichelhafte Züge: Romneys tragischer Flirt mit ›abstrakten‹, radikalen politischen Ideen bringt jenen Abscheu vor radikalen Theorien zum Ausdruck, welche die junge Elizabeth von ihrem Vater lernte, der in politischen Dingen liberal war, zu Hause jedoch mit despotischer Absolutheit herrschte.

In der Handlung und in den Figuren von *Aurora Leigh* tritt nirgends der unversöhnliche alte Mann auf, der während der Entstehung des Werkes noch lebte. Die immer noch verbitterte Autorin verweigert ihrem Vater jeden Einfluß auf ihr Leben als erwachsene Dichterin, indem sie ihn aus diesem Werk ausspart. Keusch, arbeitsam und unabhängig durchlebt die junge Aurora, ganz auf sich allein gestellt, ihre zwanziger Jahre in London – sie ist die eigenständigste und erfolgreichste Waise in der viktorianischen Romanliteratur. Dennoch sind einige Facetten von Barrett sen. und seinem Werdegang, durch Elizabeth künstlich bearbeitet, deutlich erkennbar. Während Romneys wechselhafter Karriere als Sozialist trägt er sich mit dem Gedanken, eine politische Ehe mit einem reinen, hingebungsvollen, abhängigen Mädchen aus der Arbeiterklasse einzugehen. Ihr Name ist Marian Earle, und ihr Charakter und ihr Vorname erinnern an die sanfte, passive Mary Barrett, während ihr Nachname ihre tatsächliche soziale Stellung angibt. Vermittels dieser zum Scheitern verurteilten Mésalliance über die Klassenschranken hinweg kritisiert Elizabeth die emotional unausgegelichene Verbindung zwischen ihren Eltern, wobei sie vielleicht Edwards ökonomische Beweggründe durch Romneys politische ersetzt. In Elizabeths Geschichte vermag jedoch nur wahre und gleichberechtigte Liebe zu binden; indem sie Romney gewinnt, verwirklicht Aurora für sich die perfekte, harmonische Verbindung, und ihre Schöpferin, jene Tochter, die einst anmaßende Ansprüche stellte, entreißt ihren despotischen Vater ihrer einzigen ernstzunehmenden Rivalin. Und doch hat Marian vieles von einer Heiligen, und die Passage gegen Ende des Gedichtes, in der sie, ihr unehelicher Sohn und Auroa gemeinsam glücklich in Italien leben, ist eine idyllische Transformation der Jahre, in denen Mary und Elizabeth die Aufsicht über die halbwüchsige, hauptsächlich männliche Barrett-Nachkommenschaft hatten. In dem harmonischen Haushalt ihrer Fantasie, in dem jede Äußerung von Liebe erlaubt war, nahm die Dichterin/Tochter die erste Stelle ein.

Die familiäre Liebesgeschichte, die in *Aurora Leigh* eingewoben ist, ist nur *ein* Strang dieses vielschichtigen Gedichtes, der ersten und großartigsten Verherrlichung des kreativen Potentials der Frauen in englischer Sprache. Romane von Frauen, insbesondere ihre utopischen Schriften, stellen zentrale Texte innerhalb des Feminismus dar, denn sie beschreiben das Terrain, das der politische Feminismus zu verändern hofft. In *Auroa Leigh* versucht Elizabeth Browning die Entwicklung einer Dichterin gedanklich nachzuvollziehen, ohne auf den willkürlichen Vater einzugehen, der sie während der ersten vierzig Jahre ihres Lebens beherrscht, der Jahre, in denen sie zur Künstlerin reifte. Bis zu einem gewissen Punkt gelingt ihr das, aber wie ich bereits aufgezeigt habe, ist ›Papa‹ trotz der Tarnung des fiktionalen Vaters und des Cousins/Liebhabers deutlich zu erkennen. Seine guten wie seine schlechten Eigenschaften werden beschrieben, seine Liebe und sein Verlangen sind auf den letzten Seiten geschildert. Ich betrachte diese Wiederkehr des Vaters in *Aurora Leigh* nicht als ein Element, das die feministische Intention oder Botschaft des Werkes mindert. Im Gegenteil: Es schildert das Problem der Väter (und nicht nur der schlimmen Väter) in seiner schwierigsten, anspruchsvollsten Form. Die Utopien von Frauen sind oft durch die Abwesenheit oder Schwächung väterlicher Autorität charakterisiert – und dies stellt an sich schon eine wichtige schöpferische Umgestaltung unseres Lebens dar. Dennoch ist der Schattenvater auch in uns ebenso wie in Elizabeths Gedichtroman noch lebendig, und er setzt die Bedingungen fest, auf denen unsere Weiblichkeit und unser Feminismus aufgebaut sind und gelebt werden. Wollen wir ihn wirkich ganz und gar beseitigen? Elizabeths Leben und Werk, wie es sich in ihren veröffentlichten und privaten Schriften präsentiert, zeigt, wie unvollkommen der gesellschaftliche und der psychologische Vater aufeinander abgestimmt sind. Zwischen dem Despoten ›von Gottes Gnaden‹ und dem Vater, dessen ›tiefe, zärtliche Liebe‹ die Sehnsüchte seiner Tochter sowohl nährte als auch zunichte machte, besteht ein Zusammenhang. Können wir den einen absetzen, ohne den anderen zu opfern, jenen geliebten, liebevollen, unvollkommenen Vater, von dessen Einfluß wir uns als Kinder wie als Frauen freimachen müsssen?

Als ich versuchte, über die Beziehung zwischen meinem Vater und mir zu schreiben, konnte ich nur das Hin und Her unseres Kampfes schildern. Bezeichnenderweise gelang es mir nicht, mich an das Thema oder den Vorwand auch nur einer einzigen unserer schmerzhaften Auseinandersetzung zu erinnern, die zwischen meinem fünften und meinem einundzwanzigsten Lebensjahr, als ich mein Elternhaus verließ, so häufig ausbrachen. Einundzwanzig Jahre nach diesem Bruch kommt es mir so vor, als seien diese verzweifelten Kämpfe um Unabhängigkeit nicht mehr – aber auch nicht weniger – wichtig als der außerordentliche Einfluß, das Beispiel, die Unterstützung und die Liebe meines Vaters, die mein Leben auf positive Weise geformt haben. Eigenwillige Töchter dominierender Männer werden in ihnen zwangsläufig ›all jene patriarchalischen Gedanken‹ wiederfinden, von denen unsere Kultur übervoll ist. Sie werden politische Unabhängigkeit entwickeln, indem sie ihre Verbote, und werden sie auch noch so selten ausgesprochen, übertreten, und sie werden sich, mit an Sicherheit grenzender Wahrscheinlichkeit, einen sanfteren, liebvolleren Vater vorstellen. Ich kann mich nicht daran erinnern, daß mein Vater mir jemals den Zutritt zu jener Welt verweigert hätte, nach der ich mich sehnte, aber seine bloße Existenz war das Symbold eines Weges, der mir verwehrt war. Elizabeths Geschichte, mit der ich zum ersten Mal durch das Bühnenstück von Besier konfrontiert wurde, sprach mich – und gewiß auch viele andere Frauen –

sofort an, denn die Last der Schuld und des unrechtmäßigen sexuellen Verlangens, die Vater-Tochter-Beziehung kennzeichnet, wird hier den Männern auferlegt, die sie, nach Ansicht mancher Feministinnen, auch zu tragen haben. Mein Studium von Elizabeths Leben und die Betrachtung meiner persönlichen Geschichte deuten auf ein komplexeres Szenario hin, in dem über Liebe, Zorn, Schuld und Verlangen nicht in einem Bariton-Solo, sondern in einem Duett gesungen wird und in dem Töchter ebensowenig lediglich die gesellschaftlichen und seelischen Opfer ihrer Väter sind wie die Väter unverbesserlicher Schurken. Weil literarische Texte sowohl eine gesellschaftliche als auch eine psychologische Realität in sich bergen und die Welt der materiellen und der der imaginären Möglichkeiten verbinden, ist in ihnen diese widersprüchliche Verbindung umfassender und genauer herausgearbeitet als in den meisten anderen Abhandlungen. Nirgends kommt dies schärfer und verdichteter zum Ausdruck als in Leben und Werk von Elizabeth Barrett Browning.

BRIGITTE SCHWAIGER

Gespräch mit meinem toten Vater

Brigitte Schwaiger, geboren am 6. April 1949 in Freistadt/Oberösterreich als Tochter eines Medizinalrates, unterrichtete nach ihrem Studium Deutsch und Englisch in Spanien, malte und bildhauerte nebenher, kam dann über die Pädagogische Akademie zum Theater und zuletzt zum Schreiben. Sie verfaßte die Theaterstücke ›Nestwärme‹ und ›Liebesversuche‹, die Einakter ›Die Klosterfrau‹ und ›Büroklammern‹ sowie die Hörspiele ›Steirerkostüm‹, ›Murmeltiere‹ und ›Die Böck', die Kinder und die Fisch'‹. Ihr Erstlingsroman ›Wie kommt das Salz ins Meer‹ wurde zu einem sensationellen Erfolg und in mehrere Sprachen übersetzt. Viel beachtet wurde auch ihr Prosabend ›Mein spanisches Dorf‹. 1980 veröffentlichte sie gemeinsam mit Arnulf Rainer ›Malstunde‹.

Es ist schon dunkel. Vielleicht ist das Tor geschlossen. Dann werde ich über die Mauer klettern. Ich will zu meinem Vater, jetzt. Auch wenn geschlossesn ist. Aber das Tor läßt sich leicht öffnen. So finster ist es, daß andere Kinder sich fürchten würden, um diese Zeit durch die Grabreihen zu gehen. Schau, Vater, herauf und herunter, da bin ich. Ich möchte dir etwas sagen. Mein Auto steht draußen an der Friedhofsmauer. Ich habe es nicht versperrt. So eilig habe ich es, zu dir zu kommen. Blödsinn, sagt er, du hast doch sicher Geld im Auto, Geld ist Geld! Ich möchte aber nicht schon wieder über Geld mit dir reden. Was haben sie dir denn da hergemeißelt? Ist dir die Schrift recht? Weißt du, wie lange ich als Kind in deiner Ordination saß, nachmittags, wenn du Krankenbesuche machtest, und die Privatrezeptblöcke betrachtete? Ich empfand für alles, was mit deinem Namen bedruckt war, ehrfürchtige Liebe. Ein Vater, der so wichtig war, daß man seinen Namen druckte. Doktor der gesamten Heilkunde. Ich war so stolz auf dich. Du warst so wichtig, daß man dich nur selten sehen konnte. Wurdest ständig gebraucht von deinen Kranken. Wenn du heimkamst, warst du müde. Mutter schickte uns in unsere Zimmer. Der Vater hat genug Gesichter gesehen den ganzen Tag! Er braucht Ruhe.

Birer lebt. Drei Jahre, sagtest du, als ich dir vor fünf oder sechs Jahren von seiner Krankheit erzählte.

Als ich Birer kennenlernte, hoffte ich, er würde dich überleben. Birer war für mich da, wenn ich Fragen hatte. Wann hättest du dir Zeit genommen, mit mir zu reden? Als ich begriff, daß du sterben würdest, nahm ich es dir übel, daß du einfach fortgingst, ohne jemals für mich vorhanden gewesen zu sein.

Mach ein bißchen auf. Sag etwas mit deiner Stimme. Sag vielleicht: Oh, du bist hier? Das freut mich aber, daß du gekommen bist! Sag etwas in dem liebevollen Ton, den du für mich hattest, wenn du in Gegenwart eines Patienten in deiner Ordination mit mir telefoniertest. Wenn die Patienten dich hören konnten und sehen konnten, warst du ganz anders zu all deinen Töchtern. Sag etwas. Laß mich nicht so dastehen.

Wenn es etwas gibt, schweb heran! Leg deine Hände auf meine Hüften, wie ich das nie haben wollte, wenn du nicht anders kannst. Ein Friedhofsmörder könnte mich erwürgen und zerstückeln. Diese Gefahr gehe ich für dich ein. Siehst du, was für Macht du hast? Und wie überlegen du mir jetzt schon wieder bist. Aber ich glaube nicht, daß du dich hast aufnehmen lassen in die große Gemeinschaft der Heiligen. Du sitzt irgendwo allein und verfluchst Mutter, weil sie dir nicht die Wärmflasche bringt. Du willst nicht zusammen mit den gewöhnlichen Toten rund um den Herrgott sitzen. Wenn es einen Herrgott gibt, sagstest du einmal, dann soll er die Krankheiten abschaffen! Der Herrgott sollte dir lieber die Wärmflasche geben, Kamillentee und Schafwolldecken. Und eine Zeitung. Aber hab Geduld, wir kommen ja nach. Großmutter ist schon recht alt. Und wir sind auch sterblich. Dann bringen wir dir Zigaretten und lassen uns wieder von dir erzählen, wie du geritten bist am norwegischen Eismeer, was für dicke Lachse du gefischt hast, und wir bewundern dich. Und wenn Mutter und die Schwestern schlafen gegangen sind, bleibe ich in der Küche sitzen und frage dich, ob du dich erinnerst an das weiße Kleid, wie ich im weißen Kleid zu dir gekommen bin, wie du das sagtest von der kleinen Geliebten, wie eine kleine Geliebte, wie eine heimliche Geliebte, und du antwortest: Ja, ja. Dann gehst auch du schlafen, und ich sitze allein in der Küche, trinke den Bierrest aus deinem Glas, werfe deine Zigarettenstummel weg, schaue nach, von wem die Ansichtskarten sind, die an der Holzleiste hinter deinem Eßplatz stecken. Patienten, die auf ihren Urlaubsreisen an dich dachten, Sportfliegerfreunde, Kriegskameraden, lauter Menschen, die einen besseren Weg zu dir wußten als ich. Meine Briefe hast du nie beantwortet. Wer war ich denn. Nur eine von den vier Töchtern, die dir das Leben vergällten. Gute Nacht, sage ich. Gute Nacht, sagst du in dem Ton, der zugleich ein lautes Seufzen ist, ein Vorwurf von dir an dich selbst, uns gezeugt zu haben. Du tatest mir oft leid, wenn ich uns so anschaute. Aber auch wir hatten uns dich und Mutter nicht ausgesucht. Ich hasse mich selbst, wie ich jetzt kerzengrade stehe vor einem Fleck Erde, unter dem du wahrscheinlich kerzengerade liegst. Jeder an seinem vorläufigen Platz. Ein rechter Winkel zwischen dir und mir. Ich bin gekommen, um Andacht zu halten. Aber du sagst nichts, und ich spüre nur mein Lebendigsein. Papa, lieber. Wir haben ein Papier bedrucken lassen mit deinem Namen und deinem Bild. Sympathisch bist du ja, blickst ernst und pflichtbewußt. Der gute Arzt. Ich trage dich in meiner Handtasche herum. So ein Vater, den man auseinanderfalten und herzeigen kann. Ich bin enttäuscht, wenn ich dich herzeige und die Leute, die dich nicht gekannt haben, schweigen. Ich möchte, daß sie dich bewundern, wie du es verdienst. Ich möchte, daß die, die dich gekannt und verehrt haben, dich hassen, wie du es verdienst. Ich möchte weinen können um dich. Wenn ich dich hergezeigt habe, falte ich dich zusammen und stecke dich wieder ein. Es hilft mir niemand, dich zu betrauern. Soll ich das Mutter ausrichten, wegen der Wärmflasche? Wenn sonst noch etwas ist, schreib es auf, leg den Zettel heraus, wir holen ihn dann jeden Tag.

Herrgott! Ich bin tot und habe eine Tochter, die ihr Maul nicht halten kann!

Mutter möchte das Schlafzimmer grün ausmalen lassen und die Möbel umstellen. Die Bilder im Vorhaus hat sie anders hingehängt. Bernhard will die Schuhe und den Matrosenanzug nicht tragen. Er wehrt sich heftig, wenn Mutter ihm zu erklären versucht, daß es gute Schuhe und ein teurer Anzug sind. Aber die gehören doch nur für das Begräbnis, sagt Bernhard.

Denkst du oft an deinen Opa, fragte ich ihn bei meinem letzten Besuch. Immer muß ich an den Opa denken, sagte Bernhard. Warum können Kinder nicht auch tot sein?

Er schläft in deinem Bett und sagt: Ich bin jetzt Opa.

Als Mutter verärgert die Weckuhr schüttelt, die nicht funktionierte, und sich beklagte über das kaputte Zeug, wies Bernhard sie zurecht:

Das ist kein Zeug! Das hat mein Opa gekauft!

Er hält seine Kleider in Ordnung, wie er es von dir gelernt hat.

Es ist ein Unterschied, wenn man gefragt wird nach dem Vater, ob man sagt: Mein Vater ist, oder: Mein Vater war. Ich sage gern: Mein Vater war. Andere Sätze gibt es noch, die ich gern ausspreche. Sie beginnen alle mit: Seit dem Tod meines Vaters.

Das Warten auf dein Sterben, wie wenn man im Theater sitzt und der Vorhang sich nicht hebt. Und wenn er stirbt. Und wenn er tot ist. Ob ich da etwas fühlen würde, frage ich mich. Würde ich da weinen können? Oder die ganze Angelegenheit auf andere Weise hinter mich bringen? Die Selbstmörderin, die einen Brief hinterläßt: Legt mich nicht ins Familiengrab. Und wenn er stirbt. Und wenn er tot ist. Wieder weg von deinem Bett, ins Auto, auf die Autobahn. Im Radio wurde in den Nachrichten durchgegeben, daß der Papst an Herzversagen gestorben ist. Gut, daß du das nicht mehr erfahren konntest. Es hätte dich geärgert, daß der es um so vieles leichter hatte. Es ärgerte dich ja auch, daß unser jüdischer Bundeskanzler gerade zu der Zeit, als du im Spital liegen mußtest, seinen Sommerurlaub auf der Insel, die du geliebt hattest, verbrachte. In den Bergen, wo du Rosmarin pflücktest und vorhattest, dir fürs Alter ein Haus zu kaufen. Jeden Morgen, wenn die Krankenschwester das Frühstück gebracht hatte, das du nicht mehr essen konntest, sagtest du zu Mutter: Und der Bundeskanzler ißt jetzt zwei Eier, ein Butterbrot mit Marmelade und trinkt Kaffee!

Der schwarze Christus hängt dürr von unserer marmornen Wand. Unser Familiengrab, das schönste vom ganzen Friedhof. Über deinem Namen der Name des Großvaters. Auf sein Begräbnis freute ich mich schon, als er noch lebte. Da trug er den vollen Wasserkrug vom Kinderzimmer, in dem ich Klavier übte, in sein Schlafzimmer. Während er am Waschbekken stand, in Filzschuhen, groß und schweigsam, versuchte ich besonders schön zu spielen, ein Stück, das ich schon beherrschte. Aber er sagte nichts. Ganz vorne werde ich gehen, dachte ich, wenn er an mir vorbei mit dem Krug in sein Schlafzimmer verschwand.

Meine Eltern, diese... Wie sagtest du im Sterbebett? Meine Eltern, diese... Haben mich ins Haus zurückgeholt, und ich habe diese... Wie drücktest du es aus? Ganz betreten schaute Mutter drein, als du dich im Bett aufsetztest und das sagtest.

Was hast du deinen Eltern gesagt, kurz vor deinem Tod? Wie hast du den toten Großvater verflucht und die lebende Großmutter, die schon um dich trauerte, ihren Gescheitesten, Erstgeborenen, Tüchtigsten? Meine Eltern, die könnte ich heute noch erwürgen dafür, daß sie mich in ihr Haus zurückgelockt haben. Ja, so sagtest du. Und gar nicht feierlich, wie wir den Großvater begruben. Auf diesem Friedhof, genau hier, wo ich jetzt steh, drehtest du deinen Hut in den Händen. Die Zeremonie dauerte dir zu lange. Beim Leichenschmaus machtest du einen Witz über Großmutters Unart, mit vollem Mund zu sprechen.

Homo homini lupus, sagtest du oft. Man sollte keine Kinder haben, riefst du einmal, nach einem Streit. Das war an mich gerichtet.

Die stillen Stunden nach dem Mittagessen, wenn du dich ins Schlafzimmer zurückgezogen hattest. Mutter lauschte auf Zehenspitzen. Flügel wuchsen ihr, wenn sie deinen

Schlaf bewachte. Geh leise, du weckst Papa! Du bist rücksichtslos! Das war ein Wort, mit dem sie zuschlug, auf das man keine Antwort wußte, weil man die Bedeutung nicht verstand. Rücksichtslos, das war etwas sehr Schlechtes. Es hagelte immer wieder dieses Wort, weil ich vergaß, daß du im Bett lagst, wenn ich die Stiegen heraufkam, von der Straße ins Haus, harmlos, und oben sprang Mutter mir entgegen mit wutverzerrtem Gesicht, daß ich es gleich vergessen mußte, und am nächsten Tag zur gleichen Zeit hatte ich es wieder vor mir. Rücksichtslos! Da kann man sich nur ducken und davonschleichen, weil man ein Kind ist, das schon schlecht auf die Welt gekommen ist. Ein Kind, das auf der Straße im Regenschlamm spielt, mit Kindern, die kein Umgang sind. Ein häßliches Kind, dem die Vorderzähne nicht wachsen, das man nicht fotografiert, wenn die kleinen Schwestern fotografiert werden. Du, geht weg, stör uns nicht, sei nicht lästig, tu den Schwestern nicht weh, laß sie schlafen, gib ihnen von deiner Schokolade, sei nicht so gierig. Mach deine Schulaufgaben woanders!

Ein Kind war ich, das sich auf den Balkon stellte und in die Hose machte, um zu fühlen, wie das ist, was sein wird, stehenbleiben in der warmen Lacke, bis Mutter kommt und sich wundert. So, wie sie sich wunderte, wenn ich ihr den Suppenlöffel in den Mund schob: Bitte, leck ihn ab, bevor ich damit esse.

Leichenschmaus. Was für ein grobes Wort. Als würde man den Toten verzehren. Was für eine barbarische Sitte, sagte Mutter, gleich nach einer Beerdigung ins Wirtshaus zu gehen und sich vollzufressen. Das wird es in unserer Familie niemals geben, sagte sie.

Aber dann saßen wir doch im Wirtshaus. Wir hatten ein großes Buffet bestellt. Das konnten wir von der Erbschaftssteuer absetzen. Zuerst wurde nur Mineralwasser getrunken. Dann fing der erste Verwandte mit dem Rauchen an, und man ging über zu Wein. Als Bernhard mit vollem Teller vom Buffet kam, da stand auch der erste Erwachsene auf und langte tüchtig zu, und dann wurde nicht mehr über den Toten gesprochen. Man lobte die feine Zubereitung der Speisen, und die Gesichter wandten sich der Kamera des Onkels zu, der uns fotografierte und später die Bilder verschickte mit beigelegter Rechnung. Sehr gute Bilder haben wir, endlich einmal solche, auf denen alle Verwandten zu sehen sind.

Blödes Luder nanntest du sie. Nichts hat der Trampel gelernt. Den Tisch richtig decken, das ist das einzige, was ihr zu deiner Zufriedenheit gelang. Ein Vater muß ein Tischtuch haben. Die Kinder haben ihre Teller auf dem nackten Tisch stehen. Sonntags wird das Tuch auseinandergebreitet für alle. Gabel links vom Teller, Messer rechts, mit der Schneide nach innen. Das hat Mutter von dir gelernt, daß es unschicklich ist, ein Messer mit der Schneide nach außen zu legen. Der Suppenlöffel muß horizontal liegen. Salz und Pfeffer in Reichweite, nicht nur um nachzuwürzen. Auch zum Werfen, wenn du wütend bist. Damit du etwas gegen die Tür schleudern kannst wegen des Telefons, das zur Essenszeit läutet. Die lästigen Patienten, die nicht begreifen, daß der Doktor auch nur ein Mensch ist. Vor lauter Wut darüber, wie schlecht Mutter dich am Telefon verleugnet, springst du auf, reißt ihr den Hörer aus der Hand und bist wieder der gute, verständnisvolle Arzt, der sofort wegfährt und seine Pflicht erfüllt. Mit dem Besteck so umgehen, wie du es auf der Offiziersschule gelernt hast. Wir haben alles gelernt von dir und auch früh gelernt, andere Menschen wegen ihrer anderen Tischsitten zu verachten.

Wenn du deine Hauptmannsuniform aus dem Krieg daheim getragen hättest von Anfang an, dann wäre vielleicht vieles deutlicher gewesen.

Ein Vater, ein richtiger Vater, ist einer, den man nicht umarmen darf, den man nicht unterbrechen darf, wenn er spricht, dem man antworten muß, auch wenn er zum fünftenmal dasselbe fragt und es aussieht, als fragte er zum fünftenmal, um sich zu vergewissern, ob die Töchter auch willig sind, stets zu antworten, ein Vater, der einem das Wort abschneiden darf.

Es ist so still im Haus, klagtest du manchmal.

Meine Träume werfen mich zurück nach Hause, ins Graue, Vermauerte. Ich träume, daß ich in meinem Auto flüchten will, aber es ist mir gestohlen worden. Auf einem hölzernen Fahrrad versuche ich zu entkommen, aber meine Füße rutschen immer wieder von den Holzpedalen. Touristen schlendern durch die Stadt, bewundern die Barockfassaden und fühlen sich wohl, weil sie nichts wissen.

Vater ist tot. Ich sagte es mir vor und begreife es nicht. Sicher aber ist, daß er nicht daheim sein wird, wenn ich Mutter besuche. Daß ich keine Anstrengungen mehr unternehmen werde, auf ihn einen guten Eindruck zu machen. Daß er mir keine Fragen stellen wird, während er plant, was er meiner Antwort entgegenhalten wird. Daß er mir keine Falle stellen wird.

Aber sein Sterben war die letzte Falle, in die ich hineingeriet und in der ich noch immer stecke. Weil mein Vater unsterblich ist.

Mutter liebt ihn jetzt sehr, bringt ihm jeden Tag Blumen, zündet die Kerzen an. Wenn sie allein auf den Friedhof geht, sucht sie die Straßenränder ab nach einem Zeichen. Die Blume, die sie dann findet, hat er für sie wachsen lassen. Sie weiß es. Wieder ein Glück, das nicht mit einer Enttäuschung bezahlt werden muß. Auch meine Schwestern gehen gern auf den Friedhof. Es tut so gut, wen man ihm etwas Gutes tun kann, sagen sie. Man kann ihm jetzt Liebe geben, ohne sich der Gefahr einer Abweisung auszusetzen. Tote können einem nicht mehr vorschreiben, wie sie geliebt werden wollen.

Das friedliche Familienleben. Mit dem Frieden, der darin besteht, daß die einen nicht sagen, wie hungrig sie sind, damit die anderen in Ruhe essen können.

Ich höre Vaters Stimme. Er ruft meinen Vornamen. Er will etwas von mir. Weit weg ist er, in einem anderen Zimmer. Und will etwas von mir, daher lebe ich. Er schimpft mit mir, daher gibt es mich. Er geht vorbei an mir, ohne etwas zu sagen. Überflüssig bin ich. Mich sollte es nicht geben.

Kehlig war seine Stimme manchmal, erschreckend tief aus der Gurgel kam sein Lachen. Der Vater, der so lachen konnte, war ein anderer Mann, von dem wir nichts wußten. Klar konnte er sprechen, mit scharfen Formulierungen. Es gab Formulierungen, die Mutter in ihren Sprachschatz aufnahm. Aber es fiel so lächerlich aus, wenn Mutter sich bemühte, wie Vater zu sprechen. Ein zackiger Vater, witzig, flink, geschickt. Goldene Hände hat er, sagten die Patienten. Charmant war er, elegant im weißen Kittel. Ihm konnte man vertrauen. Mit ihm kann man so gut über alles sprechen, mit allen Problemen kann man zu ihm kommen, sagten die Patienten, unser Doktor ist so gescheit, er versteht alles und hilft, wo er kann.

Ich wünschte mir Krankheiten, um von ihm berührt zu werden. Seine Hände. Ein Schuhband wurde von ihnen geheiligt, wenn er uns zeigte, wie man Schischuhe schnürt.

Ich sehne mich nach dem Leben. Wenn ich mich aus dem Fenster beuge, sehe ich in den Hof. Heute vormittag bin ich wegen eines Geräuschs, das ich gehört hatte, zum Fenster. Ein kleiner Bub, den ich noch nie im Hof bemerkt hatte, fuhr auf einem Dreirad. Er ist mutig, dachte ich, er übt das Leben. Seine Eltern sind mutig, daß sie ihn allein das Leben üben lassen. Er wird am Gitterzaun, der den Hof teilt, anstoßen, dachte ich. Aber der Bub stieß nicht an. Vorsichtig lenkte er.

Das Pflaster unten ist gelb, die Hausmauern sind grau. In einigen Fenstern stehen Blumenkisten. Niemand außer mir schaute dem Buben zu. Ich dachte, daß ich jetzt auf keinen Fall hinunterspringen durfte. Das Kind würde erschrecken. Niemandem darf ich mit so etwas erschrecken. Niemandem den Anblick meiner Leiche zumuten. Deshalb frage ich mich, wie es möglich wäre, tot zu sein, ohne den Menschen, die sagen, ich sei ihnen wichtig, Schrecken einzujagen.

Geht es dir gut, fragt Mutter am Telefon und lacht verlegen: Wir haben schon so lange nichts von dir gehört! Ich machte mir Sorgen um dich, sagt sie und lacht verlegen. Weil du so viel allein bist. Und lacht verlegen.

Mutter, wo ist Vater. Vater hat keine Zeit mehr. Vater ist drüben auf dem Schiff, im Zeitmeer.

Wenn die Sätze sich ineinander verhaken, schlafe ich ein. Falle tief hinab ins Kinderzimmer. Das will ich jetzt einrichten. Ich habe meine Möbel mitgebracht. Die Schwestern wohnen darin, sie gehen nie mehr fort, das Haus wird ihnen gehören. Und da liegt der Vater. Ich muß ihn zum Trocknen aufhängen, vor dem Haustor. Gegenüber ist wieder das Wirtshaus. Die Gäste schauen herüber und sehen, wie ich meinen Vater mit Wäscheklammern an der Wäscheleine befestige.

ROSE RIDER

Pater familias

Rose Rider ist nur ein kleines Rädchen im Getriebe. Nein, um genau zu sein: Sie ist Lexikographin. Ich arbeite an einem ›Großen Illustrierten Wörterbuch‹ – ich stelle ordentliche, moderne Definitionen auf, sage semantische Verschiebungen voraus, erkläre mir mit jedem Wort aufs neue, wer ich bin... Die Etymologie ist allerdings schwieriger. Die Wortherkunft scheint eine simple Einbahnstraße zu sein, die vom Damals zum Heute führt. Aber die Bedeutungen sind verborgen, sie fallen aus dem Takt und schlagen sogar Haken. So ist es auch mit mir.

Aus Armut zu Reichtum – eine enttäuschte, dreiundzwanzigjährige Abiturientin wird Teilzeitsekretärin; trinkfreudiger, schwitzender Chef sieht Korrekturen, die sie wutentbrannt und hastig an den Kopien vorgenommen hat. Er läßt sie zu sich rufen und bemerkt, daß sie zu seiner schicken neuen elektronischen Schreibmaschine paßt.

Rückblick auf dieselbe enttäuschte Hochschulabsolventin, die jetzt zweiundzwanzig ist und einen Versand für Strickwaren betreibt; sie bewirbt sich um einen Ausbildungsplatz – als Rechtsbeistand, Osteopathin, Qualitätsprüferin auf Erdnußfarmen in Sri Lanka, sogar als Verwaltungsbeamtin (in Cheltenham – ganz heimlich).

Noch weiter zurück zum Diplom in Polnisch, ›Sprache und Politik‹, 1980 – in akademischer Hinsicht ein verschwendetes Jahr, aber gute Schokoladenkuchen aus Warschau.

Davor der Abschluß in Russisch. Kurz nach dem Beginn des Studiums Latein und Griechisch. Nomadische Kindheit. Mein Geburtsland Indien: Das Baby wird in aller Eile zum nächsten Tempel gebracht, ein buddhistischer Mönch stimmt Gebete an: Ich werde mit siebenundsechzig ›durch das Schwert‹ umkommen... Ich bin die Reinkarnation eines kleinen Hundes. Wie habe ich es nur geschafft, meine

Hundexistenz mit einem Sprung hinter mir zu lassen und eine Frau zu werden? Und was war ich, bevor ich ein Hund war? Teilzeitsekretärin?

Ich mache mir nur selten die Mühe, an meinen Vater zu denken, und wenn ich es tue, sehe ich vor mir zwei Bilder: Das eine ist neueren Datums und dennoch unwirklich, das andere, aus meiner Kindheit, ist klar und deutlich. Sie sind wie Schnappschüsse in einer abgegriffenen Brieftasche: ein bräunlich verfärbtes Schwarz-Weiß-Bild und ein überscharfes Farbfoto, die verkehrt herum in der Zeit stehen.

Der Mann auf dem Farbfilm erscheint jetzt nur noch in Alpträumen, in denen er kleinen Kindern die Finger bricht oder ihnen das Gesicht zerschneidet. Er verfolgt mich, ein riesiger Schwarm von Augen auf einer leeren Rolltreppe, die in eine Ecke führt, in der niemand die Schreie hört, die ich nicht herausbringen kann. Ich greife mir an die Kehle um aufzuwachen, aber mein verfilztes Haar zieht meinen Kopf hinab in den Lehmgrund eines toten Meeres – ich kann nicht sterben.

Ich hatte langes Haar, lang und goldfarben, und mein Vater liebte mich dafür. Es brachte mir Lob und Geschenke für ein braves kleines Mädchen ein; er streichelte es zärtlich und föhnte es trocken, wenn ich nach dem Bad in einem Korbsessel saß; er wickelte es fest um seine Hand und zog mich daran auf den Boden.

Seine frühesten Versuche, ein Vater zu sein, waren unbeholfen – Hände und Füße waren die einzigen Waffen, die ihm zur Verfügung standen. Mit der Zeit lernte er, sein Repertoire zu erweitern: hier ein Stock, da ein nasses Handtuch, bei Ausflügen auf das Land Improvisationen mit einem Eichenast.

Er hatte früher schon drei Kinder gezeugt und sie verlassen; wir waren diejenigen, die das Glück hatten, einen Vater zu haben, der uns beschützte. Für ihn waren wir vier eine ständige Erinnerung daran, daß er elterliche Gewalt besaß: Herr im Haus, Herr bei Tisch, Herr im Bett. Unsere Gegenwart wies ihn auch darauf hin, daß er kein Kind mehr war – als Erwachsener mußte er auf eigenen Beinen stehen und

Verantwortung für andere übernehmen. Väter können gewöhnlich den Verlust der Kind-Ehemann-Privilegien, die sie vorher genossen haben, nicht akzeptieren. In dieser Hinsicht also war mein Vater ganz normal. Er war eine Ein-Mann-Invasion der Beziehung zwischen Mutter und Kindern, immer ganz wild darauf, den Körper, die Seele und das Leben von Frauen zu zerstören.

Welche seiner Taktiken war schlimmer: seine Gewalt oder seine Zärtlichkeit? Vielleicht waren das nur die beiden Seiten der Münze, mit der er mich bezahlte. Auch unser Vater im Himmel ist grausam und gütig, aber ich gab alle Versuche, Gott angesichts des Bösen in dieser Welt zu rechtfertigen, mit dreizehn Jahren auf, als das Schloß der Badezimmertür unter den Stößen eines erwachsenen Mannes Stück für Stück nachgab und ich mich frierend und naß in den entferntesten Winkel an das beschlagene Fenster mit dem Schutzgitter aus viktorianischer Zeit preßte und schreiend zu Gott im Himmel flehte. Bis zur Erde waren es sieben Stockwerke.

Mein Zorn richtet sich nun gegen diese kühlen Stadthäuser jenseits dieser Gitter, diese Wände und Türen und Fenster, hinter denen stumme Bürger wohnen, die die Schreie von Frauen und Kindern ignorieren und ihre eigenen Frauen und Kinder zum Schweigen bringen.

Kürzlich saß ich in einem Café und sah, wie ein Mann seine fünfjährige Tochter mehrmals schlug. »Halt deinen Mund«, sagte er, »oder 1983 wird ein schlechtes Jahr für dich.« Im Gesicht dieses Mannes sah ich klar und deutlich wie durch eine Fensterscheibe wieder einmal die steinharten Augen meines Vaters, ich sah die Muskeln seines Armes zucken, während seine Fäuste sich unter dem Tisch um sein Glied krampften. Im ganzen Café waren nur zwei Frauen, die diese Szene bemerkten; wir wußten, was auf das Mädchen wartete – 1983 und 1984 und 1985 und so weiter, bis zu dem Tag, an dem er sterben würde. Unsere Augen sagten ihm: »Wir kennen dich, Kinderquäler – wir sind dein Kind und seine Wut.« Seine Antwort: »Das Glas ist unzerbrechlich, und meine Macht ist unerschütterlich.« Die Augen seiner Frau waren die ganze Zeit zu Boden gerichtet und so verschleiert, daß wir sie mit unseren Blicken nicht erreichten.

Soviel zum Thema Gewalt – aber die Zärtlichkeit eines solchen Mannes ist erst die wirkliche Vergewaltigung. So taucht mein Vater in meinen Alpträumen auf, so sacht, wie er sich damals in meinen Schlaf schlich. Diese einfühlsamen Liebhaber, diese zarten, poetischen Männer – wie süßlich sie lächeln, wenn sie ihre Damen wie einen erlesenen Wein genießen: »Wenn einer von uns auf einem schönen Mädchen liegt, dann ist das, als halte ein Virtuose eine Stradivari in der Hand...« Ich wußte nur zu gut, als ich durchgefroren auf der muffigen Matratze lag, daß der Virtuose den Bogen führt und bestimmt, welche Musik gespielt wird, und wenn die Violine nicht spielen mag, dann bricht er sie übers Knie.

Zeitraffer. Mein Vater verschwindet aus dem Haus. Neue, junge Frauen nähren seine Hoffnungen auf zukünftige Vaterschaften – auf dem Gesicht meiner Mutter hat er so viele Falten hinterlassen, daß er zufrieden sein konnte.

Eine schwere, erstickende Decke liegt über meiner späteren Jugend, die ich halb schlafend, halb vom Gesundheitsamt, dem Beschützer der Jugend, unter Drogen gesetzt verbrachte. Schließlich entkam ich diesem Sumpf, floh auf die Universität, lebte, überlebte, und mein Lebenswille nahm die Form einer derben, braunen Brieftasche an, in der ich das erste Bild meines Vaters aufbewahrte, ein Medusenhaupt, das zu schrecklich war, um es jetzt schon betrachten zu können, dem aber noch immer Macht innewohnte und das darum nicht so ohne weiteres abgetan werden konnte. Ihn persönlich sah ich nur sehr selten, und zwar anläßlich jener obszönen Kollektivlügen, die unsere Gesellschaft hervorgebracht und »Familienfeste« genannt hat. Bei diesen Gelegenheiten sah ich ihm nie ins Gesicht; zunächst aus Angst, versteinert zu werden, und später, als ich mehr verstand, aus Ekel. Ich war von Kopf bis Fuß mit den Hoheitszeichen anderer Männer, mit Besitzerstempeln und demonstrativen Geschenken ausstaffiert, so als hätten rivalisierende Köter im Garten ihr Revier an einem strategisch wichtigen Busch markiert. Da ließ er mich dann in Ruhe. Der Geruch anderer Männer und das Wissen, das sie mir vermittelt hatten, machten ihm angst. Diese neue, graue, eingeschüchterte Gestalt blieb er auch weiterhin, ein bloßer Schatten in unserer Familie, aber angeblich Herr in einem anderen Haus. Auch das bräunliche Foto stammt aus dieser Zeit, als ich sah, daß er mich nicht mehr offen angreifen würde, und begann, ihn vorsichtig von allen Seiten zu betrachten, um festzustellen, ob er wirklich so zweidimensional war, wie es den Anschein hatte.

Was ich sah, war ein armer, bemitleidenswerter Heuchler, der sich und der Welt etwas vorlog und sich verzweifelt an Grundsätze klammerte, an die er früher selbst nie geglaubt hatte, von denen er sich jedoch jetzt, da er sie wie eine Rüstung angelegt hatte, unmöglich trennen konnte. Wenn man sie hätte ablösen können, wäre darunter eine Zwiebel aus unendlich vielen Lügen zum Vorschein gekommen, die man nicht schälen konnte und über die es sich nicht lohnte, Tränen zu vergießen. Im Gegenteil – ich mußte lachen, als ich kürzlich *Der Pate* sah und im Geist Marlon Brandos beeindruckendes Patriarchengebrüll auf ein Baby übertrug, das in der Wiege liegt und seine Rassel schüttelt. Da sitzen sie nun an einem warmen Plätzchen und umklammern ihre Rasseln: Könige mit Szeptern, Richter mit Hämmern, die Gerechtigkeit mit dem Schwert... Patriarchen können nicht auf eigenen Beinen stehen; sie sind dazu verurteilt, sich auf ihre freudianische Krücke zu stützen, die jeden Moment unter ihnen nachgeben kann, und daher kann ihre Macht sie nie befriedigen – sie müssen immer höhere Knochenberge von immer mehr Opfern, willigen Opfern, anhäufen... Sklaven müssen sterben, um ihre Pyramiden zu errichten – Frauen müssen sterben, um ihr Geschlecht aufzurichten.

Herrschaft ist das Wesen des Patriarchats, sie wird von Mann zu Mann weitergereicht wie Blutsbande und blutige Siege. Herrschaft auf sexuellem Gebiet braucht ein Opfer, ein williges Opfer, darum: ein ahnungsloses Opfer, ein Opfer, das jünger, kleiner, schwächer, also hilflos und machtlos ist – und immer kleiner, jünger, schwächer, zarter, kleiner, jünger, kleiner, jünger muß es sein – der Mißbrauch von Kindern, insbesondere von Mädchen, ist das Mittel, mit dem sich das Patriarchat und der Wahn der männlichen Überlegenheit, den wir kennen und in dessen Atmosphäre wir von unserer Geburt bis zu unserem Tod leben, an der Macht hält.

»Die Zeugung«, schrieb mein Vater an den Direktor der Grundschule, auf die ich ging, »ist die physische Grundlage der Familie. Es handelt sich dabei um den Akt, durch den Kinder Eltern und Eltern Kinder bekommen. Ich kann beim besten Willen nicht einsehen, warum ein Außenstehender es für seine Pflicht halten sollte, den Beteiligten zu erklären, wie es kommt, daß sie miteinander verwandt sind.« Wie die meisten Frauen wurde ich zu Hause aufgeklärt. Nicht von einem Fremden, sondern von einem Mann, den ich lieben und achten und dem ich gehorchen sollte, nahm ich Süßigkeiten an, denen entsetzliche Schmerzen folgten. Als ich den Schlägen und dem Gefängnis meines Elternhauses entkommen war, erschien mir die Welt draußen als ein sicherer Ort – ich war von einem verrückten Ungeheuer terrorisiert worden, aber vielleicht waren andere Männer nett und beschützten mich wie ein guter Onkel.

Auf der Universität lernte ich Männer kennen, und durch Männer lernte ich unablässige Ausbeutung und Gewalt kennen. Auf der Universität lernte ich Frauen kennen, und durch Frauen lernte ich den Feminismus, Einsicht, Verständnis und vor allem Kommunikation kennen. Ich begann, von der Erfahrung meiner Unterdrückung zu erzählen, und erfuhr von anderen, die ähnliches durchgemacht hatten, aber die ganze Zeit schien die Gefahr, in der ich als Kind geschwebt hatte, harmlos gegenüber der Gefahr, in der ich als Frau schwebte. Inzwischen war ich nach London zurückgekehrt und begann zu erwachen. Vorsichtig wagten wir uns heraus und gründeten Englands erste Selbsthilfegruppe für Inzest-Opfer. Wir waren entsetzt, wie systematisch und in welchem Ausmaß Mädchen mißbraucht wurden, und beschlossen, uns zusammenzuschließen, um dagegen anzukämpfen. Inzest – ›das Brandzeichen I‹, wie eine Amerikanerin es nannte – wurde zu einem Zeichen, mit dem die Täter gebrandmarkt wurden. Einige von uns führten im August 1981 eine Kampagne durch, um den feministischen Standpunkt zu diesem Thema publik zu machen und die Mythen, die sich darum ranken, zu beseitigen – die alten ebenso wie die, die auch von den heutigen ›Experten‹ aufrechterhalten werden. Außerdem wollten wir Häuser finden, in denen

Mädchen Zuflucht suchen konnten, und landesweit Gruppen für erwachsene Frauen gründen. Die Kampagne wurde immer größer, und mit ihr wuchs auch unser Wissen über Vater-Tochter-Beziehungen im allgemeinen, seien sie nun durch Gewalt gekennzeichnet oder nicht. Wir Frauen sind als Schwestern, Nichten, Enkelinnen und Töchter alle mit demselben Zeichen gebrandmarkt.

Als ich vor einem Jahr schließlich den Abstand und den Mut hatte, meinem Vater von meiner Arbeit für die Kampagne zugunsten der Inzestopfer zu erzählen, machte ich einen letzten Versuch, seine Motive zu verstehen. Ich fragte ihn, welche Rolle seiner Meinung nach der Vater in der Familie oder der starke Mann in der Regierung spielte, ob bei der Kindererziehung oder bei Meinungsverschiedenheiten zwischen zwei Staaten Gewalt gerechtfertigt sei und wie er meine eigene Behandlung durch ihn beurteilte.

»Natürlich hattest du keine unglückliche Kindheit«, antwortete er. »Ich war ein liebevoller Vater. Manchmal war ich zwar gezwungen, dich zu bestrafen, aber Kinder müssen lernen, daß sie die Eltern nicht herausfordern und ihre Autorität in Frage stellen dürfen, wie es deine Mutter getan hat, die euch gegen mich aufgehetzt und zum Ungehorsam verleitet hat. Auf jeden Fall bekommt jeder die Behandlung, die er sich eigentlich wünscht, und wenn du das Gefühl hast, ein Opfer gewesen zu sein, dann muß das wohl das gewesen sein, was du dir insgeheim gewünscht hast.«

Das hatte ich schon oft von Schuldirektoren, Sozialarbeitern, Richtern und Familientherapeuten zu hören bekommen. Diese Antwort erstaunte mich also nicht – im Gegensatz zu dem, was er als nächstes sagte. Ich erzählte ihm von einer sechzehnjährigen Freundin, die acht Stunden lang in ihrem eigenen Urin sitzen mußte und von zwei Polizeibeamten brutal verhört wurde, während ihr Stiefvater nebenan Tee und belegte Brote serviert bekam und mit den Beamten schmutzige Witze austauschte.

Zunächst fragte mich mein Vater, ob sie schwarz sei, dann wurde er still und rührte nachdenklich in seinem Tee. »Sie hat eine schwere Anschuldigung vorgebracht«, sagte er schließlich.

Ich betrachtete das bräunlich verfärbte Gesicht des Mannes, der vor mir saß. Es kann sein, daß er ein gefährlicher Krimineller ist, aber andererseits ist er ja nur ein ganz normaler Mann. Es hat eigentlich gar keinen Sinn, sich weiter mit ihm zu befassen.

Aber bevor ich ging, legte ich ihm einen Riegel ›Mars‹ auf den Tisch. Auf der Felseninsel, die ich mir für ihn ausgedacht hatte, würde er ihn brauchen.

JULIA O'FAOLAIN

Sean mit achtzig

Da ich wie mein Vater Romane schreibe, werde ich von Kritikern manchmal als ›die Tochter‹ bezeichnet, und wenn ich in Irland lebte, wäre dieses Etikett sehr wahrscheinlich ebenso unmöglich abzuschütteln wie für eine russische Frau der Name des Vaters. Man hätte vermutlich dumme Vergleiche angestellt. Glücklicherweise habe ich Irland mit zwanzig verlassen und die Jahre, die seitdem vergangen sind, in Italien, Frankreich, Kalifornien und London verbracht. Das Wenige an Nationalcharakter, das ich mir bewahrt habe – eine dünne Schicht Moos auf dem rollenden Stein –, ist eine provinzlerische Mixtur aus Irisch und Englisch. Auf diesen Inseln wird sie leicht verstanden, aber für ein Volk, das uns so nah ist wie die Franzosen, ist diese Mischung eher verwirrend. Für Amerikaner ist sie ein Paradox und anderswo einfach bedeutungslos. Das entdeckte ich, als ich in einer ländlichen Gegend Südamerikas von Indios gefragt wurde, ob ich zur Ersten oder zur Dritten Welt gehöre. Sie hatten noch nie von Europa gehört. »Nun, sagte ich, »in mancher Hinsicht stamme ich aus einem Land der Dritten Welt.« Sie sahen mich ebenso schräg an, wie ein irischer Bauer es getan hätte, und ich erriet ihre Gedanken: Ich war eine Lügnerin, die – wie Fremde es immer tun – versuchte, eine falsche Verbundenheit herzustellen. Ja, irgendwie bin ich eine Lügnerin: Ich schreibe Geschichten und bin die Tochter eines Mannes, der Geschichten schreibt. Tatsachen sind für mich Metaphern, und ich habe vor, in meinem Beitrag nur wenige anzuführen, denn sie haben, wie bei den alten Kelten, die Tendenz, unter meinen Händen eine andere Gestalt anzunehmen. Das mag die Methode gewesen sein, mit der die Magiere der Vergangenheit die Grenzen eines kleinen, engen Landes hinter sich gelassen haben – und meine Methode, das Etikett ›die Tochter‹ abzuschütteln. Trotzdem ist alles, was ich über Sean geschrieben habe, die reine Wahrheit.

Zu meinen Büchern gehören *Women in the Wall* (Neuauflage 1985), *No Country For Young Men* (1981), *The Obedient Wife* (1983), *Daughters of Passion* (1982). In Zusammenarbeit mit Laura Martines habe ich 1979 unter dem Titel *Not in God's Image* eine historische Dokumentation über Frauen herausgegeben.

In meinen frühesten Erinnerungen ist er ausgelassen, launisch und natürlich groß: eine gewinnende Vaterfigur mit einer rötlichen Haarlocke, die in die hohe Stirn fiel, und – eine schwache Erinnerung dies – einem Schnurrbart. In den sechziger Jahren begannen die jungen Männer wieder wie er auszusehen, und auf den Straßen von London oder Los Angeles begegneten mir magere Reinkarnationen seines früheren Selbst, die sich beim Näherkommen in Fremde verwandelten. Er war immer schon ein schwer faßbarer Mensch gewesen.

Wenn ich nur gewußt hätte, wo seine Seite eigentlich war, hätte ich ihm als Kind nur zu gern den Rücken gestärkt. Es lag auf der Hand, daß er sich für eine Seite entschieden hatte – unser Haus knisterte nur so vor Geheimnissen, und die Gespräche wechselten immer wieder in unverständliches Gälisch. Einmal brachte ihn ein Bischof vor Gericht, und ich hatte einen Gegner, den ich hassen konnte, aber solche Gelegenheiten waren selten. Auch in diesem Fall war der Sachverhalt nicht eindeutig, denn es war schwer zu sagen, wer wen unterstützte. Ich kann mich zum Beispiel verschwommen daran erinnern, daß ich ungefähr um diese Zeit mit meiner Mutter Eileen einen Spaziergang machte und wir zwei Priestern begegneten, die uns scheu lächelnd aufmunternde Worte für Sean auftrugen. Der Bischof war ein Fanatiker, aber die Kirche war weniger monolithisch, als es den Anschein hatte. Selbst die Nonnen in meiner Schule konnten in helle Aufregung geraten, so als habe Seans Gegenwart sie aus dem trägen Behagen ihrer moralischen Gewißheit aufgerüttelt. Und vielleicht war es ja auch so. In den vierziger Jahren kämpfte er unablässig gegen ein Irland an, das ein Bollwerk des autoritären Regierungsstils des 19. Jahrhunderts geworden war. Unterstützt von ein paar wenigen Liberalen setzte sich Sean gegen eine Allianz selbstgefälliger Patrioten zur Wehr, die ihre ideale Gesellschaft vor freier Rede und neuen Ideen bewahren zu müssen glaubten. Das war jedenfalls de Valeras Fantasie, und eine Weile verbargen Krieg, Isolationismus und wirtschaftlicher Protektionismus die Dummheit dieser Vogel-Strauß-Haltung. Es war etwas seltsam Antiquiertes um die Dinge, die Sean bekämpfte: prügelnde Schulmeister, Speichellecker, Zensoren – sie alle hätten einem jener Romane entsprungen sein können, die Gogol hundert Jahre zuvor geschrieben hatte. Die Geister der russischen Literatur werden in Irland gastfreundlich aufgenommen.

»Wie sehr warst du damals ausgeschlossen, Sean?« frage ich ihn. »Haben dich viele Leute geschnitten?«

Er zuckt leicht mit den Schultern. »Manche schon«, sagt er. »Sie hielten mich für einen Nestbeschmutzer. Ich wusch in aller Öffentlichkeit Irlands schmutzige Wäsche. Das bedeutete für sie soviel wie Verrat am Vaterland. Es war eine Zeit der Zaghaftigkeit, und man erwartete, daß nationale Schwächen vertuscht wurden. Andere wiederum machten mir Mut. ›Wir finden es ganz großartig, was Sie machen‹, sagten sie. ›Wir würden Ihnen ja gern helfen, aber wir haben Frau und Kinder...‹« Er lächelt. »Kommt dir das bekannt vor?«

»Konnten die Bischöfe denn dafür sorgen, daß man seinen Job verlor?«

»Aber sicher! Aber trotzdem erhielt ich Unterstützung von unerwarteter Seite. Es gab Überraschungen, Widersprüche...«

Widersprüche gehören zu Irland wie das Klima, und das erinnert mich daran, daß auch Seans Verhalten zuweilen schwer zu deuten war. Seine Privatsphäre zum Beispiel. Er klammerte sich geradezu daran und schrieb in einer Hütte am Ende unseres Gartens, die dem Haus den Rücken kehrte und deren Fenster auf eine Sumpfwiese mit einem hageren, stelzbeinigen Reiher gingen. Dort schrieb er Geschichten, die er aus einem Leben schöpfte, das in dem Moment begonnen haben muß, sich nach innen zu kehren, in dem er aufhörte, Propagandachef der Republikaner im irischen Bürgerkrieg zu sein.

Mit jenem im Sande verlaufenen Krieg hatte sich auch seine Hoffnung aufgelöst, und sein Vertrauen in öffentliche Versprechungen war zum zweitenmal erschüttert worden. Beim ersten Mal war es um das Britische Empire gegangen, an dessen Werte zu glauben man ihm, wie allen Iren jener Zeit, beigebracht hatte.

»Schließlich«, sagt er, »wurde ich 1900 in einem Land geboren, das es gar nicht gab. Das soll heißen: Irland – aber Irland existierte nicht. Dieses Land war nichts weiter als ein illegitimer Sproß des Britischen Empires. Also glaubte ich daran und war stolz darauf, zu diesem Empire zu gehören. Ja, ich war stolz darauf, im Zuggeschirr zu gehen. Ich kann dir sagen: Als der Aufstand von 1916 einen Staat in greifbare Nähe rückte, dessen Entstehung die gesellschaftlichen Werte beseitigen sollte, die ich während der ersten sechzehn Jahre meines Lebens in mich aufgenommen hatte, erlitt ich ein Trauma. Ich war ein begeisterter Leser jener Geschichten, die in Jungen-Magazinen wie *The Gem* und *The Magnet* abgedruckt waren. Die Helden meiner Kindheit waren Gordon in Khartum oder Figuren aus Kiplings Erzählungen... außerdem begann ich damals gerade, die englische Literatur zu entdecken und zu lieben. Daß mir das genommen werden sollte, war wirklich traumatisch.«

Ein zweites Trauma erlitt er, als seine neuen Helden ihn im Stich ließen. Nachdem sie geschworen hatten, niemals eine irische Republik zu akzeptieren, die aus weniger als zweiunddreißig Bezirken bestand, führten de Valeras Republikaner ihre Anhänger – zu denen auch Sean und Eileen gehörten – in einen Bürgerkrieg, den sie verloren und nach dessen Beendigung sie den Kompromiß akzeptierten, den sie schon von vornherein hätten haben können. Gemessen an der Unnachgiebigkeit, die Gordon in Khartum bewiesen hatte, ließ diese Haltung Stil vermissen. »Ich begann mein Leben«, sagt Sean, »als verträumter, romantischer Revolutionär und fiel auf die Nase. Sowohl Irland als auch das Empire hatten mich betrogen, dabei hätte ich mich, in verschiedenen Abschnitten meines Lebens, für jedes davon noch zu gern eingesetzt.«

Oder, um es von einer anderen Seite zu sehen:

Sean erzählt mir, daß ein alter Lehrer sich Jahre später an ihn als »einen netten, aber ziemlich verrückten Jungen«, erinnert hat. Ich frage mich, ob dieser Lehrer vielleicht ein sehr einfältiger Mann war. Sean muß der geborene Störenfried gewesen sein, jemand, der immer darauf aus war, irgend etwas anzuzetteln – so einen gibt es in jeder Klasse. Daß das Britische Empire und die Republikaner ihn im Stich gelassen haben, bedeutet in Wirklichkeit, daß er früher bereit war als sie, sich auf eine neue Art von Realität einzulassen, und daß er schon wieder auf den nächsten Ausschlag des Pendels wartete und bereit war, ihm einen kleinen Schubs zu geben. Er war ein bißchen Bolschewik, ein bißchen Raufbold – sobald alle mit aufgeschlagenen Büchern dasaßen, begann er sich darüber zu beschweren, daß die Bücher langweilig seien, und schlug vor, das, was in ihnen stand, auf den Kopf zu stellen: »Können wir darüber mal diskutieren, Sir? Nein? Und was ist mit dem Recht auf freie Meinungsäußerung, dem Lustprinzip, der Toleranz und ...« Natürlich versuchte man, ihm den Mund zu stopfen, aber er blieb aufsässig. Meine Mutter fand, daß er ein ziemlicher Quälgeist war. Als sie sich kennenlernten, saß er im Irisch-Unterricht hinter ihr und tauchte ihren Pferdeschwanz in ein Tintenfaß. Zu Gordons Zeiten waren unzufriedene junge Männer wie er in die Kolonien gegangen. Sean hatte das Glück, 1926 ein Stipendium für Harvard zu bekommen.

Er verbrachte die nächsten drei Jahre in Boston, wo Eileen und er heirateten, nachdem sie nachgekommen war. Sie verbrachten ihre Flitterwochen in New Mexiko, erwogen, als Lehrer nach China zu gehen, fuhren aber statt dessen nach London, wo Edward Garnett Seans erstes Buch mit Kurzgeschichten bei Cape herausbrachte und ihm den Rat gab, nach Irland zurückzukehren und darüber zu schreiben. So kam es, daß er schon in meinen frühesten Erinnerungen in dem Haus auf der Spitze des Killiney Hill wohnte, in der Hütte neben der Sumpfwiese arbeitete und versuchte, in den Grenzen seiner Fantasie zu leben. In seinem Eintrag im *Who's Who* jener Jahre steht: ›Hobbys: Tagträumen‹.

»Ich bin ein bißchen wie ein einsamer Wolf«, behauptet er.

»Einsamkeit – allein sein – ist wichtig für mich. Ich muß die Tür zumachen können – manchmal auch ganz ohne Grund, nur um Ruhe zu haben. Manchmal brauche ich das, um meine Gefühle durch andere zu artikulieren, durch Menschen, die nur in meiner Fantasie existieren.«

»In deinen Geschichten?«

»Ja.«

Er erinnert mich daran, daß es in seiner Hütte ein Telefon gab. Aber die Anrufe wurden im Haus entgegengenommen, und selbst unsere Putzfrau entwickelte ein ziemliches Geschick darin, Sean vor störenden Anrufern abzuschirmen. 1941 jedoch gab er seine selbstgewählte Einsamkeit auf. Er begann die Zeitschrift *The Bell* herauszugeben – der Titel war eine Anspielung auf die russische Emigrantenzeitung *Kolokol* (›Die Glocke‹) –, die sich dem Ziel verschrieben hatte, den Iren, deren Neutralitätspolitik sie schließlich von Großbritannien abgeschnitten hatte, bei der Bestimmung ihrer Identität zu helfen. Sean hatte entdeckt, daß die britische Gesellschaft einem sozialkritischen Romancier nichts zu bieten hatte.

»Garnett«, erinnert er sich, »sagte zu mir: ›Sie müssen jetzt Irlands Balzac sein‹, und ich dachte: ›Na gut, das werde ich tun.‹ Aber ich war, nicht anders als er, ein Wirrkopf. Die Gesellschaft, über die Balzac schrieb, war in hohem Grad vernetzt, während die Dinge in Irland völlig anders lagen. Nachdem das anglo-irische System zusammengebrochen war, existierte kein gesellschaftlicher Rahmen mehr – zumindest konnten wir damals keinen entdecken.«

In jenem Land, in das Sean und Eileen 1933 zurückgekehrt waren, hatte man die Kriterien, mit denen sich Fakten von Fantasien unterscheiden ließen, absichtlich vergessen. Die republikanische Partei – Seans Kameraden aus früherer Zeit – war nun an der Macht, und da sie sich außerstande sah, alte Versprechungen wahrzumachen, tat sie einfach so, als erfülle sie diese Versprechungen. In einer Gesellschaft von Schauspielern hatte ein Schriftsteller allen Grund zu der Annahme, es könne ganz hilfreich sein, einige Tatsachen festzustellen, bevor er sich daran machte, Romane zu schreiben.

So geschah es teilweise aus seinem Selbstverständnis als Schriftsteller heraus, daß Sean das Bedürfnis verspürte, der

Entwicklung Irlands einen Sinn zu geben. Als Herausgeber von *The Bell* jedoch erfüllte er auch eine gesellschaftliche Aufgabe, wenn er die gängigen rhetorischen Floskeln beiseite fegte. In seinem ersten Leitartikel schrieb er: »Generationen haben vergeblich versucht, die hinter Dornbüschen verborgene Realität zu erreichen – wohlgemerkt: die Realität, nicht das Ideal...« Die Leser wurden ermuntert, selbst zu schreiben und etwas über diejenigen Aspekte des Lebens in Irland mitzuteilen, die sie aus erster Hand kannten: »Beim Lesen dieser ersten Nummer«, schrieb der Herausgeber, »werden Ihnen verschiedene Artikel auffallen, aus denen weniger Kunst als vielmehr Wahrheit spricht...« *The Bell* forderte die Iren auf, dabei mitzuhelfen, »unser Bewußtsein für das zu schärfen, ... was wir sind und was wir werden.«

War es nicht etwas sonderbar, daß sich eine literarische Zeitschrift in jenen Kriegsjahren, in denen die Propaganda blühte, von Idealen abwendete? Ja und nein. Nach dem langen gesellschaftlichen Kampf voller Hoffnungen hörte man in diesem Land der leeren Redensarten bemerkenswert wenig Wahrheiten. Die irische Literatur jener Zeit ist nicht nur absoluten Ideen, sondern auch der absoluten Welt gegenüber mißtrauisch. Flann O'Brien und Beckett schrieben bereits, was heutige Kritiker ›Metafiction‹ nennen: Fiktionen, deren Gegenstand Fiktionen sind. In Frank O'Connors Geschichten findet man dieselbe bifokale Sichtweise wie in denen, die Camus 1957 schrieb, als ein anderer Bürgerkrieg tobte. Und die ungebrochene irische Tradition des Fabulierens deutete darauf hin, daß man es vorzog, Erfahrungen mit Metaphern zu umschreiben. In einer Gesellschaft, in der die Realität schwer zu handhaben oder kaum zu finden ist, geschieht dies ziemlich häufig.

Gegen diese Tendenz ging Sean an, als er seine Tagträumerei aufgab, um sich mit den Phänomenen in seiner Umgebung und mit den Werten der neuen Oligarchen auseinanderzusetzen. ›Wenn‹, schrieb Sartre 1945, vier Jahre später, »eine Gesellschaft sich selbst betrachtet, und besonders, wenn sie sieht, daß sie betrachtet wird, dann werden ihre Regierung und ihre allgemein verbindlichen Werte eben hierdurch in Frage gestellt: Indem der Schriftsteller ihr den Spiegel vorhält, fordert er sie auf, dies anzuerkennen oder es zu ändern, und vermittelt so der Gesellschaft ein Bewußtsein der Unbehaglichkeit...«

Es wird kaum überraschen, daß *The Bell* in irischen Kleinstädten oft unter der Theke gehandelt wurde, mit einer Verstohlenheit, die sonst nur pornographischen Magazinen vorbehalten war. Ich frage Sean, ob das sein Gefühl der Entfremdung vergrößert hat.

»Nein, keineswegs. Als ich *The Bell* herausgab, war ich voll integriert, denn ich war es ja, der angriff. Ich hatte meine Verantwortung als Staatsbürger erkannt und war der Meinung, für eine große schweigende Mehrheit zu sprechen.«

»War es so? Hast du diese Mehrheit gefunden?«

»Ich fand eine schweigende Minderheit, die mit der Zeit größer wurde. Seit jenen Tagen hat sich das Leben in Irland völlig verändert – allerdings gewiß nicht durch den Einfluß von Liberalen wie mir, sondern zwangsläufig durch die veränderte Lebensqualität und die Ausbreitung von Radio und Fernsehen, die Irland in das 20. Jahrhundert katapultiert hat. Das waren die Kräfte, die die Schlacht für uns gewannen – wir hatten immer schon gewußt, daß wir auf sie rechnen konnten. Damals aber hatte ich aufgegeben. Ich war des Kampfes müde geworden. Ich wollte wieder zurück zu mir selbst und zu den Geschichten, die ich schrieb. Ich wollte mich aus der Öffentlichkeit zurückziehen.«

Aber es gelang ihm nie, sich ganz aus dem Kampf herauszuhalten. In den vierziger Jahren gründete er ganz allein eine Künstlergewerkschaft namens WAAMA (Vereinigung der Schriftsteller, Schauspieler, Künstler und Musiker), die zwar bald wieder einging, aber der irischen Zweigorganisation von Equity (Englische Künstlergewerkschaft, A. d. Ü) den Weg ebnete. 1945 war er Gründungsmitglied und Vizepräsident der irischen Bürgerrechtsvereinigung, und obwohl er 1946 von seinem Posten als Herausgeber von *The Bell* zurücktrat, meldete er sich immer wieder mit beißender Kritik zu Wort, um auf irgendwelche neuen Unregelmäßigkeiten hinzuweisen, so zum Beispiel, als die Bischöfe 1951 ein Projekt zur Verbesserung der Volksgesundheit torpedierten, indem sie hinter dem Rücken des Parlaments auf Mitglieder des Kabinetts Einfluß nahmen. Dies, schreib Sean damals, sei ein Beispiel dafür, wie eine nicht gewählte Gewalt auf anrüchige Weise Einfluß auf die Gesetzgebung durch gewählte Volksvertreter nehmen wolle. Der Staatsbürger in Sean lag im Widerstreit mit dem Schriftsteller, der sich lieber persönlichen Beziehungen, seiner Privatsphäre und der Kunst gewidmet hätte. Er war kein ›Chamäleon‹, nur ein sehr wechselhafter Mensch. Ein Chamäleon verschmilzt mit seiner Umgebung, Sean jedoch hob sich davon ab. Vor einem grünen Hintergrund wird er rosa. Wenn man ihm eine rote Fahne hinhält, werden seine Augen vor lauter Individualismus blau.

Was er mit *The Bell* erreichte, war, glaube ich, mit Mythen aufzuräumen, so daß die Leute anfangen konnten zu denken. Mythen verhindern klares Denken. Man denke nur an den Mann in einem von Dostojewskis Romanen, der sagt: »Wenn Gott nicht existiert, ist alles erlaubt«, und sich voller Verzweiflung umbringt. Er ist so gefangen in seinem Glauben, daß nur die drohende Strafe Gottes den Menschen davon abhalte, sich in einen Wilden zu verwandeln, daß es ihm unmöglich ist, ein soziales Gewissen zu entwickeln. Genau so wollte auch die irische Kirche 1951 die Entstehung eines solchen Gewissens verhindern. Um einen gesellschaftlichen Code zu schaffen, braucht man Laien-Moralisten, und Sean nahm – vielleicht getrieben von dem staatsbürgerlichen Bewußtsein, das er in seiner Jugend durch die Lektüre englischer Schulzeitungen entwickelt hatte – die Herausforderung an.

Er besaß ein staatsbürgerliches Bewußtsein, aber er war kein geselliger Mensch. Nur wenige Iren lebten so zurückgezogen wie er, denn er ging nur selten in Kneipen und so gut wie nie zu Dichterlesungen – er zeigte seinen Kollegen die kalte Schulter. Als ich selbst anfing, auf solche Veranstaltungen zu gehen, wurde ich immer wieder gefragt: »Wie geht es Ihrem Vater, dem alten Jansenisten?« Leer und ausgebrannt wie alte Patronenhülsen wurden ihm seine eigenen Worte an den Kopf geworfen. Damals hatte er zwanzig Jahre lang gegen den Jansenismus der irischen Kirche angekämpft.

Oder bin ich unfair? Vielleicht hatten diese Trinker genug von Seans Askese? Er kann sehr vergnügt sein, ist aber ziemlich anspruchsvoll bei der Auswahl der Leute, mit denen er vergnügt ist, und Protektion liegt ihm überhaupt nicht. Seine Unfähigkeit, Hilfe von anderen anzunehmen, kommt für mich deutlich in der Geschichte mit dem Hirsch zum Ausdruck. Sie ereignete sich während oder kurz nach dem Krieg, als jemand, der einen Hirsch geschossen hatte, an Sean dachte, den Schriftsteller, der mit vielen Hindernissen zu kämpfen hatte und dessen Familie vielleicht hungern mußte. Also wurde der Hirsch bei uns abgeliefert: mit Haut und Haaren, Hufen und Geweih, und sehr tot. Was sollte man nun damit machen? Sean und Eileen befragten einige anglo-irische Gentlemen, die in der Nähe wohnten und eine Jagd besaßen. Sie hatten vielleicht noch nie etwas Größeres geschossen als eine Schnepfe – jedenfalls lautete ihr Rat: »Hängen Sie ihn am Geweih auf, bis er abfällt. Wild muß man immer aufhängen.« Der Hirsch wurde also im Torfschuppen aufgehängt. Täglich wurde er, wie Hänsel von der Hexe, mit einem Holzstückchen angestoßen, um festzustellen, ob er schon ›fertig‹ war. Eines Tages aber bemerkte jemand, daß er von Maden nur so wimmelte, und man mußte ihn im Garten vergraben. Das romantische Geschenk hatte der Zeit ebensowenig standgehalten wie Seans romantische Ideale.

Es war jedoch weniger die Zeit, die ihn ärgerte, als vielmehr der Ort. Er sprach oft davon, Irland zu verlassen, und er ging tatsächlich häufig außer Landes. Selbst in den vierziger Jahren war er einer der wenigen, die es schafften, aus dem vom Krieg abgeschnittenen Land hinauszukommen, um für die BBC zu arbeiten. Später lehrte er an amerikanischen Universitäten, fuhr durch Italien, schrieb zwei Bücher darüber und unternahm unzählige Reisen nach Paris und in die Provence.

»Wärst du ein anderer Mensch gewesen, wenn du Irland für immer verlassen hättest?« frage ich.

»Bestimmt. Ich hätte nicht so sehr eine Außenseiterposition gehabt.«

Aber hätte ihm das gefallen? Ein Außenseiter weiß, wo er steht und ist offen für Veränderungen. Was könnte dagegen statischer sein als ein Exilant wie Joyce, der in seiner Erinnerung an ein längst vergangenes Dublin und die Zeit seiner

Freundschaft mit anderen, die freiwillig ins Exil gegangen waren, gefangen ist? Dafür war Sean zu unbeständig. Ich habe den Verdacht, daß ihm der Gedanke, Irland zu verlassen, viel besser gefiel als die Vorstellung, diese Pläne tatsächlich zu verwirklichen. Dublin war eine gute Basis, eine gute Startbahn für Auslandsreisen, und klugerweise schloß er nicht allzu enge Freundschaft mit den Zollbeamten.

Auch hat er sich nie lange anderswo niedergelassen. Obwohl er sich überall eingliedern kann und ich mich gut daran erinnern kann, ihn zu Auftritten bei so verschiedenen Veranstaltungen wie dem Gauss-Seminar in Princeton und dem vom ›Playboy‹ veranstalteten Schriftstellertreffen in Chicago gebracht zu haben, besaß er den Vorwärtsdrang eines Frontsoldaten. Ein bezeichnender Schnappschuß zeigt ihn auf dem Kutschbock eines Pferdewagens, den er einmal mietete, um durch West Cork zu fahren – zur Beunruhigung der Einheimischen, die sich fragten, zu welcher Sippe er wohl gehören mochte, und ein wachsames Auge auf ihre Hühner hatten. Damals machte man noch keine Ferientouren mit Pferdewagen, aber Sean wollte auch nur alte Erinnerungen auffrischen. Für ihn war seine Tour ein Wiedersehen, denn die Dörfer, durch die er fuhr, waren die, in denen er sich während des Bürgerkrieges versteckt hatte.

»Warum schreibst du?«

Er lacht. Er ist damit einverstanden, daß ich ihn interviewe, aber seine Antworten kommen zu prompt, und wir beide wissen das. Außerdem hat seine Art, sich zu präsentieren, etwas Ausweichendes und Abwertendes, wogegen ich mich bemühe, den Dingen auf den Grund zu gehen. Während wir um einander herumtänzeln, wird deutlich, daß unsere Interessen nur scheinbar dieselben sind – was einem Fremden vielleicht gar nicht auffallen würde. Wie immer ist Sean an einem guten Auftritt gelegen, aber ich würde diesmal gerne einen Blick hinter die Kulissen werfen und sehen, wie und mit welchen Hilfsmitteln dieser Auftritt stattfindet. Aber warum sollte er mir das gestatten? Die einzige Methode, Tänzer und Tanz voneinander zu trennen, besteht darin, dem Tänzer ein Bein zu stellen.

Schließlich ringt er sich zu einer Antwort durch. »Schreiben«, sagt er, »ist ein Experiment, bei dem es um die Beziehungen zwischen Menschen geht. Man setzt Leute in Bewegung, und dann wartet man ab, was passiert. Man kann es nie genau vorhersagen. Das ist das Aufregende daran. Man sagt zu sich selbst: Was würde wohl passieren, wenn das und das so wäre? Romanfiguren entwickeln ein eigenes Leben...»

Wir lächeln. Das hat er vorher schon einmal gesagt. Was hatte ich auch erwartet?

»Ist dein neuer Roman ein Experiment?«

»Natürlich, absolut.«

And Again?, sein dreißigstes Buch, das in seinem achtzigsten Lebensjahr erschien, ist eine Geschichte über einen alten Mann, der von einigen Göttern, die mehr über die Menschen in Erfahrung bringen wollen, willkürlich herausgegriffen wurde, um ihnen als Versuchsobjekt zu dienen. Sie stellen ein Experiment an, in dessen Verlauf das Leben des Mannes umgekehrt wird, so daß er sich rückwärts durch seine mittleren Jahre und seine Jugend auf Kindheit und Auflösung zubewegt. Bob Younger, der Protagonist, der immer jünger wird, füllt das zweite Leben, das ihm geschenkt worden ist, mit einer Reihe leidenschaftlicher, aber unaufrichtiger Liebesaffären – sie sind notwendigerweise unaufrichtig, da er seinen Zustand verbergen muß, während die Zeit ihn und die Frauen, die er liebt, in entgegengesetzte Richtungen wirbelt. Das Geschenk der Götter ist vergiftet. Sean, der alte Kämpfer, der es mit dem Britischen Empire, puritanisch irischen Republikanern und Kirchenoberen aufgenommen hat, kämpft jetzt mit der Zeit. Ihr Zugriff bereitet ihm Vergnügen, er beobachtet und analysiert ihre Eigenarten, wie ein Schriftsteller es immer mit seinen Themen tut: mit Hilfe seiner Fiktion beherrscht er sie und hält sie auf Abstand – nur daß, schießt es mir plötzlich durch den Kopf, fiktionale Kräfte eine eigene Gesetzmäßigkeit entwickeln...

»Alle literarischen Entdeckungen«, schrieb Mauriac, »sind aus unserem eigenen Fleisch und Blut gemacht.«

Einen Augenblick lang bin ich bestürzt, welch einen hohen Einsatz das Schreiben erfordert, und es scheint mir unmöglich, noch weitere Fragen zu stellen. Aber offenbar habe ich ihn bereits gefragt, warum Youngers zweites Leben so ausschließlich privater und erotischer Natur ist und keinerlei gesellschaftliche Dimension besitzt. Sean antwortet flüssig und ruhig darauf – er gebraucht vertraute Redewendungen, die plötzlich gar nicht mehr so ausweichend, wie ich erwartet hatte, sondern erschreckend offenherzig zu sein scheinen.

»Nun«, sagt er, »ich wollte Leute zusammenbringen, und wenn ich das auf der Ebene von Sex und Leidenschaft getan habe, dann kann es tatsächlich den Anschein haben, daß das gesellschaftliche Element verschwindet – aber das tut es natürlich nie. Durch die gesellschaftlichen Zwänge ist es immer präsent. Aber das Einengende daran kann durch eine große Kraft wie die Liebe beseitigt werden...«

Oder durch die Zeit? Das Alter? Zweifel?

»Man kommt an das Wesen des Menschen heran – das, was Yeats die ›Persönlichkeit‹ nennt: das, was übrigbleibt, wenn der ganze Ballast – ›Charakter‹ und Umgebung, alles unnütze gesellschaftliche Beiwerk – wegfällt und nur der nackte Kern des Menschen bleibt.«

Irgend etwas, vielleicht war es der Ausdruck ›unnützes gesellschaftliches Beiwerk‹, oder vielleicht auch mein Drang, ›dem nackten Kern des Menschen‹ aus dem Weg zu gehen – es tut mir jetzt leid, daß ich Seans glatte Oberfläche durchdringen wollte – ruft in mir eine klare Erinnerung an die fünfziger Jahre zurück. Ich tanze Walzer mit Sean; er trägt einen Frack, dessen Schöße durch die Geschwindigkeit seiner Drehung abstehen, und als wir zu unserem Tisch zurückkehren, macht jemand eine Bemerkung darüber, daß Sean O'Faolain in der Zeit, die andere für eine Runde gebraucht haben, sechs getanzt hat. Das sollte heißen, daß es für den Seelenfrieden anderer Menschen besser wäre, wenn gewisse rastlose Charaktere ruhiggestellt würden. Die Erinnerung an eine zweite Gelegenheit, für die wir uns herausgeputzt hatten, drängt sich mir auf: Wir sind in der alten, prächtig ausgestatteten Metropolitan Opera in New York, um Renata Tebaldi die *Manon* singen zu hören. Ihre Darbietung bringt alle zum Schweigen, die Zweifel daran hatten, ob sie für diese Rolle geeignet und ob Manon überhaupt so etwas wie eine Heldin sei. Sean, der in Princeton ein Seminar über die Romanvorlage zu diesem Werk leitet, erzählt, wie sehr es ihn aus der Fassung gebracht hat, daß die Studenten Manon als eine Person abtun, die zu unaufrichtig und banal ist, um ihr Leben in den Griff zu bekommen. Der Mangel an Toleranz, den diese Studenten beweisen, stellt seine eigene Toleranz auf eine harte Probe.

Zurück zu unserem Interview. Ich frage ihn, ob er noch immer ein Romantiker ist, und er ruft:

»Natürlich bin ich das! Das bin ich immer schon gewesen und werde es auch immer sein. Zum Romantiker wird man geboren – ganz gleich, wie sehr man damit kämpft. Die wichtigste Aussage meines neuen Romans ist, daß das Schicksal eine entscheidende Rolle spielt. Bei der Geburt bekommt man ganz bestimmte Dinge mit auf den Weg, und auch wenn man sein Leben zehnmal lebt, ist man immer noch derselbe und dem Kismet unterworfen. *Mektub.* Alles ist ein für allemal festgelegt. Davon handelt mein Buch. Ich hatte vor, ihm einen Satz von Valery als Motto voranzustellen: ›La mer, la mer toujours recomencée‹. Der Mensch ist wie das Meer, das sich ständig erneuernde Meer...«

Seine Augen leuchten so blau wie immer. Er ist aufmerksam, lebendig, er jagt der Beute auf den Straßen seiner inneren Welt nach. In diesem Buch verfolgt ihn heimlich das Alter – wie ein Wagen, der im toten Winkel des Rückspiegels mitfährt. Sogar jetzt, da er achtzig ist, können weder er noch ich mit Sicherheit sagen, ob es da ist oder nicht. Er ist immer noch so jugendlich, so entschlossen, mit mir nach West-Irland und wieder zurück zu fahren oder mit mir und meinem Mann nach London ins Theater und danach zu einem späten Abendessen nach Soho zu gehen und danach im Regen die fieberhafte Suche nach einem Taxi in der Nähe des Piccadilly Circus auf sich zu nehmen. Kann er sich das zumuten? Dürfen wir das von ihm erwarten? Sollten wir es ihm ausreden? Sollten wir ihm Mut machen oder ihn verhätscheln? Im Gegensatz zu ihm hat sich Eileen schon lange mit dem Alter abgefunden und ist Expertin in zwei Bereichen des Lebens, in denen alte Menschen sich auskennen: Gesundheit und Geld. Es ärgert sie, daß er von beiden Dingen so wenig weiß, daß er völlig unnötigerweise auf Apfelbäume klettert und Herzrasen bekommt, worüber sie sich dann so aufregt, daß ihr eigenes Herz ihr Schwierigkeiten macht. Auf ihre vernünftige Art hat sie recht, aber er bleibt seiner für ihn lebenswichtigen, störrischen Einstellung zu den Dingen treu. In seinem neuen Buch dreht er der Zeit fast eine Nase – nur fast, weil der alte Mann, der wieder jung wird, keine Vollkommenheit erlangt. Das Festgefügte der Vollkommenheit könnte Sean auch kaum zufriedenstellen, denn für ihn bedeutet Perfektion paradoxerweise Fortschritt. Der Held des Romans entdeckt jedoch Zärtlichkeit, Ironie, neue Sehnsüchte und eine erhebliche Anzahl von Treuebrüchen. Der proteische Mann betrügt. Der Romantiker, der die Aufregung, die mit Veränderung verbunden ist, genießt, ist dazu verdammt, das Endergebnis dieser Veränderungen abzulehnen.

»Ich bin ganz zufrieden damit«, sagt Sean über das neue Buch. »Es ist ein Model, wie die irische Gabe des Verfluchens sich erfolgreich mit dem Despotismus der Tatsachen in der Kunst auseinandersetzen kann. Das beherrschen wir, besonders was den gesellschaftlichen Konsens betrifft, nicht sehr gut... Und was meine romantische Ader angeht – ich kenne sie. Alles, was ich schreibe, ist romantisch. Aber ich weiß auch, daß ich Ironie hineinlegen muß – nur so kann ich meine Ausgeglichenheit und geistige Gesundheit retten. Ironie ist das einzige, was mich vor Gefühlsduseleien bewahrt.«

Die Gabe des Verfluchens? Wenn man Sean zuhört, könnte man meinen, sein Romantizismus sei biologisch bedingt – ein Akt Gottes. »Schicksal«, sagt er, aber ich denke an historische Bedingungen und an Fernand Braudels Bemerkung, daß Veränderungen lange brauchen, bis sie Völker erfaßt haben, die auf Inseln oder hohen Bergen leben. Irland hat alte Einflüsse tatsächlich oft erst spät abgeschüttelt, und in seinem gesellschaftlichen Klima treibt die Romantik Blüten. Wie die Farce ist auch die Romanze ein Sicherheitsventil – man denke nur an Feydeau und Labiche, an Verdi und Puccini. In der göttlichen, von harter Arbeit erfüllten Blütezeit der modernen Mittelklasse gab es, wohin man auch sieht, gefühlsbetonte und rituelle Möglichkeiten, seinen Gefühlen Luft zu machen, und das führte zu Übertreibungen in der Kunst. Irland war lange in ein unnachgiebiges moralisches Korsett eingeschnürt, und das war die Ursache für einen ikonoklastischen Humor und eine Vorliebe für opernhafte Gesten. In restriktiven Gesellschaften schwelgen die Künstler in Gegenbildern von ausufernden und riskanten Leidenschaften. Yeats predigte: »Den Männern, deren Schriften so überaus weise sind, gehört nichts außer ihren blinden, abgestumpften Herzen.«

Um fair zu sein, sollte ich meinen prüfenden Blick vielleicht lieber auf mich selbst und auf die Frage richten, wie man all dies in meiner Jugend beeinflußte. Dabei sehe ich sofort, daß nicht Sean, sondern meine Mutter den größten Einfluß auf mich ausübte. Eileen schrieb Kinderbücher – das war gottesfürchtig und brachte etwas ein. Wie die Gläser, in denen sie das Obst und Gemüse aus unserem nur einen Morgen großen Garten einlegte, bewahrten ihre Geschichten etwas von der Begeisterung, die sie und Sean in den Bergen West Corks gefunden hatten, wo sie gegen Ende ihrer Jugend die Sommer damit verbracht hatten, Gälisch zu lernen, Balladen zu singen und an keltischen Kultorten zu tanzen. In ihrer Jugend verschwand die mündliche Überlieferung immer mehr, und später überfiel sie beide, wenn sie zurückblickten, ein überaus starkes Gefühl der Nostalgie. Da Eileens Geschichten zum Teil auf den Volksmärchen basierten, die sie in diesen zauberhaften Ferien gehört hatte, muß es schwer für sie gewesen sein, diese Geschichten zu beurteilen. Wenn sie sie vermarkten wollte, mußte sie sie an einem unvoreingenommenen Zuhörer testen: an mir. Wie die Zuschauer, nach denen die Nielsen-Quoten des amerikanischen Fernsehens berechnet werden, wurde ich zu Hause benötigt, und dort behielt mich Eileen, bis ich acht war. Sie brachte mir Lesen und Schreiben bei und erzählte mir so viele Geschichten von Pukas, Leprachauns, Zauberkutschen, Elfenburgen und ähnlichem, daß diese Märchengestalten für mich weit realer waren als die Engel und Dämonen, an die zu glauben mir die Nonnen beibringen wollten, als ich schließlich doch in die Schule kam. Ich fand es peinlich, mich plötzlich unter Klassenkameraden zu befinden, die ihren Glauben an Feen drei Jahre zuvor, beim Austritt aus dem Kindergarten, abgelegt hatten. Nachdem ich unvorsichtigerweise verraten hatte, wie leichtgläubig ich war, fühlte ich mich hintergangen. Ich war entschlossen, mich nicht noch einmal ertappen zu lassen, und glaubte von da an auch nicht an Teufel und Engel. Als ich langsam älter wurde und eine dunkle Ahnung davon bekam, daß Sean mit Kirche und Staat im Streit lag, legte ich mir ein heimliches, allumfassendes, wachsames Mißtrauen zu. Meine Eltern, die sich mit der Desillusionierung ihrer romantischen Neigungen widerstrebend hatten abfinden müssen, machten es mir unmöglich, romantische Gefühle zu empfinden. Sie gaben mir eine Sehnsucht nach Magie mit auf den Weg, und gleichzeitig eine Unfähigkeit, daran zu glauben. Das Schnalzen des Taschentuchs eines Zauberers erregt meine Aufmerksamkeit – aber nicht wegen des Vergnügens, das ich daran empfinden könnte, sondern wegen der Fingerfertigkeit, mit der er es hervorzieht, und wie der Geizige von Molière muß ich oft feststellen, daß die Hand, die mich bestiehlt, meine eigene ist.

Sean dagegen geht seinen Vergnügungen mit unbekümmerter Nonchalance nach.

Schnappschußartige Erinnerungsbilder aus den letzten Jahren zeigen ihn häufig mit einem Hut über seinem Gesicht an eine Wand in Volterra gelehnt oder auf einer Bank in Arles bei einer kurzen, heimlichen Siesta. Wenn er uns in London besucht, springt er mit zollfrei gekauften Ginflaschen aus dem Taxi und sprudelt über von Geschichten über Gott und die Welt, wobei er sich in eine geniale Weitschweifigkeit hineinsteigert, um dann, drei Martinis später, nach oben zu verschwinden und eines dieser kurzen Erholungsnickerchen zu machen. Zum Essen ist er dann wieder unten und gibt neue Musterstücke seiner aphoristischen Geistesblitze zum Besten, bis mein Mann und mein Sohn von Müdigkeit überwältigt werden und seine Energie bewundern. Routinemäßige Abläufe werden durch Erwartungen akzentuiert, in den Ferien steht der Spaß im Vordergrund, und Unterhaltungen werden zelebriert wie flambierte Puddings. Dieses edwardianische Element in ihm steht in Einklang mit seiner ganzen Erscheinung, die heiterer geworden ist. Wenn ich an ihn denke, sehe ich ihn in grau-grünen Tweedanzügen oder – im Ausland – in cremefarbenen Leinenstoffen und mit einer rostbraunen Seidenkrawatte vor mir. Die frische Farbe seines

Gesichts verstärkt das Blau seiner Augen. Er ist aufmerksam und wißbegierig, und er zieht während der ersten Stunde einer Party alle seine Register. Später ist man dann erstaunt, daß ihm, dem sein eigenes Erscheinungsbild doch so wichtig zu sein scheint, nicht das geringste entgangen ist. Er schämt sich nicht, einen Badezimmerschrank zu durchsuchen, in einer Handtasche zu kramen, die jemand unter einem Stuhl abgestellt hat, oder einen Brief zu lesen, der ihm in die Hände gefallen, aber nicht für ihn bestimmt ist. Diese erschlichenen Informationen können später, neu angeordnet, in seinen Geschichten wieder auftauchen – der Stoff, aus dem der Realismus besteht, ein Ballast für jene freischwebende Romantik.

Am Ende ist die Kassette, auf die ich unser Gespräch aufgenommen habe, irgendwie verdreht oder langsamer gelaufen. Zuerst konnte ich gar nicht verstehen, daß er an dieser Stelle des Gespräches Argumente gegen den Realismus vorbrachte. Wilde wird erwähnt und Alain Fournier. Er nennt die Namen ›Faust‹ und ›Cervantes‹, und dann hört man nur noch Rumpeln. Als ich es mir, in der Hoffnung, mehr zu verstehen, noch einmal anhörte, wurde mir bewußt, daß dieses Kauderwelsch etwas faszinierend Vertrautes für mich hat. Was ist das? Ich stelle den Apparat lauter. Seans Stimme wogt und brüllt wie das Meer oder der Wind, und plötzlich weiß ich, woran sie mich erinnert: Es klingt, als spreche er Gälisch. Seine Stimme ist wie die tiefen, feuchten, fedrigen Stimmen der Männer in jenen Dörfern in West Cork, wo er meiner Mutter den Hof machte und sich später versteckte. Eine Stimme, die älter ist als seine – die eines Gälisch sprechenden Vorfahren oder seine eigene von vor sechzig Jahren? – springt mich an wie ein Geist, der in der Maschine wohnt, und ich habe keine Ahnung, was sie mir sagen will.

BARBARA TAYLOR

Freud: Vater –

ein Gedicht in drei Teilen

Saskatchewan, wo ich die ersten einundzwanzig Jahre meines Lebens verbrachte, ist eine Provinz im kanadischen Weizengürtel, in dem der sozialistische Populismus eine starke Tradition hat. Meine beiden Eltern (mein Vater war ein Immigrant aus einem wallisischen Bergbaugebiet, meine Mutter eine kanadische Jüdin) waren in den 30er und 40er Jahren Kommunisten gewesen. In den späten 50er Jahren, als ich in die Schule ging, waren sie beide politisch linksstehende Rechtsanwälte, und unser Lebensstil verschob sich langsam von einer relativen materiellen Enthaltsamkeit zu einem zwanglosen Wohlstand, wie er für die Akademikerschicht in Nordamerika typisch ist.

Meinen ersten Universitätsabschluß machte ich an der Universität meiner Heimatstadt. Ich war immer eine ›gute‹, wenn auch unruhige Studentin gewesen, und diese Unruhe und der politische Hintergrund meiner Familie trieben mich in die Studentenbewegung und brachten mich nach 1969 mit dem Feminismus in Berührung. 1971 jedoch hatte ich das Gefühl, daß selbst ein starkes politisches Engagement nicht mehr ausreichte – ich wollte weg. Im Herbst jenes Jahres kam ich nach London, um ein Doktoranden-Studium an der London School of Economics zu beginnen. Meine akademische Karriere entwickelte sich in Schüben und führte zu einem Doktortitel an der Sussex University. Meine Dissertation beschäftigte sich mit der Geschichte des frühen sozialistischen Feminismus. (Sie ist 1983 bei Virago unter dem Titel *Eve and the New Jerusalem: Socialism and Feminism in the Ninetienth Century* veröffentlicht worden.) Meine immer intensivere Beschäftigung sowohl mit feministischer Theorie und Geschichte als auch mit der praktischen Politik der Frauenbewegung brachte mich mit der englischen Linken in Berührung.

Damit begann auch meine Karriere als Schriftstellerin: Ich schrieb über feministische Theorien, über die Geschichte des Feminismus, ich verfaßte Kinderbücher und Rezensionen für feministische und sozialistische Zeitschriften. 1979 wurde ich Mitglied des Herausgeberkollektivs von *History Workshop Journal*. 1980 begann ich, an einem weiterführenden College Geschichte zu unterrichten. Ich bin unverheiratet und habe keine Kinder. Die Gedichte, aus denen ›Freud - Vater‹ bestehen, sind die ersten, die ich veröffentlicht habe.

Freud – Vater

»Freud ist jetzt tot, und, glauben Sie mir, der echte Freud war ein wirklich großer Mann. Es tut mir besonders leid für Sie, daß Sie ihn nicht besser kennengelernt haben.« Freud mit achtundsechzig Jahren zu einem Studenten

I

»Wir werden unsere Aufmerksamkeit nun der einzigartigen Frage zuwenden, wodurch die starke Bindung des Mädchens an die Mutter beendet wird. Dies ist, wie wir wissen, die übliche Entwicklung: Die Bindung an die Mutter wird ersetzt durch die an den Vater.«
Sigmund Freud, ›Weiblichkeit‹ *(Neue Folge der Vorlesungen zur Einführung in die Psychoanalyse)*

»Es muß großartig sein, einen Vater zu haben, den man lieben und ehren kann, ohne daß das vierte Gebot mit seinem ›Du sollst ...‹ einen verfolgt wie ein böser Geist.«
Karen Horney im Alter von fünfzehn Jahren *(The Adolescent Diaries of Karen Horney)*

Als ich an meiner Mutter vorbei in den Spiegel blickte,
sah ich ihn eintreten,
hinter uns.
Die Tür stand offen.

Ich duckte den Kopf, so daß ich
sein Gesicht nicht sehen konnte.
Aber er befahl mir: »Sieh mich an.« Also
sah ich ihn eintreten,
als ich an meiner Mutter vorbei in den Spiegel blickte.

Dort im Spiegel waren wir: Alle. Aber er sagte: »Dreht euch um und seht mich an.«
Mein Spiegelbild sah das Gesicht meiner Mutter, aber bei seinem Blick verblaßten wir.
»Mutter, sieh!« Bei ihrem Blick hätte ich weinen können, sollen.
Aber sie hatte sich gedreht, der Spiegel hatte sich gedreht, der Raum hatte sich gedreht.
Ich hatte mich umgedreht
und sah, daß er etwas Edles, Kostbares, Unschätzbares in der Hand hielt.
Etwas Unwiederbringliches.

»Sag es mir«, sagte er. Also sagte ich es ihm. Denn was waren schon Worte im Vergleich zu dem, was der Spiegel mir nicht gezeigt hatte, was der Spiegel mir vorenthalten hatte, was das Spiegelbild meiner Mutter vor mir verborgen hatte?

Aber Worte waren nicht genug, ihn seine Hand öffnen zu lassen.

Und dabei habe ich dir so viele Worte gegeben, Vater.

II

»... Sie können von Ihrem Vater bekommen, was Sie wollen.«
Freud zu ›Dora‹ *(Bruchstück einer Hysterie-Analyse)*

»... Sie war dabei, sich von ihrem Vater loszureißen ...« Freud über ›Dora‹

Ich bin schon einmal in diesem Land gewesen.
Die reglosen, fedrigen Bäume am leblosen See;
die unbewegte Luft, der Rauch
der selbstgedrehten Zigarette, bevor er begann,
über mich zu sprechen – oder besser: über sein Verlangen nach einer,
deren Namen ich trage,
deren Kleider ich trage,
deren Vater sein Freund ist,
deren Liebe die Hure ihres Vaters ist,
deren Verderbtheit in seinen Augen und seinem Mund ist,
und in dem Geruch
schalen Zigarettenrauchs;
für alles andere fehlen mir die Worte.

Nichts ist richtig benannt.
Namen verschwinden wie Rauch hinter unseren Sätzen
und verwandeln Worte in eine Kakophonie
einsamen, falschen Leids.
Der Rauch nahm meinen Namen und trug ihn davon;
er nahm mir meine Bedeutung;
er nahm mir mein Zentrum;
bis ich so war, wie du mich fandest,
stumm
an dem kahlen Horizont eines uralten Landes, auf jenem abschüssigen
Ufer, auf dem wir jetzt stehen.
Über alles andere darf ich nicht sprechen.

Ich bin die Bedeutung, die Männer einander geben.
Ein Adjektiv, dessen Bestimmung
über meine Seele, über meine Sprache, über mich selbst hinausreicht, auch
über dieses kalte Land hinaus, in das ich,
erst durch einen Mann, dann durch einen anderen, gebracht wurde:
Der eine nannte mich seine Tochter, der andere seine Geliebte.
Und jetzt begleitest auch du, Professor, mich hier,
um zu sehen, was du
für ein Mädchen tun kannst, das wußte, daß Worte töten können.
Papa, Herr K., Professor: Ihr seht nun, wie wenig ihr von mir haben könnt.
Ich habe euch den Wald, den See, den Rauch gezeigt, der
noch über der Landschaft hängt, die ihr sucht.
Erkundet sie ohne mich.
Über alles andere werde ich nicht sprechen.

III

»Der Professor sagte: ›Das Problem ist: Ich bin ein alter Mann – Sie glauben, es lohne sich nicht, mich zu lieben.‹ *... Ich sagte nichts. Was hätte ich darauf antworten sollen?«*
H. D. *(Hommage für Freud)*

*»›Dies ist mein Lieblingsstück‹, sagte er. Er hielt es mir hin ... Es war eine kleine Bronzestatue einer Frau mit Helm, in die Falten einer Robe gekleidet. Als Oberteil trug sie einen Chiton oder Peplos. Sie hatte eine Hand ausgestreckt, als halte sie einen Stab oder einen Speer. ›Sie ist vollkommen‹, sagte er, ›*bis auf die Tatsache, daß sie ihren Speer verloren hat.‹ *Ich antwortete nichts.«*
H. D., *(Hommage für Freud)*

Auch ich war einmal eine Lieblingstochter.
Das Produkt der Worte meines Vaters und des Schweigens meiner Mutter:

So wuchs ich.
Eine schlaue kleine Minerva,
ausgerüstet mit den von ihrem Vater ererbten Waffen.
Ausgestattet mit allen Kräften, die ihr Vater ihr zugestand.
Gerade genug Kriegerin, um Frau zu sein;
Genug Frau, um Tochter zu sein;
Genug Tochter meines Vaters, um zu wissen,
daß berühmte alte Männer zu viele Söhne haben können.

Söhne schleichen durch ihre Träume,
stehlen ihre Gedanken,
zehren ihr Vermögen auf.
Töchter sind besser.

Aber Antigone ist tot.
Und mag sie auch unvollkommen sein –
diese Tochter kann ihre Worte ebenso gut setzen wie Männer.
Auch wenn es scheint, als habe sie ihren Speer verloren,
beherrscht diese Kriegerin die weibliche Kunst,
Verwünschungen in ihr Netz zu spinnen;
Symbole in die Seelen der Männer einzuweben;
und wenn sie in ihrer Stimme die Worte alter Männer vernimmt,
erstickt sie sie mit den aufrichtigen Tränen einer Frau.
Süße, wilde Tränen, geweint um einen sterbenden Gott.

LUISE RINSER

Mein Vater

Luise Rinser wurde 1911 in Pitzling/Obb. geboren. In München studierte sie Psychologie und Pädagogik und war anschließend als Lehrerin, später dann als freie Schriftstellerin tätig. Im Dritten Reich wurde ihr Berufsverbot erteilt; 1944 verhaftete man sie wegen Wehrkraftzersetzung. Nach dem Zweiten Weltkrieg arbeitete die Autorin als freie Mitarbeiterin bei der ›Neuen Zeitung‹ in München. Neben zahlreichen Romanen schreibt sie auch für Funk und Fernsehen. Heute lebt die Schriftstellerin in der Nähe von Rom.

Er war ein Nekrophiler.

Auf ihn trifft alles zu, was Erich Fromm über Nekrophilie sagt: Unlust am Leben, Pessimismus, übertriebener Hang zur Ordnung, unbeugsame Wahrheitsliebe, Charakterfestigkeit bis zum Starrsinn, eiserne Pflichttreue, Konservativismus, Sehnsucht nach einem heroischen Leben und Sterben, auch der neidische Blick auf die Biophilen, die leichteren Sinnes das Leben in vollen Zügen leben. Alles in allem: ein männlicher Mann. Jedoch: diese Männlichkeit war gefesselt an einen schadhaften Körper.

Mein Vater war bucklig. Das war sein Schicksal, und sein Schicksal bestimmte das meine.

Ein Astrologe sagte mir zu meinem Horoskop: »Auf Ihrem Leben liegt schwer der saturnische Schatten Ihres Vaters.« Mein Vater, der Saturn. Er stammte, im Gegensatz zu meiner Mutter, der reichen Gutsbesitzerstochter, aus einer armen Handwerkerfamilie. Er wurde Volksschullehrer. Eigentlich hätte er Musiker werden wollen und können – weder Geld noch Gesundheit erlaubten es. Trotz allem wurde er ein sehr guter Organist und gab Kirchenkonzerte. Seine schöne weiche Tenorstimme wurde oft mit jener des berühmten Julius Patzak der Münchner Oper verwechselt.

Er hatte ein hübsches Gesicht und blondes welliges Haar. Frauen verliebten sich in ihn. Aber er war seiner Ehefrau treu. Er war streng moralisch und ein guter Katholik, jedoch scharf antiklerikal und kämpfte mit bei der Abschaffung der ›geistlichen Schulaufsicht‹, der Kontrolle der Schule und Lehrer durch inkompetente Kleriker. Später war er ein mutiger Antifaschist. Er weigerte sich, mit Hitler-Gruß zu grüßen. Da er ein ausgezeichneter Lehrer war, ließ man ihm dies einige Jahre hingehen. 1936 quittierte er selbst seinen Schuldienst. Erst 53 Jahre alt, verspielte er damit einen guten Teil seiner Pension. Lügen konnte er nicht, und seine Schüler faschistisch zu erziehen, war ihm absolut unmöglich. Also ging er und wurde Organist in der Stadtpfarrkirche Rosenheim, seiner Heimatstadt. Er spielte ›um Gotteslohn‹, das heißt unentgeltlich.

Als ich 1934 für meine Staatsprüfung Hitlers ›Mein Kampf‹ lesen mußte, kam es zwischen uns zu einem der wenigen Gespräche, die in voller Harmonie verliefen. Ich sagte, ich fände das Buch grauenhaft. Er sagte: »Weißt du, was dieser Hitler will? Er will Krieg, und er wird ihn machen.« In den Jahren des Faschismus wurde er immer schweigsamer, finsterer, depressiver. Als er dann auch noch meine Heirat verhindern wollte mit leider recht brutalen Mitteln, riß unsere Verbindung für mehrere Jahre ab. Er litt schwer. Mir tat das leid, aber ich mußte meinen Weg gehen. Ich mußte mich gegen den Vergewaltiger Saturn zur Wehr setzen. Meine ganze Kindheit und Jugend, ja auch noch die späteren Jahre, verbrachte ich in Verteidigungs-Stellung. Und ich wäre so gern Vaters liebes Kind gewesen. Er ließ es mich nicht sein. Immer fürchtete ich ihn. An die Zeit, in der er mir seine Liebe zuwandte, weil ich wehrlos war, erinnere ich mich nicht. Meine Mutter sagte, er habe mich, das Kleinkind, sein einziges, geliebt und verwöhnt. Er, nicht meine Mutter, trug mich herum, wenn ich schrie. Er lehrte mich laufen, singen, sprechen, beten. Er hatte Kosenamen für mich: ›Mein Mädi, mein Trutscherl‹. Aber meine Erinnerung reicht nicht in diese Zeit zurück. Sie setzt ein mit einem scharfen Pfiff, der eine große Terz war und mir galt: Ich spielte im Nachbargarten mit meiner Freundin, der Zeller-Vicki (der ich in meinem ersten Buch

›Die gläsernen Ringe‹ ein etwas überhöhtes Monument gesetzt habe). Vicki, drei Jahre älter, war wie ich Einzelkind und hatte alles, was ich nicht haben durfte: einen Langhaardakkel, Kaninchen, Meerschweinchen und Zwerghühner. Und sie durfte alles, was ich nicht durfte: kommen und gehen wie sie wollte, und ihren rothaarigen Vater ›Zeller-Fuchs‹ nennen und ihm widersprechen und ihn auslachen. Der Anti-Vater.

Mein Vater fürchtete vermutlich Vickis Einfluß. Mein Hang zur Ungebundenheit kam dem ihren entgegen. Ganz verbieten konnte er wohl meine Zusammenkünfte mit Vicki nicht, aber er beobachtete unsere Spiele vom Küchenfenster aus. Harmlose Spiele. Keine Ursache, sie zu unterbrechen. Er unterbrach sie. Wenn es ihm paßte. Wenn er sein Kind daheim haben wollte. Ein scharfer Pfiff. Ich lief wie ein dressierter Hund. Kam ich zu spät, erwarteten mich Ohrfeigen, zuerst vom Vater, dann von der Mutter. In Erziehungsfragen waren sie sich besonders einig. Sie hielten mich beide für ein schwieriges, ja ›böses‹ Kind. Diese Pfiffe: alle seine Worte, seine Briefe ins Internat, die späteren, bis zu seinem Tod: nichts als Pfiffe. Nichts als Rückpfiffe aus dem Leben, das nach meinem eigenen Gesetz zu leben meine Schicksalsaufgabe war. Später lief ich nicht mehr wie ein dressierter Hund. Ich widerstand, ich lebte mein Leben. Er resignierte, hörte aber dennoch nicht auf mit seinen Ermahnungen. Da ich seine Briefe noch habe, weiß ich, was ich sage, ist keine Übertreibung. Eher das Gegenteil. Ich fürchtete seine Briefe noch als verheiratete Frau und Mutter zweier Kinder. Ich fürchtete seine Handschrift auf den noch geschlossenen Briefumschlägen: diese Lehrerhandschrift, deutscher Ductus, mit spitziger Stahlfeder geschrieben, korrekt, kalt. Jeder Buchstabe ein Messer. Meine Briefe aber (auch sie sind noch erhalten): immer neue Anläufe, ihm Respekt und Liebe zu zeigen. Vergeblich. Der Nekrophile verschloß sich. Er verkroch sich in seine Leiden und seine selbstgewählte Einsamkeit.

Meine früheste, ganz klare und bestätigte Erinnerung an meinen Vater: es ist Anfang August 1914. Der Freund meines Vaters, der Baron von der Tann, Offizier, war bereits ›eingerückt‹. Mein Vater meldete sich als Freiwilliger. Er kam zurück aus der Kreisstadt Weilheim. Man hatte ihn bei der Musterung zurückgewiesen. Er saß am Küchentisch, den Kopf auf die Arme gelegt. Vielleicht weinte er. Ich wollte ihn trösten. Er stieß mich zurück. Meine Mutter erzählte später, er habe damals gesagt: »Ein Krüppel wie ich sollte sterben.« War er denn ein solcher Militarist, daß er den Krieg liebte? Er war Pazifist, aber er war auch Patriot. Vor allem war er ein Mann, der wie alle Männer das Vaterland (Frau und Kinder) verteidigen wollte. Man ließ ihn nicht. Das Leben war ihm nicht mehr lebenswert. Er war ein heroisch männlicher Charakter im Körper eines Buckligen. Wenn ich tief genug grabe, finde ich immer wieder die Nekrophilie meines Vaters: er lebte ungern, er hätte das ungeliebte, mühsame Leben gern früh beendet, auf ehrenvolle Weise.

Später setzte er es bewußt aufs Spiel. Ich erfuhr das nie von ihm selbst, und auch meine Mutter wußte nichts von dem, was uns an seinem Grab eine Frau unter Tränen berichtete: Ihr Bruder war katholischer Geistlicher und im Widerstand gegen Hitler; er war schon im KZ Dachau gewesen, war freigekommen, aber von neuem gesucht; er lebte versteckt im ›Wilden Kaiser‹, in den Bergen bei Kufstein. Von seiner Familie durfte niemand ihn besuchen. Sein Aufenthalt war geheim. Meinem Vater eröffnete er sich. Er übernahm es ohne zu zögern, dem Gefährdeten jede Woche Nachricht und Lebensmittel zu bringen. Dazu fuhr er, der Krüppel, der Herzkranke, mit dem Fahrrad von Rosenheim nach Kufstein. Einmal schöpfte die Gestapo Verdacht. Er wurde verhört. Da sagte er wohl die erste Lüge seines Lebens: »Ich weiß gar nichts von diesem Fall.« Man ließ ihn gehen. Er hatte merkwürdigerweise mehr Freunde, als wir meinten, sogar unter den Polizisten. Seine Radtouren waren nicht nur politisch gefährlich, sie waren zu anstrengend für sein schwaches, in dem Brustkorb eingezwängtes Herz. Sie hätten sein Tod sein können. Vielleicht ersehnte er einen solchen Tod. Einen heldenhaften Tod, dessen Ursache niemand hätte wissen können außer seinem Gott. Ein Tod in Erfüllung einer selbstauferlegten Pflicht. Dies erfuhr ich 1951 an seinem Grab, und nicht eher.

Eigentlich hätten mein Vater und ich uns verstehen müssen: wir liebten beide die Musik. Das trennte uns von der Mutter, die absolut unmusikalisch war. Sie fand es falsch, daß mich mein Vater, wenn er mich im Münchner Internat besuchte, mit in die Oper nahm. Sie mochte es auch nicht, daß ich, als Kind, im Winter um halb sechs Uhr aufstand und den Vater ins »Engelamt« begleitete, um den Blasebalg der Orgel zu treten. Mein Vater an der Orgel: das waren Augenblicke der Harmonie zwischen uns. Wie sehr liebte ich ihn, wenn er Musik machte. Das Foto, das ihn an der großen Orgel der Überseer Kirche zeigt, hängt seit einigen Jahren in meinem Arbeitszimmer. Früher hätte ich diese anspruchsvolle Anwesenheit nicht ertragen. Es gab noch einige andere Augenblicke der Harmonie: wenn meine Mutter bisweilen für einige Tage zu ihren Verwandten reiste und mein Vater und ich allein waren. Wir spielten vierhändig Klavier, wir kochten, wir gingen spazieren, und wir spielten Schach. Mein Vater war Chiemgau-Schachmeister. Als ich sieben Jahre alt war, begann er, mich das Spiel zu lehren. Am Anfang spielte er ohne Dame.

Als ich später, tiefenpsychologisch geschult, über dieses Ohne-Dame-Spielen nachdachte, erschrak ich über die Symbolik: wir lebten in heiterer Harmonie, wenn die Dame, die seine, seine Ehefrau, nicht anwesend war. Gegen sie konnte ich nie gewinnen. War sie fort, gewann ich: ich gewann das Herz meines Vaters. Genau gesagt: er wagte es, in Abwesenheit seiner Frau, mir seine Liebe zu zeigen, freilich auf seine herbe, unzärtliche, immer dunkel eingefärbte Art. Aber er hielt es nicht lange aus ohne seine Dame: war sie länger als drei Tage fort, wurde er unruhig und mürrisch und stieß mich wieder von sich. Kam sie dann, empfing er sie freudlos, fast gleichgültig. Er war ein Tyrann: seine Leute mußten zugegen und durch Pfiff erreichbar sein. Erlaubte sich meine Mutter, abends hin und wieder zu Freunden zu gehen, so ging er nicht mit (»ich mag das Geschwätz nicht«) und nach spätestens zwei Stunden schickte er mich, das Kind, sie zu holen. Dabei mußte ich nachts über den Friedhof gehen, an offenen Gräbern und am Leichenhaus vorbei. Was dachte er sich dabei? Ich ging tapfer. Es gab ja auch gar keine Möglichkeit, nicht zu gehen.

Meine Mutter, diese bedeutend intelligente Frau, ihrem Mann verstandesmäßig und vital weit überlegen, führte die Ehe so geschickt, daß sie ihm ihren Willen unterschob, ohne daß er es merkte. Oder vielleicht merkte er es und wollte es genauso, wie es war. Sie liebte ihn auf ihre nüchterne, tätige Art. Er brauchte sie. Er brauchte ihre Biophilie, ihre Munterkeit, auch ihr vieles Reden, mit dem sie ihm oft auf die Nerven ging, das ihn aber vom Sturz in die finsteren Depressionene abhielt.

Ein letztes Mal war zwischen ihm und mir Harmonie: 36 Stunden vor seinem Tod, Ende Oktober 1951. Meine Mutter hatte mich angerufen: »Vater fühlt sich nicht wohl.« Wann hatte er sich je wohlgefühlt. »Aber keine Sorge, du brauchst nicht zu kommen.« Warum sagte sie das? Ich fuhr sofort. Ich wußte, daß er sterben würde. Wieso eigentlich? Als ich daheim ankam, war er auf und schien nicht krank. Er war wirklich nicht krank und doch war er ein Sterbender. Er ging herum als sei nichts. Als er sich später aufs Bett legte, um ›ein wenig auszuruhen‹, sagte er: »Setz dich zu mir«. Wir waren allein. Mir war weh und beklommen zumute. »Ich werde bald sterben«, sagte er, und ich widersprach nicht, ich wußte es. Dann tat er etwas ganz Ungewöhnliches: er nahm meine Hand und legte sie unter sein Nachthemd auf seine Brust. »Spürst du?« Ich spürte es: sein Herz klopfte unregelmäßig und hart. Eine Weile war Schweigen zwischen uns. Dann küßte ich ihn auf Stirn und Augen. Ich fühlte, daß es ihn glücklich machte. Ich sagte: »Warum können wir jetzt zärtlich zueinander sein, erst jetzt?«

Ehe ich abfuhr, sagte meine Mutter: »Sorg dich nicht, er wird sich wieder erholen.« Ich wußte es anders. 36 Stunden später war er tot. Als ich ankam, lag er noch im Haus, in seinem Bett. Eine Frau hatte das Kopfkissen mit kleinen roten Rosen bestreut. Er sah bestürzend schön aus, noch ehe ihn die Leichenfrau zurechtgemacht hatte. Ein schrecklich strenger Engel.

Meine Mutter kam später. Sie hatte, tränenlos und nüchtern wie sie war, das Nötige erledigt. Viel gab es nicht zu erledigen: Vater hatte längst alles genau geregelt. Auf den Dokumenten fehlte nur das Sterbedatum.

Meine Mutter erzählte, er sei gegen Morgen plötzlich wach geworden und habe mit klarer starker Stimme gesagt: Jetzt werde ich sterben. Du warst mir immer eine gute Frau. Ich danke dir. Dann wünschte er seinen Freund, einen Geistlichen, zu sehen. Als er gegangen war, sprach mein Vater kein Wort mehr. Er schlief einfach ein.

Wie war es eigentlich möglich, daß ein Mann von seinem inneren Format sein einziges Kind so wahrhaft abscheulich behandelte, wie es durchaus nicht nur in meiner Erinnerung ist, sondern bezeugt ist von meinen Verwandten? Meine Tante Marie Sailer sagte mir noch vor kurzem: »Wie hast du uns leid getan, wenn deine Eltern dich schlugen wegen nichts und wieder nichts.«

Ja, wie war das möglich? Ich weiß die Antwort. Heute. Mein Vater war überaus streng gegen sich selbst. Er hatte ein ethisches Konzept, von dem er nicht abwich: Pflichttreue, Aufrichtigkeit, Verschwiegenheit, Bedürfnislosigkeit, Ordnung. Dies vor allem: Ordnung. Dieses Konzept wandte er bei der Erziehung seiner Tochter an. Er vergaß leider, daß es verschiedene Ordnungssysteme gibt, und er vergaß, daß seine Tochter viel reicher angelegt war als er. War sie doch die geborene Schriftstellerin und hatte ihr eigenes Lebensgesetz und ihren eigenen Entwicklungs-Rhythmus.

Im Käfig war sie nicht zu halten. Sie brach aus. Sie brauchte die Weite. Mein Vater sah sie gefährdet. Sie war es, er sah richtig. Aber er sah nicht, daß sie ihren eigenen Dämon, ihren Schutzgeist hatte: ihr Talent. Daß sie sein ethisches Konzept schließlich doch verwirklichte, das hat er nicht mehr erlebt.

Sein Bild anschauend, denke ich: Armer Vater, du hast nicht wirklich leben dürfen. Daß du dieses Leben unter dem verdunkelten Stern tapfer gelebt hast, darin liegt deine Größe.

SHEILA ROWBOTHAM

Unsere Lanze

Ich bin 1943 in Yorkshire geboren und habe am St. Hilda's College in Oxford Geschichte studiert. Ich war Lehrerin an höheren Schulen, Fortbildungsinstitutionen und bei der Worker's Educational Association und habe mich seit ihren Anfängen in den späten 60er Jahren in der Frauenbefreiungsbewegung engagiert. Im Lauf der Jahre habe ich nicht nur Beiträge für sozialistische und feministische Zeitschriften, sondern auch verschiedene Bücher über die Geschichte des Sozialismus und des Feminismus geschrieben, unter anderem *Women, Resistance and Revolution, Hidden from History* und *A New World for Women.* Zusammen mit Jean McCrindle habe ich ein Buch mit Frauen-Interviews *(Dutiful Daughters)* herausgegeben und gemeinsam mit Hilary Wainwright und Lynne Segal das Buch *Beyond the Fragments* geschrieben. Eine Sammlung meiner Essays *(Dreams and Dilemmas)* ist bei Virago erschienen. Während der letzten beiden Jahre war ich Gastprofessorin am Institut für Frauenstudien an der Universität Amsterdam. Gegenwärtig arbeite ich im Wirtschaftsreferat der Londoner Stadtverwaltung. Ich lebe in Hackney im Osten Londons und habe einen Sohn, Will.

Als ich geboren wurde, war mein Vater über Fünfzig. Ein halbes Jahrhundert trennte uns, und die Kluft schien mit der Zeit nur noch größer zu werden. Unsere Stellung in der Welt und die Position, die wir zueinander einnahmen, waren gegensätzlich und weit voneinander entfernt.

Er war 1888 als siebentes von vierzehn Kindern geboren worden. Es gab einen Familienwitz, der besagte, daß Großmutter Rowbotham, als er geboren wurde, die Namen für ihre Söhne ausgegangen waren. Von eher biederen Namen wie Charles und Tommy wich sie auf Lancelot, Clifford und Randal aus. Zusammen mit Rowbotham hatten diese hochtrabenden Namen einen etwas absurden Klang, und so wurde Lancelot einfach zu ›Lance‹ verkürzt.

Großvater Rowbotham hatte einen kleinen Bauernhof in einem Dorf namens Aston in der Nähe von Sheffield. Er hatte in den Gruben gearbeitet, wo es seine Aufgabe gewesen war, auf die Stabilität der hölzernen Stützen in den Streben zu achten. Das Geld, das er damit verdiente, hatte er in den Hof gesteckt. Da es unwirtschaftlich war, Landarbeiter zu beschäftigen, war es selbstverständlich, daß alle Kinder auf dem Hof halfen. Die Kinder mußten für ihren Lebensunterhalt arbeiten.

Mein Vater erinnerte sich an meinen Großvater als einen strengen Mann, der seine Kinder täglich schlug – nur für den Fall, daß sie etwas angestellt hatten, wovon er nichts wußte. Für Großvater Rowbotham stand es außer Frage, daß er die totale Verfügungsgewalt über seine Kinder hatte, aber da es so viele waren, konnte er sie nicht vollständig unter Kontrolle halten. Tante Glad erzählte, daß die Töchter nachts in ihre Zimmer eingeschlossen wurden, um zu verhindern, daß sie sich mit ihren Freunden trafen, aber irgendwie schafften sie es doch immer wieder zu entkommen.

Mein Vater stellte sich gegen seinen Vater. Er wollte aus der Enge des Hofes und des Dorfes hinaus. Er bekam ein Stipendium für die höhere Schule. Danach arbeitete er tagsüber auf dem Hof und ging abends nach Sheffield auf die Abendschule, um Ingenieur zu werden. »Bei jedem Wetter bin ich hin und zurück zu Fuß gegangen.« Als Lehrling baute er Elektromotoren in Uhren ein. Er war knapp über Zwanzig, als er einen guten Job als Elektroingenieur in einer nahegelegenen Kohlengrube bekam. Es war sehr ungewöhnlich, daß ein so junger Mann eine so gute Stelle erhielt. Er war unternehmungslustig und rebellisch, konstruierte eine Sicherheitslampe, die in den Kohlengruben der Umgebung eingesetzt wurde, las die sozialistische Zeitung *Clarion* und kritisierte den Stadtrat in der Lokalzeitung. Er hatte gezeigt, was in ihm steckte. Aber ich hatte immer das Gefühl, es verletzte ihn sein Leben lang, daß sein Vater ihm bei seinen Studien Hindernisse in den Weg gelegt und seine Leistungen nie anerkannt hatte.

Trotz dieser frühen Erfolge war der Rest seines Lebens voller Höhen und Tiefen – zum Teil, weil er ein rebellischer Individualist war, zum Teil wegen seiner Eskapaden, die er, wie meine Mutter es ausdrückte, ›mit der Entschlossenheit einer Bulldogge‹ in Angriff nahm. Tante Glad erzählte, daß man es im Dorf mißbilligte, wie vielen Frauen er nachlief. Zu jedermanns Erstaunen war er dabei jedoch recht erfolgreich. Da sich niemand daran erinnern konnte, daß er besonders gut aussah oder ein einnehmendes Wesen besaß, führten seine Schwestern diese Erfolge auf Verschlagenheit, Hartnäckigkeit und schamlose Schmeicheleien zurück. Seine gewaltige Willenskraft und beharrliche Entschlossenheit, so zu leben und zu denken, wie er es für richtig hielt, begleitete ihn sein ganzes Leben hindurch.

Er lernte meine Mutter, Jean Turner, kennen, als er Mitte Dreißig und bereits verheiratet war. Sie war damals noch nicht ganz zwanzig, lebte in Sheffield und besuchte in ihren Ferien einen Bauernhof in der Nähe von Aston.

In ihren Augen stand ihre Familie weit über der der Rowbothams, denn ihrem Vater gehörte eine Waffen- und Munitionsfabrik. Aber die Meinung, die die Rowbothams von sich hatten, setzte sich infolge ihrer Dickköpfigkeit und der Tatsache, daß sie sich in der Überzahl befanden, durch. Ihrer Ansicht nach brauchten sie hinter keiner anderen Familie zurückzustehen und waren ein ganzes Stück besser als die meisten anderen.

Auch als meine Mutter nach Sheffield zurückkehrte, fuhr Lance fort, um sie zu werben. Sie schilderte ihn mir als einen Landgockel, der ihre anderen Verehrer durch seine ungehobelten Manieren und seine bäuerische Kleidung vertrieb und sie durch reine Hartnäckigkeit gewann, nachdem er einen Konkurrenten nach dem anderen ausgeschaltet hatte. Einmal lief sie vor ihm davon. Er verfolgte sie. Sie stieg in eine Straßenbahn, aber er rannte so lange neben dem Wagen her, bis die spöttischen Bemerkungen der anderen Fahrgäste sie zwangen, wieder auszusteigen.

Mein Vater behauptete, ihre anderen Verehrer seien oberflächliche Stenze gewesen, die Gamaschen trugen. Wenn ich als junges Mädchen über diese Geschichten, über diese weit zurückliegende Werbung in Sheffield kurz nach dem Ersten Weltkrieg nachdachte, war ich immer etwas enttäuscht darüber, daß diese anderen Burschen so wenig Mumm gehabt hatten. Ich fand, sie hätten meinen Vater wenigstens zu einem Duell um die Hand meiner Mutter herausfordern können. Mir war nicht so ganz klar, was Gamaschen waren – so etwas bekam man in den 50er Jahren in Leeds nicht zu sehen. Vielleicht hatten die Gamaschen eine offene Auseinandersetzung verhindert oder vielleicht hatte meine Mutter ihre galanten Verehrer auch falsch eingeschätzt. Vielleicht waren es tatsächlich oberflächliche Stenze gewesen, und meine Mutter konnte von Glück sagen, daß sie sie losgeworden war.

Sie vermittelte mir den Eindruck, daß es reiner Zufall war, daß sie mir diese Geschichte dreißig Jahre später erzählen konnte. »Dein Vater hat mich einfach überrumpelt.« Und nachdem sie einmal überrumpelt war, nahm das Schicksal offenbar seinen Lauf.

Nachdem sie beide gestorben waren, erfuhr ich, daß sie, obwohl sie all die Jahre zusammengelebt hatten, nie verheiratet gewesen waren. Die Frau meines Vaters war Katholikin und betrachtete die Rowbothams als gesellschaftlich minderwertig. Lance hatte sie gegen den Willen seiner Familie geheiratet, als er noch nicht einmal zwanzig war. Nur seine Lieblingsschwester Glad hielt zu ihm. Als er meine Mutter kennenlernte, hatte seine Frau ihn bereits wegen eines anderen Mannes verlassen, aber da sie katholisch war, verweigerte sie die Einwilligung in eine Scheidung.

Als meine Mutter in den frühen 60er Jahren starb, fand ich Briefe, die Lance damals an sie geschrieben hatte und die sie all die Jahre aufbewahrt hatte. Sie enthüllten einen Mann, den ich nicht als meinen Vater wiedererkannte. Die Atmosphäre in diesen Briefen erinnerte mich an die Figuren, die mich in H. G. Wells' Romanen so fasziniert hatten: Es war in ihnen die Stimmung eines neuen Jahrhunderts, der Ehrgeiz eines jungen, aufstrebenden Mannes, der sich durch technisches Wissen und das Studium auf einer Abendschule nach oben arbeitete, der nach den Privilegien der Oberklasse hungerte und hartnäckig und leidenschaftlich entschlossen war, seinen Weg zu machen.

In den frühen 20er Jahren gingen Lance und Jean nach Indien. Man hatte ihm dort eine Stellung angeboten, und meine Mutter sagte, sie habe ihn gedrängt, das Angebot anzunehmen, weil sie es satt hatte, in Sheffield zu leben. Damals war ein solcher Schritt natürlich ziemlich skandalös. Indem sie sich gegen ihre Familie stellte und mit Lance nach Indien ging, war sie von diesem Zeitpunkt an materiell völlig von ihm abhängig. Ihre Stellung war rechtlich ganz und gar ungesichert. Das wirft ein neues Licht auf die Tatsache, daß sie energisch darauf beharrte, ich solle eine Erziehung genießen, die es mir ermöglichen würde, auf eigenen Beinen zu stehen. Und auch ihre leidenschaftliche Freiheitsliebe wird dadurch verständlich.

Zwölf Jahre lang arbeitete Lance als Bergbauingenieur in der Nähe von Kalkutta, während außerhalb ihrer privilegierten Kolonialwelt die indische Unabhängigkeitsbewegung drohend rumorte.

Geschichten aus Indien waren ein Bestandteil meiner Kindheit. Mein Vater hielt immer wieder Vorträge über die oft verkannten Vorzüge des britischen Empires und darüber, daß die Labour-Party in ihrer Dummheit das Land voreilig den Indern überlassen hatte. Von meiner Mutter hörte ich andere Geschichten. Es waren ausführliche Schilderungen von Charakteren und Zufällen, die mit Beobachtungen und Betrachtungen ausgeschmückt waren. Immer wieder bat ich sie: »Erzähl mir doch von...«, denn ich wollte, daß sie die Gegenstände in unserem Haus mit Leben erfüllte: die Elefanten, die bestickten Bilder, die Buddhas und die geschnitzten Paravents, die durch die seltsamen Wechselfälle der Geschichte schließlich in Harehills (in Leeds) gelandet waren.

Sie vermittelte mir ein Bild von ihrem, nicht seinem Indien. Sie erzählte mir, wie erleichtert sie gewesen war, als der Monsunregen endlich kam, und daß sie nackt durch den Garten gelaufen war und die Regentropfen auf ihrer Haut genossen hatte. Und als mein Vater hinter ihr her rannte, hatte sie zuerst geglaubt, es sei ein Spiel, und hatte gelacht – aber er war wütend, weil er fürchtete, ein Inder könnte sie sehen. Sie freundete sich mit einem pensionierten Armeeoffizier an, der ihr Beethoven vorspielte und sie in die indische Kultur einführte. Noch Jahre später konnte meine Mutter darüber kichern, daß die Pessare, die sie von ihrem Heimaturlaub mitgebracht hatte, sich in der Hitze auflösten. Sie hatte romantische Erinnerungen an die jungen Männer, mit denen sie im Klub getanzt hatte, und wenn sie an die *Ayah* zurückdachte, die sich um meinen in Indien geborenen Bruder Peter gekümmert hatte, überkam sie Wehmut.

Das Indien meines Vaters war ganz anders als das meiner Mutter. Er redete nicht über die Einzelheiten seines Lebens und seiner Arbeit dort, zum Teil vielleicht, weil ich seine Tochter und nicht sein Sohn war, zum Teil aber auch, weil er nie viel über seine persönlichen Beziehungen sprach. Sein Bild von Indien war entweder in den Meinungen, die er äußerte, verborgen, oder aber es mußte aus dem, was er sagte, abgeleitet werden. Dort in Kalkutta muß er sich sehr weit von Süd-Yorkshire entfernt gefühlt haben. Jean hatte es leichter im Klub: Sie war jung, hübsch, lebhaft, eine gute Tänzerin, und ihre gesellschaftliche Unerfahrenheit war entschuldbar. Was sie dachte, war kaum von Bedeutung, solange sie sich an die äußeren Formen der Konvention hielt. Als sie sich mit einer Familie anfreundete, die teils indisch, teils britisch war, gab man meinem Vater zu verstehen, er müsse meine Mutter daran hindern, den gesellschaftlichen Kontakt zu dieser Familie aufrechtzuhalten. Sie fügte sich, aber sie war, im Gegensatz zu ihm, mit den Wertmaßstäben dieser Kolonialgesellschaft nie ganz einverstanden. Für ihn waren die äußeren Formen des Empires ein Puffer zwischen seiner häuslichen Welt und der Welt, die ihn umgab. Die Inder, behauptete er, kümmerten sich nicht um einander und wüßten nicht zu schätzen, was die Engländer für sie getan hatten. Jahre später, als ich den Marxismus entdeckt hatte, versuchte ich vergeblich, ihn darauf hinzuweisen, daß der Imperialismus die heimische Industrie der Inder zerstört, die Mieten in die Höhe getrieben, Hungersnöte erzeugt und religiöse Konflikte verschärft hatte. Als Antwort darauf wiederholte Lance nur, die Inder besäßen keine moralische Integrität und wüßten den Wert harter Arbeit nicht zu schätzen. Nur von Sikhs und Chinesen hatte er eine hohe Meinung. In seiner Wertskala standen sie gleich hinter den Leuten aus Yorkshire.

Noch dreißig Jahre, nachdem er Indien verlassen hatte, sah Lance dieses Land mit den Augen eines Mannes aus Süd-Yorkshire. Er wich niemals von seinem dogmatischen und kompromißlosen Standpunkt ab. Meine Mutter wußte nicht mehr von den komplexen politischen Zusammenhängen zwischen Imperialismus und Nationalismus als er, aber sie verstand wenigstens, daß der britische Standpunkt nicht der einzig mögliche war. Ich kann mir vorstellen, daß hinter der britischen Identität, auf der Lance beharrte, ein erhebliches gesellschaftliches Unbehagen bezüglich der ›besseren Leute‹ im Klub stand, wo er mit viel Ernst und Überlegung Bridge spielte und sich halbherzig den Freimaurern anschloß. Er war zu dickköpfig, um gesellschaftlich aufzusteigen, und zu stolz, um keinen Schmerz zu empfinden, wenn er mit jemandem konfrontiert war, der einen Upper-Class-Akzent hatte. Noch Jahre später war er stolz darauf, daß in seinem Bücherregal neben Abenteuerbüchern und Kriminalromanen von Agatha Christie Gedichtbände von Kipling standen.

Sie blieben zwölf Jahre in Indien. Dann mußten sie wieder zurück nach England, weil Lance entlassen worden war. *Diese* Geschichte erzählte er gern, und sie erfüllte mich immer mit Stolz auf ihn: Sein Boß war auf Urlaub in England. Sein Vertreter wollte die Löhne der Bergarbeiter senken, aber dafür brauchte er die Unterschrift meines Vaters. Der weigerte sich, mit der Begründung, die Löhne seien jetzt schon zu niedrig und man könne von niemandem erwarten, davon zu leben. Trotz seines konservativen Paternalismus besaß er ein ausgeprägtes Gefühl für Fairneß, das im Widerspruch zu der Einstellung der kleinen Geschäftsleute stand, man müsse aus allem den größtmöglichen Vorteil ziehen. Er hatte unter Tage gearbeitet und wußte um die Risiken, die Gesundheitsschädlichkeit und die Beschwerlichkeit der Arbeit.

Sie kehrten in der Wirtschaftskrise nach England zurück. Er bekam schließlich eine Stelle als Elektriker in einem Steinkohlenbergwerk. Das war ein Abstieg. Er war über Vierzig und körperliche Arbeit nicht mehr gewöhnt. Schließlich gab Großvater Turner nach und lieh Lance Geld für einen Wagen. Er kaufte sich einen Morris, wurde Handlungsreisender und erwarb eine Beteiligung. In den späten 30er Jahren zogen sie bei einer Familie in Leeds als Untermieter ein. Meine Mutter dachte gern an diese Zeit zurück, und die Geschichten, die sie davon erzählte, klangen alle fröhlich, aber Lances Partner brannte mit dem Geld durch.

Mein Vater erzählte mir nie von seinen geschäftlichen Rückschlägen und Schwierigkeiten. Er stellte sich mir immer als weltgewandter, erfahrener Geschäftsmann dar: Behandle andere fair, aber sei hart und kompromißlos, wenn sie ihrerseits nicht fair sind. Geld darf man weder borgen noch leihen. Überziehe nie dein Konto, denn daran verdient nur die Bank.

In den 40er Jahren zogen sie in ein Haus in Harehills in Leeds. Lance bekam einen Job als Vertreter für eine Firma in Keighley, die Grubenpumpen herstellte. Die Kohleindustrie expandierte, und seine Geschäfte gingen gut. Er versicherte mir, die Gründe dafür seien seine Menschenkenntnis, sein Talent, auf dem Kopf stehende Wörter zu lesen und mehreren Gesprächen gleichzeitig zu folgen, sowie andere unternehmerische Fähigkeiten gewesen. Meine Mutter deutete an, in Wirklichkeit habe ihm sein Glück und das geliehene Geld von Großvater Turner dazu verholfen.

Inzwischen war Lance über Fünfzig und Jean knapp über Vierzig, aber immer noch war ihr gemeinsames Leben schweren Erschütterungen ausgesetzt. Sie bekam Krebs – man mußte ihr eine Brust amputieren. Nach der Operation war sie schwach und gebrechlich. Kurz darauf, 1943 wurde ich geboren. Ich war ein ›Unfall‹. Peter war siebzehn.

Jean erzählte mir, der eheliche Verkehr mit meinem Vater sei für sie eine lästige Pflicht gewesen. So lange ich zurückdenken kann, schliefen sie in getrennten Zimmern. Sie versuchte, Chinin zu bekommen, um mich abzutreiben, aber es durfte nicht mehr verkauft werden. Sie ließ sich die Treppe hinunterfallen, hatte aber trotzdem keine Fehlgeburt. Sie erzählte mir, sie habe viele Fehlgeburten gehabt, und als ich älter wurde, fragte ich mich, ob einige von ihnen nicht Abtreibungen gewesen waren.

Mein Vater sprach mit mir nie über seine Einstellung zur Sexualität, aber ich wußte die ganze Zeit, daß er sexuell unglücklich gewesen sein mußte. Es war mir absolut unmöglich, mir vorzustellen, wie er als Teenager gewesen war. Der Gedanke, mein Vater könnte sexuelle Begierden haben, war unvorstellbar und einfach albern. Meine Mutter erzählte mir auch von dem Widerwillen und der Bitterkeit, die sie wegen seiner zahlreichen Seitensprünge entwickelt hatte. Mit zunehmendem Alter wurde er sehr respektabel, hielt mir strenge Moralpredigten und achtete, wenn ich abends ausging, genau auf die Uhrzeit. »Die schmutzigen alten Kerle sind immer am strengsten mit ihren Töchtern – die wissen nämlich, was auf die Mädchen zukommt«, sagte Jean, der jede Heuchelei verhaßt war.

Sie stritten sich ständig. Wenn ich im Bett lag, hörte ich, wie er ihr Vorwürfe machte, und hörte auch, wie sie sich mit leiserer Stimme dagegen zur Wehr setzte. Er schaffte es fast – aber nie ganz – sie zu zermürben. Sie verfluchte ihr Schicksal, weil er zu Hause arbeitete und immer in ihrer Nähe war.

Sie war Kettenraucherin und legte, wenn sie die Hausarbeit erledigte, ihre brennenden Zigaretten geistesabwesend auf die Fensterbänke, wo sie braune Rillen in das Holz brannten. »Willst du eigentlich, daß das Haus abbrennt?« brüllte er und füllte das ganze Haus mit seiner männlichen Wut. Die Erinnerung daran läßt mich noch heute zusammenzucken und zittern. Ich nehme an, Jean Turner wollte tatsächlich das Haus abbrennen. Aber sie konnte nirgendwo anders hin, und so nahm sie zu einem unbarmherzigen Guerillakrieg Zuflucht.

Als ich älter wurde, drehten sich ihre Auseinandersetzungen um mich. Mein geliebter Hund Simon pinkelte auf die Büsche, die extra in einer Baumschule für unser neues, protziges Haus in Roundhay gekauft worden waren. Ich begann Kaffee zu trinken, ohne die Tassen auf Untertassen zu stellen. »Wenn du so weitermachst, werden anständige Leute nichts mit dir zu tun haben wollen«, sagte er. Simon und ich standen unter dem Schutz eines ausgefeilten häuslichen Untergrundsystems, das aus meiner Mutter und einer Reihe von Hausangestellten bestand. Auch mein Bruder gehörte zeitweise dazu, aber er arbeitete beruflich mit meinem Vater zusammen, und es herrschte ein stillschweigendes Einverständnis darüber, daß er als Mann bestimmte Dinge nicht zu wissen brauchte. Der Untergrund sammelte Informationen, plante Strategien, machte sich über meinen Vater lustig und arbeitete unermüdlich daran, bestimmte Ziele durchzusetzen. Mein Vater, der offiziell der Herr in seinem Haus war, mußte sich in Pantoffeln in die Küche schleichen, um herauszufinden, was gespielt wurde.

Mein jahrelanger leidenschaftlicher Haß auf meinen Vater machte es mir unmöglich, mir vorzustellen, welche Auswirkungen all dies auf ihn hatte. Für mich war er einfach nur ein Tyrann, dem man Widerstand leisten mußte. Meine Strategie richtete sich dabei nach einem Spiel, das meine Mutter und ich immer gespielt hatten: Wir waren zwei Kellnerinnen, Rosie und Posie, die alle möglichen Sachen anstellten, bis der Boß kam. »Wenn die Katze aus dem Haus ist, tanzen die Mäuse auf dem Tisch«, sagte sie immer. Mein Vater beherrschte die materielle Welt, aber meine Mutter fand ihre Freiheit in der Welt der Ideen und der Fantasie. Mein Bruder war alt genug, um zu sehen, daß der Konflikt zwischen ihnen für beide Seiten tragisch war. Ich sah jedoch nur, wie beengt das Leben meiner Mutter war, und ich gab meinen Vater mit seinem tyrannischen Wesen die Schuld dafür.

Nur selten waren wir uns wirklich nahe. Schon als kleines Kind wurde ich von meinem Vater mit Anweisungen überhäuft. Wir stritten uns wegen der förmlichen Höflichkeit, die Kinder seiner Meinung nach gegenüber Erwachsenen an den Tag legen mußten, über meine Kleidung, meine Tischmanieren, meine Bücher. Als Teenager ging ich vom Guerilla-Widerstand zum offenen Angriff über. Einige der Themen, über die wir aneinandergerieten, waren: Religion, die Suez-Krise, die Königin, Rassen- und Klassenprobleme, das Empire, meine Freunde, die Dauer meiner Telefongespräche, die Zeit, um die ich zu Hause zu sein hatte. Schließlich fand ich einen Namen für dies alles: ›Sozialismus‹.

Mein Vater gehörte nicht zu den Menschen, die diskutierten, weil es ihnen Spaß machte. Der Satz: ›Ich diskutiere nicht – ich sage dir, wie es ist‹ war typisch für ihn. Er stand mit beiden Beinen in der Welt, und sie war so, wie er sie sah.

Als er 1967 starb, hatten wir uns noch immer nicht miteinander versöhnt. In gegenseitigem Unverständnis standen wir uns gegenüber – obwohl Außenstehende meinten, daß wir einander ziemlich ähnlich seien. »Sie kommt auf dich, Lance«, hieß es immer wieder. Nach seinem Tod verspürte ich nur eine Taubheit, und dahinter stand die Erleichterung, daß ich nun meine Wut los war. Ich fühlte keinen tiefen Schmerz wie beim Tod meiner Mutter, ich hatte meine Trauer tief in mir begraben, und jahrelang empfand ich nur ein vages Unbehagen, wenn ich an ihn dachte.

Dann – im Jahr 1976 – fertigte eine Frau ein Horoskop für mich an. Als sie es mir erklärte, sah sie mich plötzlich an und sagte mit Nachdruck: »Du warst eine schreckliche Tochter.« Sie sagte, ich solle versuchen, mir über meine Gefühle meinem Vater gegenüber klarzuwerden. Vielleicht hätte ich mich normalerweise einfach verschlossen und ihren Ratschlag als leeres Gerede abgetan, aber ich wußte, daß sie eine Feministin war und daß ihrer Bemerkung ein Engagement für die Freiheit der Frauen zugrunde lag. Wirkliche Freiheit kann sich nicht auf Flucht gründen. Im Grunde meines Herzens wußte ich, daß sie recht hatte. Denn obwohl es stimmte, daß er ein dominanter Mann gewesen war, hatte er mich doch auch geliebt und war sehr stolz auf mich gewesen. Ich war noch nicht fertig mit dem Geist meines Vaters – für solche Dinge ist der Tod kein Schlußstrich.

Ich dachte lange über die Augenblicke nach, in denen zwischen uns Wärme und Liebe gewesen war. Es waren seltene Momente gewesen, aber ich durchforschte mein Gedächtnis nach ihnen. Eines Abends in der Küche, als ich ein Teenager war und mein Vater mir wieder einmal eine Moralpredigt hielt, unterbrach ihn meine Mutter: »Und was war mit der Frau mit dem Fischschwanz-Kleid?« So erfuhr ich die Geschichte. Während einer Überfahrt nach Indien hatte er mit einer Frau Bridge gespielt, von der meine Mutter sagte, sie sei sehr hager gewesen und habe ein enges Abendkleid getragen, das mit fischschwanzförmigen Rüschen besetzt war. Eines Abends, als sie angeblich wieder Bridge spielten, war mein Vater mit dieser Frau an Deck gegangen. Als die beiden schließlich wieder im Salon erschienen, machte die Frau einen ziemlich aufgelösten Eindruck. Die Rüschen standen in allen Richtungen ab, und sie brachte es, so sehr sie sich auch bemühte, nicht fertig, sie zu glätten – zum großen Vergnügen meiner Mutter und der anderen Passagiere. Als sie meinen Vater, den Moralapostel, Jahre später an diesen Zwischenfall erinnerte, grinste er entwaffnend und jungenhaft und gab sich geschlagen.

Als ich auf das Mädchencollege nach Oxford ging, war mein Vater einigermaßen besorgt. »Sie wird auf komische Ideen kommen, Lance, und keine Lust mehr haben, zu heiraten«, warnte ihn sein Freund Mr. Kessler, der einen Elektroladen hatte und nichts davon hielt, Mädchen eine Ausbildung machen zu lassen – bei Jungen war das natürlich etwas anderes. Aber mein Vater ließ mich gehen. Er träumte davon, daß ich Tweed-Kostüme tragen, mich mit den Söhnen und Töchtern der vornehmenen Familien anfreunden, Dozentin werden und eine Stellung im Außenministerium bekommen würde. Er stiftete dem Baufonds des Colleges eine beträchtliche Summe. Für ihn waren Bergbaumanager und Universitätsdozenten fast ein und dasselbe, und wenn Geschenke an einen Manager Aufträge garantierten, dann konnte man seiner Tochter auf dieselbe Weise gute Empfehlungen für ihren Eintritt in das Berufsleben sichern. Ich traf ihn zufällig, als er mit einem neuen Hut, den er in London gekauft hatte, aus dem College-Gebäude trat. Er war heimlich nach Oxford gekommen, weil er wußte, daß ich mit einer Geldspende nicht einverstanden sein würde. Es gab viele Eltern, die mehr Geld hatten als er. Und wie sollte ich ihm erklären, daß die Intelligenz der oberen Mittelklasse das Spiel des kapitalistischen Systems nach leicht abgeänderten Regeln spielte? Nach der ersten Überraschung allerdings freuten wir uns über diese unvermutete Begegnung, und er lud mich und ein paar Freunde zum Essen ein. Das war einer der glücklichsten Momente mit ihm, an die ich mich erinnern kann.

Bei einer Anti-Atomwaffen-Demonstration, an der ich teilnahm, als ich neunzehn war, brach ein Teil der Demonstranten aus der Marschreihe aus und besetzte eine geheime Dienststelle der Regierung, deren Adresse bekanntgeworden war. Wir stapften bei Reading durch den Wald und machten Schlagzeilen. Die *Tribune* zog über uns her, und Peggy Duff sagte, wir seien Anarchisten. Gegenüber seinen

Freunden in der Nationalen Kohlenbehörde prahlte mein Vater damit, daß seine Tochter dabeigewesen war. Sie waren entsetzt, aber er fand, daß ich Mut und moralisches Empfinden bewiesen hatte, besonders als er erfuhr, daß man auch die Militärpolizei, die er nicht leiden konnte, eingesetzt hatte.

Immer war er mein eifriger Beschützer. Als ich zusammen mit meinem Freund und anderen Studenten nach Polen fuhr, um eine Bibliothek aufzubauen, machte Lance sich reisefertig. Er war bereit, zu kommen und mich zu retten, falls ich hinter dem eisernen Vorhang festgehalten werden sollte. Vergeblich versuchte ich ihm zu erklären, daß die polnischen Kommunisten Studenten und junge Leute, die sich am Aufbau des Landes beteiligen wollten, mit offenen Armen empfingen. Damals machte mich sein Verhalten wütend, aber wenn ich heute daran zurückdenke, bin ich gerührt von seiner Sorge um mich und seiner Bereitschaft, mir beizustehen – ganz gleich, ob es sich bei meinen Widersachern um Universitätsdozenten, die Polizei oder polnische Behörden handelte.

Ich habe in diesen Erinnerungen gekramt, weil ich verstehen wollte, wie die Liebe eines Mannes wie mein Vater im Keim erstickt worden ist, bis sie schließlich nur noch in Herrschafts- und Besitzdenken oder in Beschützerinstinkten Ausdruck finden konnte.

Ich versuchte, mehr darüber herauszufinden, wie er in seiner Jugend, bevor ich geboren wurde, gewesen war, und sprach mit Tante Glad, einem der wenigen Menschen, denen er es erlaubte, ihm nahezukommen. Sie beschrieb ihn als einen Mann, der im Umgang mit anderen unbeholfen war, sich nicht an den Spielen der Familie beteiligte und bei abendlichen Tanzveranstaltungen abseits stand. Bei seinen Studien und seinen Flirts mit Mädchen ging er eigene Wege, als habe er mit den anderen nichts gemein. Nachdem er weggegangen war, fühlte er sich dafür verantwortlich, daß auch seine jüngeren Brüder Jobs als Ingenieure bekamen.

Nach und nach sah ich die Dinge, die uns verbanden. Wir waren sehr verschiedene Wege gegangen, und doch gab es grundlegende Dinge, die er mir irgendwie vererbt hatte. Ich entdeckte seinen Stolz und seine hartnäckige Entschlossenheit an mir selber wieder.

Ich spielte das Band, auf dem ich das Gespräch mit meiner Tante aufgenommen hatte, in der Frauengruppe ab, in der ich war, und als wir über die Familien sprachen, in denen wir aufgewachsen waren, erzählte ich von dem Einfluß, den mein Vater auf mein Leben gehabt hatte.

Als Freunde, die in Männergruppen waren, über die Erfahrungen mit ihrer männlichen Identität sprachen, fiel es mir leichter, einen Zugang zu der Weltsicht meines Vaters zu finden. Mir wurde klar, daß die männliche Identität auf sozialen Beziehungen beruht, und ich konnte eine Verbindung zwischen seinen Verhaltensweisen und denen jener Männer herstellen, die mir näher waren als er. Das führte zu Überlegungen, die über meine subjektiven Reaktionen auf ihn hinausgingen. Es gibt allerdings wichtige Bereiche, in denen dieses Verfahren versagt – zum Beispiel gelingt es mir nicht herauszufinden, wie er meine sexuellen Gefühle gegenüber Männern beeinflußt hat. Lange dachte ich, daß mir eben Männer gefielen, die nicht wie er waren. Aber im Lauf der Zeit ist mir klargeworden, daß diese Erklärung viel zu einfach ist. Eher ist es so, daß mir Männer gefallen, die auf den ersten Blick anders als mein Vater sind. Bei näherem Hinsehen jedoch spielen drei Dinge eine Rolle, die nicht sofort ins Auge fallen. An diesem Punkt verläßt mich regelmäßig meine Fähigkeit, zu beobachten und zu analysieren.

Anfang 1977 wurde mein Sohn geboren. Ich war Mutter, und meine Beziehung zu einem anderen Vater – Wills Vater – war ziemlich belastet. Das machte die Klärung des Problems noch dringlicher, denn nun ging es nicht mehr nur um meine eigene Beziehung zu meinem Vater, sondern auch um die Möglichkeit, daß ein anderer Vater anders sein könnte als mein eigener Vater und dessen Vater. Oder, allgemeiner ausgedrückt: Wie können wir Beziehungen aufbauen, in denen die Liebe weder besitzergreifend noch herrschaftsorientiert ist und in denen das patriarchalische Prinzip keinen Platz mehr hat?

Als Will etwa ein Jahr alt war, gründete ich zusammen mit einigen Frauen, die in der Nähe wohnten, eine Gruppe, in der wir gemeinsam als Feministinnen die Beziehungen zu unseren Vätern untersuchen wollten. Etwa die Hälfte von uns hatte Kinder. Unsere Klassenherkunft (die wir von unseren Vätern geerbt hatten) reichte von der Arbeiterklasse bis zur intellektuellen Mittelklasse. Unsere Väter stammten aus London, Schottland und Yorkshire, einer war ein polnischer, ein anderer ein Wiener Jude. Wenn sie an einem Ort zusammengekommen wären, hätte das eine seltsame Mischung ergeben – ihre einzige Gemeinsamkeit bestand darin, daß ihre Töchter Feministinnen waren.

Selbst in unserer kleinen Gruppe traten bald erhebliche Unterschiede in den Beziehungen zu unseren Vätern zutage. Einige der Frauen hatten Väter, die offensichtlich dominierende Männer gewesen waren und wie mein eigener Vater geglaubt hatten, ihr Wille sei Gesetz. Andere hatten sanftmütige Väter gehabt, die sich vor der Außenwelt in ihre Familie zurückgezogen hatten. Eine Frau hatte einen überaus romantisch wirkenden Vater, den sie sehr verehrte und der ihr sogar Wilderei beigebracht hatte. Eine hatte keinen Vater, denn der war gestorben, als sie noch ein Baby war. Ihre Vorstellungen von Vaterschaft hatte sie aus der Beobachtung anderer Väter entwickelt. Eine andere hatte ihren Vater erst mit achtzehn Jahren kennengelernt – er hatte ihre Mutter kurz nach ihrer Geburt verlassen.

Aus einer Zusammenkunft wurden mehrere. Wir trafen uns immer wieder. Unsere Gespräche gewannen an Tiefe. Wir vertrauten einander und waren bereit, die Komplexheit bestimmter Probleme zu akzeptieren. Ich erlebte dadurch einen langsamen Erneuerungsprozeß: Ich begann, sowohl mich als auch mein politisches Verständnis des Feminismus aus einem neuen Blickwinkel zu betrachten. Im Verlauf dieser Gespräche vertiefte sich ein Unbehagen über ein Postulat, das von Feministinnen und Männern, die den Feminismus unterstützen, oft ohne weitere Überprüfung aufgestellt wird: Eigenschaften, die man in unserer Kultur im allgemeinen mit ›Männlichkeit‹ in Verbindung bringt, gelten oft als schlecht. Wer gegen den Sexismus ankämpft, bezieht also einfach eine Gegenposition zu diesen Eigenschaften. Ich dagegen meine, wir sollten uns mit dem Potential beschäftigen, das eingeengt ist, wenn Eigenschaften durch die existierenden Beziehungen zwischen den Geschlechtern definiert sind, und versuchen, neue Möglichkeiten zu erschließen. Anstatt zum Beispiel alle Äußerungen von ›Aggression‹ zu unterdrücken, sollten wir sehen, daß Aggressionen, je nach den Umständen, gut oder schlecht sein können. In einem sich ständig verändernden Kontext können Verhaltensweisen neu bewertet und Männern und Frauen zugewiesen werden, wenn man die gesellschaftliche Bedeutung dieser Verhaltensweisen überdenkt.

Da wir es nicht mit Abstraktionen eines verschwommen definierten ›Patriarchats‹ zu tun hatten, sondern über tatsächlich existierende Männer sprachen, nahmen bald sowohl ein komplexes Bild von ›Männlichkeit‹ und ›Vaterschaft‹ als auch unsere einander widersprechenden Ansprüche bzw. unsere Vorstellungen von diesen beiden Begriffen Gestalt an. Es handelte sich um Männer, mit denen wir, wenn auch schmerzhaft, so doch eng und leidenschaftlich verbunden waren, und so war es uns unmöglich, uns an einen simplifizierten Stereotyp zu orientieren, das sie als ›die Feinde‹ oder ›die anderen‹ abstempelte. So verschieden die Beziehungen zu unseren Vätern auch waren – wir waren doch von ihrem Fleisch und Blut. Wir hatten nicht nur ihre Augen, Nasen und Ohren geerbt, sondern auch ihr geistiges Vermächtnis.

Indem wir untersuchten, wie unsere Väter Männer geworden waren, fanden wir heraus, wie tatsächlich existierende Männer in den spezifischen historischen Umständen, in denen sie aufgewachsen waren, ihre Version von Männlichkeit verwirklicht hatten. Wir kamen zu dem Ergebnis, daß sie bei der Entwicklung ihres männlichen Selbstverständnisses nicht hilflos einer allgegenwärtigen, immer gleichbleibenden Struktur ausgeliefert gewesen waren, sondern daß sie als Individuen auf die Werte und Beziehungsmuster, von denen sie umgeben waren, reagiert hatten und durch diese geformt worden waren. Selbst innerhalb unserer kleinen Gruppen von Feministinnen und selbst angesichts der Tatsache, daß wir unsere Väter nur unvollkommen verstehen konnten, war die stereotype Auffassung von Männlichkeit, die wir bis dahin gehabt hatten, dadurch in Frage gestellt.

Sie waren also Individuen, nicht einfach ›Männer‹ – sie kämpften und leisteten Widerstand, sie waren verletzlich, gefangen, wütend, isoliert, abgeschnitten. Wir weinten über die Kluft, die sich in unserer Pubertät zwischen uns und ihnen aufgetan hatte. Plötzlich schien ihnen aufgegangen zu sein, daß wir Mädchen waren und daß wir nie Jungen werden würden. Unsere Väter saßen steif in ihren Sesseln und klammerten sich in dem Versuch, den weiblichen Ansturm abzuwehren, an ihre Zeitung. Wovor hatten sie Angst? Wovor suchten sie sich zu schützen? Und warum? War diese Unfähigkeit zur Kommunikation unabänderlich? Oder war sie, wie auch andere Beziehungen zwischen Menschen, gesellschaftlichen Veränderungen unterworfen? Das ist eine wichtige Frage, nicht nur für Feministinnen, sondern für alle Menschen, die eine Welt aufbauen wollen, in der Ungleichheit und Hierarchien keinen Platz mehr haben und in der Männer und Frauen in der Lage sind, ihr gegenwärtiges Verständnis von Freiheit und Liebe zu erweitern.

In unserer kleinen Gruppe haben wir die Antwort nicht gefunden. Männer blieben für uns Frauen in vielerlei Hinsicht ein Geheimnis, das wir nicht enträtseln konnten. Dennoch kam in diesen Gesprächen etwas in Bewegung. Was mich betraf, so erfuhren meine Gefühle gegenüber meinem Vater eine tiefgreifende Veränderung, und dies wiederum veränderte meine Einstellung zur Vaterschaft im allgemeinen.

Einmal sprachen wir darüber, wie wir uns den idealen Vater vorstellten. Für mich war das ein nachdenklicher, sensibler und menschlicher Sozialist, mit dem man über Ideen und Beziehungen diskutieren konnte und der mir Raum ließ, meine Überzeugungen in der äußeren Welt zu verwirklichen. Mein idealer Vater war ein Geschöpf des Meeres, ein roter Neptun, der, von Saturn verschlungen, wiedergeboren wurde, und der sich vor den dunklen Strömungen des Ozeans nicht fürchtete.

Aber noch während ich diesen Neptun beschrieb, wurde mir bewußt, daß ich mit einem solchen Vater ein ganz anderer Mensch geworden wäre. Eine Frau wies mich darauf hin, daß ich schon allein durch die Formulierung eines solchen Idealbildes einen gewissen Stolz zum Ausdruck brachte, daß mein Vater diesem Ideal nicht entsprach. Denn auch wenn die Konflikte zwischen ihm und mir Narben hinterlassen hatten, war ich doch zum Teil durch die Person meines Vaters geformt worden. Ein Aspekt meiner Selbstverwirklichung setzte daher die Erkenntnis voraus, daß mein Vater sowohl von mir getrennt, als auch mit meiner Identität verbunden war.

Sein Leben hallt immer noch in mir wider. Diese Echos sind halb ausgesprochene Worte, Redewendungen, die ich nicht genau verstehe. Ich muß nach innen horchen, um durch den Nachklang dieser Worte an das erinnert zu werden, was ich durch ihn weiß. Dann ist es, als könne ich mich fast an Fragmente jener Gesellschaftsordnung erinnern, die er in seiner Jugend auf dem Dorf in Ehren hielt und gegen die er gleichzeitig rebellierte. Ich trage Erinnerungsschnipsel mit mir herum: Eine archaische ländliche Welt vor dem Ersten Weltkrieg; die von Wells beschriebene Bitterkeit angesichts der Klassenschranken, die den aufstrebenden ›kleinen Mann‹ behinderten; die seltsame Mischung aus einem Radikalen, der den *Clarion* las, und einem Konservativen, der das Empire verteidigte; der aufrechte Patriot aus Yorkshire, der sich nichts dabei dachte, während des Zweiten Weltkrieges auf dem schwarzen Markt einzukaufen. Ich kenne den gesellschaftlich unbeholfenen Ingenieur in Indien, den paternalistischen weißen Boß mit den Rassenvorurteilen, den Konservativen, der 1945 für die Labour Party stimmte, weil deren Politik ihm besser geeignet schien, die Arbeitslosigkeit zu beseitigen; ich kenne den liebenswürdigen Vertreter, der Zigaretten anbot und Kellnern zuviel Trinkgeld gab, um zu zeigen, daß er Geld hatte, den Geschäftsmann, der ursprünglich Ingenieur gewesen war und den sein Verantwortungsbewußtsein kalkweiß werden ließ, wenn er von einem Grubenunglück hörte. Dies alles sind nur Bruchstücke eines Mannes, der mein Vater war.

Aber in dem Augenblick, in dem ich seine Vergangenheit und die der Väter, die auch in ihm lebten, berühren will, löst sich all das in nichts auf.

Dein Vater ruht auf dem Meeresgrund,
seine Knochen sind Korallen,
aus Augen wurden Perlen rund,
und nie wird er zerfallen –
und doch verwandelt ihn das Meer
in etwas Edles, Fremdes.

Ich bin nicht wie er, und auch nicht wie sein Vater oder sein Großvater. Nicht nur, weil ich eine Frau bin oder weil ich zur Welt kam, als er schon alt war, sondern weil gesellschaftliche Umwälzungen außerhalb unserer Familie auf unser Leben eingewirkt haben. Die Kluft zwischen uns und das Fehlen gemeinsamer Überzeugungen rühren also nicht einfach daher, daß wir verschiedenen Geschlechts oder durch ein halbes Jahrhundert getrennt sind. Ich bin eine Städterin, ich habe in Oxford studiert, ich gehöre zur gebildeten Mittelklasse, ich bin Marxistin und Feministin. Dieser Sprung innerhalb einer Generation wäre früher in unserer Familie undenkbar gewesen. Niemand nimmt mehr den Platz ein, der ihm traditionell zugewiesen ist.

Als ich Virginia Woolfs *Ein Zimmer für sich allein* las, war ich überrascht über ihre Behauptung, Feministinnen, die so viel Selbstbewußtsein besäßen, einen eigenen Standpunkt gegenüber ihrer Kultur und ihrer Vergangenheit einzunehmen, seien meist die Töchter gebildeter Väter. Selbst zu ihrer Zeit entsprach dies wahrscheinlich nicht den Tatsachen. Aber auch in der heutigen Frauenbewegung trifft diese Behauptung sogar in der Mittelklasse nur auf eine Minderheit zu. Dies wirft ein bezeichnendes Licht auf die gewaltigen gesellschaftlichen Veränderungen, die die erweiterten Bildungsmöglichkeiten für die Frauen meiner Generation nach sich gezogen haben. Für viele von uns hat es zwischen ihrem eigenen Leben und dem ihrer Eltern einen Bruch gegeben, der es uns ermöglicht hat, in eine neue Beziehung zur äußeren Welt der Erziehung, der Arbeit und der Ideen zu treten.

Aber die von Virginia Woolf beschriebenen Probleme in unseren Beziehungen zu einer von Männern dominierten Kultur sind immer noch sehr stark vorhanden. Meine unbewältigten Gefühle gegenüber meinem Vater machen es mir unmöglich, das Ausmaß dieser Probleme auch nur ungefähr abzuschätzen. Wenn wir die Wunden aufreißen, die entstanden sind, als unsere Liebe füreinander abkühlte, erfahren wir auch etwas über Ängstlichkeit, Autoritätsgläubigkeit und das Bedürfnis, an Ideen zu glauben, die Ausdruck dieser Autorität sind. Ich wollte in meinem Vater einen Menschen sehen können, der sich seinen Platz in der Welt erkämpft hatte und durch die Grenzen, die ihm gesetzt wurden, geformt worden war. Es reichte mir nicht, in ihm den politischen Widersacher, den ›Feind‹, oder ein Symbol, ›das Patriarchat‹ zu sehen. Beides hätte nur bedeutet, daß er für mich weiterhin jene Autorität repräsentierte, gegen die ich angekämpft hatte. Es hatte keinen Sinn, gegen die äußeren Manifestationen meiner Ängste anzugehen, denn dadurch kam ich nicht an ihre Wurzel heran. Das hätte bedeutet, daß ich mich unermüdlich gegen Aspekte einer durch Männer geprägten Kultur wehrte, während ich gleichzeitig Männern die Macht gab, mich einzuschüchtern.

Lance Rowbotham war ein Mann, der auf großem Fuß gelebt und immer mit beiden Beinen in der Welt gestanden hatte. Er hatte sie gründlich kennengelernt und duldete keinen Widerspruch. Sein Wissen war nicht blaß und theoretisch, es stammte nicht aus Büchern, sondern aus einer Quelle, durch die das Leben sich ständig wiederholte, so vertraut wie die Erde und der Himmel, und doch seit Urzeiten unbegreiflich. Damit wollte ich mich auseinandersetzen.

Als ich versuchte, mir ein Bild davon zu machen, wie er sich selbst sah, und nicht, wie er es fertiggebracht hatte, mich seinem Willen zu unterwerfen, wurde er für mich jedoch gleichzeitig komplexer und verletzlicher. Dieses Bollwerk überhaupt zu erreichen, kostete mich unendliche Mühe. Und jetzt kann ich nichts weiter tun, als einzelne Aspekte durch schmale Ritzen in diesem Tor zu betrachten. Im Dämmerlicht kann ich nichts genau erkennen, und ich habe immer die Angst, daß meine Augen beim angestrengten Sehen zu Stein werden.

Es gibt keine allgemeingültige Antwort auf die Frage, wie man den für Männer wie Frauen nötigen Kontakt zu Aspekten einer durch Männer dominierten Kultur aufrechterhalten soll und wie man die Aspekte männlicher Macht bekämpfen soll, die uns auf verschiedene Weise verkrüppelt und vernichtet. Die Wut und der Kampf gegen Unterdrückung und Unterwerfung sind nötig, aber sie allein reichen nicht aus, denn wir müssen uns nicht nur der alten Gesellschaftsordnung widersetzen, sondern auch Methoden entwickeln, mit denen eine neue Gesellschaftsordnung geschaffen werden kann. Dazu gehören nicht nur Parolen, die zum Widerstand aufrufen. Wichtiger ist ein verändertes Verhältnis zur Vergangenheit, eine kulturelle Transformation, die gelebt wird. Kreativität setzt voraus, daß man eine Metamorphose zuläßt, eine Umwandlung in etwas ›Edles, Fremdes‹. Sie setzt die Fähigkeit voraus, nach dem Eintauchen verwandelt wieder an die Oberfläche zu steigen. Für diejenigen von uns, die als Frauen in eine neue Beziehung zur Welt treten wollen, bedeutet es, sich einem ständigen Prozeß zu unterwerfen, in dem die eigenen Lebensumstände verneint werden, während man gleichzeitig, um verstehen zu können, wie es zu diesem Konflikt kommen konnte, über diese Verneinung hinauswächst. Es geht nicht nur um eine neue Definition von Weiblichkeit. Es geht auch darum, unsere Sicht der Dinge nach außen zu tragen, so daß es nicht mehr die Sache ›der Welt‹ ist zu definieren, was ein Mann ist. Dazu ist es erforderlich, daß die kulturelle Erfahrung der Männlichkeit zum Teil durch die Einsicht und die Vorstellung der Frauen geprägt wird, ganz so, wie die Männer das gesellschaftliche Bild der Frau geprägt haben.

Durch die Existenz einer Bewegung für die Befreiung der Frauen ist es möglich, sich eine solche Transformation vorzustellen. Das bedeutet, daß das Streben der Frauen nach einem angemessenen Platz in der Gesellschaft etwas ist, das gemeinsam verwirklicht werden kann. Das muß jedoch nicht unbedingt heißen, daß dieses Streben von Erfolg gekrönt sein wird. Aber wenn das Ziel – eine Welt, in der jeder die Freiheit hat, in Liebe zu leben und sich zu verwirklichen – auch noch weit entfernt ist, so haben wir es doch unterwegs immer wieder vor Augen.

Indem ich versuche, das Leben meines Vaters auf eine

neue Art und Weise zu begreifen, taste ich mich an ein Verständnis heran, das mich befreit. Ich suche nach der Liebe und der Kreativität, die sich hinter Wut und Haß verbirgt.

Es ist traurig, daß ich ihm, als er starb, nur meine Liebe verweigern konnte. Es ist bitter, daß mein Vater ein Mann war, den ich nie wirklich kennengelernt habe.

ADRIENNE RICH

An der Wurzel gespalten

Durch die Arbeit an diesem Essay – und durch die Lektüre, die Gespräche, die Reflexionen, die Träume, die Erinnerungen und die Wut, die in ihn eingeflossen sind – kann ich jetzt, mit vierundfünfzig Jahren, ohne widersprüchliche, seltsame Gefühle schreiben, daß ich eine jüdische lesbische Feministin bin und daß dies für mich einen erweiterten politischen Standpunkt beinhaltet. Diese Worte sind für mich ein Zugang, eine Karte, auf der Verbindungen eingezeichnet sind. Ich habe Parallelen satt, die sich nie schneiden.

Ich lebe mit der Schriftstellerin Michelle Cliff im Nordwesten Neuenglands. Wir geben gemeinsam die lesbisch-feministische Zeitschrift *Sinister Wisdom* heraus. Ich habe zwölf Bücher mit Gedichten geschrieben. Die beiden Prosabände *Of Woman Born: Motherhood As Experience and Institution* und *On Lies, Secrets and Silence* sind auch in England erschienen.

Mein Kinn auf die Hand gestützt, habe ich etwa fünfzehn Minuten lang vor der Schreibmaschine gesessen und nach draußen in den Schnee gestarrt. Ich versuche, ehrlich mit mir zu sein und herauszufinden, warum dies zu schreiben mir so gefährlich erscheint, so beladen mit Angst und Scham, und warum ich es für so nötig halte. Bis mir einfällt, daß ich dadurch Anspruch auf meinen Vater erheben muß, denn ihm verdanke ich es, daß ich Jüdin bin, nicht meiner christlichen Mutter; und ich muß sein Schweigen, seine Tabus brechen. Um auf ihn Anspruch zu erheben, muß ich ihn in gewisser Weise entblößen.

Und dann muß ich mich den Ursprüngen und dem Aufflackern meiner widersprüchlichen Gefühle als Jüdin stellen, dem täglichen, nicht religiös bedingten Antisemitismus, der mein ganzes Leben durchzieht.

Dies sind Geschichten, die ich noch nie zuvor zu erzählen

versucht habe. Und doch bin ich ihnen schon länger auf der Spur, als ich gedacht habe.

In einem langen Gedicht, das ich 1960 schrieb, als ich einunddreißig Jahre alt war, bezeichnete ich mich als ›an der Wurzel gespalten, weder Jüdin noch Christin, weder Yankee noch Rebellin‹ (in: ›Readings of History‹, in Adrienne Rich: ›*Snapshots of a Daughter in Law,* New York 1967, S. 36-40). Ich wollte immer noch beides haben, ich wollte weder/noch sein und versuchte, mit meinem jüdischen Mann und drei Kindern, deren Eltern jüdischer waren als meine eigenen, in der überwiegend durch Christen und Yankees geprägten akademischen Welt von Cambridge, Massachusetts, zu leben.

Aber für mich beginnt dies alles in Baltimore, wo ich in einem Krankenhaus im Schwarzen-Ghetto geboren wurde. In der Eingangshalle stand eine riesige Christus-Statue aus weißem Marmor.

Mein Vater war damals ein junger Professor und Forscher in der Abteilung für Pathologie an der Johns Hopkins Medical School, einer der ganz wenigen Juden, die an dieser Hochschule als Studenten oder Lehrkräfte zugelassen wurden. Er war aus Birmingham, Alabama; sein Vater, Samuel, war aus Österreich-Ungarn eingewandert, und seine Mutter, Hatty Rice, war eine sephardische Jüdin aus Vicksburg, Mississippi. Mein Großvater hatte ein Schuhgeschäft in Birmingham, das so viel Gewinn abwarf, daß er sich problemlos zur Ruhe setzen und meiner Großmutter bei seinem Tod eine kleine Rente hinterlassen konnte. Die einzigen Erinnerungsstücke an meinen Großvater Samuel Rich waren seine Elfenbeinflöte, die auf dem Kaminsims in unserem Wohnzimmer lag und auf der man nicht spielen durfte, seine flache goldene Taschenuhr, die mein Vater trug, und sein hebräisches Gebetsbuch, das ich unter den Büchern meines Vaters entdeckte, als ich mich durch seine Bibliothek las. In diesem Gebetsbuch war ein Zeitungsausschnitt mit einer Meldung über die Hochzeit meiner Großeltern, die in einer Synagoge stattgefunden hatte.

Arnold, mein Vater, wurde auf eine Militärschule in den Bergen von Tennessee geschickt, wo die Söhne der weißen, christlichen Oberklasse-Familien der Südstaaten erzogen wurden. Ich vermute, daß es, wenn überhaupt, nur sehr wenige jüdische Jungen dort gab. Ebenso wenige wie auf ›Mr. Jeffersons Universität‹ in Charlottesville, wo er sein Vorstudium abschloß. Ich weiß nicht, ob es mit einem bewußten Vorsatz geschah, aber Samuel und Hatty schickten ihren Sohn in das Zentrum der dominanten weißen, angelsächsischen, protestantischen Südstaaten-Kultur. Er sollte eine ›Ausnahme‹ sein. Er sollte ein Intellektueller werden. Wenn er von dieser Zeit erzählte, sprach er nie davon, gelitten zu haben – unter Einsamkeit, kultureller Entfremdung oder der Tatsache, daß er ein Außenseiter war. Ich habe ihn nie das Wort ›Antisemitismus‹ gebrauchen hören.

Erst auf dem College, als ich ein Gedicht von Karl Shapiro las, das anfängt ›Neger hassen und Juden meiden/ steht auf dem Lehrplan‹, ging mir plötzlich auf, daß die Geschichten, die mein Vater von seiner Studienzeit erzählte, Lücken hatten. Er sah eindeutig jüdisch aus: Er war klein und zierlich, mit dunklen, krausen Haaren, tiefliegenden Augen, einer hohen Stirn und einer krummen Nase.

Meine Mutter ist Christin. Nach jüdischem Gesetz bin ich keine Jüdin. Wenn es stimmt, daß ›wir uns, wenn wir Frauen sind, durch unsere Mütter erinnern‹ (Virginia Woolf) – und davon bin ich überzeugt –, dann kann (oder muß?) ich mich, auch nach der lesbischen Theorie, nicht als Jüdin bezeichnen.

Die Rolle der weißen, protestantischen Frau der Südstaaten, der Christin, stand mir immer zu Verfügung. Das allein schon ist ein Stück Geschichte, denn sowohl meine Mutter als auch meine christliche Großmutter waren auch frustrierte Künstlerinnen und Intellektuelle: eine gescheiterte Schriftstellerin und eine gescheiterte Komponistin. Sie lasen Bücher, versahen sie mit Vermerken und machten sich noch mit über achtzig Jahren Notizen (in diesem Alter war meine Mutter noch immer eine gute Pianistin). Aber sie waren auch geradezu besessen von ihren Vorfahren, von ihrem ›Hintergrund‹. Sie hatten eine südstaatliche Art, über ihre Familie zu sprechen, und zwar nicht so, wie man über Leute reden würde, die man nun einmal kannte und auf die man sich verließ. Vielmehr betrachteten sie ihre Familie als Vermächtnis, als Garanten einer ›guten Herkunft‹. Es gab tief verwurzelte romantische, heterosexuelle Fantasien: Die Mutter verriet der Tochter, wie sie anziehend auf Männer wirken konnte (meine Mutter gebrauchte oft das Wort ›faszinieren‹); man ging von der Annahme aus, daß die Beziehungen zwischen den Geschlechtern nur romantisch sein könnten und daß es im Interesse der Frau liege, sich mit einem ›Mysterium‹ zu umgeben, um tatsächliche Gefühle zu verbergen. Heute, da ich weiß, welche sexuelle Rolle weiße Frauen im rassistischen Szenario der Südstaaten spielen, glaube ich, daß es sich dabei um eine Art von Überlebenstechnik handelte. Heterosexualität diente als Schutz, stärkte aber auch das Einverständnis zwischen weißen Frauen und weißen Männern.

Es wäre leicht, die Nichtjüdin in mir, die weiße Frau der Südstaaten, die sozial engagierte Christin zu verleugnen und zu verdrängen. Ich glaube, daß ich zu verschiedenen Zeiten meines Lebens den Wunsch verspürt habe, die eine oder andere Last, die mir durch meine Vorfahren auferlegt worden ist, abzuwerfen und einfach nur zu sagen: Ich bin eine lesbische Frau. Versuche ich, wenn ich mich als lesbische Jüdin bezeichne, einen Teil meiner Schuld als nichtjüdische Südstaatlerin, als weiße Frau abzuschütteln? Bestimme ich meine Identität nur durch meine Mutter, um mich leichter in eine Welt einzufügen, in der Homosexualität oft schon Außenseitertum genug ist?

Nach der Logik der Nazis wäre ich durch meine jüdischen Großeltern Mischling ersten Grades gewesen – ich wäre ein Opfer der Endlösung geworden.

Die Welt, in der ich aufwuchs, war durch und durch christlich, ohne daß die Notwendigkeit bestanden hätte, darauf hinzuweisen: Bildliche Darstellungen, Musik, Sprache, Symbole, Überzeugungen – alles war durch das Christentum geprägt. Überdies war es die vornehme Welt der weißen Mittelklasse, in der das Wort ›gewöhnlich‹ einen starken negativen Beigeschmack hatte. ›Gewöhnliche‹ Weiße mochten von ›Niggern‹ sprechen; uns dagegen brachte man bei, dieses Wort nie zu gebrauchen. Wir sagten ›Neger‹ (auch wenn wir die Rassentrennung befürworteten und es für selbstverständlich hielten, daß man an getrennten Tischen aß und daß Schwarze eben einfach zu einer anderen Rasse gehörten). Unsere Ausdrucksweise war gewählter und hob uns von den ›Rednecks‹ oder der Mentalität der Lynchmobs ab. Selbst das Wort ›Neger‹ war so negativ besetzt, daß man uns Kindern einschärfte, es nie vor Schwarzen zu gebrauchen. Wir lernten, daß man sich durch die Erwähnung der Hautfarbe in Gegenwart Schwarzer auf gefährlichen Boden begab. Ebenso wurde das Wort ›Jude‹ von höflichen Nichtjuden nicht gebraucht. Manchmal bekam ich mit, daß der beste Freund meines Vaters, ein presbyterianischer Geistlicher, vom ›Volk der Hebräer‹ oder den ›Menschen jüdischen Glaubens‹ sprach. Die gehobenen Schichten bestanden aus weißen Nichtjuden (genauer gesagt: Christen) und hatten ›Ideale‹ (die Schwarze und ›gewöhnliche‹ Weiße nicht hatten). ›Ideale‹ und ›Manieren‹ beinhalteten, daß man die Gefühle anderer Menschen nicht dadurch verletzte, daß man sie Neger oder Jude nannte – man hätte so der verhaßten Identität einen Namen gegeben. Dies war der geistige Rahmen meiner Kindheit und Jugend in den dreißiger und vierziger Jahren.

(Während ich dies schreibe, überkommt mich das diffuse Gefühl, eine Verräterin zu sein: Ich übe Verrat an meinem Vater, der jenes Wort nicht aussprach; ich übe Verrat an meiner Mutter, die mir die geistigen Inhalte dieser Welt vermittelt haben muß; ich übe Verrat an meiner Herkunft; ich übe Verrat an der Tatsache, daß ich eine Weiße bin.)

Zwei Erinnerungen: Ich nehme an einer Schulaufführung des *Kaufmann von Venedig* teil. Ganz gleich, was das jüdische Gesetz sagt – ich bin ganz sicher, daß die doppelte Sichtweise der Bigotterie dazu führte, daß man mich als Jüdin (mit einer, Gott sei Dank, nichtjüdischen Mutter) betrachtete. Ich bin das einzige jüdische Mädchen in der Klasse, und ich spiele die Portia. Wie immer lese ich meinem Vater am Vorabend meine Rolle laut vor, und er rät mir, in meine Stimme mehr Verachtung zu legen, wenn ich das Wort ›Jude‹ gebrauchte: »Daher, Jude . . .« Ich muß das Wort laut und deutlich aussprechen. Ich wurde ermuntert, so zu tun, als sei ich ein nichtjüdisches Mädchen, das die Rolle einer nichtjüdischen

Frau spielt, die das Wort ›Jude‹ mit Emphase betont. Ein solches Kind hätte mit seiner Rolle keine Schwierigkeiten gehabt. Aber ich mußte Schwierigkeiten damit haben, und sei es nur, weil das Wort selbst mit einem echten Tabu belegt war. Heute sehe ich, daß in der Art und Weise, wie mein Vater damit umging, eine schreckliche, bittere Tapferkeit lag. Und wer würde sich nicht von Shylock lossagen, um sich mit Portia zu identifizieren? Als jüdisches Kind, das außerdem ein Mädchen war, liebte ich Portia – und wie jede andere Shakespeare-Heldin erwies sie sich als trügerisches Rollenmodell.

Etwa ein Jahr später nehme ich an einer Aufführung der *Lästerschule* teil, in der ein berüchtigter Verschwender mit der Bemerkung charakterisiert wird, er habe ›viele ausgezeichnete Freunde... unter den Juden‹. In beiden Fällen wurde weder mir noch der Klasse insgesamt erklärt, was es mit dieser Verachtung für Juden und der als negativ empfundenen Verknüpfung von Juden und Geld auf sich hatte. Geld schien eine sonderbare Widerwärtigkeit anzunehmen, sobald Juden es wollten, es hatten oder es anderen liehen, und Juden und Geld schienen in einer unaussprechlichen, perversen Beziehung zueinander zu stehen.

Auf eben dieser Schule – in der wir christliche Gebete und Choräle lernten und in der jeden Morgen aus der Bibel vorgelesen wurde – bekam ich den Eindruck, daß Juden in der Bibel und in der englischen Literatur vorkamen, und vor Jahrhunderten durch die gottlose Inquisition verfolgt worden waren, daß es sie aber heute, im täglichen Leben, nicht zu geben schien. Das war in den 40er Jahren, und wir erfuhren eine Menge über die Luftschlacht um England, die aufrechten französischen Widerstandskämpfer, die tapferen, hungernden Holländer – aber von dem Aufstand im Warschauer Ghetto hörte ich erst, als ich mein Elternhaus verließ.

Ich wurde in der Episkopalkirche getauft und konfirmiert und nahm, wenn auch ohne wirklich zu glauben, etwa fünf Jahre lang an den Gottesdiensten teil. Diese Religion schien wenig mit Glauben oder religiöser Bindung zu tun zu haben – es war die Liturgie, auf die es ankam, nicht die Festigung der Moral. Meine Eltern gingen nie in diese Kirche, und mein Vater hätte niemals eine Kirche betreten – auch nicht für eine Hochzeit oder eine Beerdigung. Bevor ich Baltimore verließ, hatte ich nie eine Synagoge von innen gesehen. Eine Zeitlang las mir mein Vater jedesmal, wenn ich von der Kirche nach Hause kam, aus Tom Paines *Das Zeitalter der Vernunft* vor, einer Schmährede gegen die institutionalisierte Religion. So werde ich, erklärte er mir, eine ausgewogene Sicht dieser Dinge und dadurch eine Wahl haben. Weder er noch meine Mutter ließen mir die Wahl, eine Jüdin zu sein. Meine Mutter riet mir, beim Ausfüllen der Formulare für die Aufnahme auf das College die Frage nach der Religionszugehörigkeit mit ›Episkopalkirche‹ und nicht mit ›keine‹ zu beantworten – damit wollte sie sagen, daß es gefährlich sein könne, zu keiner Religionsgemeinschaft zu gehören.

Aber die Welt war nicht auf eine bestimmte christliche Sekte, sondern auf die weiße christliche Gesellschaft gegründet. Allein das Wort ›christlich‹ war ein Synonym für tugendhaft, gerecht, friedliebend, großzügig usw. (Ganz ähnlich verhielt es sich mit dem Ausdruck ›That's white of you‹, mit dem einem klargemacht wurde, daß man über jene Art von moralischer Haltung und überlegenem Anstand verfügte, der von Weißen, nicht aber von Schwarzen erwartet wurde.) Die Norm war christlich: ›Religionszugehörigkeit: keine‹ galt tatsächlich als nicht akzeptabel. Der Antisemitismus war ein so wesentlicher Bestandteil des Denkens, daß es gar kein Wort dafür gab. Ich kann mich nicht daran erinnern, daß man uns lehrte, die Juden hätten Jesus umgebracht; ›Mörder Christi‹ ist ein so starkes Wort, daß es im blutleeren Vokabular der Episkopalkirche gar nicht vorkommen konnte. Aber wir bekamen den Eindruck, daß die Juden einen schweren Fehler gemacht hatten, als sie den wahren Messias nicht erkannten, und daß sie daher in moralischer und spiritueller Hinsicht zurückgeblieben waren. Die Juden hatten tatsächlich Geldverleiher im Tempel zugelassen (auch hier diese unerklärliche Verbindung zwischen Juden und Geld). Sie gehörten der Vergangenheit an, sie waren archaisch und primitiv, wie man eben ältere (und dunklere) Kulturen für primitiv hält. Das Christentum dagegen stand für Helligkeit, Edelmut, Frieden auf Erden und verband das weibliche Element, das in dem Satz ›den Sanftmütigen soll die Erde gehören‹ zum Ausdruck kam, mit dem männlichen, voranschreitenden ›Vorwärts, christliche Soldaten‹.

Irgendwann im Jahr 1946, als ich noch auf der High School war, las ich in der Zeitung, daß in einem Kino in Baltimore Filme über die Befreiung der Konzentrationslager durch die Alliierten gezeigt wurden. Eines Nachmittags ging ich nach der Schule allein in die Stadt und sah mir die Bilder an, die zwar unscharf waren, aber das ganze entsetzliche Ausmaß dieser Katastrophe enthüllten. Wenn ich versuche, mich in das sechzehnjährige Mädchen zurückzuversetzen, das in vielen Dingen so frühreif und so ahnungslos war, werde ich von einer Erinnerung an eine Verzweiflung, ein Gefühl der Ausweglosigkeit überwältigt, das stärker war als alles, was ich bis dahin kennengelernt hatte. Anne Franks Tagebuch und viele andere persönliche Zeugnisse der Judenvernichtung waren damals noch unbekannt oder noch nicht geschrieben. Aber mich überkam die Erkenntnis, daß in jedem einzelnen dieser zu Bergen aufgetürmten Leichnamen, in jedem dieser aufgestapelten Schuhe und Kleider ganz einfach ein Individuum gesteckt hatte, das, ebenso wie ich jetzt, daran geglaubt hatte, daß sein Leben irgendeine Bedeutung habe, daß die Ereignisse der Welt sich nach irgendeiner Ordnung, irgendeinem Sinn ausrichteten – und doch hatte man dies mit ihnen gemacht. Und ich, die ich glaubte, ein interessantes und sinnerfülltes Leben warte auf mich, war mit diesen Toten durch etwas verbunden – und zwar nicht durch meine Sterblichkeit, sondern durch ein Tabu, eine verhaßte Identität. Oder war ich das nicht? Mußte ich mich ihnen wirklich verbunden fühlen? Während ich dies schreibe, überkommt mich eine verspätete Wut darüber, daß ich durch die Familie und die Gesellschaft, in der ich lebte, geistig so verarmt war, daß ich selbst versuchen mußte herauszufinden, was diese Bilder eigentlich für mich bedeuteten. Daß man mir nie etwas über Widerstand erzählte, sondern mir nur beibrachte, mich anzupassen. Daß ich keine Worte besaß, mit denen ich Antisemitismus hätte beschreiben können.

Als ich nach Hause kam und meinen Eltern sagte, wo ich

gewesen war, waren sie alles andere als erfreut. Ich hatte das Gefühl, daß sie mir vorwarfen, krankhaft neugierig zu sein und mich aus reiner Sensationslust für diesen Massenmord zu interessieren. Und da ich mir damals, mit sechzehn, der Ursache meiner Gefühle und der Motive für das, was ich tat, oft nicht sicher war, warf ich mir das wahrscheinlich auch selbst vor. Eines stand jedenfalls fest: In meiner Welt gab es niemanden, mit dem ich über diese Filme hätte sprechen können. Wahrscheinlich zur selben Zeit las ich in Zeitschriften und Zeitungen über die Konzentrationslager, aber was in meinem Gedächtnis haften geblieben ist, sind die Filme und die Tatsache, daß ich Fragen mit mir herumtrug – die ich nicht in Worte fassen konnte – wie diese: »Sind diese Männer und Frauen ›sie‹ oder ›wir‹?«

Selbst wenn man die verwunderte Kinderfrage: »Warum hassen sie uns so?« stellen will, muß man ›wir‹ sagen können. Die Schuld, die darin bestand, daß ich nichts gewußt hatte und daß ich durch meine bloße Neugier vielleicht Verrat an meinen Eltern oder sogar an diesen Opfern, diesen Überlebenden geübt hatte, hemmte noch jahrelang meinen Impuls, mehr über die Judenvernichtung in Erfahrung zu bringen.

1947: Ich verließ Baltimore, um nach Cambridge, Massachusetts, aufs College zu gehen. Ich verließ (so glaubte ich), den rückständigen, kraftlosen Süden und begab mich in den intellektuellen, vitalen Norden. Mit seinem aus dem 17. Jahrhundert stammenden puritanischen Selbstverständnis, seiner abolitionistischen Selbstgerechtigkeit (Colonel Shaw und sein schwarzes Bürgerkriegsregiment waren in Boston Common in Granit gehauen) und seiner literarischen ›Blüte‹ im 19. Jahrhundert besaß Neuengland in meinen Augen die Aura einer höherstehenden moralischen Rechtschaffenheit, ja sogar einer moralischen Leidenschaft. Gleichzeitig befand ich mich in Radcliffe unter jüdischen Frauen. Zum erstenmal erzählte ich Fremden von meiner Herkunft – und sie erkannten mich an. Einige amüsierten sich über meine Unwissenheit, andere vertraten die Meinung, daß ich niemals in eine streng jüdische Familie würde einheiraten können, einige waren überzeugt, ich sähe ›typisch jüdisch‹ aus, andere wieder behaupteten das Gegenteil. Diese jungen jüdischen Studentinnen der späten vierziger Jahre hielten es für akzeptabel, vielleicht sogar für notwendig, sich Mühe zu geben, so nichtjüdisch wie möglich auszusehen, und dennoch blieben sie stolz dabei, daß sie Jüdinnen waren. Sie wollten einen Juden heiraten, Kinder haben, die jüdischen Feiertage begehen und ihre Kultur aufrechterhalten.

Ich hatte das Gefühl, mich auf verbotenem Gelände zu bewegen – als liege in diesen Enthüllungen eine besondere Gefahr für mich. Ich kaufte mir den Kunstdruck eines Gemäldes von Chagall, das einen Rabbi in einem gestreiften Gebetstuch darstellte, und hängte es in meinem Zimmer auf. Zugegeben – ich war jung und versuchte, mir ein bestimmtes Wissen anzueignen, aber ich war auch dabei, etwas wirklich gefährliches zu tun: Ich liebäugelte mit einer neuen Identität.

Irgendwann in jenem Jahr ging ich in einen kleinen Laden, in dem ich ein Kleid gekauft hatte, das zu lang war. Dieser Laden beschäftigte eine Schneiderin, die Änderungen vornahm, und sie kam, um den Saum abzustecken. Ich war sicher, daß sie eine Überlebende der Konzentrationslager und erst kürzlich eingewandert war. Sie war eine kleine, dunkelhaarige Frau mit einer dicken Brille und einem so starken Akzent, daß ich sie nicht verstehen konnte. Irgend etwas an ihr machte einen sehr starken, verwirrenden Eindruck auf mich. Nachdem sie das Kleid abgesteckt hatte, kniete sie sich hin, sah zu mir auf und fragte mich mit einem schnellen Flüstern: »Du Jüdin?« 18 Jahre Assimilationstraining brachten mich dazu, reflexartig den Kopf zu schütteln, sie zurückzuweisen und zu murmeln: »Nein.«

Zu wem sagte ich eigentlich »nein«? Sie war arm, alt, verängstigt und kämpfte mit einer fremden Sprache; sie war dem Tod entronnen, der für sie vorgesehen gewesen war, aber ich hatte keine Vorstellung von dem Mut, der Weitsicht, der Widerstandskraft, die sie möglicherweise besaß; ich sah in ihr keine Heldin, die vielleicht nicht nur ihr eigenes, sondern auch viele andere Leben gerettet hatte. Ich sah nur die ängstliche Immigrantin, die Schneiderin, die die Röcke von College-Studentinnen absteckte, ich sah nur den ewigen Juden. Ich aber war eine amerikanische College-Studentin, die ihren Rock kürzen ließ. Und auch ich hatte Angst, glaube ich, weil sie mich erkannt hatte (man muß selber einer sein, um einen zu erkennen, hatte meine Freundin Edie in Radcliffe gesagt), auch wenn ich mich geweigert hatte, mich selbst oder sie zu erkennen, auch wenn ihr Blick durch Einsamkeit oder das Bedürfnis, sich bei mir sicher fühlen zu können, geschärft war.

Aber warum hätte sie sich bei mir sicher fühlen sollen? Ich lebte ja selbst in einem falschen Gefühl der Sicherheit.

Es gab Gelegenheiten in meinem Leben, da wußte ich im selben Moment, daß ich einen Verrat begangen hatte: diese war eine von ihnen. Es gibt andere Arten von Verrat, die so oft, so beiläufig begangen werden, daß sie in der Erinnerung keine Spur hinterlassen – was bleibt, ist lediglich ein immer größeres Elend, ein dumpfer, ständig wachsender Selbsthaß. Oft wird ein solcher Verrat nicht in Worte gekleidet, sondern in Schweigen. Schweigen bei dem Witz, über den jeder lacht: den frauenfeindlichen Witz, den rassistischen Witz, den antisemitischen Witz. Schweigen und dann vergessen. Wir sperren es aus unserem Bewußtsein aus, wenn die Sprache des Unterdrückers aus dem Mund eines Menschen kommt, den wir bewundern, dessen Mut und Beredtheit uns berührt haben. »Sie hat es nicht so gemeint; er wollte es eigentlich anders ausdrücken.« Aber unter der Oberfläche staut es sich auf wie Druck in einem Kessel.

1948: Voller neuer Einsichten und Informationen kam ich nach meinem ersten Jahr auf dem College nach Hause zurück. Ich bin die Tochter, die in die Welt hinausgegangen ist, die in Harvard, dem Inbegriff intellektuellen Prestiges, war. Ich habe die Hoffnungen, die mein Vater in mich gesetzt hat, erfüllt, aber ich habe mich auch gefährlichen Einflüssen ausgesetzt. Ich bin bereits von der College-Leitung getadelt worden, weil ich mich für Henry Wallace und die Progressive Party eingesetzt habe. Ich stelle meinen Vater zur Rede: »Warum hast du mir nicht gesagt, daß ich Jüdin bin? Warum sprichst du nie darüber, daß du Jude bist?« Seine Antwort ist wohlüberlegt: »Du weißt, daß ich nie geleugnet habe, Jude zu sein. Aber es ist unerheblich für mich. Ich bin ein Wissenschaftler, ein Deist. Für organisierte Religion habe ich keine Verwendung. Ich lebe lieber in einer Welt der Vielfalt. Es gibt Juden, die ich bewundere, und andere, die ich verachte. Ich bin ein Mensch, nicht einfach ein Jude.« So habe ich es in Erinnerung, auch wenn er es vielleicht nicht ganz genau so gesagt hat. Aber das war der Sinn seiner Worte. Und sie enthielten einige Wahrheiten – wenn wir uns verleugnen, betäuben wir uns immer mit Teilwahrheiten –, so daß es eine Zeitlang unmöglich war, darauf zu antworten, auch wenn mir das, was er gesagt hatte, ein Gefühl gab, im Stich gelassen worden und an der Wurzel gespalten zu sein. Ich sehnte mich nach Klarheit, nach Luft.

Damals war der weitere Lebensweg meines Vaters im Nebel. Er wartete auf seine Berufung zum Professor für Pathologie an der John Hopkins Medical School. Diese Berufung war jahrelang aufgeschoben worden – kein Jude war an dieser Universität jemals Professor gewesen. Und er wünschte sich diese Professur so sehr. Es muß eine sehr bittere Zeit für ihn gewesen sein, denn er glaubte fest an die erlösende Kraft seiner hervorragenden Leistungen, aus denen deutlich hervorging, daß er der brillanteste und genialste Mann war, der sich um diesen Posten bewarb. Wenn man hervorragende Leistungen vorzuweisen hatte, war es angeblich im Grunde unerheblich, daß man Jude war. Dann konnte man der einzige Jude in einer nichtjüdischen Welt sein, ein Jude, der so ›zivilisiert‹, so ganz und gar nicht ›gewöhnlich‹ war, der die Vornehmheit der Südstaaten so gekonnt mit den kulturellen Werten Europas zu verbinden wußte, daß niemand je auf die Idee gekommen wäre, ihn mit einem der ›ungehobelten‹ Juden aus New York oder den ›lauten, hysterischen‹ Flüchtlingen aus Osteuropa oder mit den ›übertrieben‹ modisch gekleideten Juden aus den Städten des Südens zu verwechseln.

Wir – meine Schwester, meine Mutter und ich – wurden ständig ermahnt, in der Öffentlichkeit leise zu sprechen, uns dezent zu kleiden, alles Lebhafte oder Spontane zu unterdrücken und uns an eine Welt anzupassen, die möglicherweise den Eindruck hatte, wir seien zu auffallend. Ich nehme an, daß man das Benehmen meiner Mutter vielleicht ›gewöhnlich‹ oder ›jüdisch‹ finden konnte, wenn sie zu laut lachte oder sich aufregte – obwohl in ihren Adern kein jüdisches Blut floß. Die Mutter meines Vaters, die das halbe Jahr über bei uns lebte, war ein Muster an Unaufdringlichkeit: Sie kleidete sich dunkelblau oder lavendelfarben, hielt sich in Gesellschaft zurück, war extrem damenhaft und trug keinen Schmuck, mit Ausnahme eines goldenen Armbandes, einer kleinen Brosche oder einer Perlenkette. Einige Male, im Familienkreis, sah ich ihren Zorn aufflammen und fühlte die Leidenschaft, die sie unterdrückte. Aber wenn mein Vater uns in ein Restaurant ausführte oder einen Ausflug mit uns unternahm, hatten sich die Frauen wie weiße, angelsächsische Protestanten zu benehmen. Mein Vater glaubte, daß uns das schützte – und es vielleicht auch unmöglich machte, daß die ›echten‹ Juden uns erkannten, uns packten und ins *Stetl*, ins Ghetto oder seine vielen Manifestationen zurückschleppten.

Denn das war ja der Gedanke, der dahinterstand: daß es Juden gab, die hinter einem her waren, sobald sie ›Bescheid wußten‹, und einen drängten, in ihre Welt zurückzukehren, eine Welt, die unordentlich, laut, unberechenbar und vielleicht armselig war – »Selbst wenn«, wie meine Mutter mir in einem Brief schrieb, in dem sie meine hauptsächlich jüdischen Freundinnen auf dem College kritisierte, »einige von ihnen die brillantesten, faszinierendsten Leute sind, die Du je kennengelernt hast.« Ich frage mich, ob das nicht auch der Gedanke ist, auf den sich die Assimilation – also Amerika – gründet: daß die Glück- oder Erfolglosen einen zu sich hinunterziehen wollen, so daß man, wenn man sich mit ihnen identifiziert, absteigt und die kostbare Chance der Anerkennung, der erlogenen Existenz, verliert. In dieser Hinsicht beinhaltete eine jüdische Identität immer eine starke Klassendiskriminierung. Als Individuen mochten Juden ›faszinierend‹ sein, aber sie hatten riesige, störrische Familien, die (um einen weißen Dichter aus den Südstaaten zu zitieren) ›jedem Hühnersuppe auf den Kopf schütteten‹. Antisemitismus ließ sich also durch das schlechte Benehmen gewisser Juden rechtfertigen; und wenn man seine Familie und Gemeinschaft nicht gut genug verleugnete, würde immer irgendein Cousin auftauchen, der zu den ›falschen‹ Juden gehörte und sich als Verwandter zu erkennen geben.

»Ich habe immer geglaubt, seine Einstellung gegenüber anderen Juden sei davon abhängig, wer und was sie waren ... Ich hatte den Eindruck, daß Juden seiner Herkunft auf osteuropäische Juden, insbesondere polnische und russische Juden, herabsahen, weil diese im allgemeinen nicht so gebildet waren ...« Das ist ein Zitat aus einem Brief, den mir kürzlich ein Nichtjude schickte, der in der Abteilung meines Vaters gearbeitet hatte. Ich hatte ihn gebeten, mir zu schreiben, ob es dort, insbesondere was meinen Vater betraf, irgendwelche antisemitischen Äußerungen gegeben hatte. Dieser Informant schrieb mir auch, es sei schwierig, in Baltimore Hinweise auf Antisemitismus zu finden, da die Diskriminierung der Schwarzen dort weit ausgeprägter sei. »Ich glaubte beinahe, daß Schwarze in einen anderen Himmel kamen als Weiße; ihre Leichname wurden nämlich in einer anderen Leichenhalle aufgebahrt, und manche Weiße wollten nicht einmal Bluttransfusionen von schwarzen Spendern.« Mein Vater war ein Rassist und Frauenfeind, und doch notierte er als Medizinstudent in seinem Tagebuch, die Höflichkeit eines weißen Südstaatlers gehe nicht so weit, daß er in der Straßenbahn aufstehen und seinen Platz einer alten, erschöpften schwarzen Frau anbieten würde. War dies eine jüdische Einsicht, die Einsicht eines Außenseiters, auch wenn dieser Außenseiter danach strebte dazuzugehören?

Denn das, was nicht ausgesprochen wird, ist oft deutlicher als das, was man sagt. Ich glaube, die Tatsache, daß mein Vater Jude war, hat meine Identität und das Leben unserer Familie stark beeinflußt. Wir wurden sowohl durch den Antisemitismus und den Selbsthaß meines Vaters als auch durch seinen jüdischen Stolz geformt. Ich glaube jedoch, daß Arnold diesem Stolz einen anderen Namen gab: Leistung, Ehrgeiz, Genius, Idealismus. Alles, was nicht akzeptabel war, fiel unter die Rubrik ›jüdisch‹ oder wurde den ›falschen‹ Juden zugeordnet – denen, die ungebildet, aggressiv und laut waren. Mir wurde vermittelt, daß wir tatsächlich besser waren als andere: Ich kannte niemanden, dessen Vater so viele Bücher besaß, so weit gereist war und so viele Sprachen beherrschte. Baltimore war eine Stadt, in der Musik eine große Rolle spielte, aber in den Familien der meisten meiner Schulfreunde galt Kultur als etwas, mit dem sich Frauen beschäftigten. Mein Vater war Amateurmusiker, las Gedichte und bewunderte jeden, der über ein umfassendes Wissen verfügte. Er las meine Seminararbeiten und bestand darauf, daß ich ›ernst zu nehmende‹ Quellenliteratur benutzte; er kritisierte meine Gedichte wegen ihrer fehlerhaften Form und gab mir Bücher über Reim und Metrum. Seine Investition in meinen Intellekt und mein Talent war egoistisch, tyrannisch, mit Vorurteilen beladen und schrecklich ermüdend. Dennoch brachte er mir bei, an die wohltuende Wirkung harter Arbeit zu glauben, der Inspiration zu mißtrauen und das, was ich geschrieben hatte, immer wieder umzuschreiben. Ich sollte Ideen ernst nehmen und das Gefühl haben, ein wirklich gebildeter Mensch zu sein, auch wenn ich eine Frau war. Schon in meiner Kindheit gab er mir ein Gefühl für die Macht der Sprache und zeigte mir, wie ich daran teilhaben konnte.

Unsere Familie war stolz, aber wir mußten auch sehr vorsichtig sein. Unser Betragen hatte makelloser zu sein als das anderer Leute. Fremden, ja sogar Freunden durfte man nicht trauen; was die Familie betraf, mußte in der Familie bleiben; die Welt war voller Verleumder und Verräter, voller Leute, die nicht verstanden. Das galt auch für die Familie. Mir fällt auf, daß ich seine wirklichen Gefühle mein Leben lang nicht kannte. Wenn er etwas sagte – oder besser: wenn er Monologe hielt – lag darin dennoch eine ungeheure Intensität. In einem solchen Haus aufzuwachsen, hieß, daß man gebannt war durch die elektrische Spannung, die tiefe Bedeutung, die selbst den banalsten Dingen innewohnte. Ich nahm das als Zeichen dafür, daß wir alle auf einer hohen emotionalen Ebene lebten. Für mich als Lieblingstochter war es schwierig, mich aus diesem Kraftfeld zu lösen.

Es wäre leicht, diese Intensität jüdisch zu nennen, und ich zweifle nicht daran, daß Leidenschaft eine jener Eigenschaften ist, die erforderlich waren, um den Generationen vor ihm ein Überleben angesichts der Verfolgungen zu ermöglichen. Aber was geschieht, wenn der Leidenschaft ihre ursprüngliche Grundlage entzogen wird, wenn die weiße, nichtjüdische Welt mit sanfter Stimme sagt: »Sei mehr als wir, dann kannst du fast einer von uns sein«? Was geschieht, wenn die Voraussetzung für das Überleben zu sein scheint, daß eine emotionale Lebensader nach der andern abgeschnürt wird? Seinen Vorfahren in Europa war es verboten gewesen zu reisen. Sie waren immer wieder vertrieben worden, mußten besondere Steuern zahlen, wenn sie die Stadt verließen, waren gezwungen, bestimmte Kleider und Abzeichen zu tragen und durften sich nur in den ärmsten Stadtteilen ansiedeln. Er wollte ein ›Freigeist‹ sein, weite Reisen unternehmen und ›alle Arten von Leuten‹ kennenlernen. Und doch verbrachte er die besten Jahre seines Lebens in einer zunehmend abgeschirmten Welt, in einem Haus auf einem Hügel, in einer Gegend, in der es unerwünscht war, daß Juden Grundbesitz erwarben. Was sein Gefühlsleben betraf, so war er fast ausschließlich auf seine Frau und seine Töchter angewiesen. Zu Hause schuf er sich ein so ausgefeiltes Verteidigungssystem, daß meine Mutter, selbst als er im Sterben lag, nicht in der Lage war, frei mit seinen Kollegen oder anderen zu sprechen, die ihr hätten helfen können.

Ich glaube, daß sich die Einsamkeit des ›einzigen‹, der die Ausnahme von der Regel ist, oft nicht wie Einsamkeit anfühlt, sondern wie ein schalltoter Raum. Bestimmte Dinge bleiben ohne Resonanz. Beverly Smith hat nirgendwo geschrieben, daß farbige Frauen ›sich gegenseitig in ihrem Verhalten beeinflussen‹. Wenn niemand da ist, einen ›zu beeinflussen‹, aus der eigenen Kultur heraus zu handeln, dann kommt es zu einer Verkümmerung, die zum Teil unsichtbar bleibt.

1953 wurde ich im Hillel House in Harvard unter einem Bild von Albert Einstein getraut. Meine Eltern weigerten sich zu kommen. Ich heiratete einen Mann, der zu den ›falschen‹ Juden gehörte. Er kam aus einer orthodoxen osteuropäischen Familie, war in Brooklyn geboren und nach Harvard gegangen, hatte seinen Namen geändert und war einerseits untrennbar mit der Welt seiner Kindheit verbunden und stand andererseits dieser Welt sehr zwiespältig gegenüber. Für meinen Vater war diese Ehe der Beweis dafür, daß ich der jüdischen Familie, Abteilung Osteuropa, zum Opfer gefallen war. Wie viele Frauen in den 50er Jahren, in denen der heterosexuelle Imperativ noch unangezweifelt war, heiratete ich zum Teil deshalb, weil ich keinen anderen Weg sah, mich von meiner Familie zu lösen. Ich heiratete einen ›richtigen Juden‹, der seinerseits fast ebensosehr wie ich hin- und hergerissen war zwischen einer verwirrenden und doch tief verwurzelten jüdischen Identität und dem Drang, sich zu assimilieren und die Anerkennung der Yankees zu finden. Aber wenigstens war er keine Ausnahme in einer durch Nichtjuden geprägten Gesellschaft. Wir lebten in einer Welt, in der es viele Mischehen gab und in der die dominierende nichtjüdische Kultur eine gewisse ›jüdische Atmosphäre‹ akzeptierte. Man sprach oft von dem ›jüdischen Selbsthaß‹, aber Antisemitismus trat selten zutage. Es war, als könne man beides haben – Identität und Assimilation – ohne viel darüber nachdenken zu müssen.

Ich war gerührt und dankbar über die Zuneigung und Freundlichkeit, die meine Schwiegereltern mir, der Halb-*Schickse*, entgegenbrachten. Ich sehnte mich danach, in dieser Familie, dieser neuen und mysteriösen jüdischen Welt aufzugehen. Dabei ging es nie um Konversion – mein Mann war schon lange kein praktizierender Jude mehr – sondern um mein brennendes Verlangen, gut zu sein, meine neuen Eltern zufriedenzustellen, den Riß in dem Bewußtsein, in dem ich aufgewachsen war, zu schließen und – natürlich – dazuzugehören. In der großen, hellen Wohnung in der Eastern Parkway wurde an Samstagnachmittagen der Tisch mit einem weißen oder bestickten Tuch gedeckt und dann gab es Kaffeekuchen, Bisquitkuchen, Mohnkuchen und Kekse. Die ganze Familie kam zu Kaffee und Kuchen zusammen und danach unterhielten sich die Frauen am Tisch oder in der Küche, während sich die Männer im Wohnzimmer die Sportsendung ansahen. Diese Art von Familienleben hatte ich nie kennengelernt – man neckte sich gutgelaunt, flüsterte sich in einer Ecke die neuesten Geheimnisse zu, gab mit Kindern und Enkelkindern an und nahm ganz unverhohlen die neue Schwiegertochter unter die Lupe. All das übte eine große Anziehungskraft auf mich aus, einschließlich der gewissenhaften Einhaltung der *Kashruth*, jener Regeln, die allen Küchenverrichtungen eine besondere Symbolik verleihen. In meinen Augen war all das echt jüdisch, und ich zog daraus meine Schlüsse über die Menschen und über die Kultur. Mein unhinterfragter Antisemitismus machte es mir möglich. Außerdem hatte ich noch nicht entdeckt, daß ich als Frau in einer besonderen und gleichermaßen unhinterfragten Beziehung zur jüdischen Familie und zur jüdischen Kultur stand.

Einige Jahre lang sah ich meine Eltern nicht und hatte kaum Kontakt zu ihnen. Gleichzeitig suchte mich die Stimme meines Vaters immer wieder heim. In unserer Familie hatte er so sehr dominiert, daß ich lange das Gefühl hatte, ich werde einen schrecklichen Preis dafür bezahlen müssen, ihm nicht gehorcht zu haben. Als wir uns schließlich versöhnt hatten und mein Mann, meine Kinder und ich einen minimalen, formalen Kontakt mit meinen Eltern wiederaufnahmen, war aus der Kraft, die für mich in Arnolds Stimme und Handschrift gelegen hatte, ein dumpfer, sinnloser Schmerz und Zorn geworden. Ich wollte, daß er mich gern hatte und anerkannte – nicht wie damals als Kind, sondern als die Frau, die ich geworden war und die ihren eigenen Willen hatte. Ich mußte schließlich feststellen, daß das unmöglich war. Arnold verlangte absolute Loyalität, absolute Unterwerfung unter seinen Willen. Indem ich mich von ihm löste, indem ich sah, welchen Preis ich damals für seine Anerkennung hatte zahlen müssen, lernte ich auf ganz konkrete Weise eine Menge über das Patriarchat und insbesondere darüber, wie die ›besondere‹ Frau, die Lieblingstochter, beherrscht und belohnt wird.

Arnold Rich starb 1968 nach einem langen Siechtum: sein Geist war erloschen, und seine Augen waren seit Jahren immer schlechter geworden. Es war das Jahr, in dem mein politisches Bewußtsein geschärft wurde. Martin Luther King und Robert Kennedy wurden ermordet, die Studenten der Columbia University streikten. Aber nicht durch diese Ereignisse und die Versammlungen und Demonstrationen, die sie begleiteten, wurde die Trauer um meinen Vater verdrängt – ich hatte schon lange um unsere frühe, intensive Beziehung getrauert, die keineswegs immer harmonisch gewesen, in der ich aber unablässig daran erinnert worden war, daß das, was ich mit meinem Leben machte, daß meine Entscheidungen, meine Einstellungen äußerst einschneidende Konsequenzen haben würden.

Manchmal saß ich bei meinen Besuchen in Brooklyn mit meinem Baby, das gerade laufen lernte, auf einer Bank an der Eastern Parkway. Ich war eine von vielen jüdischen Frauen, die dort wohnten und mit ihren Kindern in den Park gingen. Dort sah ich die chassidischen Juden, die damals gerade begannen, nach Crown Heights zu ziehen, bei ihrem Sabbatgang, die Frauen mit ihren Perücken einen Schritt hinter den Männern. Mein Schwiegervater fand sie ziemlich exotisch – vielleicht waren sie selbst für ihn zu wenig assimiliert, zu sehr der alten Heimat verhaftet. Zum Teil, weil ich so wenig über die Klassenunterschiede in Amerika wußte, brauchte ich Jahre, bis ich verstand, daß es in meiner eigenen Familie und in der so ganz anderen Familie meiner Schwiegereltern graduelle Unterschiede und Hierarchien in der Assimilation gab, die es einem ermöglichte, auf andere hinabzusehen. Ebenso gab es geographische Grenzlinien – so zum Beispiel zwischen Juden aus den Südstaaten und Juden aus New York. Die Sitten und Gebräuche unterschieden sich nicht nur nach Klassen, sondern auch nach regionaler Herkunft.

Bevor ich dreißig war, hatte ich drei Söhne, und in diesen Jahren überkam mich oft das Gefühl, daß eine jüdische Frau, eine jüdische Mutter in den Augen der jüdischen Familie ausschließlich dazu da war, Kinder zu gebären und aufzuziehen. Die Erfahrungen der Mutterschaft waren letztlich der Keim meiner Radikalisierung, aber vorher erfuhr ich die Institution der Mutterschaft ganz direkt in ihrer Version innerhalb der jüdischen Kultur. Ich fühlte mich rebellisch und launisch, ich befand mich in der Defensive und war nicht in der Lage, zwischen jüdischer Identität und Mutterschaft oder weiblicher Bestimmung zu unterscheiden.

Meine Kinder nahmen in unregelmäßigen Abständen an *Seders, Bar Mitzvahs* und besonderen Gottesdiensten im Tempel ihrer Großeltern teil. Ihr Vater entzündete in meinem Beisein *Hannukah*-Kerzen. Ich mußte jedes Jahr aufs neue die englische Bedeutung des hebräischen Segens lernen. Wir feierten eine säkularisierte Form des Weihnachtsfestes. Ich las meinen Kindern nicht nur aus den Büchern *Esther*, *Makkabäus* und *Moses* vor, sondern auch aus Büchern über nordische Kobolde, chinesische Großmütter und keltische Drachentöter. Ihr Vater erzählte ihnen Geschichten von seiner Jugend in Brooklyn, von seiner Großmutter, die in der Bronx lebte und zu der man jede Woche mit der U-Bahn fahren mußte, um sie zu besuchen, von seinen Streichen in der hebräischen Schule und davon, was für ein aufgeweckter jüdischer Junge er auf der High School gewesen war. In der liberalen akademischen Welt von Cambridge konnte man seine Kinder so jüdisch oder nichtjüdisch erziehen, wie man wollte, aber der Jahresablauf wurde durch christliche Mythen und christliche Feste bestimmt. Meine Söhne wußten weit mehr über die Existenz und die konkrete Bedeutung der jüdischen Kultur als ich. Aber ich kann mich nicht erinnern, ihnen erzählt zu haben, daß in Europa vor gar nicht langer Zeit Millionen Menschen wie sie, viele von ihnen Kinder, zusammengetrieben und ermordet worden waren. Ich konnte meinen Kindern auch nicht sagen, daß ein Teil von ihnen sich auf das reiche Erbe der tausend Jahre alten Ashkenase-Kultur Osteuropas berufen konnte, die durch die Massenvernichtung zerstört worden war. Oder daß sie zu einem Volk gehörten, dessen Tradition durch den Haß gegen Unterdrückung und die Bereitschaft, für Gerechtigkeit zu kämpfen, durch eine antirassistische, eine sozialistische und manchmal sogar durch eine feministische Utopie gekennzeichnet war. All diese Dinge konnte ich ihnen nicht sagen, weil sie in meinem eigenen Bewußtsein nur verschwommen vorhanden waren.

Die Entstehung der Bürgerrechtsbewegung in den 60er Jahren befreite mich von meiner persönlichen Frustration und Verzweiflung. In den 50er Jahren hatte ich James Baldwins frühe Schriften gelesen, und dabei hatte ich das Gefühl bekommen, daß angeblich ›gegebene‹ Dinge wie Rassismus analysiert und beschrieben werden konnten und daß dies wiederum zum Handeln, zu Veränderungen führte. In meiner Kindheit und Jugend war der Rassismus eine so unangefochtene Tatsache gewesen, er hatte im Schweigen, in den Negationen, den Grausamkeiten, Ängsten und abergläubischen Überzeugungen meines frühen Lebens eine so zentrale Stellung eingenommen, daß irgendwo in meinen Gefühlen die Hoffnung gesteckt haben muß, wenn die Schwarzen die ungeheure politische und gesellschaftliche Last abwerfen würden, die man ihnen aufgebürdet hatte, würde auch ich von allen Geistern und Schatten meiner Kindheit befreit werden, ob sie nun Namen trugen oder nicht. Als ›die Bewegung‹ in Gang geriet, hatte ich eine sehr persönliche Beziehung zu ihr. Und es waren oft Juden, die für diese gerechte Sache eintraten, es waren jüdische Bürgerrechtsanwälte, die in die Südstaaten fuhren, es waren zwei junge Juden, die zusammen mit einem jungen Schwarzen in Mississippi ermordet wurden. Schwerner, Goodman, Chaney.

Als wir Mitte der 60er Jahre nach New York zogen, wurden wir sofort in die Debatte hineingezogen, ob die Stadt die Schulhoheit über die öffentlichen Schulen ausüben sollte. Dabei fanden sich schwarze und jüdische Lehrer und Eltern oft auf verschiedenen Seiten wieder und nahmen extrem militante Standpunkte ein. Für einen weißen Liberalen war es einfach, den Rassismus der jüdischen Mittelklasse oder der aufgebrachten jüdischen Lehrerinnen, die oft ältere Frauen waren, zu beklagen und zu verurteilen. Es war leicht, den eigenen Rassismus auf sie zu projizieren oder zu dem Schluß zu kommen, dieses Thema sei zu schmerzhaft, um darüber nachzudenken. Für mich lag das Problem klar auf der Hand: Ich wußte, daß Rassentrennung und Ungleichheit der Chancen schlecht waren, ich wußte, daß insbesondere die Rassentrennung nicht nur aus gesellschaftlichen und gesetzlichen Regeln bestand. Rassentrennung bedeutete, daß selbst ›anständige‹ Weiße in einem Netz von Lügen, Arroganz und fragwürdigen moralischen Regeln lebten. In der Welt des jüdischen Liberalismus und der Assimilation, die ich am besten kannte, waren die Dinge für mich jedoch weit weniger klar, und Antisemitismus wurde fast nie erwähnt. Irgendwie war er nur noch ein Thema für Reaktionäre, die Zeitschrift *Commentary* oder später die jüdische Verteidigungsliga. In den späten 60er Jahren konzentrierte sich meine politische Arbeit auf Rassenfragen. Als Lehrerin an der City University engagierte ich mich insbesondere für die Aufhebung der Zulassungsbeschränkungen. Die weißen Kollegen, die ich als Verbündete betrachtete, waren, glaube ich, hauptsächlich Juden. Es war jedoch leicht zu sehen, daß andere New Yorker Juden, die sich mit Hilfe des öffentlichen Schulsystems und der schulgeldfreien städtischen Colleges aus Armut und Ausbeutung befreit hatten, jetzt versuchten, die schwarzen und puertoricanischen Studenten daran zu hindern, dasselbe zu tun. Damals verstand ich nicht, daß ich mich zwischen zwei Blöcken jüdischer gesellschaftlicher Identität befand: der Jude als radikaler Utopist und Aktivist, der die Unterdrückung am eigenen Leib erfahren hat, und der Jude als Teil der amerikanischen Gesellschaft, in der die Verfolgten, nachdem sie sich assimiliert haben, lernen, daß sie sich als Gegenleistung für ihre Anerkennung an der Verfolgung beteiligen müssen.

Als ich nach siebzehn Jahren und drei Kindern meinen Mann verließ, hatte ich mich bereits mit der Frauenbefreiungsbewegung identifiziert. Für eine Frau meines Alters war es eine aufregende Zeit. Um den seelischen Schmerz, den ich fast ständig spürte, in den Griff zu bekommen und in einen größeren Zusammenhang zu stellen, hatte ich in den 50er Jahren alles mögliche gelesen, aber erst bei James Baldwin und Simone de Beauvoir hatte ich – wenn auch unterschiedliche – Beschreibungen der Welt gefunden, die in meinen Augen einen Sinn ergaben. Gegen Ende der 60er Jahre gab es zwei politische Bewegungen – die eine wurde bereits heftig unterdrückt, die andere war erst im Entstehen begriffen –, die diese Beschreibungen an die Welt weitergaben.

Und dann gab es natürlich noch eine dritte Bewegung, eine Bewegung innerhalb einer Bewegung: die ersten lesbischen Manifeste, das Heraustreten lesbischer Frauen an die Öffentlichkeit. Mir war von Anfang an klargewesen, daß die Frauenbewegung kein Spaziergang sein würde, daß sie jede Faser meiner Existenz beanspruchen würde und daß ich die dunklen Winkel meines Bewußtseins würde erforschen müssen. In den 50er Jahren, in der Isolation als akademisch gebildete und engagierte Hausfrau war die Lektüre von *The Second Sex* weniger gefährlich gewesen als die von *The Myth of Vaginal Orgasm* oder *Women Identified Women* in einer Welt, in der ich mit anderen Frauen über jeden Aspekt unseres Lebens, den wir benennen konnten, Diskussionen führte. De Beauvoir hatte ›die Lesbe‹ nur am Rande erwähnt, und in ihrem Buch gab es nur wenig, das auf die Kraft der Beziehung zwischen Frauen hinwies. Aber die Leidenschaft, mit der ich gemeinsam mit anderen Frauen über Ideen diskutierte, hatte für mich etwas Erotisches, und auch die Tatsache, daß ich ein Risiko eingehen und mich anderen Frauen gegenüber öffnen mußte, um aus den Lügen der Vergangenheit eine Wahrheit herauszuschälen, war durchaus erotisch. Die unterdrückte Lesbe, die ich seit meiner Jugend in mir herumgetragen hatte, begann zum Leben zu erwachen, und ihre erste eigenständige Handlung war, sich in eine jüdische Frau zu verlieben.

Irgendwann in den ersten Monaten dieser Beziehung träumte ich, daß ich mit meiner Freundin über feministische Politik diskutierte. *Wenn du mir,* sagte ich in diesem Traum zu ihr, *die Massenvernichtung der Juden vorwirfst, kann ich natürlich nichts dagegen vorbringen.* Wenn ich, wie ich glaube, in diesem Traum sowohl ich selbst als auch sie war, dann war er ein Ausdruck meines gespaltenen Bewußtseins. Ich war, mehr oder weniger, eine jüdische heterosexuelle Frau gewesen – aber was bedeutete es, eine jüdische Lesbe zu sein? Was bedeutete es, wenn ich mich, wie es der Fall war, sowohl als Jüdin als auch als Antisemitin fühlte? Wie sollte ich als Feministin mit der Unterdrückung innerhalb der Unterdrückung zurechtkommen?

Die ersten feministischen Schriften über jüdische Identität, die ich las, waren Kritiken der patriarchalischen und frauenfeindlichen Elemente im Judaismus bzw. Kritiken der Verspottung, denen jüdische Frauen in der Literatur durch jüdische Männer ausgesetzt waren. Bald darauf nahm ich einen Briefwechsel mit einer meiner früheren Studentinnen auf, die nach Israel ausgewandert war. Sie war eine leidenschaftliche Feministin und schrieb mir ausführlich über die juristischen und gesellschaftlichen Beschränkungen, die die Frauen dort über sich ergehen lassen mußten, die Anfänge des israelischen Feminismus und die Widersprüche, die sie in ihrem täglichen Leben zu spüren bekam. Ich befand mich im Zentrum der neuen Politik, des Aktivismus und der Literatur einer heftigen feministischen Bewegung – einer Bewegung, die Universalität beanspruchte, obwohl sie bis dahin weder ihre rassischen, klassenbedingten und ethnischen Perspektiven noch ihre Ängste in bezug auf die Unterschiede zwischen Frauen in Betracht gezogen hatte – und schob ein letztes Mal alles beiseite, um weiterhin über mich selbst als jüdische Frau nachzudenken. Der Judaismus war für mich nichts anderes als ein weiterer Aspekt der patriarchalischen Gesellschaft. Vor die Wahl gestellt, hätte ich (ganz wie mein Vater, nur in einer anderen Sprache) gesagt: *Ich bin eine Frau, keine Jüdin*. (Aber in Gedanken fügte ich immer hinzu, daß auch ich mir einen gelben Stern annähen würde, sollten die Juden wieder gezwungen werden, ihn zu tragen. Als hätte man mir die Wahl gelassen, ihn nicht zu tragen!)

Manchmal habe ich das Gefühl, mich selbst zu lange von zu vielen voneinander unabhängigen Standpunkten betrachtet zu haben: weiß, jüdisch, antisemitisch, rassistisch, antirassistisch, ehemals verheiratet, lesbisch, zur Mittelklasse gehörig, feministisch, aus den Südstaaten ausgebürgert, an der Wurzel gespalten. Manchmal habe ich das Gefühl, dies alles nie zu einem Ganzen zusammenfügen zu können. Ich hätte in diesem Essay gerne die Bedeutungen von Antisemitismus und Rassismus miteinander verbunden, so wie ich sie erlebt habe und wie ich glaube, daß sie sich auch außerhalb meines Lebens miteinander verbinden. Aber das kann ich noch nicht. Ich fühle die Spannung beim Nachdenken, ich mache mir Notizen: *Wenn du die eine Realität genau betrachtest, verblaßt die andere und verschwindet*. Ich versuche, innerhalb einer Woche Angela Davis und Lucy Davidowicz zu lesen (Angela Davis: Women, Race and Class, 1982; Lucy Dawidowicz: The War Against the Jews 1933–1945, 1975). Ich versuche, eine durchgehende feministische, eine lesbische Perspektive aufrechtzuhalten – aber was bedeutet das? Niemand hat mich darauf vorbereitet. Manchmal fühle ich mich außerstande, als Jüdin eine Behauptung aufzustellen. Die lange Tradition der Verleugnung kommt mir vor wie eine Verletzung, wie eine Narbe. Denn die Assimilation hat auch *meine* Wahrnehmung beeinflußt – diese Lücken in der Bedeutung, diese blinden Flecken, die mich in meinen frühen Jahren begleiteten, sind immer noch in mir. Meine Unwissenheit kann für mich und andere gefährlich sein.

Und doch können wir nicht darauf warten, daß die Unversehrten die Verbindungen für uns herstellen; wir können nicht mit dem Sprechen warten, bis wir ganz klar und völlig im Recht sind. Es gibt keine Reinheit, und der Prozeß der Reinigung dauert an, solange wir leben.

Dieser Beitrag hat also keine Schlußfolgerung – er ist für mich ein neuer Anfang. Er ist nicht einfach meine Art, in diesem Amerika von 1982, das einen Rechtsruck erlebt, zu sagen: Auch ich bin bereit, den gelben Stern zu tragen. Er ist ein Schritt zur Verantwortlichkeit, zur Erweiterung der Verantwortlichkeit. Ich weiß, daß sich für den Rest meines Lebens, also für die nächsten fünfzig Jahre oder so, jeder Aspekt meiner Identität engagieren muß. Das weiße Mädchen der Mittelklasse, das als Gegenleistung für seinen Gehorsam Privilegien genießen durfte. Die lesbische Jüdin, die zur heterosexuellen Nichtjüdin erzogen wurde. Die Frau, für die Unterdrückung zum erstenmal in der Bürgerrechtsbewegung beim Namen genannt und analysiert wurde. Die Frau mit den drei Söhnen, die Feministin, der männliche Gewalt verhaßt ist. Auch die Frau, die am Stock geht, die Frau, die keine Periode mehr hat, ist verantwortlich. Die Dichterin, die weiß, daß schöne Worte lügen können und daß die Worte des Unterdrückers manchmal schön klingen. Die Frau, für die Geradlinigkeit ein Akt des Widerstandes ist.

ELISABETH PLESSEN

Abschied von den Vätern

Elisabeth Plessen, geboren 1944 in Holstein, studierte Geschichte, Philosophie und Germanistik in Paris und West-Berlin. Die erste Veröffentlichung, bei der sie als Mitherausgeberin tätig war, erschien 1974: ›Katja Mann – Meine ungeschriebenen Memoiren‹. Mit ihrem Roman ›Mitteilungen an den Adel‹ gelang ihr 1979 der Durchbruch. Weitere Veröffentlichungen: ›Kohlhaas‹ (1979), ›Zu machen, daß ein gebraten Huhn aus der Schüssel laufe‹ (1981) und ›Stella Polare‹ (1984). Die Autorin lebt heute in West-Berlin.

Abschied ist oft herrlich und leicht. Ein Aufatmen, Jubelschrei, endlich! Und das Gefühl bleibt. Manchmal stellt sich heraus, daß man nicht einmal die Form eingehalten hat, war nicht souverän, nicht eindringlich, nicht ausdrücklich. Liebende wiederum sind kaum getrennt, kaum ließen die Augen einander los. Abschiede von Vätern, Abschied in Permanenz. Abschied von den Vätern – heißt das, die Katechismusfrage, daß man sie abschaffen will? Sollen sich die Mütter wie in der griechischen Mythologie mit den Bäumen verbinden oder den Flüssen, den Quellen? Wie Danae mit dem Goldregen – aber im Regen war Zeus. Wie Europa mit dem Stier – aber der Stier war Zeus. Wie Leda mit dem Schwan – aber der Schwan war Zeus. Will jemand den Amazonenstaat ausrufen? Plädiert einer mit der Abschaffung der Väter für unbefleckte Empfängnis oder die Samenbank? Zwei australische Forscher wollen herausgefunden haben, daß auch Väter Kinder gebären können, per Kaiserschnitt allerdings. Abschied vom eigenen Vater, wer will die Garantie, die Verantwortung auf sich nehmen? So viele Väter es gibt, so viele Bücher lassen sich über den Abschied von ihnen schreiben. In den letzten Jahren war das ein Trend, der deutsche Büchermarkt war voll davon. Abschied als Befreiung, als Selbstbefreiung – ist das gemeint? Nur, ist sie rechtzeitig gekommen? Tod – das Alltäglichste. Warum nehmen wir uns den Abschied von den Vätern so zu Herzen? Wir – Töchter, Söhne?

Schmerzvoll zu trauern, sogar pflichtbewußt für eine gewisse Zeit, mag ein schöner und sympathischer Zug sein, aber haben nicht die Väter auch ihre Väter verloren und deren Väter wiederum ihre Väter? Geht es in jedem Fall um die Beharrlichkeit von Trauer? Man kann auch ein leeres Grab bewachen (und betrauern), ohne daß man dazu erst sein Gedächtnis irregemacht hat. Totsagung bedeutet nicht Tod. Totsagung kann aber eine Form des Abschieds bedeuten. Abschied, ein Ritual: Leb wohl, Ade, Auf Wiedersehen, Auf Nimmerwiedersehen, bis dann und dermaleinst. Von der Leichtigkeit einer Trennung bis hin zur konfliktgeladenen Trennung, der Losreißung, der Absage, dem Bruch, ist das Repertoire der Gefühle unerschöpflich. Menschen sind mixta composita: erblich bestimmt, von ihrer Erziehung beeinflußt, ihren Lebenserfahrungen, der Umwelt. Sie sind leidenschaftlich, haben Anschauungen und Haltungen, und die Intensität dessen, was sie erleben, wirkt auf ihre Träume ein. Ein jeder hat nur einen Vater. Väter sind Projektionen: mächtige Projektionen negativer oder positiver Art, Abstraktionen von Zügen des leiblichen Vaters, Fiktion einer mehr oder weniger einheitlich angenommenen Generation, Symbol des Zeitgeistes. Wie viele Väter mögen das sein? Auch die geistigen Väter oder Wahlväter auf Zeit sind Projektion, Kompensation aus Bewunderung oder Mangel.

Zum Abschiednehmen gehören zwei: der Vater – die Tochter, der Sohn. Was geschieht, wenn einer der beiden sich vom anderen gar nicht verabschieden will, Trennung oder Lossagung weder als Qualität noch als Form akzeptiert? Es genügt ja nicht die bloße Willenserklärung. Selbst beim Verstoß ist es nicht anders. Die Ansicht wäre zu plump und oberflächlich, wenn man sagte, bei der Loslösung eines Kindes vom Vater oder umgekehrt handele es sich nur um Machtspiele, mehr als eine Ablösung oder Umverteilung von Autorität spiele sich im Generationskonflikt nicht ab. Jede Generation hat ihre spezifische Erfahrung. Die komplizierten Vertrauens- und Liebesbeziehungen zwischen Eltern und Kindern laufen verstrickte Bahnen.

Merkwürdig dies: Die Nachkriegsgesellschaft wird zuweilen als ›vaterlose Gesellschaft‹ apostrophiert, obwohl sie nach wie vor eine von Männern beherrschte Gesellschaft ist. Niemand hat bislang von einer ›mutterlosen Gesellschaft‹ gesprochen, was man – weiß Gott! – auch könnte. Zumindest in der Ideologie – bei zunehmender Krise vielleicht auch wieder in der Praxis – gehört die Frau halt doch immer noch in den Haushalt. Wo sie den engen familiären Bereich verläßt, gilt sie, allen emanzipatorischen Tendenzen zum Trotz, als Statthalterin der Interessen des Mannes. Es gibt schon seinen Sinn: Vater Staat, Mutter Natur.

Es drängt mich jetzt geradezu, von mir und meinem Vater zu reden. Ich umkreise das Verhältnis noch, obgleich es auch die folgenden Betrachtungen ausgelöst hat. Ein Stein fällt ins Wasser, unruhige Wellen breiten sich aus, ringförmig, bis die Verdrängungskraft erschöpft ist. Auf wie unruhigen Wellen irren und kämpfen Väter mit Kindern und Kinder mit Vätern in der Literatur? Seitdem ich lese, fesselte mich dieses Motiv in seiner Vielfalt sowie einer möglichen Spiegelung meiner eigenen Probleme wegen. Abschied – unanswered question? Absurd? Cordelia verabschiedet sich von Lear, indem sie ihm die Liebe in Worten verweigert. Enterbt geht sie nach Frankreich. Am Ende des Stücks ist sie tot, und der wahnsinnig gewordene Vater trägt sie auf den Armen. Ophelia wird über den Tod ihres Vaters wahnsinnig, sie ertrinkt. Der verlorene Sohn verabschiedet sich von seinem Vater, indem er wiederkommt. Ödipus erschlug einen Fremden, dann schlief er mit Iokaste, seiner Mutter. Freud beschrieb den Komplex. Gilles Deleuze schrieb wider Freud seinen ›Anti-Ödipus‹. Bei Abraham und Isaak das alte Raster: der Vater der Zerstörer des Sohns, dieser das Opfer. Hanno Buddenbrook setzt einen Schlußstrich unter die letztbeschriebene Seite im Familienbuch und stirbt. Kafka schrieb seinen Brief an den Vater. Oskar Matzerath verweigert, ein Knirps noch, das Wachstum. Heinrich IV. verstößt Falstaff, seinen geistigen Vater, aber erst als er König geworden ist. Am Ende von Falladas ›Jeder stirbt für sich allein‹ stößt ein Junge seinen Vater vom Karren, mit dem er allein weiterfahren will. Es ist das Jahr 1945: Der Sohn will sich nicht die Zukunft vermiesen lassen. Eine der radikalsten Szenen der Literatur, die ich kenne; eine sehr deutsche Lösung. Hat sie genützt? Seit Turgenjews ›Väter und Söhne‹ verabschieden sich spätestens als Topos Väter von Söhnen und Söhne von Vätern.

Ich hatte zu meinem Vater ein extrem kompliziertes Verhältnis. Er war noch nicht tot, da hatte ich ihm schon meine Liebe aufgesagt, fristlos, wortlos, enttäuscht, angeekelt gekündigt. Fort, fort, nur fort. Sogar mit großer geografischer Entfernung schirmte ich mich vor ihm ab. Er, der immer schwerer zu ertragen war, war ein Monster, das mich der Länge nach zu überragen und dabei zu erdrücken drohte. Als er starb, war er noch nicht Ende Fünfzig, ich Mitte Zwanzig. Sein Tod warf mich so nachhaltig aus der Bahn, daß ich jedes Liebesband, welches mich bis dahin getragen hatte, erst einmal (auch) zerriß und der Vergangenheit zuwarf, auch aus Scham, so wurde ich zur Verräterin an meinen engsten Freunden. Ich war allein und befreit, aber in die Leere befreit, nicht in eine Zukunft, in die ich heiteren Auges hätte blicken können. Um die Krise zu überleben, besann ich mich – schreibend. Ich schrieb meinen ersten Roman ›Mitteilung an den Adel‹. Darin ließ ich eine junge Frau ähnliche Konflikte mit ihrem Vater haben, wie ich sie mit meinem gehabt oder bei anderen Töchtern beobachtet hatte, die aus vergleichbaren konservativen, vaterbe- oder -überherrschten Familien stammten. Beide, Vater und Tochter, beschäftigten und beschädigten sich auf die leidenschaftlichste Art. Sie wollten aufeinander zulaufen und wußten nicht wie. Beide wollten siegen, und sie siegten beide nicht. In der Hinsicht war die Tochter das Alter ego des Vaters. Ich ließ sie sich der Studentenrevolte von 1968 anschließen und deren Utopie von einer anderen Gesellschaftsordnung und Zukunft träumen als die Vatergeneration, welche die Nazizeit gemacht und mitgemacht und nach 1945 die Welt des Konsums und Wirtschaftswunders ausgerufen, sie für die sie ablösenden Jungen im Sinne gehabt hatte. Geschichte einer Entfernung und Entfremdung. Gelassene, klärende und erklärende Gespräche über die Nazizeit waren nicht möglich. Sie fanden keinen

Blickpunkt. Sie blieben vieräugig. Sie fanden keine gemeinsame Sprache. Die Schlinge der Wörter zog sie voneinander weg. Die Tochter ging. Aus zu lang angehaltener Unterwürfigkeit war sie zur Rebellin geworden.

Die Protestbewegung von 1968 hieß nicht nur Krach in den Familien und Krach auf der Straße, sie lebte aus der Ost-West-Spannung Sozialismus-Kapitalismus und war der Versuch einer Antwort und Lösung darauf. Wenn dabei die junge Generation ihre Erzeuger verabschiedete, so inthronisierte sie ihre Wahlväter in allen Bereichen des sozio-politischen wie kulturellen Lebens. Das Band der geistigen Vaterschaften, zu denen sie sich bekannte, reichte von Marx und Engels über Lenin, Trotzki, Rosa Luxemburg und Mao zu Che Guevara und Fidel Castro, Adorno, Marcuse, Bloch, Benjamin, Brecht, Weill, Eisler, Reich, um nur die Hauptväter zu nennen. Väter wurden da gegen Väter ins Feld geführt – Explosionsstoff genug, der viele der von den leiblichen, bürgerlichen Vätern bis dahin aufgestellen Denk- und Verhaltenstabus durchbrach. Wörter kamen in Umlauf, die die Vätersprache der leiblichen Väter kaum enthielt. Sie entstammten dem Sprachschatz der Arbeiterbewegung, der Wahlväter. ›Revolution‹, ›Klassenkampf‹, ›Klassengesellschaft‹, ›klassenlose Gesellschaft‹, ›Diktatur des Proletariats‹, ›permanente Revolution‹, ›Ware Arbeitskraft‹, ›Ausbeutung‹, ›Friede und Sozialismus‹ oder Rudi Dutschkes ›Langer Marsch durch die Institutionen‹ – wie erfolgreich der Marsch wurde, weshalb er nicht erfolgreich wurde, darüber brauche ich kein Wort zu verlieren. Einerseits hieß es mit dem Slogan des Pariser Mai ›Die Fantasie an die Macht‹, andererseits aber auch ›Trau keinem über Dreißig‹. Die antiautoritäre Erziehung sollte die autoritäre der Eltern ablösen, und Wut und Haß waren groß. ›Mach kaputt, was dich kaputt macht‹ war ein Ausdruck, der neue Autorität für sich beanspruchte, jedoch mit kaum wirklich befreiender Auswirkung für diejenigen, die sich ihr unterstellten. Ich will hier nicht die Schwung- und Aufschwungstimmung beschreiben, die von 1968 ausging und eine Art Friede mit den Erzeugervätern unmöglich machte, aber auch zu wenig Gleichmut und Gleichgültigkeit an den Tag legte, als daß letztere sich nicht bemüßigt gefühlt hätten, die nötigen restaurativen Gegenkräfte zu entwickeln.

Der Umgangston war damals scharf. ›Nieder mit…‹, ›Tod dem…‹, ›Tod den…‹, ›Tod allen…‹ Drohgebärden und Tötungsfantasien kamen in Umlauf. Sie waren radikal, apodiktisch und rhetorisch. Ihnen korrespondierte auf der anderen Seite:›Es lebe… der Sozialismus… die große Oktoberrevolution… das Proletariat… die Internationale etc.‹ In der Mitte gab es eine Haltung, die ein Gemisch aus Heroismus, Opfertum und berufsrevolutionärem Pathos war. Woher kamen diese Tötungsfantasien? Waren sie Abschiedsgesten? Waren sie usurpierte Gesten? Aus welcher Todesneurose stammten sie? Der Einfall zu töten wen oder was einem im Weg steht, selbst falls es nur verbal gemeint sein sollte, ist ja nicht eben alltäglich. Was oder welche geschichtlichen Lehren legitimierten ihn? Und wessen Sprache sprachen die Jungen da mit? In welcher Tradition dachte man da? Auch ich verfiel Tötungsfantasien: Hin und wieder wünschte ich im stillen meinen Vater tot. Er sprach es aus, im Falle daß… werde er schießen. Mehr als zehn Jahre liegt das zurück. Inzwischen habe ich Besseres zu wünschen gelernt: Lieben und Leben und beides zu lieben und zu leben. Gehörte also nichts aus diesen Fantasien zu meiner Zukunft? Mit ausdrücklicher Betonung auf ›meiner‹, denn ich war nicht im Krieg, ich war nicht Soldat, mir hat nie jemand beibringen wollen, auf Menschen zu schießen, ich gehe nicht auf die Jagd – daß ich eine Frau bin, ist nicht der Grund. Nichtsdestotrotz, ich habe seitdem oft über der Frage gebrütet. Mögen andere Eltern gehabt haben, mit denen sie offen über das Dritte Reich sprechen konnten, mögen sie in ihrer Schulzeit einen besseren Geschichtsunterricht gehabt haben, ich wenigstens begann erst auf der Universität mich wirklich mit dem Nationalsozialismus zu beschäftigen, genauso mit dem Antifaschismus, beides mehr oder weniger parallel zueinander, Anfang der sechziger Jahre. Die Geschichte des Dritten Reichs, wie ich sie nun kennenlernte, war *die* Geschichte des Tötens: Verfolgung Andersdenkender, Rassismus, Expansion, Völkermord, Holocaust. So lebte ich denn mit Millionen Toten in meinem Kopf. Aber auch die andere Seite, die der geistigen

Väter, war nicht frei von Verfolgung und Niedermacherei. Ich bemühte mich nicht zu rechtfertigen, was ich nicht rechtfertigen konnte, den Kronstädter Aufstand zum Beispiel oder die stalinistischen Säuberungen; genauso befremdete mich Brechts Gutheißung einer rigiden Parteimoral in der ›Maßnahme‹ oder der eiserne Drill und die Ersetzbarkeit gerade der ›neuen Menschen‹, wie das Gladkows Roman ›Zement‹ guthieß und ideologisch sanktionierte. Diese Zuspitzung auf die Antinomien Leben oder Tod paßte weder in mein Empfinden noch in mein Denken; kurzum: nicht in mein Leben. So lebte ich denn auch mit den Toten dieser Seite in meinem Kopf. Alle diese Toten waren übermächtig. Ich habe Jahre gebraucht, um ihrem schweren Druck zu entkommen. Und wenn ich heute an die Gruppierungen und die Fraktionskämpfe aus der APO-Zeit zurückdenke, weiß ich, daß das sonderbare Amalgam von Rechtfertigung, Absage und Repetition, in das sie bei der Exegese und Kritik der geistigen Väter verstrickt waren, aus Haltungen und Erlebnissen stammte, die heterogen und von den Vätern übernommen, nicht aber schon mit eigenen Erfahrungen ausgefüllt waren. Auch die geistigen Väter waren tötungsgeschädigt. Die 68er reprojizierten auch dies. Aeneas buckelt Anchises. Gibt es in der Mythologie ein Bild, worin jemand – ein Mann, eine Frau, ein Sohn, eine Tochter – gleich die Last zweier Väter auf den Schultern trägt?

In den siebziger Jahren die Revanche: Die totgesagten Erzeuger setzten sich über die 68er Generation zu Gericht. Sie fuhren drein mit Berufsverboten, Parteiausschlüssen, Zensur, Gewaltparagraphen, Gerichtsurteilen und Überwachungspraktiken. Das ›Geschäft mit der Angst‹ war so erfolgreich, daß die Studentenrevolte und fortschrittliche Intellektuellenbewegung, die sie ja auch war, totgesagt, beziehungsweise vielfach mit Terrorismus und der RAF gleichgesetzt werden konnte. Auch die Zeit der ›Sympathisanten-Hatz‹ ist jetzt vorbei. Es herrscht wieder Ruhe im Land. Die Kluft zwischen den Generationen ist dadurch nur vertieft. Das Klima, das sich im Land breitmacht, unterliegt wiederum extremem, neuem Druck. Auf der einen Seite fordert Franz Josef Strauß die Neutronenwaffe auch für die Bundeswehr, auf der anderen Seite – bei den Hausbesetzern – Angeschlagenheit und seelische Verwüstung, die bis in Kamikaze-Fantasien reicht; Staatsverdrossenheit bei ganz jungen Leuten. Die (alte) Linke ist melancholisch geworden. Sie klagt über den Kulturzerfall und trauert, wobei sich der Bogen der Traurigkeit von larmoyanter Vivisektion bis hin zu den Katastrophenfantasien einer Endzeitstimmung spannt. Michael Schneider beschreibt das linke Klima eindringlich in seinem Buch ›Den Kopf verkehrt aufgesetzt‹, worin er die vielen Intellektuellen sowohl bedauert wie betrauert, ›die heute mit demselben Ingrimm ihr Prinzip Hoffnungslosigkeit verteidigen, mit dem sie vor zehn Jahren ihr Prinzip Hoffnung verteidigt haben‹. Mit ›demselben Ingrimm‹ scheint die negative Utopie zum kategorischen Imperativ erhoben zu sein, wie vor zehn Jahren das Ende der Utopie verkündet wurde. Mit demselben Ingrimm... wozu dient er, welche positiven Energien, welche Liebeskräfte hält er zurück, weshalb läßt er sie nicht zu? Aus Frust und Enttäuschung, auch aus Selbstverleugnung? Ich will darüber nicht spekulieren. Ich weiß keine Antwort darauf.

Ich empfinde den Ingrimm nicht. Ich habe nicht solche Vergeblichkeitsgefühle. Ich bin heute nach anderem auf der Suche als dem, was sich im weitesten Sinn als Todessehnsucht oder verinnerlichte Zerstörungsfantasie umschreiben läßt. Mein Vater sehnte seinen Tod herbei. So habe ich, noch halbwüchsig, ohne zu erkennen, wieviel Attitüde und Vorwand aus Unglücklichsein in dieser Todesbeschwörung steckte, lange Jahre diese Fantasie voll Ohnmacht und Ergebung, die keinen Ausweg und Rat wußte, auch als Sehnsucht für mich übernommen. Heute suche ich nach der Liebesfähigkeit von Menschen (nicht länger Vätern, Müttern, Töchtern, Söhnen, sondern ausdrücklich – bar jeder Familienfiktion – Menschen). Ich habe genug von der Selbstbeklagung, genug von der trübseligen Klage über das Verhungern vitaler Gefühle, genug von Selbstverstümmelungsfantasien. Ich halte sie für schwerwiegende, hoch neurotische und sehr gefährliche (Selbst-)Stilisierungen – die alltäglichste und unbewußte Form des Unglücklichseins. Die Suche nach Liebe, so wie sie jetzt ist, ist neu, aber ich mag mein Leben nicht leben, wenn ich nicht immer wieder nach anderem unterwegs sein kann. Auch diese Suche hat auf sehr verwickelte Art mit meinem Vater zu tun. Ich bin dafür einen großen Umweg gegangen. Alle Personen aus meiner Kindheit und Jugend standen in einer Beziehung zu meinem Vater. Er war, soweit ich zurückdenken kann, die Respektsperson: das Oberhaupt der Familie, Familie auch im weiteren Verwandtschaftssinn, selbst wenn er dafür von manchen Onkeln und Tanten belächelt und bewitzelt wurde, er war der Arbeitgeber für viele Menschen, er hatte den größten Landbesitz im Umkreis. Hunderte von Augenpaaren blickten respektvoll duldend auf ihn, sogar dann noch, wenn sie sauer wurden; keiner machte ihm die Position streitig, er repräsentierte die aus langer Feudaltradtion her angenommene patriarchalische Autorität.

Nur ich tat es immer weniger, in der Folge dann auch zwei meiner Schwestern, doch gelang es ihnen, sich vor seinem Tod wieder mit ihm zu versöhnen. Mir gelang es nicht. Wie sollte er mich also ernst nehmen, da ihn doch alle anderen ernst nahmen und sich ihm unterordneten. So kam ich auch von daher in seine Schuld: war ›undankbar‹, ›überhitzt‹, ›überspannt‹, ›verrückt‹, ›politisch verführt‹ – er sprach mir jede eigene Meinung ab, und eine eigene war eine, die anders war als seine. Der stetige Vorwurf: »Ich rackere mich für dich und deine Geschwister ab, und du gibst es mir so zurück. Dir geht es zu gut, du verstehst mich nicht.« Bei seinem Tod kam ich erneut in einen Schuldzusammenhang. Ich war von zu Hause ausgebrochen, ich hatte die Weise, wie er sich gerade mir gegenüber auszuzeichnen versuchte, nicht akzeptiert, ›nicht verstanden‹ – kurzum: ›Ich hatte ihn verraten.‹ Wie konnte ich da meine Liebe, die ich für ihn hatte und die so anders als seine war, an ihn loswerden? Schon als Kind suchte ich mir Ersatzväter. Freunde und Bekannte von ihm kundschaftete ich nach Ähnlichkeiten aus, und am meisten fühlte ich mich zu denjenigen hingezogen, die mir keine Empfindung erweckten, welche ihm recht gab. Männer mehr oder weniger in seinem Alter, die mit dem Belohn- und Bestrafprinzip wenigstens mir gegenüber nichts im Sinne hatten. Es waren nicht viele in vielen Jahren. Um meiner eigenen

Sicherheit willen suchte ich sie. Später, unter dem erweiterten Belohn- und Bestrafprinzip der Schule, dem Gefängnis der Internate, zogen mich mehr und mehr Menschen an, die spielerische Talente hatten und Lebenskünstler waren; lustige, kreative exzentrische Leute, Verzauberer, Zerzauser, Komiker, Abenteurer und hochstapelnde Fantasten. Sie beeinflußten meine Trostlosigkeit. Ich war Publikum, und sie spielten Theater. Ich wollte nur ihre Vorstellung, mehr von ihnen wollte ich nicht, ich wollte auch nichts darüber Hinausgehendes über sie wissen. Und für das Sprachlose, Introvertierte in mir suchte ich mir Menschen, die Musik machten. Über sie entfloh ich von Zeit zu Zeit in dieses gewisse Recht des Noch-Nicht. Auch mein Vater hatte seine komischen Seiten, da er sie aber als Schwäche ansah, durfte man sie nicht liebend herausheben. Es beschämte ihn. Überging man sie, war es ihm ebenfalls nicht recht. Er machte zu und öffnete sich nicht weiter.

Als wir uns gegen Ende der sechziger Jahre nichts mehr zu sagen hatten, was nicht von Argwohn und krassen Bemerkungen durchzogen war, wobei jeder den anderen im Verdacht hatte, er wolle mutwillig den Streit vom Zaune brechen, um von vornherein jedes friedlichere Zusammensein, das sowieso nur auf Tage bemessen war, zu verhindern – in der Zeit also versuchte hier und da ein enger Freund, mich zum Einlenken zu bewegen, der Meinung, ich solle Humor im Umgang mit meinem Vater haben. Ich hatte ihn für jeden anderen, nur für ihn nicht mehr. Ich war gefroren, eine Tote. Mir abverlangte Nachsicht und Toleranz münzte ich um in erleichternde Bedingungen für ihn. Wenn schon, beantragte ich mildernde Umstände für mich, auch aus dem Grunde, weil ich die jüngste war. Abwehr, Verachtung, Ekel – das war ich angesichts seiner. Heute denke ich, und ich glaube nicht, daß mich die Rechenkunst des Gedächtnisses darin trügt, daß ich den alten Spielwitz auch mit ihm wieder hätte, wir uns auf verträgliche und sogar zärtliche Art zusammenraufen und aushalten könnten. Spekulation gewiß, Projektion, Fiktion, ein Monster-Vater bleibt eine zentrale Figur auch über seinen Tod hinaus, eine Hypothek. Das eigene Ich, die eigene Persönlichkeit löst sich erst nach und nach durch sie hindurch ein, wenn der Prozeß, der mit ihm geführt wurde, das Messer so nachhaltig und über Jahre ins Herz bohrte. Wunden müssen heilen. Vielleicht brauchen sie dazu genau so lange, wie sie geblutet haben. Aufregend und immer wieder überraschend an diesem Heilungsprozeß ist seine metaphysische Dimension; in Gesten, in einem Lächeln, in Äußerungen, im Tonfall von andern und sogar von mir, manchmal auch nur in einem atmosphärischen Fluidum, das jemand um sich verbreitet, stelle ich Väterliches fest, dann lächle ich, es versöhnt mich.

Es gibt keine guten Väter, aber auch keine nur bösen oder nur defekten. Das Band der Vaterschaft ist faul, auch das der sogenannten Ersatzväter, sofern es das Mißverhältnis von Übermacht und Mangel perpetuiert und die Kinder nicht selbst laufen lernen. Jede Art ist eine Art Perspektiv, durch das man eine Weile die Welt beguckt. Daß man das Perspektiv braucht, das ist die Regel; die Schuld daran soll man nicht den Menschen geben. Babys werden geboren und nicht vollkommene Männer und vollkommene Frauen. Väter sterben nicht notgedrungen zu spät, sie können auch zu früh sterben. Zu früher Verlust setzt andere eigene Kräfte wie andere Sehnsüchte, Mängel, Bezweiflungen und Hypothesen frei als jeder zu späte. Sartre wuchs vaterlos bei einem ihn vergötternden Großvater auf. Gelangweilt, artig, gefallsüchtig, voll überschüssiger Fantasie entwickelte er sich zu einem Über-Kind oder Monster, später war er der Übervater einer breiten existentialistischen Bewegung (hängt eins mit dem anderen zusammen?). Er schreibt in den ›Wörtern‹: »Ein Vater hätte mich mit einigen dauerhaften Zwangsvorstellungen belastet; seine Unwissenheit hätte mein Wissen, sein Groll meinen Stolz bedeutet; seine Manieren hätten sich für mich in Gesetze verwandelt. Er hätte mich bewohnt. Dieser geachtete Mieter hätte mir Achtung vor mir selbst gegeben. Auf diese Achtung hätte ich meine Daseinsberechtigung gegründet.«

So schwankt, was man Vater nennt, zwischen Hypothese und Hypothek, und ich glaube, daß man je nach der Stimmung mehr oder weniger zu dieser oder jener Seite tendiert, obgleich man nach der eindeutigen Antwort sucht. Ich wenigstens finde nur immer verschiedene Antworten, weil ich mir die Frage nicht immer nur eindringlich stelle, manchmal verderbe ich mir auch die Antwort, weil ich gar nicht auf Bestimmtheit aus bin, meine Gedanken spielen oder sie laufen im Kreis. Auch dies ist bereits die Nachwirkung einer schon distanzierten Einstellung, das Privileg der ersten Instanz räumt sie dem Vater nicht mehr zu. Und von einer noch distanzierteren Warte aus läßt sich sagen, daß auch dieses Bild irgendwann zurück in Vergangenheit sinkt (wobei das Zeitmoment nicht näher bestimmbar ist, jeder kann es nur für sich selber entscheiden, da die Intensität der Beziehung zum Vater das Ausschlaggebende darin ist), und die Väter werden wieder zur Geschichte, die sie selber gemacht haben. Die geistigen Väter werden zum Kulturgut, auch dem eigenen, mögen sie oder manche von ihnen Heilige und Propheten bleiben oder eben Vorlieben, deren Sätze man zitiert. Aber was sind Zitate anderes als Anleihe, Zwischenträger, geliehene Gabe, kein Passepartout oder Dietrich des eigenen Lebensturms. Deshalb sind sie nicht tot, diese Väter, jedenfalls nicht ganz, im Gros der Fälle haben sie sich in Bücher verwandelt, warten auf ihre Wiederentdeckung – den Blick neuer Nachgeborener, die sie leidenschaftlich, in aller Respektlosigkeit und ohne daß sie als Gebetsmühlen dienen, deflorieren.

Die Frage nach der Selbstbewertung, von wem oder was man sie abhängig macht, kann sich nur jeder selbst stellen und beantworten. Ich mache sie heute von meiner Liebe abhängig, und je mehr ich mich ihrer als Bedürfnis wie als Fähigkeit zu lieben versichere, desto unbeirrbarer entwickelt sich meine Fantasie nach vorn und vorwärts, desto beharrlicher wächst meine Neugier auf die Zukunft und meine Sehnsucht nach einem Leben, das nicht länger von Todesfantasien und Vergeblichkeitsgefühlen angefüllt ist und, was die Beziehungen der Menschen untereinander angeht, nicht mehr den Kältetod stirbt. Ich entlaste mich von Unwesentlichem, spare mir Zeit, ohne dabei das Bewußtsin für Gewordenes zu verlieren, denn das Eingedenken und Sich-Erinnern hört damit nicht auf, nur trage ich im doppelten Wortsinn den Vätern die Vergangenheit nicht mehr in dem Maße nach, wie ich es getan habe. Wenn ich heute nach der Liebesfähigkeit von Menschen suche, so deshalb, weil ich glaube, daß vor allem sie die allerorts auf diesem Erdball grassierende Aggression eindämmen, aufhalten, umlenken und umwandeln kann in positive Erhaltung von Leben. An dieser Liebesfähigkeit messe ich auch die Sprache, die Menschen miteinander sprechen, und diese Liebesfähigkeit vermag ich im Befehlston, im Generalstaatsanwaltston, in Besserwisserei, Rechthaberei, in Schadenfreude, Bevormundung und Gewaltanwendung nicht zu erblicken.

Hegel und Bloch zitierten Marquis Posa mit einem Ausspruch über Don Carlos: »Man möge vor den Träumen seiner Jugend Achtung tragen.« Bloch fügte nach einer kleinen Pause des Eingedenkens und Einsinkens in die Köpfe seiner Studenten hinzu: »Das wollen wir auch.« Ich lebe in Berlin und war kürzlich im Charlottenburger Kiez in einem besetzten Haus bei ›Anno Nühm‹ zu Besuch. Das war der Name von dreißig Studentinnen und Studenten der Technischen und Freien Universität, die sich in dem Haus, das der Neuen Heimat gehört, mit Instandsetzungsarbeiten zu schaffen machten. Ein paar von ihnen vesperten im Berliner Zimmer – Kohl und Kartoffeln aus Riesentöpfen –, andere standen auf Leitern und strichen den langen Flur weiß, und eine junge Frau reparierte ihr Fahrrad. Während wir uns unterhielten, las ich die Sprüche an den Wänden, es waren sehr viele, und ich merkte mir im Kopf nur drei: ›Die wichtigste Stunde ist immer die Gegenwart‹, begann einer. ›Der wichtigste Mensch ist immer, der dir gegenübersteht. Das notwendigste Werk ist die Liebe. Merk dir das.‹ Ein anderer lautete: ›Ihr sterbt noch vor Bescheidenheit. Scheut euch nicht, den Mond zu fordern. Wir brauchen ihn, und außerdem brauchen wir mehr Liebe.‹ Der dritte: ›Wir können euch nicht zwingen, die Wahrheit zu sagen, aber wir können euch zwingen, immer unverschämter zu lügen.‹ Die Träume, von denen Ernst Bloch gesprochen hat...

Die Revanche gegen diese Studenten ist, wie schon 1968, auch gleichaltrig – junge Polizisten, die sie ausführen. Es sind nicht die Väter. Genausowenig sind diese Studenten (beziehungsweise ihre Wandsprüche) repräsentativ für die gesamte Bewegung. Bei anderen ›kids‹, wie die instandbesetzenden jungen Leute bezeichnenderweise genannt werden, spielen Todesfantasien eine große Rolle, die Neigung zur Gewalt ist groß nach dem Motto: ›No future‹; ›Ich geh kaputt, kommste mit?‹ Die ›kids‹ wollen von den 68ern nichts wissen, und sie wissen von ihnen auch nichts. Letztere wiederum reagieren auf sie oft allergisch mit besserwisserischer Kritik, oder sie belächeln ihre Absichten als Kinderkram, schieben sie Heimwerker- und Bastler- oder Stadtindianerfantasien zu. Abschied auch hier oder wiederum sehr deutsch: Abkehr und kein Zusammengehen oder Zusammensein. Abkehr voneinander, weil die Lebensinteressen und Sehnsüchte der einzelnen Gruppen auseinandergehen. Abkehr und Hickhack. Und ich höre in Schreibpausen zu diesem Aufsatz über Fiktionen oder Konzepte wieder und immer wieder Musik: und denke über Liebe nach.

ANNE BOSTON

Eine Jugend ohne Vater

Was meinen persönlichen Hintergrund betrifft, so steht das meiste davon in dem Beitrag über meinen Vater. Ein paar zusätzliche Fakten: Ich bin achtunddreißig, freie Journalistin und lebe in Nord-London. Nach dem Abschluß eines Studiums der Politischen Wissenschaften an der Universität von Sussex arbeitete ich für eine Nachrichtenagentur, Buchverlage, die Zeitschriften *Nova* und *Cosmopolitan* und schließlich als freie Journalistin. Ich schreibe für Zeitungen und Zeitschriften und bin als Redakteurin bei *Cosmopolitan* für Romane und Kurzgeschichten zuständig. Ich hoffe immer, unter den Hunderten von unverlangt eingeschickten Kurzgeschichten das große neue Talent zu finden – so wie ich schon lange die Absicht habe, selbst ein Buch mit Kurzgeschichten zu schreiben. Während der letzten drei Jahre habe ich mich in der Friedensbewegung engagiert. Angesichts der weltweiten Hochrüstung erscheint es ziemlich absurd, sich Gedanken über die Zukunft zu machen, und doch schmiedet man immer noch Pläne.

An meinem fünften Geburtstag hatte die eine der beiden kleinen, rundlichen Schwestern, die der Schule vorstanden, in die ich mit meinem Bruder ging, nach dem Morgengebet etwas bekanntzugeben. Heute sei Annes Geburtstag, sagte Miß Galley, und darum sollten alle nett zu mir sein, denn »Anne hat keinen Vati«.

Im Rückblick erscheint es mir seltsam, daß ausgerechnet ich das Opfer dieses überaus taktlosen Fehlschlusses war, denn Familien ohne Vater dürften in den Nachkriegsjahren keine Seltenheit gewesen sein. Aber was auch immer Miß Galleys Motive gewesen sein mögen – soweit ich mich erinnere, wurde mir bei dieser Gelegenheit zum erstenmal bewußt, daß meine Familie ›anders‹ war. Die unerwartete Aufmerksamkeit brachte mir zwar ein kurzes Gefühl der Wichtigkeit, aber ich war doch überrascht zu hören, daß wir Sympathie verdienten. Ich liebte meine Mutter und meinen Bruder und war begeistert über unseren Umzug in das neue Haus und über die Schule. Ich hatte nie einen Vater gehabt. Warum sollte ich mit fünf Jahren um jemanden trauern, den ich gar nicht kannte? Etwas ganz anderes war natürlich die Frage, was seine Abwesenheit für meinen Bruder und mich, für unsere Entwicklung und die Entfaltung unserer Persönlichkeit bedeutete.

Papa, Vati, Vater – das Wort, der Begriff ist für mich wie ein fremdes Land. Ich habe nie jemanden so genannt, abgesehen von den heruntergeleierten Gebeten in der Schule, die an ›unseren Vater im Himmel‹ gerichtet waren. Und selbst wenn ich sage ›mein Vater‹, erscheint mir das zu bombastisch: Unsere Mutter sprach von ihm nur als ›David‹, und ich habe mich an ihr Beispiel gehalten.

David also fiel am 1. Mai 1945, ein Opfer der letzten Kriegstage. Er verließ seinen Panzerwagen, um einen Granattrichter in der Straße zu untersuchen; in dem Krater befand sich eine scharfe Tellermine, die explodierte, als er sich näherte. Meine Mutter erhielt die Nachricht in einem Telegramm, das mit Glocken bedruckt war – der Beitrag der Post zu den Siegesfeiern. Zwei Wochen darauf wurde ich geboren, genau an dem Tag, den meine Mutter berechnet hatte. Ich war also ein posthumes Baby.

Infolge einer merkwürdigen Fügung des Schicksals hatte ich nicht nur keinen Vater, sondern mit sechs Jahren auch keinen Großvater mehr. Ich beeile mich zu sagen, daß ich eine wunderbar zufriedene Kindheit hatte – wenn es irgend etwas gibt, das ich aus dieser Erfahrung gelernt habe, dann ist es die natürlich völlig offensichtliche (aber oft übersehene) Erkenntnis, daß nicht alle glücklichen Familien auch vollständige Familien sind. Infolgedessen habe ich die Auswirkungen des Fehlens eines Vaters lange Zeit unterbewertet – zu Unrecht, wie mir jetzt scheint. Es gab Auswirkungen, und sie haben mein ganzes Leben in immer größerem Maße beeinflußt.

Auf welche Weise vermittelt sich einem Kind in den ersten,

erinnerungslosen Jahren die Trauer eines Elternteils? Wenn der Rest meiner Kindheit so wunderschön war, wie er mir im nachhinein erscheint, dann war das, *obwohl* David tot war, denn sein Tod – daran gibt es keinen Zweifel – war für meine Mutter eine Katastrophe. Er war der am meisten geliebte, wichtigste Mensch in ihrem Leben gewesen, und für ihn konnte es keinen Ersatz geben. Aber ich und mein Bruder Simon hatten zwei große Vorteile. Erstens hatten wir einen Vater verloren, den wir nie kennengelernt hatten, was weit weniger schmerzhaft war, als wenn uns Zuneigung und Vertrautheit miteinander verbunden hätten. Für uns hatte der Tod Davids Leben zu einem Zeitpunkt beendet, daß es (abgesehen von der Tatsache, daß er uns gezeugt hatte) war, als habe es ihn nie gegeben. Und zweitens hatten wir eine Mutter, die nicht daran dachte, sich selbst als Opfer des Schicksals, einer Tragödie, eines Unglücks oder was auch immer zu sehen. Mit der Zeit genoß sie sogar die Unabhängigkeit und Selbstsicherheit, zu der sie gezwungen war, und zog dieses Leben jedem anderen vor, aber sogar als ich noch sehr klein war, gelang es ihr irgendwie, uns eine Illusion emotionaler Stärke und Sicherheit zu vermitteln.

Obwohl er, was mich betraf, nur im biologischen Sinn mein Vater gewesen war, bildete die Tatsache, daß ich hinsichtlich meines Vaters auf eine fertige Mythologie zurückgreifen konnte, einen unerläßlichen Bestandteil meines Gefühls der Sicherheit. Buchstäblich alles, was ich über ihn erfuhr, (mit Ausnahme seiner Briefe, die ich erst viel später las) war durch die Erinnerung seiner und meiner Mutter gefiltert – wenn sie über ihn sprachen, dann nicht in jenem flüsternden ›dein seliger Vater‹-Ton, und auch nicht so, als sei er jemals eine Vaterfigur gewesen (was natürlich nicht der Fall war), sondern sie beschworen sein Bild, wie sie es kannten.

Großmutter, eine unverbesserliche Romantikerin, war eine geborene Erzählerin und erfreute Simon und mich mit Dutzenden von ›Geschichten‹ über David, als er noch ein kleiner Junge gewesen war. Er war ein Einzelkind gewesen, ein zarter, nachdenklicher Junge, der gern las und von seiner Mutter entsetzlich verhätschelt wurde. Sie erzählte diese Geschichten mit immer den gleichen Worten, und zwar so oft, daß wir die Pointen im Chor mitsprechen konnten. Meine Mutter, die eine angeborene Resistenz gegen Großmutters Hang zum Romantisieren hatte, sprach nicht oft über David, aber von Zeit zu Zeit gab sie ein kleines Stück ihrer Erinnerung an ihr gemeinsames Leben mit ihm preis: Wie sie ihn am Anfang des Krieges im Lazarett der Freunde der Quäker kennengelernt hatte (damals war David noch Pazifist gewesen), ihre bescheidene kleine Wohnung im verdunkelten Soho, die Festessen in der Greek Street, und wie sie Krähenpastete für Freunde gemacht hatte, das lange Warten auf seinen Urlaub, als er dann schließlich in die Armee eingetreten war.

Ihre Lieblingsfotos von David spiegeln wider, wie unterschiedlich sie ihn sahen. Bei Großmutter waren es weichgezeichnete neo-viktorianische Porträts, die sorgfältig arrangiert und von Großvater (einem begeisterten Amateurfotografen) aufgenommen worden waren. Sie zeigen sie selbst, wie sie dem kleinen David etwas vorliest, der, an ihre Seite gekuschelt, hingerissen zuhört. Bei meiner Mutter sind es Schnappschüsse mit Eselsohren, die sie in besonderen Ehren hält, weil auf ihnen ein ganz bestimmter Augenblick festgehalten ist: David lehnt an einer Korngarbe, raucht eine Pfeife und sieht nachdenklich in die Kamera; oder beide lachend bei einem gemeinsamen Picknick. Das ist er also – liebevoller Sohn und Liebhaber in Kriegszeiten: unzutreffende Bilder, die aber für ein Kind, das eine Erinnerung an seinen Vater haben will, eine seltsame Kraft ausströmten.

Ich bin dankbar für diese tröstlichen Momentaufnahmen. Sie haben mir geholfen, die schrecklichen Drohungen abzuwehren, die mein abwesender Vater zurückgelassen hatte und die am Rand des Bewußtseins auf mich lauerten. Gelegentlich tauchten, wie ein Ölfilm, seltsame Bilder in meinen Träumen auf. Wie alt war ich zum Beispiel, als ich träumte, mein Vater kehre aus dem Krieg zurück? Ich konnte ihn in der Entfernung sehen, wie er die Straße hinunterkam, an der wir lebten, an dem Feld und an dem Tor vorbei, an dem das Pferd Nobby stand, bis zu der Ecke, an der unsere Häuserzeile begann, und ich wußte, während er immer näher kam, daß ich ihn mit dem Messer, das ich bereits in meiner Hand hielt, würde töten müssen... Und gewiß war die Angst vor seiner Rückkehr, waren die unaussprechlichen Kinderängste vor Geistern, die mich nachts überfielen und mir den Spaß an einigen der harmlosesten Märchen verdarben, tief in meinem Wissen vergraben, daß er tot war. »Du kannst einem Traum nicht den Rücken kehren, /denn Phantome gehorchen nur dem eigenen Wollen« (... aus ›Der Geist‹ [nach Properz] von Robert Lowell).

Man hat mir gesagt, ich habe starke Ähnlichkeit mit David, und die Fotografien beweisen es: die gerade Nase und das kantige Kinn, die schweren Augenlider und (leider) die Kurzsichtigkeit – all das habe ich von ihm. Meine Mutter war manchmal erstaunt, daß mein Bruder und ich dieselben Gesten gebrauchten wie mein Vater, obwohl wir ihn natürlich nicht als Vorbild hatten, und sie sagt, daß mein Vater und ich uns auch im Temperament sehr ähnlich seien. Auf alle Fälle bin ich zweifellos die Tochter meines Vaters. Natürlich sehe ich ihn in einem romantischen Licht. Er ist nicht als ein Fremder aus dem Krieg zurückgekehrt, um mir meine Mutter streitig zu machen. Er ist nicht enttäuscht und desillusioniert in die Jahre gekommen; ich habe es nie erlebt, wie seine Mutter ihn mit Blicken einschüchterte, ich mußte nie mitansehen, daß er sich mit meiner Mutter stritt (die sich gelegentlich fragte, wie er wohl auf die Dauer mit diesen beiden anspruchsvollen Frauen und ihren gegensätzlichen Forderungen fertig geworden wäre). Aber ob ich ihn idealisiere oder nicht – ich habe Grund zu der Annahme, daß wir sehr gut miteinander ausgekommen wären. Wenn ich sage, daß die ersten zehn Jahre meines Lebens nicht glücklicher hätten sein können, wenn er bei uns gewesen wäre, dann will ich damit kein Urteil über ihn fällen.

Die Kehrseite von Davids Abwesenheit war die Anwesenheit meiner Mutter. Es war unvermeidlich, daß der Einfluß, den ihre Persönlichkeit auf unsere hatte, durch sein Fehlen doppelt schwer wog. Sie ersetzte ihn. Sie war für uns sowohl Mutter als auch Vater, so daß ich – jedenfalls bis zur Pubertät – nicht das Gefühl hatte, als fehle mir etwas, sondern im Gegenteil in dem Bewußtsein lebte, unsere Familie sei ganz und gar vollständig.

Ich kann unmöglich meine Jugend ohne David beschreiben, ohne auf meine Mutter einzugehen. Sie war die personifizierte Familie und nahm, was meine Zuneigung betrifft, einen absolut zentralen Platz ein. Wenn ich meine Einstellung gegenüber meiner Mutter mit der meiner Freunde gegenüber ihren Eltern vergleiche, merke ich, daß mehr dahintersteckte, als das ungewöhnlich liebevolle Verhältnis, das uns verband: Sie repräsentierte mehr und erfüllte eine weit komplexere Rolle. Abgesehen davon, daß sie es war, die mich fütterte und tröstete und für mich sorgte, war sie meine Ernährerin und meine treue Ratgeberin. Sie war das Oberhaupt der Familie; ich liebte sie und eiferte ihr nach. Klingt das nicht zu schön, um wahr zu sein? So wunderbare Mütter haben allenfalls Figuren in viktorianischen Romanen. Aber meine Mutter war keine schutzlose junge Witwe, sondern eine attraktive, energische junge Frau, recht praktisch veranlagt und entschlossen, alles zu tun, um uns die besten Möglichkeiten zu bieten und – was noch wichtiger ist – uns dreien das denkbar schönste Leben zu ermöglichen.

Warum scheint Unglück das Durchhaltevermögen mancher Menschen zu stärken, während es andere vernichtet? So wie die Auswirkungen von Davids Tod auf unsichtbare Weise, aber unablässig auf mein Leben einwirkten, obwohl er mir nie bewußt fehlte, so muß auch meine Mutter stark von ihrer Vergangenheit beeinflußt worden sein. Und die war, auf eine ganz unspektakuläre Weise, sehr ungewöhnlich gewesen – sie war ohne Vater und Mutter aufgewachsen, da sie mit fünf Jahren beide verloren hatte.

Die Familien ihrer Eltern kamen aus Yorkshire. Sie waren in Sheffield in der Silber- und Besteckindustrie tätig und finanziell recht gut gestellt. Von Kindheit an miteinander befreundet, bildeten meine Großeltern die eine Hälfte einer Doppelhochzeit – zwei Schwestern, die zwei Brüder heirateten. Ich hätte sie sehr gern kennengelernt. Auf dem Foto, das in Ägypten aufgenommen wurde, wo mein Großvater Cooper als Tierarzt im Dienst der Armee stationiert war und wo meine Mutter geboren wurde, sehen sie ganz und gar nicht so aus, als hätten sie mit einer Tragödie gerechnet. Im Gegenteil: Sie machen den Eindruck eines geselligen, fröhlichen Ehepaares – ein guter Ausgleich für die starke viktorianischmelancholische Ader, die mein Vater von seiner Familie geerbt hatte. Aber mein Großvater starb in Ägypten an Herzversagen, als meine Mutter fünf war, und seine Frau erlag sechs Monate später einer Lungenentzündung. Meine Mutter und ihre ältere Schwester wurden von ihrem Onkel und ihrer Tante großgezogen (der anderen Hälfte jener Doppelhochzeit), die sie gütig und freundlich, wenn nicht sogar liebevoll behandelten.

Meine Mutter war sehr begabt, wurde aber nicht auf die Universität geschickt. Später bedauerte sie das sehr, und das war wohl auch der Grund, warum sie entschlossen war, meinem Bruder und mir ein Studium zu ermöglichen. Sie blieb in Ackworth, an ihrer alten Schule, arbeitete dort als Schulsekretärin und ging bei Kriegsausbruch nach London ins Lazarett der Freunde der Quäker. Dort lernte sie, als sie bei einem Luftangriff unter einem Tisch Schutz suchte, David kennen.

Es ist nicht schwer zu verstehen, warum nach Davids Tod so vieles von meiner Mutter abhing. Als ich geboren war, hatte sie zwei Babys unter achtzehn Monaten, kein Zuhause, keine nennenswerten Geldmittel und keine direkte Verwandtschaft, an die sie sich um Hilfe hätte wenden können. (Selbst mein Geburtsort schien dem Zufall überlassen gewesen zu sein: Meine Mutter war bei Freunden in West Kirby in der Grafschaft Cheshire, die sie weder vorher noch nachher noch einmal besucht hat.) Ich habe immer gedacht, meine Kindheit habe sich in völlig gesicherten Verhältnissen abgespielt, aber damit übergehe ich nur diese ersten beide Jahre, die wir alle drei gründlich aus unserer Erinnerung verbannt haben. Meine Mutter spricht nie über diese Zeit. Unsere materielle Existenz war gewiß alles andere als gesichert.

Die ersten Jahre nach Davids Tod haben wir anscheinend in einer Art Schwebezustand verbracht. Die naheliegendste Lösung wäre gewesen, zu Davids Eltern in die Midlands zu ziehen, aber die unterschwellige Spannung zwischen meiner Großmutter und meiner Mutter war so groß, daß das auf die Dauer nicht ging. Also wohnten wir abwechselnd bei Freunden und bei Verwandten von David, und gelegentlich auch bei der Tante und dem Onkel, die meine Mutter aufgezogen hatten. Erst als ich fast drei Jahre alt war, mietete meine Mutter ein abglegenes Bauernhaus an der walisischen Grenze in der Nähe von Shrewsbury, und dort wohnten wir allein.

Die erste und stärkste Erinnerung, die mir kommt, wenn ich an Zuhause denke, ist jene an den walisischen Bauernhof. Jene Landschaft ist das Hirtengedicht meiner Kindheit, und die Hügel, über die die Grenze zwischen Wales und England verläuft, sind meine Blauen Berge. Das Haus bot nur das Allernötigste – es gab weder Strom noch fließendes Wasser, auf dem Dachboden tummelten sich die Ratten, und zum nächsten Laden mußte man mit dem Bus fahren. Aber dieses aufreibende Fehlen jeglichen Komforts war heilsam für meine Mutter. Es gab ihr die Kraft, gegen ihr Schicksal anzukämpfen. In jener Zeit muß sich der schmerzhafte Abschied von der Trauer vollzogen haben, die selbst den Gedanken an die Zukunft wie Verrat aussehen ließ. Irgendwie fand sie sich mit ihrer Lage ab. Was auch immer ihr in der Vergangenheit widerfahren war – von nun an würde *sie* es sein, die die Dinge in der Hand hatte. Gegen Ende des Jahres zogen wir ins Thames Valley, in die Nachbarschaft enger Freunde von ihr, die drei Jungen in etwa demselben Alter wie Simon und ich hatten.

Maidenhead war mit der verstaubten Pracht seiner Uferpromenade ein recht angenehmer Ort zum Aufwachsen, obwohl ich nicht behaupten kann, daß wir dort Wurzeln geschlagen hätten: Nachdem wir nicht lange vor meinem zwanzigsten Geburtstag nach London gezogen waren, zog es mich nie mehr dorthin zurück. Mit einigen Schwierigkeiten (sie mußte von einem männlichen Bürgen gegengezeichnet werden), hatte meine Mutter eine Hypothek auf die Chauntry Road 7 aufgenommen, ein kleines, enges, flaches Haus mit einem gläsernen Küchenanbau an der Rückseite, in den es hineinregnete. Vom vorderen Schlafzimmer aus sah man über die Straße direkt auf den Bahndamm, über den die Great Western Railway fuhr, und jedesmal, wenn ein D-Zug auf unserer Seite vorbeifuhr, übertönte sein Donnern alles, was man sagte. Auch heute noch habe ich das Geräusch fahrender Züge deutlich im Ohr.

Kürzlich bemerkte die Schriftstellerin Zoe Fairbairns: »Wenn wir von einer Frau sagen, sie gehöre einer bestimmten Klasse an, dann meinen wir in Wirklichkeit ihren Mann oder ihren Vater.« Das ist eine interessante Verallgemeinerung; wie aber steht es mit Familien, in denen diese Männer fehlen? In unserer Familie gab es außergewöhnlich wenige Männer – sogar Davids Vater, Großvater Caulkin, war gestorben, als ich noch klein war. Wie bei den Familien von Priestern fanden die Menschen, mit denen wir zu tun haben, die Umstände unseres Lebens oft etwas sonderbar. Ich glaube, sie hielten uns für ›Leute, die schon bessere Zeiten gesehen haben‹, nur daß meine Mutter das Pathos ablehnte, das mit dieser Rolle verbunden ist. Tatsächlich hätten wir uns wahrscheinlich weit größeren gesellschaftlichen Einschränkungen unterwerfen müssen, wenn unser Status den Konventionen entsprechend definiert gewesen wäre, und das war für uns alle von Vorteil. Meine Mutter war weder dramatisch noch selbstbewußt genug, um wirklich unkonventionell zu sein, aber ihr Lebensstil war eindeutig individualistisch – ›künstlerisch‹, wie Schulfreunde es später ausdrückten. Irgendwie spielte sich unser Leben am Rande der Region der Wohlanständigkeit ab, was uns die leise Mißbilligung der Schwester und der Cousine meiner Mutter eintrug.

Meine Mutter war jedoch entschlossen, uns auf jeden Fall eine solide Ausbildung zu ermöglichen. Als mein Bruder und ich in unserer kleinen Privatschule lesen und schreiben lernten – beide Miß Galleys waren mit dem Rechnen überfordert –, arbeitete sie als Sekretärin im nahegelegenen Krankenhaus von Taplow. Sie weitete ihren Arbeitsbereich nach und nach aus und gab Kindern, die Langzeitpatienten waren, Französisch-Unterricht, übernahm Aufgaben in der Verwaltung und ähnliches mehr; aber ihr Gehalt war nicht sehr hoch, und außerdem mußte sie noch eine Frau beschäftigen, die uns betreute, bis sie selbst nach Hause kam. Heute sagt sie, daß sie sich nur insoweit Sorgen über unsere finanziellen Verhältnisse machte, als der Mangel an Geld, besonders als wir größer wurden, uns um unsere ›Chancen‹ bringen könnte. Aber von diesen schleichenden Ängsten wußten wir nichts, und ich kann mich an keine einzige Gelegenheit erinnern, bei der Geldmangel uns Kinder von etwas, das wir wollten, abhielt.

Die Einstellung, die meine Mutter zum Leben hatte, würde

man in der heutigen Wirtschaftssprache als ›sanftes Management‹ bezeichnen. Ihr System war unorthodox, aber praktisch. Immer wenn verschiedene Bereiche ihres Lebens – Familie, Freunde, Arbeit – zu kollidieren drohten, bestand ihre Politik darin, sie nicht zu trennen, sondern miteinander zu kombinieren – freilich unter der Bedingung, daß die Familie immer Vorrang hatte. Das bedeutete, daß ich, wenn ich in den Ferien nichts zu tun hatte, tagelang bei ihr im Krankenhaus war und in der medizinischen Bibliothek Bilder malte oder mir die weißen Ratten und Versuchskaninchen ansah, die im Tierhaus neben dem pathologischen Labor untergebracht waren. Diese Angewohnheit, Familie und Freunde in ihre Arbeit zu integrieren, hat sie ihr Leben lang beibehalten – so wie mich früher nimmt sie heute ihren Enkel George mit ins Büro. Die Erfolge gaben ihr recht; mein Bruder und ich betrachteten ihre Arbeit nicht als Bedrohung, und wir waren dadurch eher bereit, ihr zu Hause zu helfen. (Keiner von uns mochte Hausarbeit – besonders meine Mutter hat einen unglaublichen Hang zur Unordentlichkeit – aber wir alle akzeptierten die Tatsache, daß jeder ein Minimum beizutragen hatte. Der Gedanke, daß der Platz einer Frau im Haushalt zu sein hat oder daß meine Mutter ausschließlich Hausfrau und Mutter sein sollte, kam mir nie in den Kopf.)

Meine Mutter besitzt ein echtes Talent, Freundschaften zu schließen, und ihr Verhältnis zu Männern wie zu Frauen scheint gleichermaßen gut gewesen zu sein. Ihre Angewohnheit, uns Kinder in alle ihre Tätigkeiten einzubeziehen, erstreckte sich auch auf ihr soziales Leben, und manche ihrer Freunde und Bekannten habe ich sehr in mein Herz geschlossen. Ich fand ihren Freundeskreis wunderbar vielfältig – kein Wunder, daß ich mich später langweilte, als ich auf ein Internat kam. Unser Haus war immer noch ein Zufluchtsort vor der Welt draußen, aber es war auch ein Ort der Geselligkeit. Ich weiß nicht, ob meine Mutter mit Hilfe dieses Freundeskreises bewußt versuchte, die potentielle Enge der Familie zu vermeiden, aber jedenfalls war das die Folge. Ich genoß es, vertrauten Umgang mit Erwachsenen zu haben.

Um die Haushaltskasse aufzubessern, und wahrscheinlich, weil sie gern Gesellschaft hatte, nahm meine Mutter nacheinander einige Untermieter auf – das muß gewesen sein, nachdem Simon in ein Internat gekommen war, denn vorher war unser Haus schon für uns drei fast zu eng gewesen. Aber auch so genossen diese Untermieter nicht sehr viel Komfort, da sie entweder in meinem winzigen Zimmer untergebracht wurden oder, wenn ich mich weigerte, mein Zimmer herzugeben, in dem meines Bruders, durch das man gehen mußte, wenn man ins Bad wollte. Wir können uns beide daran erinnern, daß wir den einen oder anderen Untermieter nackt überraschten, wenn wir durch sein Zimmer stürmten. Aber trotz dieser Nachteile und dem weitgehenden Mangel an Privatsphäre blieben manche von ihnen monatelang und bildeten einen Bestandteil des gesellschaftlichen Lebens in unserem Haus.

Männer, denen der Sinn nach einer mehr als freundschaftlichen Verbindung stand, mußten sehr beherzt sein, denn meine Mutter war nur zu wenigen Zugeständnissen bereit. Mein Bruder und ich begleiteten sie überall hin, und wie Scylla und Charybdis wachten wir argwöhnisch darüber, daß ihr keiner zu nahe kam, der uns unsympathisch war. An einem Wochenende lud ein dandyhafter Unternehmer namens Tim uns alle in den Whipsnade Zoo ein; der graue Jaguar mit einem Armaturenbrett aus Walnußholz und taubenblauen Plüschsitzen, in dem er uns dort hinfuhr, erschien uns wie ein Traumgefährt. Auf dem Heimweg schlug mir die Aufregung auf den Magen, und ich kotzte den ganzen Rücksitz voll. Danach hörte meine Mutter nie wieder etwas von ihm, was mich für den verdorbenen Nachmittag mehr als entschädigte.

Sie heiratete nicht wieder, aber das bedeutete nicht, daß wir in einem Haushalt ohne Männer aufwuchsen. Ich gehöre leider nicht zu den Leuten, die alle Einzelheiten ihrer Kindheit noch ganz genau wissen; Erinnerungen tauchen auf, enden plötzlich oder verbinden sich mit anderen wie in einem Traum. Ich kann mich zum Beispiel nicht entsinnen, wie meine Mutter Ray kennenlernte – er war einfach da, als ich etwa sechs war. Ich mochte ihn sehr und denke gerne an diese Zeit zurück.

Ray stammte aus Yorkshire. Er war jünger als meine Mutter und sah gut aus mit seinem schmalen Gesicht und seinen immer zerzausten, dicken braunen Haaren. Es machte ihm Spaß, den Clown zu spielen; ich sehe ihn noch vor mir, wie er am Klavier saß und mit gespielt tragischer Falsett-Stimme ›The Foggy Foggy Dew‹ und ›I Attempt from Love's Sickness to Fly-hy-hy-hy-hy I-hin Va-hain‹ sang. Er unterrichtete am örtlichen College für bildende Kunst und war wunderbar geschickt. Am Valentinstag malte er einen Kreis von blauen Vergißmeinnicht auf eine Karte für meine Mutter; zu Weihnachten schenkte er meinem Bruder und mir Pappmaché-Puppen – eine Skelett-Marionette für Simon und eine wirklich furchterregende Hexen-Handpuppe für mich. Er verbrachte seinen Urlaub mit uns in den Norfolk Broads und machte dann noch einmal Hausbootferien mit uns, in dem Sommer, in dem ich siebenmal ins Wasser fiel. Kurz gesagt: Er war ein Bestandteil unseres Lebens, und wie auf ein Stichwort verliebte ich mich in ihn.

Diese Geschichte hat nicht das traditionelle Happy-End, obwohl ich mir aller Mühe gab, dafür zu sorgen, und dadurch (das glaube ich heute noch) das genaue Gegenteil erreichte. »Ray, warum heiratest du Mammi eigentlich nicht?« fragte ich ihn, als ich eines Sonntagnachmittags mit Simon und ihm eine Radtour machte. Wie war ich auf diese Idee gekommen? Ich glaube nicht, daß ich ihn jemals als meinen Vater betrachtete. Ich wollte vielmehr, daß er wirklich ganz zu uns gehörte. An jenem Abend jedenfalls konnte ich, als ich schon im Bett lag, undeutlich hören, wie sie unten miteinander sprachen. Bald darauf ging er und schlug die Haustür hinter sich zu. Meine Mutter kam nach oben in mein Zimmer und setzte sich auf das Bett; es war eine der sehr seltenen Situationen, in denen ich sie weinen sah. Er hatte sie gefragt, ob sie ihn heiraten wolle, und sie hatte abgelehnt.

Aus dieser Episode war eine ganze Reihe von Lehren zu ziehen – zum Beispiel: »Misch dich nicht in die Angelegenheiten anderer Leute« –, auf die ich später immer wieder zurückkommen sollte. Eine von ihnen, die ich mir zu eigen machte, besagte, daß Beziehungen, die auf Gefühlen basieren, niemals von Dauer sind. Mein Pessimismus in dieser

Hinsicht ist allgemein bekannt – allerdings hat er sich glücklicherweise nicht immer als berechtigt erwiesen.

Seltsamerweise kann ich mich, so sehr ich Ray auch mochte, nicht daran erinnern, daß ich mich nach ihm gesehnt hätte, nachdem er aus unserem Leben verschwunden und wieder zurück nach Yorkshire gegangen war. Im Laufe der Zeit hatte meine Mutter noch verschiedene Beziehungen zu anderen Männern. Diese bedeuteten nie so viel wie Ray, aber ich hatte nichts dagegen, daß sie mit einem Mann zusammen war. Erst in meiner Pubertät machte mich ein hoffnungsloses, allgemeines Gefühl der Unzulänglichkeit auf alles und jeden eifersüchtig. Bis dahin jedoch konnte nichts meine Überzeugung erschüttern, daß mein Bruder und ich für sie an erster Stelle kamen.

Physikalisch betrachtet ist ein Dreieck eine äußerst stabile Konstruktion, da jede Seite mit den beiden anderen in Verbindung steht und von ihnen gestützt wird. Ebenso belastbar war die emotionale Struktur unserer Familie: Zwischen Mutter, Sohn und Tochter bestanden gleichwertige gegenseitige Beziehungen, aus denen ein Ausbrechen unmöglich war. Es ist, als sei die Nabelschnur zwischen uns Kindern und unserer Mutter nie durchtrennt worden – durch gemeinsame Freunde und die Tatsache, daß wir nicht weit voneinander entfernt wohnen, gibt es in unserem Leben immer noch zahlreiche Überschneidungen. Wir sind durch Familienbande zusammengeschweißt worden, gegen die anzukämpfen gar keinen Sinn hätte. Aber auch die Verbindung zwischen mir und meinem Bruder ist so stark, daß sie alle Krisen überdauert.

Er ist nur achtzehn Monate älter als ich, und seine anfängliche Eifersucht war bald verschwunden. Als wir alt genug waren, um unbeaufsichtigt spielen zu können, waren wir fast so unzertrennlich wie Zwillinge. In der Schule hatte jeder von uns seinen eigenen Freundeskreis, aber zu Hause rauften, stritten und spielten wir stundenlang miteinander. Da ich jünger und kleiner war als er, verlor ich immer und wurde bei allem übergangen, weshalb ich mich ständig beklagte: »Das ist nicht fair!« Dennoch war Simon mein Held, was ihm sicher schmeichelte, und er nahm mich vor seinen älteren Freunden in Schutz.

Mit zehn Jahren kam er auf ein Internat. Das war für uns drei ein traumatisches Ereignis, und sowohl er als auch ich bekamen psychosomatische Krankheiten – ich hatte den ersten und schmerzhaftesten Migräneanfall meines Lebens. Als auch ich dann auf ein Internat kam und meine Pubertät mit all ihren verwirrenden Eindrücken begann, wurde der Abstand zwischen uns noch größer. Aber auch so waren wir damals wie heute übersensibel für die Stimmungen des anderen und hatten oft genau dieselben Gedanken, was wir selbstverständlich fanden, andere Leute jedoch in Erstaunen versetzte. Bei Spielen wie Charade zum Beispiel konnten wir nicht gegnerischen Gruppen zugeteilt werden, weil der eine schon bei der ersten Geste des anderen das Wort erriet, das dieser sich ausgedacht hatte. Auch heute noch besuchen wir uns geradezu lächerlich oft, und unsere jeweiligen Partner waren vorher eng mit dem anderen befreundet.

Auf dem Internat hatte ich mindestens drei Freundinnen, die keinen Vater hatten. Sie stammten aus Familien, in denen es keinen Vater gab – sie hatten Schwestern, aber keine Brüder. Die ungeheuren Spannungen zwischen ihnen führten oft zu überaus heftigen Auseinandersetzungen, und wenn es bei ihnen zu Hause zu einer solchen Szene kam, klagten ihre Mütter voller Verzweiflung darüber, wie sehr ihnen der Einfluß eines Vaters fehlte. Rückblickend sehe ich jetzt, daß die Anwesenheit meines Bruders unserer Familie Rückhalt gab und jede Eifersucht, die zwischen mir und meiner Mutter hätte entstehen können, verhinderte. Er hatte keinerlei Neigung, die Rolle des ›kleinen Vaters‹ zu spielen, und meine Mutter, die sehr darauf achtete, uns gleich zu behandeln, belastete ihn nicht übermäßig mit zusätzlicher Verantwortung. Dennoch übertrug ich als Jüngste gewiß einiges von jener Liebe und Bewunderung, die ich David entgegengebracht hätte, auf ihn, und auch jetzt noch verlasse ich mich wahrscheinlich mehr auf ihn, als ihm lieb ist. Obwohl wir beide manchmal das Gefühl haben, unsere Beziehung lasse uns zu wenig Platz für uns selbst, können wir uns nicht so ohne weiteres daraus lösen. Schließlich existiert sie schon unser Leben lang.

Mein Bruder war mit zehn Jahren auf ein Internat gekommen, und da meine Mutter ganztags arbeitete, schien es vernünftig, auch mich auf ein Internat zu geben. Wir gingen beide auf Schulen, die Stipendien für Kinder ohne Väter bereitstellten – Simon auf die Bluecoat School, Christ's Hospital, und ich auf eine kleinere, gemischte Schule in Surrey, wo ich lernte, traurig zu sein.

In der Pubertät durchstößt man eine Art Schallmauer, die die Persönlichkeit des Erwachsenen von der des Kindes trennt. Hinzu kam, daß ich auf dem Internat sehr unglücklich war. Beides zusammengenommen bereitete meiner Kindheit ein schnelles Ende. Ich erlebte die üblichen Gefühlszustände: Langeweile, Heimweh und Entfremdung – und das gab sich keineswegs im Laufe der Zeit. Ich wurde, im Gegensatz zu meinem Zuhause, wie ein Kind behandelt und war zusätzlich noch der Qual ausgesetzt, nie irgendwo allein sein zu können. All das wurde noch dadurch verstärkt, daß ich, wenn auch nicht emotional, so doch intellektuell meinem Alter voraus war. Ich war zwei Jahre jünger als die anderen Schüler in meiner Klasse. Heute weiß ich, daß mein unreifer Nonkonformismus, der zu Hause größtenteils respektiert worden war, mit den internatlichen Bestrebungen, einen Konsens herzustellen, kollidierte; damals jedoch merkte ich nur, daß ich überall aneckte. Zu Hause hatte ich nie gelernt, meine Überzeugungen durch Theorien zu stützen oder mit Argumenten zu verteidigen. Abgesehen davon, daß ich wahrscheinlich nie auf ein Internat geschickt worden wäre, wenn David nicht gefallen wäre, hätte ein Vater mir wahrscheinlich geholfen, Gedanken objektiv abzuwägen und meine Individualität zu behaupten, so daß ich nicht gezwungen gewesen wäre, die Charaktereigenschaften zu verbergen, die den allgemeinen Anforderungen nicht entsprachen.

Viel später begann ich meinen Status als einzige Internatsschülerin in der sechsten Klasse zu genießen – die meisten meiner Freundinnen verließen die Schule mit fünfzehn Jahren. In der Pubertätszeit begannen jedoch andere Auswirkungen einer Jugend ohne Vater sichtbar zu werden. Das soll nicht heißen, daß die anderen Kinder, die noch beide Eltern hatten, mich spüren ließen, daß mir etwas fehlte; sowohl auf meiner als auch auf der Schule meines Bruders war ein überdurchschnittlicher Prozentsatz der Kinder in derselben Situation wie wir, und unsere besten Freunde stammten oft aus Familien, in denen es nur ein Elternteil gab. Auf jeden Fall ließen mich die Väter anderer Kinder völlig unbeeindruckt. Nach meinen Erfahrungen gehörten Väter, große Häuser und Autos zusammen – Väter waren zu große, nicht gerade überzeugende Gestalten, die einen kurzen, lauten Auftritt hatten, wenn man das Haus des Freundes oder der Freundin verließ. Sie hatten eine Vorliebe für ungeschickte Scherze, die mir ein äußerst unbehagliches Gefühl gaben. Nein, alles in allem war ich ziemlich erleichtert, daß ich keinen Vater hatte.

Heute sehe ich das anders. Wenn ich befreundeten Paaren mit ihren Kindern zusehe, bin ich fasziniert von der neckenden Vertrautheit zwischen Vätern und Töchtern. Dieses Schattenboxen, das nach komplizierten Regeln abläuft, diese ersten Anfänge einer sexuellen Identität, die aus diesen scherzhaften Duellen im Familienkreis entsteht – kein Wunder, daß ich als Außenstehende amüsiert, schockiert und neidisch bin. Zurückblickend muß ich feststellen, daß ich tatsächlich linkischer war als andere Teenager. Die Grundlagen der Kommunikation mit dem anderen Geschlecht habe ich zu Hause und auch später nie gelernt. Auf der Schule äußerte sich das in einer lähmenden Schüchternheit gegenüber Jungen. Jahrelang brachte ich es kaum über mich, mit ihnen zu sprechen – weder bei den Mahlzeiten noch in der Klasse. Für mich waren sic furchteinflößende Fremdlinge, die sich in einer besonderen Sprache unterhielten, die ich nicht verstand.

Eine Freundin von mir brachte mich immer zum Lachen, indem sie davon sprach, man müsse mit Männern ›umgehen‹ können, als handle es sich um Pferde. Das ist es, was ich meine. Es ist mir immer schwergefallen, Freundschaften mit Männern zu schließen. Ich mißverstehe die sexuellen Signale – manchmal mit katastrophalen Folgen – und habe ziemliche Schwierigkeiten mit jener Art des Flirtens, die manchen Leuten so leicht fällt wie das Atmen. Das klingt jetzt so, als sei ich leichtfertig, aber so ist es nicht; ich bin einfach unbeholfen in der Gegenwart von Männern, mit Ausnahme derer, die ich sehr gut kenne, und das beeinflußt die meisten Bereiche meines Lebens, angefangen von Arbeitssituationen bis hin zu Freundschaften.

Die erste Beziehung zwischen Vater und Tochter ist eine starke sexuelle Konditionierung, die nur zu oft zu einem bösen Ende führt, aber wie andere Arten von Spielen ist auch dieses (solange es ein Spiel bleibt) potentiell von großem Wert. Damit will ich sagen, daß man aus einem Spiel sehr viel lernen kann, ohne dabei großen Schaden zu leiden. Für eine Tochter ist dieses Spiel mit dem Vater unerläßlich für die Entwicklung des Selbstwertgefühls und des Selbstvertrauens, das sie braucht, um Beziehungen zu anderen Menschen aufzubauen. Ohne den Rückhalt und den Schutz eines Vaters in jener Zeit, in der sie beginnt, sich als ein Wesen mit sexuellen Wünschen zu begreifen, läuft sie Gefahr, sich minderwertig zu fühlen. Das führt dazu, daß sie sich in ihren sexuellen Beziehungen der Meinung anderer unterwirft und nicht wagt, sich von ihren Gefühlen leiten zu lassen. In diesem Bereich kann auch eine noch so liebevolle Mutter keinen Ausgleich schaffen.

Im Gegensatz zu den Auswirkungen einer Anwesenheit ist es sehr schwer, die einer Abwesenheit zu bestimmen. Meine eigenen Erfahrungen sind sicher sehr verschieden von denen einer Frau, deren Vater seine Rolle wirklich ausfüllte und die mit ihrem Schmerz oder ihrer Bitterkeit über seinen Tod oder eine Scheidung fertig werden mußten. Für mich ist es, als gebe es in mir zahlreiche blinde Flecke, Lücken in meinem Wissen, die daher kommen, daß ich nie erfahren habe, was ein Vater ist. Aber abgesehen von dem überaus wichtigen Aspekt der sexuellen Entwicklung könnte man die positiven Auswirkungen dieser Situation ebenso schlüssig rechtfertigen wie die negativen. Ich war nie gezwungen, mich an männlicher Überlegenheit zu messen, und der Gedanke, es sei unfair, daß ich ein Mädchen war, ist mir nie gekommen. Meine feministische Haltung war so instinktiv, daß ich zunächst nur schwer verstand, warum andere Frauen so hart darum kämpfen mußten – ich hatte ja nur eine verschwommene Vorstellung, wie das Gegenteil aussah. Meine Welt war weiblich.

So lag es wahrscheinlich an dem Fehlen eines irdischen Vaters, an dessen Bild ich mich in meiner Vorstellung von einem Vater im Himmel hätte orientieren können, daß ich nie imstande war, einen starken religiösen Glauben zu entwikkeln. ›Vater unser im Himmel...‹ Ich weiß noch, daß ich mir große Mühe gab, an Gott zu glauben, als ich noch klein war, und daß ich sogar für kurze Zeit überzeugt war, ich müsse als Missionarin in die Welt gehen und den Heiden helfen – aber der echte Glaube fehlte mir. Gott blieb eine Leere, so sehr ich mich auch anstrengte. Ich muß allerdings sagen, daß wir in dieser Richtung zu Hause nicht übermäßig ermuntert wurden; meine Mutter, die eine recht sonderbare religiöse Erziehung genossen hatte – mit zehn Jahren schickte man sie nach Belgien auf eine Klosterschule, aber dann, gerade als sie begann, den Glauben für sich zu entdecken, tat man sie auf eine Quäker-Schule in Yorkshire – hielt es für das Beste, Simon und mich in religiösen Dingen uns selbst zu überlassen. Darüber hinaus habe ich den Eindruck, daß meine Unfähigkeit mir ein überzeugendes Bild von Gott zu machen, mit meiner damaligen Einstellung gegenüber Pflicht und Autorität zusammenhing. Als Kind lernte ich, mich immer wieder nach dem unausgesprochenen Konzept der Pflicht zu richten. Das und die tiefe Liebe und Verbundenheit, die ich für meine Mutter und meinen Bruder empfand, war die Grundlage der Beziehungen innerhalb unserer Familie und ist auch heute noch eine starke – wenn auch oft lästige – Motivation in vielen Bereichen meines Lebens gewesen.

Eine Verpflichtung ist etwas Freiwilliges, und dadurch, daß ich sie mir selber auferlege, ist sie für mich (und viele andere Frauen) nur um so stärker. Autorität dagegen ist eine Macht, die von oben eingesetzt wird. Für mich ist Autorität ganz und gar männlich. Ihren Höhepunkt erreicht sie mit Gott auf seinem Richterstuhl, dessen Äquivalent in der Familie der Vater ist. Auch wenn der Vater aus Fleisch und Blut alles andere als eine Autoritätsperson ist, wird er doch als solche gebraucht: »Wenn du das noch einmal tust, werde ich es deinem Vater sagen...« Durch das Fehlen einer Autorität bilden sich folgenschwere Charakterfehler in uns heraus, wie zum Beispiel bei dem üblen Charmeur Steerforth in *David Copperfield*. Er weiß nur zu gut, daß das, was er tut, falsch ist –

aber daran ist seine Mutter schuld, die ihn verwöhnt hat. »David, ich wollte, ich hätte in diesen zwanzig Jahren einen vernünftigen Vater gehabt!« seufzt er, bevor er geht, um die kleine Emily zu verführen.

Autorität und die Angst oder der Respekt vor ihr war das letzte, wonach meine Familie sich richtete, und es kann kaum ein Zufall sein, daß ich der Macht mißtraue und ein gespanntes Verhältnis zu ihr habe. Damit meine ich nicht, daß ich ständig gegen sie rebelliere, sondern daß ich eher möglichst versuche, ihr aus dem Weg zu gehen. Das geschieht auf verschiedenerlei Weise. Ich habe ebenso viel Abneigung dagegen, Autorität ausüben zu müssen, wie gegen den Gedanken, daß andere Macht über mich haben. An meinem Arbeitsplatz Anweisungen zu geben und mich denen meines Chefs zu fügen, finde ich beispielsweise gleichermaßen unangenehm; andererseits fällt es mir gar nicht schwer, zu Hause, als freie Journalistin, zu arbeiten.

Diese Einstellung erklärt vielleicht eine seltsame Entwicklungsphase, durch die ich auf dem Internat ging. Obwohl ich mich dort unglücklich und fehl am Platz fühlte, war ich kein besonders rebellisches Kind, aber es gab Zeiten, wo es mir einfach unmöglich war, auf Autorität zu reagieren – sie erschien mir so bedeutungslos. In dieser Phase bekam ich ernste Schwierigkeiten wegen einer kleinen Regel, die besagte, daß beim Sport jedes Mädchen sein Haar aufstecken mußte, sofern es den Kragen berührte. Diese Regel fand ich sinnlos – dabei gab es Dutzende anderer, die genauso idiotisch waren – und verstieß regelmäßig dagegen, obwohl ich genau wußte, daß ich jedesmal dafür bestraft werden würde. Bis dahin war mein Benehmen immer untadelig gewesen, und nun hatte ich fast zwei Semester lang jede Woche Arrest, bis ich schließlich zur Schulleiterin zitiert wurde, um ihr im Beisein meiner Mutter eine Erklärung für mein Betragen zu geben. Sie drohte mir an, mich von der Schule zu verweisen. Die Tatsache, daß meine Mutter dabei war, muß meine Einstellung geändert haben. Wir müssen wohl irgendeine Art von Kompromiß gefunden haben, denn ein Jahr später spielte ich in der Hockeymannschaft der Schule mit.

Obwohl wir fast ausschließlich Männer als Lehrer hatten,

war die Schulleiterin der einzige Mensch im ganzen Kollegium, der mir Respekt einflößte. Während meiner ganzen Jugend war ein positiver männlicher Einfluß nicht vorhanden – aber hätte er vorhanden sein können? Ich hätte ihn wahrscheinlich finden können, wenn ich mich nur genug darum bemüht hätte. Nein, fast ohne Ausnahme reagierte ich damals (und auch heute noch) stärker auf den Einfluß von Frauen als auf den von Männern. Die Abwesenheit meines Vaters und die Stärke meiner Mutter hatten mich in doppelter Hinsicht konditioniert. Zweifellos bin ich meinem Ziel, einen Vaterersatz zu finden, nie so nahe gekommen wie damals, als ich mit zweiundzwanzig meinen Mann Richard heiratete.

Er war acht Jahre älter als ich, doch mir schien es mehr zu sein. Er kam aus einer sehr patriarchalisch geprägten Familie und hatte festgefügte, wenn auch exzentrische Ansichten. Ich glaube, was mich an ihm am meisten faszinierte, war die Tatsache, daß er all die intellektuellen Qualitäten männlicher Autorität besaß, die ich zu Hause nie kennengelernt hatte. Eine der besonderen Eigenarten meiner Familie bestand darin, daß wir uns kaum jemals stritten – es ist für uns immer noch ein Schock, wenn wir feststellen, daß wir nicht in allen Dingen derselben Meinung sind. Infolgedessen wuchs ich mit der hinderlichen Vorstellung auf, daß Meinungsverschiedenheiten irgendwie gefährlich seien. Richards Familie war das Gegenteil von meiner, und ich war abwechselnd hingerissen und abgestoßen von den heftigen Auseinandersetzungen und Machtspielen, die zwischen ihm und seinem Vater ausgetragen wurden, und die beide oft zu genießen schienen. Es war wie eine Offenbarung für mich, als ich sah, daß es durchaus in Ordnung war, sich miteinander zu streiten.

Ich war sehr abhängig von seiner Anerkennung, und als wir uns Jahre später im gegenseitigen Einvernehmen trennten, hatte ich immer wiederkehrende Angstträume, in denen er aber nicht gewalttätig wurde, sondern mich in der Öffentlichkeit mit eisiger Verachtung strafte. So harmlos diese Träume, verglichen mit den Schrecken ›normaler‹ Alpträume, auch sein mögen – wenn ich erwachte, war ich erschöpft und völlig demoralisiert. Noch Jahre, nachdem wir uns getrennt hatten, war er derjenige, den ich am meisten beeindrucken wollte, und ich widersetzte mich mit völlig irrationalen Begründungen einer Scheidung.

Man sagt, die Vergangenheit sei wie ein fremdes Land – aber wie hinterlistig nimmt sie auf Entscheidungen und Möglichkeiten Einfluß. Mit Ausnahme meiner Ehe spiegelten alle engen Beziehungen, die ich zu Männern hatte, in einem nicht zu übersehenden Punkt immer die meiner Mutter wider: Ein konventionelles, dauerhaftes Zusammensein war aus verschiedenen Gründen immer ausgeschlossen. Ich könnte die Umstände dafür verwortlich machen, aber abgesehen davon, ist es mir auch lieber so. Es gibt eine Vielzahl von Gründen dafür: ein starkes Bedürfnis, allein zu sein, als Reaktion auf die Jahre im Internat; den Wunsch, Beziehungsmuster zu wiederholen, die ich als Kind zu Hause vorgeführt bekam; den Drang, mich an anderen Männern dafür zu rächen, daß mein Vater nie zurückgekommen war.

Ich habe nur ein einziges Mal um David geweint, und das war nach dem Tod meiner Großmutter, als ich etwa fünfzehn war. Wir waren zu ihr gefahren, um am Begräbnis teilzunehmen und ihre Hinterlassenschaft durchzusehen. Unter all den Papieren, die zu persönlich waren, als daß man sie hätte wegwerfen können, und die wir doch unmöglich aufbewahren konnten, fanden wir einen ganzen Stapel Briefe, die David an seine Mutter geschrieben hatte. Sie hatte jeden einzelnen Brief aufgehoben, den er ihr je geschickt hatte. Sie waren für meinen Bruder bestimmt, und meine Großmutter hatte jeden von ihnen für mich abgeschrieben. Beigefügt waren Fotografien und eine Kriegsausgabe der *Picture Post*, deren Titelbild David mit Stahlhelm bei einem Luftangriff zeigte. Da begriff ich die sinnlose Vergeudung: Ich sah den stillen jungen Mann, der die ehrgeizigen Bestrebungen seiner klugen, schönen, frustrierten Mutter erst verkörpert und dann zunichte gemacht hatte, der meine Mutter mit zwei kleinen Kindern zurückgelassen hatte – meine Mutter, die im ersten Schmerz ihrer Trauer schrie: »Wie kann er es wagen, mich so zu verlassen!« Aber ich weinte um das, was sie verloren hatten, nicht um das, was mir vorenthalten worden war.

Quellenverzeichnis

zu den deutschsprachigen Autorinnen:

BRONNEN, BARBARA: *S. 112*, aus: *Die Tochter*, München 1985, S. 119–144. Mit freundlicher Genehmigung des Kindler Verlags, München.

BRÜCKNER, CHRISTINE: *S. 177*, aus: *Überlebensgeschichten*, Berlin 1984, S. 125–130. Mit freundlicher Genehmigung des Ullstein Verlags, Berlin.

PLESSEN, ELISABETH: *S. 348*, aus: *Vatersein*, hrsg. von Hans Jürgen Schultz, München 1984, S. 19–30. Mit freundlicher Genehmigung der Autorin.

RINSER, LUISE: *S. 294*, Erstveröffentlichung. Mit freundlicher Genehmigung der Autorin.

SCHWAIGER, BRIGITTE: *S. 252*, aus: *Lange Abwesenheit*, Reinbek 1982, S. 7–23. Mit freundlicher Genehmigung des Paul Zsolnay Verlags, Wien.

STERN, CAROLA: *S. 204*, aus: *Vatersein*, hrsg. von Hans Jürgen Schultz, München 1984, S. 220–228. Mit freundlicher Genehmigung der Autorin.

WOHMANN, GABRIELE: *S. 51*, aus: *Ich lese. Ich schreibe*, Darmstadt, Neuwied 1984, S. 99–114. Mit freundlicher Genehmigung des Hermann Luchterhand Verlags, Darmstadt, Neuwied.

HEYNE BÜCHER

HEYNE ALLGEMEINE REIHE

Klassische Unterhaltungs-Literatur im Taschenbuch

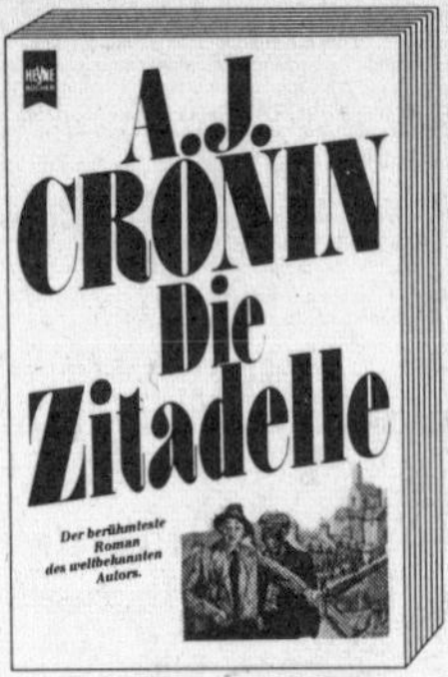

01/5928 - DM 7,80

01/35 - DM 5,80

01/6310 - DM 7,80

01/5917 - DM 6,80

01/559 - DM 6,80

01/5149 - DM 6,80

01/6518 - DM 7,80

01/5788 - DM 5,80